Theorie

Herausgegeben von
Dieter Henrich und Niklas Luhmann
Redaktion Friedhelm Herborth

Theodore Mischel
Psychologische Erklärungen
Gesammelte Aufsätze

Übersetzt von Hainer Kober

Suhrkamp

CIP-Kurztitelaufnahme der Deutschen Bibliothek

Mischel, Theodore:
Psychologische Erklärungen : ges. Aufsätze / Theodore Mischel.
Übers. von Hainer Kober. – 1. Aufl. – Frankfurt am Main : Suhrkamp, 1981.
(Theorie)
ISBN 3-518-06031-7
NE: GT

Erste Auflage 1981

Druck: Mühlberger, Augsburg
Printed in Germany

Inhalt

Psychologie und Erklärungen menschlichen Verhaltens*
(1963)

Empirische Psychologen sind oft sehr mißtrauisch gegenüber dem »Verstehen« menschlichen Verhaltens, das Roman- und Theaterschriftsteller uns geben können. In einem jüngst erschienenen Buch ist zu lesen:

Shakespeare und Dostojewski sind vielleicht ›bessere Psychologen als die Psychologen‹ hinsichtlich ihrer Fähigkeit, eine weitverbreitete Prototheorie des Verhaltens ziemlich genau und bewegend zu schildern; sie liefern vielleicht sogar eine Fülle plausibler Ausgangsbehauptungen, wenn sie ihre überzeugenden Porträts herstellen. Aber sie und überhaupt alle nicht-empirischen Psychologen fühlen offenbar niemals den schärfsten Stachel des empirisch forschenden Psychologen – herauszufinden, indem er nachschaut, ob er recht hat oder nicht.[1]

Nach dieser Ansicht sind Erklärungen wie die von Shakespeare und Dostojewski »nicht-empirisch« in einem sehr nachteiligen Sinn – sie sind auf einer »Prototheorie« des Verhaltens aufgebaut, und man stellt sie auf, ohne sich die Mühe zu machen, »herauszufinden, indem [man] nachschaut, ob [man] recht hat oder nicht«. Was diese Autoren dazu führt zu glauben, daß Shakespeares Erklärungen auf einer »Prototheorie« aufgebaut sind, ist ihre Überzeugung, daß alle »Erklärungen die Eigenschaft gemeinsam haben, die zu erklärende Aussage zu einem Einzelfall einer umfassenderen Verallgemeinerung zu machen. Sie alle schließen in einer mehr oder weniger strengen Weise die *Deduktion* der zu erklärenden Aussage ein.«[2] Wenn es das ist, was Erklären bedeutet, dann kann das, was Shakespeare uns über menschliches Verhalten erzählt, nur insofern eine »Erklärung« sein, als es stillschweigend einige Verallgemeinerungen oder Gesetze über menschliches Ver-

* Die Übersetzung dieses Textes stammt von Wolfgang Köhler.

1 Mandler and Kessen, *The Language of Psychology*, New York 1959, S. 250.

2 a. a. O., S. 217 (Hervorhebung der Autoren). Vgl. Kap. XI-XII passim.

halten voraussetzt. Da Shakespeare solche Gesetze weder formulierte noch testete, nimmt man an, daß er sie für selbstverständlich gehalten hat – sie machen seine »Prototheorie« aus. Diese Ansicht wird auch von Methodologen unterstützt, deren hauptsächliches Interesse den Naturwissenschaften gilt wie zum Beispiel C. G. Hempel und E. Nagel. Diese Autoren behaupten, daß wir eine Handlung nur dann durch die Motive des Handelnden erklären können, wenn wir eine empirische Verallgemeinerung zugrunde legen, welche das Motiv mit der darauf folgenden Handlung verknüpft. Das Motiv wird, mit anderen Worten, als eine Anfangsbedingung angesehen, welche die Handlung nur erklären kann, wenn diese aus dem Motiv mit Hilfe eines geeigneten allgemeinen Gesetzes abgeleitet werden kann. Auf diese Weise werden Erklärungen durch Motive demjenigen Erklärungsmuster angenähert, das für die Naturwissenschaften charakteristisch ist, das heißt den Erklärungen, die das zu Erklärende unter ein Gesetz oder eine gesetzesähnliche Regelmäßigkeit subsumieren.[3]
Im Gegensatz dazu möchte ich die Ansicht verteidigen, daß Roman- und Theaterschriftsteller und andere, die typisch menschliches Verhalten erforschen, uns solide empirische Erklärungen liefern können, ohne irgendwelche Verallgemeinerungen, Gesetze oder Theorien zu benutzen. Denn wenn sie das, was Menschen tun, durch deren »Motive« erklären, dann erklären sie nicht mit Hilfe von Regelmäßigkeiten oder Verhaltensmustern; ihre Erklärungen unterscheiden sich der Art nach von denjenigen, die auf Gesetzen, gesetzesähnlichen Aussagen oder Theorien beruhen. Nachdem ich den Gebrauch solcher Erklärungen verteidigt haben werde, will ich zu zeigen versuchen, daß zumindest einige Erklärungen, die tatsächlich von der Psychologie geliefert werden, eher denjenigen ähnlich sind, die von Roman- und Theaterschriftstellern gegeben werden, als denjenigen der Naturwissen-

3 Vgl. Hempel and Oppenheim, »The Logic of Explanation« in: Feigl and Brodbeck, *Readings in the Philosophy of Science,* New York, 1953; S. 319-352; Hempel, »The Function of General Laws in History« in: Feigl and Sellars, *Readings in Philosophical Analysis,* New York 1949, S. 459-471; E. Nagel, *The Structure of Science,* New York 1961, S. 551-563. Hempel und Oppenheim behaupten: »Es gibt dabei keinen formalen Unterschied zwischen motivationalen und kausalen Erklärungen.« a. a. O., S. 328.

schaftler, wenn sie andere Dinge als menschliche Handlungen erklären. Zum Schluß werde ich die Überzeugung vertreten, daß die Anerkennung dieses Unterschieds im Erklärungstyp uns zu sehen erlaubt, was von dem »existentiellen« Zugang zur Psychologie gültig ist, ohne daß es uns mit überflüssigem metaphysischen Gepäck belastet.

I

Wie erklärt Shakespeare Verhalten? Warum zum Beispiel intrigiert Jago gegen Othello? Nun, er ärgert sich über Othello, weil dieser Cassius zum Leutnant ernannt hat; er verdächtigt den »lüsternen Mohren«, ein Verhältnis mit seiner Frau zu haben, und er nimmt sich vor, es ihm heimzuzahlen. Indem er Othello glauben macht, Cassius sei allzu vertraulich mit Desdemona, kann Jago seine Rache erwirken, der logische Kandidat für die Leutnantstelle werden und dennoch für alle Welt der »ehrbare Jago« bleiben. Aber sogar als er aus Cassius' Ruin seinen Vorteil gezogen hat, intrigiert er weiterhin gegen Othello. Was ihn nun motiviert, ist sein Bestreben, die Großmut, der er sich gegenüber sieht, in Niedertracht zu verwandeln. Othello um seine Selbstachtung zu bringen, ihn zu quälen, bis er vor seinen Füßen zusammenbricht, und somit seine eigene Überlegenheit und Macht zu demonstrieren – das ist Jagos Ziel, wenn er gegen Othello intrigiert.
Ohne Zweifel muß noch viel mehr gesagt werden, wenn Shakespeares Erklärung erläutert werden soll; aber dies mag genügen, um zu zeigen, daß seine Erklärung zwar Gründe, Ziele, Motive und Absichten, aber anscheinend keine Theorie oder allgemeine Gesetze des Verhaltens enthält. Shakespeare erklärt, warum Jago so handelte, aber er sagt nichts darüber, wie alle Menschen oder alle Menschen einer bestimmten Art unter bestimmten Bedingungen handeln. Zu glauben, Shakespeare müsse angenommen haben, alle Menschen oder alle eitlen, neidischen Menschen handelten so wie Jago unter diesen Umständen, wäre töricht – denn eine derartige Annahme ist offenkundig falsch. Wir könnten natürlich unsere Verallgemeinerung verbessern, indem wir »alle eit-

len, neidischen Menschen« durch eine immer detailliertere Aussage über Jagos Charakter und Hintergrund ersetzten. Aber um eine Verallgemeinerung zu erhalten, die wir guten Gewissens vertreten können, müssen wir immer mehr Details einfügen, bis sie schließlich nur noch auf jemanden »genau wie Jago« zutrifft. Und in diesem Fall bezöge sich unsere »Verallgemeinerung« eher auf ein Individuum als auf eine Klasse und wäre daher kein »allgemeines Gesetz« im erforderlichen Sinne. Das heißt, wenn wir Jagos Handlung mit Hilfe *seines* besonderen Charakters und Hintergrunds erklären, dann subsumieren wir diese Handlung unter das Muster des vergangenen Verhaltens eines Individuums, aber nicht unter ein Muster, das für alle Menschen einer bestimmten Art gilt. Folglich ist die Regel, auf die in dieser Erklärung Bezug genommen wird, kein »Gesetz« in demjenigen Sinne, in dem experimentelle Psychologen behaupten, daß Erklärungen menschlichen Verhaltens auf empirisch getesteten »Gesetzen« beruhen müssen.[4]

Wenn wir das, was jemand tut, mit Hilfe eines Musters in seinem vergangenen Verhalten erklären, dann ist die Regel, auf die wir dabei hinweisen, eher dem ähnlich, was Ryle eine »gesetzesartige Dispositions-Aussage« nennt. Gemäß Ryle sind motivationale Erklärungen von diesem dispositionellen Typ. Denn nach seiner Ansicht bedeutet zu sagen, daß jemand zum Beispiel neidisch ist, zu behaupten, daß er dazu neigt, gewisse Arten von Dingen zu tun und zu sagen, gewisse Arten von Plänen zu machen, gewisse Arten von Gefühlen in bestimmten Situationen zu haben. Und zu sagen, »daß einer für eine Tat dieses Motiv hatte«, heißt, daß diese Tat, unter diesen besonderen Umständen unternommen, gerade das war, wozu er eine Neigung besaß. Es heißt soviel wie zu sagen: »Er *würde* dies tun.«[5]

Nun haben derartige dispositionelle Erklärungen eine entschei-

4 »Kaum jemand wäre an einem Bericht über das Verhalten der Ratte A, dann der Ratte B, dann der Ratte C interessiert ... Wissenschaftliche Aussagen werden über ›Ratten‹ getroffen, nicht über ›Ratte A‹, über ›Menschen‹, nicht über ›Frau A‹ und zwar normalerweise unter Bezugnahme auf das Verhalten von Gruppen von Organismen.« Mandler and Kessen, a. a. O., S. 167.

5 G. Ryle, *Der Begriff des Geistes,* Stuttgart 1969, S. 120. Vgl. S. 83-93 und 123-124 des englischen Originals.

dende Eigenschaft mit Erklärungen gemeinsam, die auf allgemeinen Gesetzen beruhen: beide erklären, indem sie zeigen, daß das, was geschah, im Hinblick auf das, was zuvor geschah, nicht überraschend ist. Aber während wir oft auf diese Weise Verhalten erklären, gibt es Fälle, in denen derartige Erklärungen uns überhaupt nicht mitteilen, was wir wissen wollten, als wir fragten »Warum hat er das getan?«. Denn wir können diese Frage stellen, weil wir die *Gründe* des Handelnden, so zu handeln, nicht verstehen, warum zum Beispiel hat der Fahrer nicht an der roten Ampel gehalten? Wenn wir ihn fragten, dann könnte *er* nicht antworten, er habe die Disposition, rücksichtslos zu fahren. Um seine Handlung zu erklären, müßte er sie als die Handlung ausweisen, die unter den gegebenen Umständen richtig, angemessen war – zum Beispiel mußte er sehr schnell nach Hause, es war schon spät nachts, und er hatte sich umgeschaut, um zu sehen, ob irgend jemand kam etc. Obwohl wir die Erklärung, die er uns gibt, vielleicht nicht akzeptieren, würden wir zumindest anfangen, nach seinen Gründen zu suchen, wenn wir zu verstehen versuchen, was er getan hat. Wenn wir keine befriedigende Erklärung durch Gründe finden können, dann können wir unsere Verwunderung dadurch mildern, daß wir auf eine Disposition hinweisen: im Hinblick auf seine Vergangenheit konnte man das erwarten; das sieht ihm ähnlich. Aber wir könnten uns noch immer fragen, was der Sinn seines Tuns war.

Da die meisten menschlichen Handlungen intentional sind, sind wir verwirrt, wenn wir die Absichten des Handelnden nicht verstehen. Normalerweise löst sich die Verwirrung auf, die Handlung wird erklärt, wenn wir tatsächlich etwas über den Handelnden in Erfahrung bringen oder über die Situation, in der er sich befindet, was die Gründe für sein Handeln ans Licht bringt. Dazu mag es nötig sein, daß man die Ziele des Handelnden herausbekommt, und die können natürlich ausgefallen sein; oder auch seine Überzeugungen hinsichtlich der Situation, in der er sich befindet, und darunter können falsche Überzeugungen sein. Und da die Menschen ihre Ziele oft auf eine regelgeleitete Weise anstreben, kann der Grund für eine Handlung klar werden, wenn wir die Regeln verstehen – seien es soziale und legale Normen oder private Regeln (zum Beispiel die Strategie eines Schachspielers oder eines Generals) – denen der Handelnde gefolgt ist. Wenn wir die Erklärung einer intentionalen Handlung verlangen, dann fragen wir normalerweise nach der »Überlegung«[6], derzufolge der Handelnde sich für diese als der unter diesen Umständen richtigen, angemessenen Handlung entschieden hat. Wenn wir sie verstehen, dann verstehen wir, warum er so handelte.

Wenn wir auf diese Weise eine Handlung erklären, dann behaupten wir damit, daß es bei den Zielen etc. des Handelnden für ihn richtig war, so zu handeln. Die Erklärung »rechtfertigt« die Handlung in dem Sinne, daß sie sie als etwas darstellt, was von dem Standpunkt des Handelnden aus angemessen war. Aber zu zeigen, daß eine Handlung *bei* gegebenen Zielen und Überzeugungen des Handelnden oder bei den Regeln, denen er folgte etc., richtig war, ist keine Rechtfertigung dafür, daß er diese Überzeugungen und Ziele hatte oder diese Regeln akzeptierte. Folglich wird in einer Erklärung durch Gründe nicht die »Rationalität« des Handelnden bescheinigt, sondern nur gezeigt, daß diese die richtige (vernünftige, angemessene) Handlung zu sein scheint, *falls* man die Überzeugungen etc. des Handelnden hat.

Man sollte auch beachten, daß wir bei solchen Erklärungen nicht implizieren, daß der Handelnde tatsächlich eine derartige Überlegung vornahm. Denn eine Erklärung durch Gründe kann für jede zweckgerichtete oder intentionale Handlung geliefert werden, und jemand kann intentional handeln, ohne irgendetwas geistig zu planen – zum Beispiel fahre ich mein Auto, ohne darüber nachzudenken, was ich als nächstes tue, aber meine Handlungen sind zweckgerichtet, und wenn ich gefragt werden würde, könnte ich Gründe für mein Handeln angeben. Darüber hinaus enthüllen nicht nur unsere Worte, sondern auch unsere Handlungen unsere Absichten. Weil das Muster meines Verhaltens einen von meinen Angaben verschiedenen Zweck enthüllen kann, ist es für jemanden (mich eingeschlossen) möglich, zu zweifeln, ob meine angegebene auch meine wirkliche Absicht ist. Obwohl wir jemandem

6 Ich übernehme diesen Begriff von W. Dray, dessen hervorragender Analyse der »rationalen Erklärungen« in der Geschichte ich in meinen Ausführungen verpflichtet bin. Vgl. W. Dray, *Laws and Explanation in History,* Cambridge 1957, bes. Kap. V.

eine Absicht zuschreiben können, der bestreitet, sie zu haben, so muß es nichtsdestoweniger für den Handelnden logisch möglich sein, seine eigene Absicht anzuerkennen. Während also intentionale Handlungen nicht notwendigerweise von geistigen Planungen begleitet werden, so enthalten sie doch ein Muster zweckgerichteten Verhaltens und (zumindest auf »lange Sicht«) die Möglichkeit, die Absicht anzuerkennen.

Erklärungen durch Gründe sind also der Art nach von Erklärungen verschieden, die auf Gesetzen oder Dispositionen beruhen. Während diese erklären, indem sie zeigen, daß das, was geschah, im Hinblick auf vergangene Regelmäßigkeiten nicht überraschend ist, erklären jene, indem sie zeigen, daß das, was getan wurde, verständlich ist, weil es vom Standpunkt des Handelnden aus das war, was zu tun war. Wenn wir menschliches Verhalten durch Gesetze oder Dispositionen erklären, dann erklären wir von »außen«: eher durch Regelmäßigkeiten als durch Sinn; auf eine Weise, die derjenigen ähnlich ist, in der wir das Verhalten von Tieren und Dingen erklären. Aber wenn wir durch Gründe erklären, dann nehmen wir den Standpunkt des Handelnden ein und halten nach den Überlegungen Ausschau, die ihn dazu brachten, diese Handlung als die unter den gegebenen Umständen richtige zu wählen – in diesem Sinne erklären wir sein Verhalten von »innen«.

Bevor wir fragen, ob solche Erklärungen wissenschaftlich akzeptabel sein können – eine Frage, die ich im nächsten Abschnitt diskutieren werde – wollen wir festhalten, daß die Erklärungen Shakespeares und Dostojewskis sicherlich von dieser Art sind. Die Annahme, sie hätten ihre Figuren auf der Grundlage »irgendeiner weitverbreiteten Prototheorie des Verhaltens« schildern müssen, ist *prima facie* absurd, da es ein Gemeinplatz der Kritik ist, daß eine Figur, deren Entwicklung nichts weiter ist als eine Veranschaulichung irgendeiner Theorie über menschliches Verhalten, eine armselige Erfindung ist. Was »hölzerne«, »mechanische« Figuren von denjenigen unterscheidet, die zu »leben« scheinen, ist genau das, daß jene immer das tun, was diese Art von Figuren *halt tun*, während diese uns mit jeder neuen Wendung in ihrer Entwicklung überraschen. Aber obwohl die Entwicklung einer Figur wie Othello unerwartet ist, ist sie auch

»unvermeidlich«. Desdemona zu töten sieht Othello wirklich nicht ähnlich, aber wenn er es tut, dann scheint es, daß er nur so handeln kann. Wir sind überrascht, weil es sich hier um eine echte Entwicklung handelt und nicht um etwas von der Art, was wir von Anfang an hätten erwarten können. Dennoch verstehen wir sie, weil Shakespeare es uns ermöglichte, an den Überlegungen teilzunehmen, die Othello zu der Entscheidung veranlaßten, nur so handeln zu können. Indem wir das verstehen, erkennen wir, daß er nicht anders handeln konnte – es war »unvermeidlich«. Aber wenn man sagt, daß Othello so handeln mußte, dann sagt man nicht dasselbe wie wenn man sagt, daß das Glas zerbrechen mußte, als es von einem Stein getroffen wurde. Es ist eher so, als ob man sagt »Ich kann meinen Freund nicht betrügen«, und erklärt, warum man es nicht kann. Es gibt Gründe, nicht Ursachen oder Dispositionen, warum er nicht anders handeln konnte. Wir verstehen die Unvermeidlichkeit des Handelns eher von »innen« als von »außen«.

Wenn Shakespeare und Dostojewski uns etwas über die menschliche Psyche beibringen können, dann bestimmt nicht deswegen, weil sie überraschende *Gesetze* oder *Regelmäßigkeiten* des menschlichen Verhaltens entdeckt haben, sondern weil sie die überraschenden *Gründe* entdeckt haben, warum einige Menschen so handeln, wie sie handeln.

II

Während Erklärungen durch Gründe der Art nach von Erklärungen durch Dispositionen, Gesetze oder Theorien verschieden sind, so sind sie nicht »unwissenschaftlich« oder »unempirisch« in irgendeinem nachteiligen Sinne. Denn wenn wir eine Handlung erklären, indem wir sie als die von dem Standpunkt des Handelnden richtige darstellen, schreiben wir dem Handelnden bestimmte Überzeugungen und Absichten zu. Wir sagen über ihn etwas, das entweder wahr oder falsch ist; wir stellen Behauptungen auf, die durch empirische Belege gestützt werden müssen. Und die empirischen Belege bestehen daraus, was der Handelnde sagt und tut oder unter bestimmten Umständen sagen oder tun würde. Manchmal ist es sehr schwierig, die tatsächlichen Motive und Absichten von jemandem herauszufinden – in Wort und Tat täuschen die Menschen manchmal andere und manchmal auch sich selbst. Aber ganz gleich, wieviel Täuschung oder Selbsttäuschung vorhanden ist, jemandes Handlungen und Worte sind immer in bestimmter Weise bezeichnend für die Erkenntnis, was wirklich »in ihm« vorgeht. Und in der Praxis kann geschickte Beobachtung – die Art der Beobachtung, in der klinische Psychologen und Psychoanalytiker besonders gut sind – uns oft, obwohl nicht immer, in die Lage versetzen, in der wir dann mit einiger Überzeugung behaupten können, daß es dies oder das war, was »in« dem Handelnden tatsächlich vorging. Darüber hinaus ist, falls wir nicht in diese Lage kommen, die Schwierigkeit empirisch, nicht logisch – wir scheitern, weil uns die relevanten empirischen Belege fehlen, nicht weil es für eine Person logisch unmöglich ist, in jemand anderen »hineinzusehen«.

Also ist das Erklären einer Handlung durch die Gründe des Handelnden für sein Handeln sicher nicht etwas, was man tun kann, ohne sich die Mühe zu machen »herauszufinden, indem [man] nachschaut, ob [man] recht hat oder nicht«. Aber der Ort, an dem man nachschauen muß, ist nicht das »Labor« des Psychologen, in dem empirische Verallgemeinerungen getestet werden, sondern das Verhalten des Individuums – was es sagt und tut und was es unter bestimmten Umständen sagen und tun würde. Und wenn wir uns mit den Erklärungen Shakespeares und Dostojewskis befassen, dann gibt es keinen anderen Ort als das Drama oder den Roman, wo wir nachschauen können – das sie alles, was ihre Figuren sagen oder tun, erfinden, können wir nur durch eine Prüfung ihrer Erfindungen erfahren, ob sie wirklich die Dinge erklärt haben, die sie ihre Figuren sagen und tun lassen.

In Wissenschaften wie der Physik ist die Behauptung, daß wir ohne die Verwendung von Gesetzen nicht angemessen erklären können, plausibel. Angenommen, wir versuchen ein Ereignis (z. B. das Bersten eines Kühlers) durch ein anderes (z. B. das Absinken der Temperatur) zu erklären. Wodurch können wir wissen, daß ein Ereignis das andere tatsächlich erklärt oder sogar, daß es mit dem anderen überhaupt etwas zu tun hat, wenn wir nicht wissen, daß diese beiden Ereignisse »verknüpft« sind? Und was für eine andere Verknüpfung kann es zwischen Ereignissen geben als ein Gesetz, das uns ermöglicht, das Eintreten des einen Ereignisses aus dem Eintreten des anderen vorherzusagen? Folglich müssen die bei der Erklärung des Berstens des Kühlers vorgebrachten Aussagen zwei Bedingungen erfüllen: 1) sie müssen *wahr* sein und 2) sie müssen *wirklich erklären* – das heißt, die erklärte Tatsache muß mit den in der Erklärung angegebenen Tatsachen »verknüpft« sein. Wenn unsere Erklärung kein Gesetz enthält, das die beiden Mengen von Tatsachen verknüpft, können wir nicht wissen, daß die eine die andere tatsächlich erklärt. Das veranlaßt Hempel zu der Behauptung:

> Die Verwendung universeller empirischer Hypothesen als erklärender Prinzipien unterscheidet echte von Pseudo-Erklärungen ... [Pseudo-Erklärungen] beruhen eher auf Metaphern als auf Gesetzen; sie versuchen, uns mit Bildern und Gefühlen anzusprechen anstatt Einsichten in tatsächliche Zusammenhänge zu vermitteln.[7]

Aber die Situation ist völlig verschieden, wenn wir eine menschliche Handlung durch die Gründe des Handelnden für seine Handlung erklären. Um ein triviales Beispiel zu gebrauchen: angenommen, wir erklären, warum jemand ein Taxi nahm, indem wir sagen, daß es regnete, daß das Taxi das bequemste Verkehrsmittel war, daß er sich das Taxi leisten konnte und daß er nicht naß werden wollte. Selbstverständlich könnte man die Wahrheit dieser Erklärung anzweifeln. Aber ergäbe es irgendeinen Sinn, die Wahrheit der angegebenen Tatsachen zuzugestehen und dann zu fragen, ob diese Tatsachen wirklich erklären, warum er das Taxi nahm? Brauchen wir irgendeine Art von empirischem Gesetz, das eine »tatsächliche Verknüpfung« behauptet, damit unsere Erklärung eher »echt« als »pseudo« ist? Sicher nicht. Denn wenn wir auf diese Weise erklären, dann geben wir nicht eine

7 C. G. Hempel, »The Function of General Laws in History«, a. a. O., S. 461. Bei der Diskussion einer von Maitland gegebenen Erklärung argumentiert E. Nagel in dieselbe Richtung, daß nämlich nur dann, wenn »Maitland stillschweigend irgendeine Art von Verallgemeinerung über menschliches Verhalten voraussetzt«, es irgendeinen Grund für die Annahme gibt, daß seine Erklärung »irgendetwas« mit der erklärten Sache »zu tun hatte« (Nagel, a. a. O., S. 553).

Menge von Tatsachen (z. B. Regen und den Wunsch, nicht naß zu werden) als Bedingungen an, mit denen wir, auf der Grundlage eines allgemeinen Gesetzes, das Vorkommen einer anderen Tatsache (z. B. ein Taxi nehmen) voraussagen können. Jemand, der sagt »Ich werde ein Taxi nehmen, weil es regnet«, *sagt* nicht *voraus,* was er tun wird, er *rechtfertigt,* was er zu tun beabsichtigt, als die im Hinblick auf ein Ziel richtige Handlung. Wenn wir also eine Handlung dadurch erklären, daß wir sie als die vom Standpunkt des Handelnden aus richtige darstellen, dann ist die »Verknüpfung« zwischen der Handlung und den Gründen, die sie erklären, keine »empirische Verknüpfung«. Wir brauchen keine empirischen Wissenschaftler zu sein, um zu wissen, daß es vernünftig ist, ein Taxi zu nehmen, wenn es regnet.

Selbstverständlich kann eine empirische Verknüpfung, von welcher der Handelnde weiß oder glaubt, daß sie wahr ist, das sein, was etwas als einen Grund relevant macht – z. B. hängt die Entscheidung des Chemikers, Lackmuspapier in eine Lösung zu geben, um deren Säuregehalt zu testen, von seiner Kenntnis einer empirischen Regelmäßigkeit ab. Wenn wir nicht wüßten, daß der Chemiker diese Regelmäßigkeit kennt, dann verstünden wir nicht, warum er das, was er tat, als richtig ansah. Aber indem wir seine Handlung erklären, weisen wir auf den Sinn seines Tuns hin, auf die Gründe, die ihn veranlaßten, sich für seine Handlung als dem richtigen Mittel zu seinem Ziel zu entschließen. Und eine falsche empirische Überzeugung des Handelnden – zum Beispiel die Überzeugung eines Verbrechers, er werde nicht geschnappt, weil ... – kann dieselbe Funktion erfüllen wie eine wahre.

Daß die Verknüpfung zwischen einer Handlung und den Gründen, die sie erklären, keine »empirische Verknüpfung« ist, impliziert gewiß nicht, daß alles und jedes als ein Grund für eine Handlung angeführt werden kann. Denn es ist nicht etwas einfach deshalb ein Grund, weil jemand sagt, es sei einer. Wenn ein Einwohner von New York sagte, daß sein Grund, ein Taxi zu nehmen, sei, daß es in China regne, würden wir ihn fragen »Was hat das damit zu tun? Inwiefern ist das für Ihre Entscheidung relevant?« Er wäre vielleicht in der Lage, diese Relevanz aufzuzeigen, aber diese Möglichkeit hängt davon ab, daß in jedem bestimmten Zusammenhang bestimmte Tatsachen insofern als

Gründe für Handeln akzeptiert werden, als sie offenbar mit anderen in Beziehung stehen. Nur ist die Beziehung eher eine der *Relevanz* als der *Regelmäßigkeit.*

Folglich begreift Nagel nicht, worauf es ankommt, wenn er die Behauptung, daß Erklärungen durch Gründe Verallgemeinerungen über menschliches Verhalten voraussetzen, zu stützen versucht, indem er folgendermaßen argumentiert: selbst wenn wir gezeigt haben, daß bestimmte Faktoren tatsächlich vorlagen, dann geht daraus

> offensichtlich noch nicht hervor, welcher dieser Faktoren (oder ob überhaupt welche davon) der wirkliche Grund für das Verhalten des Handelnden war ... Die Tatsache, daß wir von einem des Mordes Angeklagten wissen, daß er sein Opfer haßte, reicht deshalb nicht aus, zu zeigen, daß er den Mord ... *aus* Haß beging – denn ... möglicherweise tötete er die Verblichene zufällig oder weil er dafür bezahlt wurde oder aus einer Reihe von anderen Gründen.[8]

Natürlich genügt der Beweis, daß der Mörder sein Opfer haßte, nicht, um zu beweisen, daß dies der Grund seines Mordes war. Aber es ist nicht wahr, daß wir die Behauptung, daß F der »wirkliche Grund« für den Mord war, nur durch die Annahme stützen können, daß »Menschen, wenn der fragliche Faktor zu den Umständen ihres Handelns gehört, sich *im allgemeinen* in einer Weise verhalten, die der Handlung ähnlich ist, die in der Beschuldigung vorkommt, so daß auch dieses Individuum ... vermutlich so handelte, wie es handelte, weil der fragliche Faktor vorlag.«[9] Wenn wir wissen wollen, was der »wirkliche Grund« war, dann werden wir normalerweise – statt derartige Verallgemeinerungen in Anspruch zu nehmen – versuchen, alles über die relevanten Ziele und Überzeugungen des Handelnden, die von ihm befolgte Strategie etc. herauszufinden – eine empirische Untersuchung, in deren Verlauf wir vielleicht Dispositionen in Anspruch nehmen oder aus Gesetzen Schlußfolgerungen ziehen.[10] Auf der Grundlage dessen, was wir dadurch herausfinden, versuchen wir eine Überlegung zu konstruieren, die das Verbrechen dadurch ver-

8 E. Nagel, a. a. O., S. 555, (Hervorhebung von Nagel).

9 ebd.

10 Gesetze und Dispositionen sind somit vielleicht Tatsachen, welche die Prämissen in unserer Erklärung stützen. Aber das zeigt keineswegs, daß wir

stehbar macht, daß sie zeigt: *falls* jemand diese Überzeugungen etc. gehabt hätte, das Verbrechen als das erscheinen mußte, was unter den gegebenen Umständen zu tun war. Und wenn wir das tatsächlich zeigen können, dann können wir berechtigterweise behaupten, den »wirklichen Grund« für das Verbrechen gefunden zu haben. Sicher geschieht etwas ähnliches vor Gericht, wenn die Anklagevertretung das »Motiv« des Angeklagten feststellen will. Keine Verallgemeinerungen sind erforderlich, denn wir brauchen sie nicht, um zu verstehen, wie der Haß des Angeklagten »wirklich erklären« *könnte,* warum er sein Opfer tötete – wie es Geld oder »eine Reihe von anderen Gründen« genausogut könnten. Es werden keine Verallgemeinerungen gebraucht, weil Gründe für einen Mord nicht, wie Nagel zu meinen scheint, kausale »Faktoren« sind, bei deren Vorliegen Menschen im allgemeinen töten. Sie sind relevante Überlegungen für einen Tötungsentschluß, und sie brauchen mit dem Mord nicht »empirisch verknüpft« zu sein wie ein Absinken der Temperatur synthetisch mit dem Bersten des Kühlers »verknüpft« sein muß, damit wir verstehen, wie das eine das andere erklären *kann.* Wenn man zeigt, daß G der »tatsächliche Grund« für den Mord war, dann zeigt man nicht die Möglichkeit, vorauszusagen, daß Menschen beim Vorliegen von G im allgemeinen töten werden; man zeigt, daß G die Überlegung war, die diesen bestimmten Menschen zu der Überzeugung brachte, daß das Töten der Verblichenen das war, was unter diesen Umständen für ihn zu tun war. Aber die Handlung wird nicht von der Überlegung logisch impliziert; das Explanans kann nicht aus dem Explanandum logisch abgeleitet werden. Woher wissen wir also, daß wir die Handlung »tatsächlich« erklärt haben? Ganz allgemein könnte man sagen, daß eine gute Erklärung durch Gründe so aussieht, daß das Explanans zur »Rechtfertigung« des Explanandum benützt werden kann. Das heißt: G ist eine gute Erklärung dafür, warum A sich

»wirklich« eher durch sie als durch Gründe erklären. Denn wenn wir etwas erklären, indem wir es aus einem Gesetz ableiten, dann sind die Tatsachen, die unsere Verwendung dieses Gesetzes als einer erklärenden Prämisse rechtfertigen, selbst kein Teil der Erklärung, noch wird die Erklärung »wirklich« durch sie geliefert. Wenn es so wäre, könnten wir nichts erklären, ohne alles zu erklären.

entschied, X zu tun, wenn es unter der Voraussetzung von A's Überzeugungen und Zielen etc. ein guter Grund ist, X zu tun. Aber woher wissen wir, daß die Überlegungen, die wir in unseren Erklärungen anführen, tatsächlich »gute Gründe« darstellen? Woher wissen wir, daß sie tatsächlich genügen, um die Handlung als die vom Standpunkt des Handelnden aus richtige zu »rechtfertigen«? Man kann und braucht nicht von vornherein die Kriterien anzugeben, die alle Erklärungen durch Gründe erfüllen müssen, um gute zu sein. Doch nicht deshalb, weil es keine Kriterien gibt, sondern weil die Kriterien kontextabhängig sind, so daß wir nur innerhalb eines besonderen erklärenden Kontexts entscheiden können, ob die angeführten Überlegungen »tatsächlich« die Handlung erklären. Warum »sieht« Jago zum Beispiel »bleich vor Gram aus« und ziert sich, irgendetwas gegen Cassius zu sagen, wenn Othello fragt, wer den Krawall angefangen hat? Weil es für seinen Plan wesentlich war, daß er die Rolle des »ehrlichen Jago« weiterspielt und weil er sich verlassen konnte, daß Othello ihn »zwingen« wird, die »Wahrheit« zu sagen und so Cassius auf jeden Fall in Ungnade fallen zu lassen, und weil diese List es ihm ermöglichte, Cassius weiter in seinem Plan zu verwenden - als ein »guter Freund« konnte er Cassius leicht vorschlagen, Desdemona zu bitten, sich bei Othello für ihn zu verwenden. Und dann »Träuf ich den Gifttrank in Othellos Ohr: daß sie zu eigner Lust zurück ihn ruft«. Deshalb entschied sich Jago, der Cassius wirklich haßte, eine Freundschaft vorzutäuschen. Selbstverständlich kann Jagos Handeln nicht von dieser Erklärung logisch abgeleitet werden. Aber wenn jemand auf sie mit den Worten reagierte »Ja, aber warum hat er so gehandelt?«, dann würden wir nicht verstehen, wonach er fragte. Welche anderen oder besseren Gründe hätte Jago haben können? Die Frage ist vielleicht nicht sinnlos, aber sie hat nur dann einen Sinn, wenn der Fragende an etwas denkt, was unsere Erklärung zweifelhaft erscheinen läßt – entweder an einige empirische Belege, die gegen die Wahrheit einer der erklärenden Prämissen sprechen, oder an eine Überlegung, die wir übersehen haben und die vielleicht die »Rechtfertigung« außer Kraft setzt, d. h. uns auffordert, das Urteil zu revidieren, daß es von Jagos Standpunkt aus gesehen ein »guter Grund« war und es unter diesen Umständen richtig war, so zu handeln. Aber einmal davon abgesehen, so kann man in diesem Zusammenhang nicht weiter fragen »Warum hat er so gehandelt?«. Wir haben eine gute Erklärung von Jagos Verhalten gefunden – sie ist durch empirische Belege abgesichert und läßt in diesem Zusammenhang keine weiteren Fragen der Art zu »warum hat er so gehandelt?« – obwohl sie natürlich nicht Jagos Handeln logisch impliziert. Warum sollte sie auch, wenn wir sie durch Gründe und nicht durch eine Ableitung aus einem allgemeinen Gesetz erklären? Man kann nicht die These vertreten, daß die Handlung nicht »wirklich« erklärt worden ist, weil sie nicht aus dem Explanans abgeleitet worden ist, ohne eine Antwort auf die Frage vorauszusetzen, was Erklären heißt.

Die logische Möglichkeit des Irrtums bleibt bestehen – eine Erklärung durch Gründe muß vielleicht im Lichte neuer empirischer Belege revidiert werden. Doch ist dies sicher kein Argument gegen derartige Erklärungen. Schließlich sind Erklärungen mit Hilfe von empirischen Gesetzen und Dispositionen auch nicht unfehlbar. Warum sollten wir logische Sicherheit erwarten, wenn wir Tatsachenfragen behandeln?

Zusammenfassend kann man sagen, daß wir verläßliche, empirische Erklärungen intentionaler Handlungen unter Bezugnahme auf die Gründe des Handelnden geben können, ohne irgendwelche Verallgemeinerungen oder Theorien über menschliches Verhalten in unserer Erklärung zu verwenden. Denn wenn wir auf diese Weise erklären, dann gibt es niemals das Problem, ob das Explanans und das Explanandum tatsächlich empirisch verknüpft sind; das einzige Problem besteht darin, herauszufinden, was de facto die Gründe des Handelnden waren. Diese herauszufinden ist ein empirisches Unternehmen, das Ableitungen enthalten mag, die auf Gesetzen und Dispositionen beruhen. Aber die Erklärung einer Handlung durch den Nachweis, daß der Handelnde überzeugt war, daß es aus diesen und jenen Gründen richtig war, so zu handeln, ist ein rationaler Prozeß, der keine empirischen Gesetze oder Theorien des Verhaltens voraussetzt.[11]

11 Natürlich bestreite ich nicht, daß es Fälle geben mag, in denen wir keine Erklärung durch Gründe finden können – z. B. »Das hatte keinen Sinn; es war ein verrückter Gefühlsausbruch.«

III

Ich will jetzt versuchen, zu zeigen, daß einige Erklärungen, welche die Psychologie liefert, auch von dieser Art sind. Ich glaube zwar, daß viele von klinischen Psychologen entwickelte Ansätze, in denen die Wichtigkeit betont wird, den Standpunkt des Patienten zu verstehen – Kellys »Psychology of Personal Constructs« ist ein Beispiel dafür[12] – am besten als Versuche, durch Gründe zu erklären, interpretiert werden. Ich werde mich hier aber auf die Art der Erklärung beschränken, welche die Psychoanalytiker oft geben, nämlich durch unbewußte Motive des Patienten (zum Beispiel, daß sie so handelte, weil sie einen unbewußten Haß auf ihre Mutter hatte). Ich wähle dieses Beispiel, weil es vertraut ist und weil es vielleicht zeigen hilft, daß die Annahme falsch wäre, Erklärungen durch Gründe könnten nur auf einen begrenzten Bereich des »rationalen« Verhaltens angewendet werden.

Eine Reihe von Autoren hat darauf hingewiesen, daß Freuds Erklärungen oft hin und her springen zwischen Feststellungen über die unbewußten Absichten und Zwecke des Neurotikers und Feststellungen über die Ursachen seiner Handlungen.[13] Freud berichtet uns zum Beispiel, während er das zwanghafte Verhalten einer Frau erklärt, daß »das tiefste Geheimnis ihrer Krankheit ist, daß sie durch diese ihren Mann vor übler Nachrede deckt (ihre örtliche Trennung von ihm rechtfertigt) und ihm ein behagliches Sonderleben ermöglicht.«[14] Dies klingt zweifellos so, als ob das

12 Kelly erklärt jemandes Handlungen durch die »Konstrukte«, die jemand verwendet, um vorwegzunehmen, was geschehen wird, wenn man auf die eine oder andere Weise handeln wird; seine Psychologie ist somit »eher ein antizipierendes als ein reaktives System« der Erklärung. Unglücklicherweise sieht Kelly nicht, daß eine Erklärung durch »Konstrukte« eher eine Erklärung durch Gründe als durch »prognostische Hypothesen« ist. Vgl. mein »Personal Constructs, Rules and the Logic of Clinical Activity«, in: *Psychological Review*, 71, 1964.

13 Vgl. die Aufsätze von S. Toulmin und A. Flew in: M. Macdonald (Hrsg.), *Philosophy and Analysis*, Oxford 1954; sowie A. C. MacIntyre, *The Unconscious*, London 1958, und A. Flew, »Motives and the Unconscious«, in: *Minnesota Studies in the Philosophy of Science*, vol. I, S. 155-172.

14 S. Freud, *Vorlesungen zur Einführung in die Psychoanalyse*, Gesammelte Werke XI, London 1940, S. 271.

»Geheimnis ihrer Krankheit« darin bestünde, daß ihr zwanghaftes Verhalten einen Sinn hat, gerade so, als ob es etwas wäre, wozu sie sich aus einem bestimmten Grund entschloß. Das wird auch dadurch nahegelegt, daß Freud uns von ihrer »Absicht« berichtet, ». . . in deren Dienst sie die Zwangshandlung ausführte, der Absicht, ein peinliches Stück der Vergangenheit zu korrigieren . . .«[15] Aber während dies nach einer Erklärung durch Gründe aussieht, so ist es eigenartig, weil ihr Verhalten zwanghaft ist – sie konnte sich nicht anders verhalten, wie also hätte sie sich dazu »entscheiden« können? – und weil sie nicht wußte, daß sie irgendeinen derartigen »Grund« hatte, denn dies war für sie keine Überlegung, als sie so handelte; wie könnte es ihr »Grund« sein? Diese Eigenartigkeit wie auch die Tatsache, daß Freud oft von psychischen »Kräften« und »Mechanismen« spricht, die verschiedene Arten von Verhalten verursachen (zum Beispiel sagt er im Zusammenhang mit demselben Fall: »Es dauerte ziemlich lange und kostete viel Mühe, bis sie begriffen und mir zugestanden hatte, daß ein solches Motiv allein die treibende Kraft der Zwangshandlung gewesen sein könnte«[16]), hat viele veranlaßt, seine Erklärungen durch unbewußte Motive eher für Erklärungen durch Ursachen, Gesetze und Theorien als für Erklärungen durch Gründe zu halten.

Nun unterscheidet sich das Verhalten der Neurotikerin offenbar in zumindest zwei wichtigen Hinsichten von dem einer Person, die intentional (d. h. aus einem Grund) handelt. Zunächst ist es »zwanghaft« – die Frau kann ihr eigenes Verhalten nicht in dem Maße kontrollieren wie das jemand kann, der zweckgerichtet handelt. Zweitens kennt sie ihren »Grund« für ihr Handeln nicht, und dieses »Nicht-Wissen« ist dynamisch – im Unterschied zu jemandem, dessen Motiv eher »vorbewußt« als »unbewußt« ist, kann sie nur nach einer »langen« Zeit und »viel Mühe« in der Analyse dazu gebracht werden, ihren »Grund« zuzugeben. Diese Unterschiede zwischen normalem und neurotischem Verhalten verlangen selbstverständlich nach einer Erklärung durch Gesetze und Theorien. Warum widerfährt das unter bestimmten Bedin-

15 ders., a. a. O., S. 286.
16 ders., a. a. O., S. 288.

gungen einigen Menschen und anderen nicht? Freuds Antwort ist seine Theorie über die Verdrängung und über die Weise, in der neurotische Symptome durch unbewußte Konflikte hervorgebracht werden können. Mit Hilfe dieser Theorie führt Freud den Zwang auf die Ursachen in der Vergangenheit des Patienten zurück – d. h. die Szene am Morgen nach der unglücklichen Hochzeitsnacht. Insofern uns Freud solche Theorien über die Symptombildung liefert, sind sie denjenigen ähnlich, die in den Naturwissenschaften gebraucht werden, und ihre Hauptpunkte können in ziemlich gleicher Weise diskutiert werden.

Aber was ist von Freuds Erklärung z. B. des zwanghaften Rituals durch den unerkannten Zweck des Handelnden zu halten? Ist sie logisch von seiner kausalen Erklärung abhängig, warum Menschen einer bestimmten Art unter Bedingungen einer bestimmten Art neurotische Symptome entwickeln? Es scheint, als ob Freud hier eine völlig andersartige Frage stellt, nämlich: Welchen »Grund« hatte sie, diese List zu benutzen? Was »erreichte« sie durch ihr zwanghaftes Verhalten? Warum »entschied« sie sich, krank zu sein? Zweifellos sind das sehr eigenartig klingende Fragen. Aber Freud scheint genau solche Fragen zu stellen und zu beantworten, wenn er uns von der »Absicht ... in deren Dienst sie die Zwangshandlung ausführte ...« berichtet oder wenn er behauptet: »Durch ihre Symptome setzt sie den Prozeß mit ihrem Manne fort.«[17] Könnten wir diesen Erklärungen durch unbewußte Motive nicht mehr abgewinnen, wenn wir sie eher als Erweiterungen von Erklärungen durch Gründe denn als eigenartige, spekulative und wahrscheinlich unbegründete Erklärungen durch Gesetze und Theorien ansähen? Obwohl neurotische Handlungen sich auffallend von normalen intentionalen Handlungen unterscheiden, so schließen die Unterschiede vielleicht doch nicht die Möglichkeit aus, die ersteren in einer Weise zu erklären, die der typischen Erklärung der letzteren analog ist. Schließlich kann, wie wir schon oben bemerkt haben, jemand intentional handeln, ohne vorher irgendwelche »Überlegungen« anzustellen. Und es ist ebenfalls wahr, daß jemand aufrichtig glauben kann, daß er aus einem ganz bestimmten Grund gehan-

17 ders., a. a. O., S. 282.

delt hat, daß er aber, nachdem er sein Gewissen erforscht und seine Motive mit Hilfe eines anderen sondiert hat, ganz deutlich bemerkt, daß er aus einem anderen Grund gehandelt hat. Zweifellos ist in diesem Fall das Motiv »vorbewußt«, und daher unterscheidet es sich erheblich von dem Fall des Neurotikers, der seine Motive verdrängt und sie nur nach einer »langen« Zeit und »viel Mühe« in der Therapie zugeben kann. Dennoch offenbaren die Handlungen des Neurotikers eine Zweckorientierung – das, was er tut, verliert seinen rätselhaften Charakter und wird verständlich, wenn wir ihn als jemanden ansehen, der etwas erreichen und etwas anderes vermeiden will. Und wenn der Analytiker sich daran macht, dem Patienten ein »unbewußtes Motiv« zuzuschreiben, dann wird, falls die Deutung richtig ist, erwartet, daß der Patient zumindest im Idealfall ihr schließlich zustimmt, obwohl die Verneinung des Motivs durch den Patienten die Deutung des Analytikers nicht entwertet. Sicherlich ähnelt die Tätigkeit des Psychoanalytikers, wenn er eine derartige Deutung der unbewußten Motive des Patienten gibt, eher der Tätigkeit des Untersuchungsrichters oder des Geschäftsmannes, wenn sie ihre »Deutung« der Handlungsgründe anderer Personen überprüfen, als der Tätigkeit des Naturwissenschaftlers, wenn er seine Hypothese über die Ursache eines bestimmten Phänomens überprüft. Wenn Freuds Patientin schließlich zugibt, daß dies das Motiv für ihre zwanghaften Handlungen war, stimmt sie dann theoretischen Überlegungen zu, die zeigen, daß dies die »bewegende Kraft« war, die ihr Verhalten verursachte? Selbstverständlich ist sie dazu nicht in der Lage. Aber sie und nur sie kann schließlich zugeben, daß dies tatsächlich der »Grund« für ihre eigenartigen Handlungen war.[18]

Der zwanghafte Charakter des Verhaltens der Neurotikerin würde es natürlich seltsam erscheinen lassen, wenn man sagte, sie »entschied« sich, etwas zu tun, was sie anscheinend nicht tun wollte (d. h. an ihrer Zwanghaftigkeit und an anderen neuroti-

18 Kelly fordert klinische Psychologen auf, dem Merksatz zu folgen: »Wenn Sie nicht wissen, was mit jemandem nicht stimmt, fragen Sie ihn; er erzählt es Ihnen vielleicht. Der Kliniker, der so etwas fragt, muß aufmerksam zuhören können.«

schen Symptomen leiden). Dennoch behaupten Psychoanalytiker zum Beispiel, daß die Neurotikerin »so krank geworden [ist], um nicht heiraten zu müssen und um beim Vater zu bleiben.«[19] Oder allgemeiner gesagt, daß die Neurose »haargenau die Methode ist, die das Individuum benützt, um sein Ich, seine Existenz zu bewahren.«[20] Sicher impliziert das, daß in den Augen der Psychologen eine Neurose nichts ist, was einem Menschen zustößt (wie eine Infektion, die durch einen Keim verursacht wird), sondern etwas, was er tut; daß in einem gewissen Sinn für die »Entscheidung« des Neurotikers, krank zu sein, relevante »Überlegungen« angeführt werden können. Darüber hinaus ist es nicht leicht einzusehen, wie der Unterschied zwischen zwanghaftem und freiem Verhalten – d. h. zwischen zwanghaftem Ritual und der Freiheit, die der Patient erreicht, wenn er sich durch die Analyse von der Zwanghaftigkeit befreit – ohne die Einführung von unbewußten »Zwecken« etc. festgestellt werden kann. Denn der Unterschied zwischen ihnen besteht nicht darin, daß im einen Falle das Verhalten verursacht ist und im anderen nicht; kausale Erklärungen können vermutlich in beiden Fällen gegeben werden. Wenn man sagt, daß die Ursachen hier verschieden sind, dann hat man recht, aber man verdeckt damit den Sinn des Unterschieds zwischen »zwanghaftem« und »freiem« Verhalten. Denn der Unterschied besteht darin, daß ein normaler Mensch tut, was er will, und die Gründe für sein Handeln kennt (oder sich ihrer leicht vergewissern kann), während das auf den Neurotiker nicht zutrifft. Und eine These der Psychoanalyse scheint zu sein, daß der Neurotiker in einem gewissen Sinne das tut, was er (unbewußt) tun »will« und daß es (unbewußte) »Gründe« für sein Handeln gibt – aber er hat diese Wünsche und Zwecke verdrängt, und er kann sich ihrer nicht ohne eine Psychotherapie bewußt werden. Der Unterschied zwischen freiem und zwanghaftem Verhalten könnte also aufgefaßt werden als der Unterschied zwischen einem Handeln, das mit den eigenen Zielen und Absichten übereinstimmt und

19 Freud, a. a. O., S. 283.

20 R. May, »Existential Bases of Psychotherapy« in: R. May (Hrsg.), *Existential Psychology*, S. 76. Freuds Behauptung, daß »ein Symptom in Wirklichkeit ein Ersatz für fehlende Befriedigung ist«, scheint einen ähnlichen Punkt zu enthalten.

einem »Getriebenwerden« von Zielen und Absichten, die man (ohne Therapie) nicht als seine eigenen erkennen kann.
Daher scheint das Verhalten von Freuds Patientin verrückt und unverständlich zu sein – welchen möglichen »Grund« könnte sie haben, mehrmals am Tage in ein anderes Zimmer zu laufen und dort in einer bestimmten Haltung stehen zu müssen, an einem Tisch, auf dem ein Fleck ist, bis das Dienstmädchen kommt? Aber dann erblickt Freud in ihren Handlungen eine Zweckorientierung. Wenn sie sich mit ihrem Ehemann identifiziert und den befleckten Tisch mit ihrem Hochzeitsbett identifiziert, dann können wir erkennen: »Die Zwangshandlung sagt also: Nein, es ist nicht wahr, er hatte sich nicht vor dem Stubenmädchen zu schämen, er war nicht impotent ...«[21] Die zwanghafte Handlung wird verstehbar – es gibt einen »Grund« für ihr Handeln – wenn wir erkennen, daß »sie der Tendenz [dient], den Mann über sein damaliges Mißgeschick zu erheben«.[22] Obwohl es in der Analyse ziemlich »lange« dauert und »viel Mühe« kostet, ehe die Patientin eingestehen kann, dieses Motiv zu haben, und von ihrer Zwanghaftigkeit geheilt werden kann, so werden all ihre Symptome *bedeutungsvoll*, wenn »wir jene Stimmen verstehen gelernt [haben], die für ihn plaidieren, die ihn entschuldigen, erhöhen, seinen Verlust beklagen«.[23] Also lernen wir erkennen, daß das zwanghafte Ritual und die übrigen Symptome tatsächlich einen Sinn haben; im Hinblick auf ihre unbewußten »Ziele« und verzerrten »Überzeugungen« hinsichtlich der Umstände mußte ihr Verhalten als das erscheinen, was zu tun war.
Die Psychoanalyse ermöglicht uns also die Erkenntnis, daß das Verhalten des Neurotikers zwar irrational ist, aber nicht a-rational: in dem Wahnsinn steckt Methode. Was als a-rational erscheint, wird mit Hilfe von unbewußten »Zwecken« und »Absichten« verständlich. Denn mit ihrer Hilfe kann der Psychoanalytiker eine »Überlegung« konstruieren, die uns zeigt, daß von dem verzerrten »Standpunkt« des Neurotikers aus dieses seltsame Verhalten »gerechtfertigt« erscheinen mußte, als das »richti-

21 Freud, a. a. O., S. 270.
22 ders., a. a. O., S. 270.
23 ders., a. a. O., S. 282.

ge«, »angemessene«, »rationale« Handeln. Und dem Patienten kann man zumindest im Idealfall erkennen helfen, daß er tatsächlich mit Hilfe dieses verzerrten »Sinns« gehandelt hat, dessen Wesen er vor sich selbst verbarg. Irrationale Handlungen können also erklärt werden, indem man dasjenige Modell erweitert, das bei der Erklärung rationaler Handlungen verwendet wird. Ich vermute, daß aus diesem Grunde »die Freudsche Psychologie haargenau der Stoff ist, auf dessen Folie der Dichter schon immer seine Kunst ausgeübt hat ... Dennoch ist die Beziehung reziprok und der Einfluß Freuds auf die Literatur ist genau so groß gewesen wie der Einfluß der Literatur auf Freud«.[24]

IV

Die richtige Einschätzung der Rolle von rationalen Erklärungen wirft ein Licht auf den »existentiellen« Ansatz in der Psychologie und auf sein Beharren darauf, daß »die gegenwärtigen Auffassungen vom Menschen in der Psychologie und der Psychiatrie unangemessen«[25] sind. Autoren, die diese Auffassung favorisieren, meinen, daß wir eine »Psychologie« entwickeln müssen, »die für die spezifischen Merkmale des Menschen als Menschen relevant« ist, eine Psychologie, die den Menschen als einzigartiges Individuum betrachtet, das wirklich Entscheidungen trifft und im Hinblick auf die Zukunft verantwortlich handelt.[26] Dieser Ansatz findet bei denjenigen klinischen Psychologen Anklang, die meinen, daß es zwischen dem, was sie als »Wissenschaftler« glauben, und dem, was sie als Therapeuten tun, einen Konflikt gibt. Carl Rogers formuliert das Problem so: um »wissenschaftlich« zu sein, muß man den Menschen als »Objekt« verstehen, das in der Therapie »manipuliert« wird; aber um ein erfolgreicher Therapeut zu sein und um seine Patienten zu verstehen, kann man

24 L. Trilling, »Freud and Literature«, in: *The liberal Imagination*, S. 44.
25 R. May (Hrsg.), *Existential Psychology*, S. 7.
26 R. May, a. a. O., S. 39-51; vgl. im selben Werk A. H. Maslow, S. 55-58, und G. Allport, S. 95.

nicht so handeln.[27] Daher wird in der Psychologie ein Konflikt angenommen zwischen dem »objektiven« Ansatz, wonach »der Weg zum Verständnis von außen kommt«, und dem »existentiellen« Ansatz, wonach »der Weg zum Verständnis immanent« ist.[28] Und Rogers hat vorgeschlagen, diesen Konflikt durch eine »Veränderung des Bildes von der Wissenschaft« zu lösen, die anerkennt, daß »auch die Wissenschaft an ihrem Anfang eine ›Ich-Du‹-Beziehung mit der Welt der wahrgenommenen Gegenstände ist, ebenso wie die Therapie in ihrem tiefsten Sinne eine ›Ich-Du‹-Beziehung mit einer Person ist«.[29]

Sicher kann man dem legitimen Anspruch von Psychologen wie Rogers, May und Maslow gerecht werden, ohne das verzweifelte Mittel einer Buberschen Interpretation der Physik zu übernehmen. Was für den Menschen als Menschen spezifisch ist, das ist seine entwickelte Fähigkeit, Sprache zu verwenden. Diese Fähigkeit ermöglicht es dem Menschen, intentional (d. h. aus einem Grund) zu handeln. Denn obwohl ein Mensch etwas absichtlich tun kann, ohne jemals seine Gründe dafür zu formulieren, so würden wir die Menschen nicht als intentional Handelnde beschreiben, wenn sie niemals sagen könnten, was sie tun und warum sie es tun. Von einem Stein zu sagen, er habe einen Grund für sein Fallen, ist Unsinn, und von einer Ratte zu sagen, sie bewege sich, »um« einen Elektroschock zu vermeiden, ist eine äußerst metaphorische Redeweise. Aber die Beschreibungen, die wir normalerweise auf spezifisch menschliche Tätigkeiten anwenden – zum Beispiel: er telefonierte, unterzeichnete, schmiedete Ränke, bezahlte, kaufte, heiratete etc. – sind Beschreibungen intentionaler Handlungen, und der Handelnde hat normalerweise einen Grund dafür, sie zu tun.

Betrachten wir nun eine intentionale Handlung wie Jagos Ränke-

27 C. Rogers, »Persons or Science? A Philosophical Question« in: *American Psychologist,* 10, 1955, S. 267-278.

28 C. Rogers, »Two Divergent Trends« in: R. May, a. a. O., besonders S. 86-88.

29 C. Rogers, »Persons or Science?« a. a. O., S. 278. In derselben Hinsicht verlangt Maslow eine »Revolution in der Wissenschaftstheorie ... (die) nicht nur die Wissenschaft der Psychologie, sondern auch alle übrigen Wissenschaften berühren wird«, in: R. May, a. a. O., S. 58.

schmieden gegen Othello. Zweifellos macht Jago verschiedene Bewegungen und gibt verschiedene Laute von sich, und das sind »klare Daten« für die direkte Sinneswahrnehmung, die von »außen« ohne jede Bezugnahme auf die Vorgänge in Jagos Kopf beschrieben werden können. Diejenigen Psychologen, die behaupten, daß »das Verhalten des Menschen, ob verbal oder nicht, in der externen Welt des Wissenschaftlers ebenso ein Ereignis ist wie das Verhalten einer Ratte«[30], behaupten, daß die Psychologie als eine Wissenschaft sich auf diesen externen Beobachterstandpunkt beschränken muß. Aber wenn sie das tut, dann beschäftigt sie sich nicht mit »verbalem Verhalten«, falls dieses mehr als ein Hervorbringen von Tönen sein soll. Denn wenn wir die Menschen als »sprechende« Wesen beschreiben, dann setzt unsere Beschreibung voraus, daß sie Wörter gebrauchen, die Bedeutungen haben, Wörter, die in Übereinstimmung mit einem Regelsystem kombiniert werden. Aber Bedeutungen und Regeln sind keine »Ereignisse in der externen Welt«. Wenn wir also das, was geschieht, von einem rein externen Standpunkt als ein bloßes Eintreten von Ereignissen (d. h. das Hervorbringen bestimmter Töne) beschreiben, können wir es nicht zugleich als »Sprechen« beschreiben.

Ebensowenig können wir uns auf den »externen Standpunkt« beschränken, wenn wir das, was Jago tut, *als* Ränkeschmieden beschreiben wollen. Denn »Ränkeschmieden« ist nicht logisch äquivalent mit einer physikalischen Beschreibung einiger komplizierter Reihen von Bewegungen und Tönen. Wenn Jago tatsächlich Ränke schmiedet, dann muß er *verstehen,* was er tut, dann muß er sich der Beziehung zwischen seinem gegenwärtigen Handeln und dessen Folgen für Othello bewußt sein. Seine Handlung ist zweckgerichtet. Er verwendet Mittel, um einen Zweck zu erreichen, und wir können fragen, ob das, was er getan hat, richtig, angemessen, rational war – Fragen, die keinen Sinn ergeben, wenn sie an eine rein physikalische Beschreibung seiner Bewegungen gestellt würde. Wenn Jago mit seinen Handlungen nicht beabsichtigen würde, bestimmte zukünftige Folgen zu erreichen, dann könnten wir das, was er tut, nicht als »Ränkeschmieden«

30 Mandler and Kessen, a. a. O., S. 37.

beschreiben. Wenn wir also Jago auf diese Weise beschreiben, dann unterstellen wir seinen Worten und Taten eine Bedeutung, die der direkten Sinneswahrnehmung nicht zugänglich ist und die nur verstanden wird, wenn wir seine Absichten verstehen. Aber Absichten sind nicht bloß »Ereignisse in der externen Welt«.[31] Wenn wir sagen, daß Jago »Ränke schmiedet« (oder daß er eine andere intentionale Handlung ausführt), behaupten wir natürlich nicht das Eintreten irgendwelcher anderer oder zusätzlicher Ereignisse als diejenigen, auf die in einer physikalischen Beschreibung seiner Bewegungen und Töne Bezug genommen wird. Dieselbe Tätigkeit kann auf mehrfache Weise beschrieben werden, und was jemand tut, wenn er Ränke schmiedet, kann ebenfalls als eine komplizierte Reihe von Bewegungen und Tönen beschrieben werden. Insofern wir das, was geschieht, auf diese Weise beschreiben, beschäftigen wir uns mit »Ereignissen in der externen Welt«, die von »außen« erklärt werden können, vielleicht mit Hilfe einer neurophysiologischen Theorie. Aber wenn wir das tun, beschäftigen wir uns nicht damit, was diejenigen interessiert, die spezifisch menschliches Verhalten – zum Beispiel Ränke schmieden, Heiraten etc. – erforschen, sondern damit, was den Physiologen interessiert – das heißt die Bewegungen und Töne, die unter bestimmten Bedingungen von menschlichen Organismen hervorgebracht bzw. gemacht werden. Wenn auf der anderen Seite wir uns mit intentionalen Handlungen beschäftigen, dann sind wir mit einem Verhalten befaßt, das als etwas beschrieben wird, das einen Sinn hat, einen Sinn, der nur von »innen« mit Hilfe der Überlegungen verstanden werden kann, die den Handelnden zu der Überzeugung brachten, daß diese Handlung das war, was zu tun war. Neurophysiologen können uns nicht sagen, warum Jago gegen Othello Ränke schmiedete, aber »die Leutnantsstelle erhalten« kann das. Und wenn wir durch Gründe erklären, dann ist unser »Bild vom Menschen« dasjenige, das durch den existentiellen Ansatz favorisiert wird – hier erblicken

31 Natürlich bestreite ich nicht, daß wir seine Absichten durch das entdekken, was er sagt und tut oder unter bestimmten Umständen sagen und tun würde. Aber dann sind die Dinge, die er sagt und tut, nicht *nur* »Ereignisse in der externen Welt«.

wir den verantwortlichen Handelnden, der Entscheidungen trifft und mit Blick auf die Zukunft handelt.

Weil nur Menschen rational handeln können, können nur sie irrational handeln. Und ihre Irrationalität ebenso wie ihre Rationalität kann auf eine Weise erklärt werden, in der das Verhalten von Dingen, die niemals aus Gründen handeln, nicht erklärt werden kann. Das ist nach meiner Vermutung die gültige Einsicht der »existentiellen Psychologie«.

Pragmatische Aspekte des Erklärens
(1966)

Wie können Gründe Handlungen erklären? Was bezeichnet »weil«, wenn wir sagen: »Er tat dies, weil...«, und dann die Intentionen des Handelnden nennen? Die Antwort hängt davon ab, was als Erklärung gilt. Die Wissenschaftsgeschichte zeigt, daß die Akzeptierbarkeit von Erklärungen zum Teil von einer wissenschaftlichen Gemeinschaft abhängt, die beschlossen hat, ihrer Forschungstätigkeit die eine oder andere Richtung zu geben. Der erste Teil des Artikels beschäftigt sich mit diesem pragmatischen Aspekt von Erklärungen. Der zweite Teil versucht, anhand dieser Untersuchung zu erhellen, wie Gründe Handlungen erklären können. Anschließend wird die Möglichkeit erörtert, ob unsere alltäglichen, »zweckorientierten« Handlungserklärungen zugunsten einer »mechanistischen«, neurophysiologischen Erklärung aufgegeben werden können.

I

Was bezeichnet »weil« in dem Satz »Der Meeresspiegel verändert sich, weil sich die Gravitationskraft verändert, die auf das Wasser einwirkt«? Es besaß nicht immer erklärende Kraft. In der Rezension der *Principia* im *Journal des Scavants* aus dem Jahre 1688 heißt es, daß das Buch *»une méchanique«* darstelle, »la plus parfaite qu'on puisse imaginer... mais il faut avouer qu' on ne peut regarder ces démonstrations que comme méchaniques«. Der Rezensent hält die *Principia* für eine bloße »Mechanik«, die nicht, wie sie sich anheischig macht, ein physikalisches Weltsystem darstellt. Der Rezensent sieht sie nämlich auf Hypothesen gegründet, »qui sont, la pluspart, arbitraires«. So entwickelt Newton eine Theorie der Gezeiten aus dem Prinzip der gegenseitigen Anziehung zwischen Planeten, »mais, comme cette supposition est arbitraire, n'ayant pas été prouvée, la démonstration qui en dépend ne peut être que méchanique« (zitiert in [29] S. 256). Wie war es möglich, die Anziehungskraft der Gravitation als eine willkürliche und unbewiesene Annahme anzusehen? Huygens beantwortet diese Frage, indem er sagt, er habe nichts gegen Newtons *vis centripeta,* »parce que non seulment on scait par expérience qu'il y a une telle manière d'attraction ou d'impulsion dans la nature, mais qu'aussi elle s'explique par les lois du mouvement« ([21], S. 160). Huygens gesteht Newton zu, er habe bewiesen, daß die Planeten aufeinander zustrebten, wie es sein zweites Gesetz aussage, doch er leugnet, daß die Anziehungskraft Gravitation eine inhärente Eigenschaft der Materie sei und daß sie die Bewegung der Gezeiten oder irgend etwas anderes erklären könne. Huygens ist noch nicht einmal davon überzeugt, daß Newton dies wirklich meint – »je ne crois pas que Mr. Newton consente, parce qu'une telle hypothèse nous en ligneroit fort des principes Mathématiques ou Méchaniques« ([21], S. 163). Huygens hielt das zweite Newtonsche Gesetz wie die meisten Wissenschaftler seiner Zeit für eine bloße Regelmäßigkeit in den Erscheinungen, die es noch durch »mechanische Prinzipien« zu erklären gelte. Nach ihrer Auffassung hatte Newton eine solche Erklärung nicht geliefert. Denn die Annahme, daß die Gravitation eine inhärente Eigenschaft der Materie sei, die sich über Entfernung auswirke, sei »willkürlich und ohne Beweis«. Deshalb hielten diese Wissenschaftler Newtons Theorie für eine bloße »Mechanik«, ein mathematisches Rechenmittel, das dazu diene, Phänomene vorherzusagen. Sie sei aber nicht in der Lage, eine überzeugende Erklärung zu liefern. Der gleiche Einwand wurde noch 1740 von Gamaches geltend gemacht, der im Hinblick auf Newton ironisch anmerkte:

> Er verbannte die Physik in dem Gefühl, daß sie ihn ständig in Verwirrung stürzen würde, aus seiner Philosophie ... so wurde diesem herausragenden Rivalen Descartes' die einzigartige Befriedigung zuteil, ein großer Philosoph zu sein, allein weil er ein großer Mathematiker war (zitiert in [12]*, S. 49).

* Die Ziffern in eckigen Klammern beziehen sich auf das Literaturverzeichnis im Anschluß an diesen Beitrag.

Diese Auffassung steht in krassem Gegensatz zu der Einstellung, die man im 19. Jahrhundert vertrat und die z. B. Maxwell formulierte:

Wenn sich ein physikalisches Phänomen vollständig als eine Veränderung in der Anordnung und Bewegung eines materiellen Systems beschreiben läßt, gilt die dynamische Erklärung des Phänomens als vollständig. Wir können uns keine weitere Erklärung als notwendig, wünschenswert oder möglich vorstellen. Sobald wir nämlich wissen, was mit den Worten Anordnung, Masse und Kraft gemeint ist, erkennen wir, daß die Vorstellungen, die sie wiedergeben, so elementar sind, daß sie durch nichts anderes erklärt werden können... die Lehre der universellen Gravitation, die [Newton] aufgestellt hat... erklärt die beobachteten Bewegungen unseres Systems ([26], S. 418 f.).

Da der Begriff der intelligiblen Erklärung sich im Laufe der Zeit offensichtlich verändert, ist man zu der Annahme versucht, daß die »Intelligibilität« von Erklärungen eine bloß subjektive, psychologische Frage sei. Wenn die Wissenschaftler des 17. Jahrhunderts Erklärungen, die sich auf die Wirkung von Kräften zwischen materiellen Teilchen beriefen, für nicht-intelligibel hielten, zeigt dies nur, daß sich Menschen von Neuem verwirrt zeigen, während das Vertraute intelligibel erscheint. Im 19. Jahrhundert, als die Menschen sich an die Vorstellung gewöhnt hatten, empfanden sie solche Erklärungen als durchaus intelligibel.[1] Doch Intelligibilität hat einen Aspekt, der systematischer und nicht psychologischer Natur ist. Auch wenn an jedem Sonntag alle Schweizer Käse grün würden – und wir mit dieser Erscheinung völlig vertraut würden, sie insofern überhaupt nicht mehr überraschend wäre –, würden wir »weil es Sonntag ist« nicht als intelligible Erklärung dafür akzeptieren, daß der Käse grün ist. Wir würden die Tatsache, daß dies stets am Sonntag geschieht, als bloße Koinzidenz betrachten, weil so etwas nicht zu den Dingen gehört, die das Verhalten von Käse erklären. Wie sollte die Tatsache, daß es Sonntag ist, irgend etwas damit zu tun haben? Natürlich kann man sich Umstände vorstellen, unter denen »weil es Sonntag ist« zumindest eine Erklärung auf »einfacher Ebene« für das Verhalten des Käses wäre, wie »weil es Sonntag ist« eine

1 Zu dieser Auffassung vgl. P. Frank, Why do Scientists and Philosophers So Often Disagree About the Merits of a New Theory? in [16].

Erklärung auf einfacher Ebene für den Umstand sein kann, daß Mutter einen Hut trägt. Dies läßt sich dadurch erklären, daß es Sonntag ist, wenn diese Regelmäßigkeit in ihrem Verhalten durch Verweis auf einen sozialen Kontext intelligibel wird – wenn sie z. B. am Sonntag immer einen Hut trägt, weil sie in die Kirche geht. Ebenso könnte eine religiöse Sitte, die verlangt, daß am Samstagabend überall bestimmte Sporen von Käsepilzen ausgestreut werden, in Verbindung mit unseren chemischen Kenntnissen die Regelmäßigkeit im Verhalten des Käses intelligibel machen. Angesichts der Überzeugungen, die die meisten von uns hier und jetzt haben, würden wir, wenn Schweizer Käse sonntags regelmäßig grün würde, aus dieser empirischen Generalisierung schließen, daß das sonntägliche Grünwerden dieses Käses keine besondere Erklärung verlangt, sondern etwas ist, das alle Käse tun. Doch auch, wenn wir wüßten, daß alle grün werden, würden wir deshalb noch nicht verstehen, warum dieser grün wird, noch würde die Tatsache, daß es regelmäßig geschieht, erklären, warum es geschieht. Denn die Regelmäßigkeit selbst wäre nichtintelligibel. Wir müßten unser System von Überzeugungen so modifizieren, daß die Regelmäßigkeit nicht länger »rein phänomenal« wäre. Sie müßte sich in den Kontext unserer übrigen verwandten Überzeugungen einfügen. Solange dies nicht geschehen wäre, wäre »Warum werden alle Schweizer Käse sonntags grün?« weniger eine neue Frage als lediglich das Echo auf die Verwunderung, die in der am Sonntag geäußerten Frage »Warum wird dieser Käse grün?« zum Ausdruck kommt. Das Verhalten mag durch Wiederholung noch so vertraut werden – es würde trotzdem nicht intelligibel werden, weil es nicht zu dem paßt, was wir sonst wissen. Entscheidend ist, daß wir, wenn wir X als etwas erkennen, das einer Erklärung bedarf, uns an einem Bezugssystem von Überzeugungen, einem Hintergrund von Erwartungen über das Verhalten der Dinge orientieren. Dieses Bezugssystem bestimmt auch, welche Gesichtspunkte in einer intelligiblen Erklärung von X auftauchen können. Angesichts dieses theoretischen Bezugssystems kann die Tatsache, daß es Sonntag ist, nichts damit zu tun haben, daß Käse grün wird – das ist der falsche Weg (eine »willkürliche Annahme«), um zu erklären, was mit Käse geschieht.

Intelligibilität besitzt einen systematischen Aspekt, weil der Versuch des Wissenschaftlers, die Phänomene zu erklären, regelgeleitet ist. Die Regeln, die nun die Forschungstätigkeiten des 17. Jahrhunderts leiteten, wurden durch die »mechanische« oder »Korpuskel-Theorie« verkörpert. Wenn es auch Meinungsverschiedenheiten zwischen Cartesianern und Atomisten gab, wies Boyle doch zu Recht darauf hin, daß »ein Mensch von versöhnlichem Wesen« in ihnen ein und dieselbe theoretische Grundauffassung erkennen könne, »die, da sie die Dinge durch Korpuskeln oder winzige Materieteilchen erklärt, (nicht ohne Grund) ›korpuskular‹ genannt werden kann« (zitiert in [4], S. 82). Mit dem Zusammenprall von Korpuskeln konnte Boyle eine erstaunliche Vielfalt physikalischer und chemischer Erscheinungen erklären ([4], *passim* und [5], S. 464 ff. und 488 ff.). Selbst das Verhalten des Lichtes ließ sich durch Huygens auf solch eine Erklärung zurückführen. Infolge dieser triumphalen Erfolge »war die ›Korpuskel-Theorie‹ für Newton und seine Zeitgenossen eine anerkannte Grundbedingung wissenschaftlichen Denkens und nahm dort fast den gleichen Rang ein wie das Prinzip von Ursache und Wirkung« ([7], S. 145). Unter anderem findet diese Überzeugung ihren Ausdruck in Leibnizens Behauptung, daß Anziehung zwischen Körpern »nur in erklärbarer Weise erfolgen kann, d. h. durch Anstoß feinster Körper« (zitiert in [20], S. 160). Da die Wissenschaftler des 17. Jahrhunderts keinen Unterschied zwischen der Erklärung eines Phänomens und dem Beweis sahen, daß es auf korpuskulare Anstöße zurückgehe, betrachteten sie das zweite Newtonsche Gesetz als eine bloß phänomenale Beschreibung eines Tatbestandes, der noch zu erklären blieb. Weitgehend teilte Newton diese Auffassung.[2] Nun ist häufig darauf

2 Newton selbst stellt Überlegungen an, ob es möglich sei, die Gravitation hydrostatisch auf unterschiedliche Dichte des »ätherischen Mediums« zurückzuführen ([32], Query 22). Er war mit dieser Erklärung jedoch unzufrieden, weil sie absurde Konsequenzen nach sich zu ziehen schien ([32], Query 18). Er beschäftigte sich auch mit der Möglichkeit, daß die kleinen Teilchen der Materie »Fähigkeiten, Eigenschaften oder Kräfte besitzen, durch die sie über eine Entfernung hin wirken können« ([32], Query 31). An anderer Stelle meint er jedoch, es sei »unvorstellbar«, daß Materie »ohne gegenseitige Be-

hingewiesen worden, daß akzeptierte Gesetze und Theorien als Regeln dienen können, die die Forschungstätigkeit anleiten. Nach der »instrumentellen« Auffassung von Theorien fungieren akzeptierte Gesetze oder gesetzesähnliche Generalisierungen häufig als Regeln, nach denen sich Hypothesen richten, statt als Prämissen für Schlußfolgerungen zu dienen. Ich möchte im folgenden zeigen, daß wir den methodologischen Aspekt von Diskussionen über die »Intelligibilität« von Erklärungen – z. B. Diskussionen darüber, ob das Gravitationsgesetz eine akzeptable Erklärung für Phänomene ist oder nicht – verstehen können, indem wir uns die Grundregeln, die die wissenschaftliche Forschungstätigkeit in einem bestimmten historischen Zeitraum leiten, als Regeln vorstellen, die eine akzeptierte (soziale) Erklärungspraxis definieren. Die Verfahrensregel der Korpuskel-Theorie verlangte, daß alle wissenschaftlichen Erklärungen anhand der Anstöße zwischen Teilchen mit nur primären Eigenschaften zu liefern seien. Wir müssen uns klar machen, daß die Anhänger der Theorie sie nicht als bloße Faustregel verstanden, die die bislang brauchbaren Erklärungstechniken zusammenfaßte. Ebensowenig waren sie der Auffassung, daß die akzeptierten Gesetze des elastischen Stoßes lediglich zusammenfaßten, wie sich Körper in der Vergangenheit verhalten hatten. Vielmehr muß man sich diese Verfahrensregel ebenso wie die Gesetze des elastischen Stoßes (Huygens' »règles du mouvement«) als Regeln vorstellen, die die Erklärungspraxis definierten, welche die Wissenschaftler des späten 17. Jahrhunderts akzeptierten.[3] Sie waren sozusagen »die Spielregeln«. Beim Entwurf einer Erklärung hatte man diesen Regeln zu

rührung auf andere Materie einwirken« könne. Er verwirft die Vorstellung, daß die Gravitation »der Materie naturgegeben, inhärent und wesentlich« sei, als »Absurdität« (Brief an Bentley, zitiert in Cajoris Anhang zu den *Principia*, Bd. II, S. 634). Während Newton sich sehr vorsichtig ausdrückt, so daß sich seine Auffassungen zu dieser Frage nur schwer bestimmen lassen, sind sich die meisten Kommentatoren in jüngerer Zeit doch darüber einig, daß man ihn nicht als »Newtonianer« einstufen könne ([8], Bd. II, S. 320 ff; [7], Kap. 4 u. 5; [5], S. 516 ff.).

3 Zur Unterscheidung zwischen der Auffassung, die Regeln als Zusammenfassung versteht, und derjenigen, die die Wirkung von Regeln darin sieht, die Praxis zu definieren, vgl. [34].

folgen, weil sie sonst nicht als Erklärung zählte. Deshalb weigerten sich die Wissenschaftler jener Zeit, Gravitationskraft als Erklärung der Phänomene zu akzeptieren. Als die wissenschaftliche Gemeinschaft dennoch Kräften, die sich zwischen Materieteilchen über eine Entfernung hin auswirkten, einen Erklärungswert zugestand, handelte es sich nicht um einen nur psychologischen Sinneswandel – die Erklärungspraxis hatte sich verändert: die Regeln, denen man zu folgen hatte, wenn man eine wissenschaftliche Erklärung liefern wollte, waren andere geworden.

Neuere historiographische Untersuchungen untermauern, daß die Entwicklung der Wissenschaft sich nicht als das kumulative Ergebnis einer Tätigkeit ansehen läßt, die immer in derselben Weise ausgeführt wurde. Agassi ist der Auffassung, die Wissenschaft entwickle sich aus dem Widerspruch zwischen »widerstreitenden Schulen wissenschaftlichen Denkens«, die sich über die grundsätzlichen Probleme und die Methoden uneins sind, mit denen jene zu lösen seien ([1], S. 23 ff.). Kuhn dagegen rückt die Bedeutung der »wissenschaftlichen Revolutionen« in den Mittelpunkt. Durch sie hat die Fachwissenschaft ihre Anschauungen über das Gebiet, ihre Methoden und ihre Ziele geändert ([24], S. 98). Feyerabend orientiert sich mehr an logischen als an historischen Gesichtspunkten und meint, daß die Beziehung zwischen aufeinanderfolgenden übergreifenden Theorien nicht eine der »Reduktion« sein könne, in der Bedeutungen unverändert erhalten bleiben ([15]). Solche Untersuchungen zeigen, daß die Akzeptierbarkeit einer Erklärung nicht nur von ihrer Beziehung zu den Fakten abhängt, sondern auch von ihrer Beziehung zu den Regeln wissenschaftlicher Praxis in verschiedenen Epochen. Solche Regeln schreiben vor, wie Fakten einzuordnen und zu verstehen sind.

Daß die wissenschaftliche Tätigkeit einer bestimmten Zeit oder »Schule« zu Recht als eine Praxis bezeichnet werden kann, die sich herausgebildet hat, wird deutlich, wenn wir uns daran erinnern, daß Wissenschaft nicht eine Tätigkeit ist, der man ohne Ausbildung nachgehen kann. Die wissenschaftliche Ausbildung besteht nun darin, daß man die akzeptierten Konzepte und Gesetze erlernt und die Fähigkeit erwirbt, sie auf die Lösung von Problemen anzuwenden. Dabei setzt die Formulierung des Problems die Konzepte und Gesetze gewöhnlich schon voraus.[4] Während der Student zum Wissenschaftler ausgebildet wird, lernt er in einer ganz bestimmten Weise zu beobachten, Experimente zu entwerfen und zu erklären, je nachdem was die akzeptierten Regeln verlangen oder gestatten. Sein Lehrer korrigiert ihn, indem er sich auf diese Regeln beruft. Denn Gesetze fungieren im Unterschied zu empirischen Korrelationen als Standards ([37], S. 79 ff.). Sie können von Fakten nicht direkt falsifiziert werden, da die Fakten, so wie sie sich darbieten, selbst durch diese Gesetze erklärt werden müssen. Die Gesetze, die der Wissenschaftler lernt, informieren ihn darüber, was zu geschehen hat, »wenn alle anderen Bedingungen gleich sind«. Wenn er auf etwas stößt, was sich angesichts der akzeptierten Gesetze als Anomalie darstellt, beruft er sich auf andere von der wissenschaftlichen Gemeinschaft akzeptierte Gesetze, um zu zeigen, warum die anderen Bedingungen in diesem Falle nicht gleich waren. Die Fertigkeit,

4 Meine Ausführungen in diesem Abschnitt gehen – wie deutlich zu erkennen ist – auf die Schrift *Die Struktur wissenschaftlicher Revolutionen* von Kuhn zurück. Ich möchte Professor Kuhn an dieser Stelle dafür danken, daß er mir zu früheren Fassungen dieses Abschnitts meines Aufsatzes wertvolle Anregungen gab. Doch wo Kuhn von »Paradigmen« spricht, und ihnen eine bestimmende Rolle für die Forschungstradition zuweist, befasse ich mich mit den Regeln, die die Erklärungspraxis definieren. Dafür gibt es zahlreiche Gründe, auch abgesehen von den Problemen, die seine globale Verwendungsweise von »Paradigma« schafft (»gleichsam maßgebende Erläuterungen verschiedener Theorien in ihrer Anwendung in bezug auf Begriffsbildung, Beobachtung und Apparaturen. Das sind die Paradigmata der Gemeinschaft, wie sie in ihren Lehrbüchern ... zutage treten«, a. a. O., S. 57). Denn ich bin der Auffassung, daß die Schwierigkeiten, die Kuhn für den Fall befürchtet, daß man den Regeln einen zentralen Platz zugesteht (Kap. V), dadurch ausgeräumt werden können, daß wir an andere Praktiken denken, die von Regeln definiert werden: Obgleich Versprechen eine soziale Praxis ist, sind die Regeln, die es definieren, nicht vollständig niedergelegt. Es ist Raum für unterschiedliche Auffassungen darüber, wie sie genau zu formulieren und wie sie in bestimmten Fällen anzuwenden sind. Normalerweise lernt man die Praxis dadurch, daß man »das Spiel spielt«, statt daß man die Regeln aufzusagen lernt. Im allgemeinen werden die Regeln als selbstverständlich angesehen, so daß ein Streit über sie erst entsteht, wenn die Praxis selbst in Zweifel gezogen wird. Kuhn möchte die Regeln nicht in den Mittelpunkt stellen, weil der

die der Wissenschaftler in seiner Ausbildung erworben hat, beweist sich in der Gewandtheit, mit der er sich des akzeptierten Bezugssystems zu bedienen weiß, um die außergewöhnlichen Bedingungen zu entdecken, die vorliegen, wenn die Erscheinungen sich nicht so darbieten, wie es zu erwarten war. Auf diese Weise liefert der Wissenschaftler eine intelligible Erklärung für anomales Verhalten.

Betrachten wir beispielsweise die folgende Äußerung Newtons:

> Wir wissen nicht, wie die Alten die Frage erklärten, wodurch die Planeten ... von den geradlinigen Bahnen, die sie – sich selbst überlassen – verfolgen müßten, in regelmäßig gekrümmte Umlaufbahnen gebracht werden ([31], Bd. 2, S. 550).

Nach Newtons Auffassung, hat Aristoteles überhaupt keine Erklärung für die Planetenbewegungen geliefert. Wie kann auch die Tatsache, daß sie Himmelskörper sind, irgend etwas mit ihrer

Historiker – wie er völlig zu Recht feststellt – nicht den »gesamten Regelsatz« rekonstruieren kann, der eine wissenschaftliche Tradition bestimmt. Doch obgleich es genauso unmöglich ist, den gesamten Regelsatz zusammenzustellen, der die Praxis des Versprechens bestimmt – d. h. einen Satz solcher Regeln, der vollständig darüber Auskunft gibt, was in jeder nur denkbaren Situation, die sich im Zusammenhang mit Versprechen ergeben kann, zu geschehen hat –, ist Versprechen eine regelgeleitete Praxis. Viel Verwirrung kann durch die Feststellung beseitigt werden, daß es einen grundsätzlichen Unterschied zwischen den Uneinigkeiten gibt, die sich auf Regeln berufen (auch wenn diese im voraus nicht genau festgelegt wurden), und jenen, denen es um die Akzeptierbarkeit der Regeln geht [34]. Ferner schreiben Regeln vor, nach Erklärungen welcher Art man zu suchen hat, nicht jedoch, ob eine Erklärung dieser Art sich tatsächlich finden läßt. Deshalb hat man es bei einer Analogie zu einer von Regeln definierten Praxis (statt zu »Paradigmen«) leichter, präskriptive Fragen, die die Form wissenschaftlicher Theorien betreffen, von deskriptiven Fragen zu unterscheiden, die den empirischen Inhalt solcher Theorien betreffen. Die Analogie weist auch darauf hin, daß sich die Rechtfertigung einer Maßnahme, die zu dieser Praxis gehört, von der Rechtfertigung der Praxis selbst unterscheidet. Diese zweite Rechtfertigung kann auch rationale Formen annehmen. Außerdem läßt sich anhand ihrer die Beziehung zwischen der Erklärungspraxis in den Wissenschaften und unserer normalen Erklärungsweise untersuchen (die ohne Lehrbücher, Instrumente usw. auskommt).

Bewegung in gekrümmten Umlaufbahnen zu tun haben? Doch Aristoteles, der qualitativen Unterschieden eine grundsätzliche Bedeutung einräumte, hätte die Einheitlichkeit und Kontinuität, die Newtons Schlußregeln fordern, zurückgewiesen. Er hätte die Auffassung vertreten, daß Kreisumlaufbahnen irgendeine weitere Erklärung weder verlangen noch zulassen, da solche Bewegungen den Himmelskörpern »natürlich« sind. Angesichts des Beweises, daß die Umlaufbahnen elliptisch sind, wäre ein Aristoteliker natürlich gezwungen, eine Erklärung zu finden. Er müßte erklären, warum die Planeten aus ihrer kreisförmigen Umlaufbahn gebracht werden.[5] Diese Erklärung hätte davon ausgehen müssen, daß der bewegende Faktor »in unmittelbarer Berührung mit dem bewegten Gegenstand ist« ([3], S. 243 a). Vom aristotelischen Standpunkt aus wäre die Newtonsche Erklärung elliptischer Umlaufbahnen keinesfalls zu akzeptieren gewesen.
Die gänzliche Unvereinbarkeit der Auffassungen von Aristoteles und Newton zeigt, in welchem Maße die Fakten, die der Erklärung bedürfen, und die Gesichtspunkte, die sie erklären können, von den Regeln abhängen, die der Wissenschaftler von der Gemeinschaft bezieht, in der er seine Ausbildung erhält. Da die Konzepte, deren sich ein Anhänger des Aristoteles und ein Anhänger Newtons zur Klassifizierung der Phänomene bedienen würden, verschieden sind, muß ihre Darstellung der planetarischen Erscheinungen unterschiedlich ausfallen ([27], Kap. I und II). Denn als Teil seiner Ausbildung erfährt der Wissenschaftler, wie Phänomene verschiedener Art »sich zu verhalten haben« – z. B. wird der Anhänger Newtons die Auffassung haben, daß sich ein Planet wie jeder andere bewegte Körper in einer geradlinigen Bahn fortbewegen muß, wenn nicht irgendeine Kraft auf ihn einwirkt, während der Anhänger des Aristoteles der Meinung sein wird, ein Himmelskörper müsse seine gleichförmige Kreisbewegung fortsetzen, wenn ihm nicht »Gewalt« angetan wird. So erwirbt der Wissenschaftler Regeln, anhand derer er »normales«, »angemessenes« Verhalten erkennen kann. Diese Regeln sind die

5 So akzeptierte Kepler die einheitliche Kreisbewegung als natürlich und nahm störende Kräfte an, die diese Kreisbewegung zu einer Ellipse verformen, deren einer Mittelpunkt die Sonne ist ([20], S. 129 ff.).

Voraussetzung dafür, daß er »abweichende«, »anomale« Verhaltensweisen erkennen kann, die der Erklärung bedürfen. Natürlich schreibt Newtons erstes Gesetz, als Regel verstanden, den Phänomenen nicht vor, was sie zu tun haben. Aber es schreibt dem Wissenschaftler vor, was er zu tun hat – es teilt ihm mit, daß es einen Grund dafür geben muß, daß z. B. ein Planet aus einer geradlinigen Bahn gebracht wird. Es weist auch darauf hin, wie die Tatsache erklärt werden muß, daß der Planet sich nicht so verhält, wie er es sollte.

Der Unterschied zwischen den Anhängern der Korpuskular-Theorie und den Anhängern Newtons war also ein – wenn auch weniger radikaler – Unterschied der Vorschriften. Will ein Wissenschaftler eine intelligible Erklärung liefern – eine Erklärung, die von seinen Kollegen akzeptiert wird – muß er gewöhnlich zeigen, daß man tatsächlich eine Form der Erklärung entwickeln kann, die gemessen an der akzeptierten Erklärungspraxis möglich ist. Er muß das abweichende Verhalten intelligibel machen; er muß zeigen, daß es im Grunde genommen »angemessen« ist – daß das tatsächliche Geschehen angesichts der vorliegenden Umstände genau das ist, was angesichts der akzeptierten Regeln geschehen »muß«. Doch die Vertreter der Korpuskular-Theorie und die Anhänger Newtons akzeptierten wie die des Aristoteles und Newtons eine unterschiedliche Erklärungspraxis. Sie waren sich nicht darüber einig, wie die Fakten beschrieben werden sollten und welche Erklärungen man zulassen dürfe. Folglich bedurften sie keiner strittigen Fakten, um uneins zu werden. Ob die Planeten aufeinander »zustreben« oder sich »anziehen«, läßt sich nicht *nur* dadurch entscheiden, daß man sich näher mit den Fakten beschäftigt. Um sie zu erklären wird jede Partei versuchen, dadurch »die Phänomene zu retten«, daß sie die Fakten mit den (unterschiedlichen) Regeln in Einklang bringt, die sie ihnen anlegt. Diese Regeln gehen den besonderen Erklärungen logisch voran, da sie definieren, was der Erklärung bedarf und was zu geschehen hat, damit eine Erklärung wissenschaftlich ausfällt.

Die Punkte nun, die es zu berücksichtigen gilt, wenn man erklärt, warum – wie Newton es ausdrückte – »ein Planet gegen die Sonne schwer ist«, wurden von Huygens in der folgenden Weise formuliert:

Pour trouver une cause intelligible de la Pésanteur, il faut voir comment il se peut faire, en ne supposant dans la nature que des corps qui soient faits d'une mesme matière, dans lesquels on ne considère aucune qualité ni aucune inclination à s'approcher les uns des autres, mais seulement des differentes grandeurs, figures, & mouvements; comment, dis-je il se peut faire que plusieurs pourtant de ces corps tendent directement vers un mesme centre, & s'y tiennent assemblez à l'entour; qui est le plus ordinaire & le principal phénomène de ce que nous appelons pésanteur ([21], S. 129).

Für die Wissenschaftler des 17. Jahrhunderts, die »mechanische Prinzipien« akzeptierten, konnte eine Erklärung nur »intelligibel« sein, wenn sie zeigte, daß das Explanandum sich in Einklang mit den »Bewegungsregeln« aus Aussagen über Korpuskeln schließen läßt, die ausschließlich durch primäre Eigenschaften zu beschreiben sind. Kräfte, die zwischen Materieteilchen wirken, wurden ausgeschlossen, ganz unabhängig von der Frage, wie groß die Entfernung zwischen ihnen sei. Wissenschaftler, die diese Erklärung akzeptierten, hatten eine gemeinsame Basis zur Bewertung unterschiedlicher Erklärungen. Innerhalb dieses Rahmens ließen sich die logischen Implikationen der Gravitationstheorien, wie sie von Huygens, Jean Bernoulli, Euler oder auch Le Sage vorgeschlagen wurden, darlegen, und es ließ sich zeigen, ob sie mit den Fakten übereinstimmten oder nicht.[6] Durch diese Erklärungsweise wurde jedoch jeder Rekurs auf die Gravitationskraft ausgeschlossen, weil – wie Huygens sagt – »la cause d'une telle attraction n'est point explicable par aucun principe de Méchanique, ni des règles du mouvement« ([21], S. 159). Selbst wenn keine der vorgeschlagenen Erklärungen tatsächlich befriedigte, schien es doch – wie Euler sagt –, »plus raisonable d'attribuer l'attraction mutuelle des corps à une action que l'éther y exerce, *quoique la manière nous soit inconnue*, que de recourir à une qualité inintelligible«.[7] Für Wissenschaftler, die sich mechanischen Prinzipien verschrieben hatten, stellte die Gravitations-

6 Zur Kritik, die Huygens an der Theorie Descartes' vornimmt, und zur Entwicklung seiner eigenen Theorie vgl. Huygens, a. a. O. Zu den Theorien von Bernoulli, Euler und Le Sage vgl. [36], S. 9 ff, desgleichen [22], S. 190 ff. Zu Le Sage vgl. auch [2].

7 [13], S. 296; Hervorhebung von mir. (Brief LXVIII vom 18. Oktober 1760). Es sei angemerkt, daß Euler sich auf die Gravitationskraft als die Ursache der Gezeiten beruft und sagt, daß *alle* Körper einander anziehen.

kraft eine »bloße« Regelmäßigkeit dar, die, weit davon entfernt, eine intelligible Erklärung zu liefern, selbst der Erklärung bedurfte. Wollten sie sie erklären, mußten sie den Regeln folgen, die ihre Erklärungspraxis definierten. Sie mußten eine »Berechnung« anstellen, die zeigte, daß, was regelmäßig geschieht, das ist, was unter den gegebenen Bedingungen geschehen »muß«.

Als Autoren wie Desaguliers im 18. Jahrhundert die Auffassungen vertraten, Anziehung und Abstoßung seien »vom großen Schöpfer als Grundprinzipien der Natur eingerichtet worden, ... weshalb wir uns über ihre Ursachen keine Gedanken zu machen brauchen und es damit genug sein lassen können, andere Dinge aus ihnen abzuleiten« (zitiert in [7], S. 255), stellten sie einen Grundzug der oben beschriebenen Erklärungspraxis in Frage. Sie warfen Fragen von ganz anderer Art auf als diejenigen, die bei der Rechtfertigung einer bestimmten Erklärung von Bedeutung sind. Denn wenn wir X erklären wollen, müssen wir es dem übrigen Bestand unseres Wissens assimilieren. Wir haben festgestellt, daß X der Fall ist, doch wir können nicht verstehen, warum X der Fall ist. So stufen wir X angesichts der akzeptierten Konzepte und Regeln als anomal ein. Von diesen Konzepten und Regeln müssen wir Gebrauch machen, um für X eine intelligible Erklärung zu entwickeln. Bei der Erklärung von X systematisieren wir also, was wir bereits wissen. Unsere Aufgabe ist es, mit X innerhalb unserer Erklärungspraxis fertig zu werden. Der einzige Weg dazu besteht darin, die Regeln zu akzeptieren und zu fragen, wie wir sie verwenden können, um X zu erklären. Doch während wir eine bestimmte Erklärung nur dadurch rechtfertigen können, daß wir uns auf die akzeptierten Regeln berufen, wäre eine solche Berufung sinnlos, wenn die Akzeptierbarkeit der Erklärungspraxis selbst infrage gestellt wird.

Nun kann man jedoch einwenden, daß selbst innerhalb einer gegebenen Forschungstradition Wissenschaftler akzeptierte Konzepte und Regeln auf die Lösung neuer Probleme anwenden und

Doch verlangt er noch nach einer »mechanischen« Erklärung für diesen Tatbestand. Und obgleich die Annahme von Wirbeln, die mit jedem Materieteilchen verbunden sind, unübersteigbare Schwierigkeiten aufzuwerfen schien, war es immer noch möglich, wie Le Sages Theorie zeigt, eine weitere Korpuskel-Erklärung zu entwickeln.

sie dabei häufig modifizieren. Wenn Wissenschaftler also die Freiheit haben, ihre Regeln bei der Beschäftigung mit neuen Problemen zu verändern, kann es sich bei diesen nicht um praxisdefinierende Regeln handeln. Sicherlich trifft es zu, daß Wissenschaftler, die eine bestimmte Erklärungspraxis akzeptieren, Spezifizierungen über die Anwendungsbereiche der von ihnen verwendeten Regeln anstellen, wenn sie sie auf neuartige Probleme anwenden. Da ferner entscheidende wissenschaftliche Konzepte häufig nicht im Vorhinein völlig definiert sind, entdecken Wissenschaftler oft neue Bedeutungen der akzeptierten Regeln, wenn sie sie in unerwarteter Weise anwenden, um sie mit unvorhergesehenen Situationen in Einklang zu bringen. Da sich die Bedeutung akzeptierter Regeln dieser Art »klären« läßt, kann eine wissenschaftliche Tradition sich entwickeln und wachsen. »Normale« Forschungstätigkeit kann mehr als bloße Routine sein. Doch die Art und Weise, in der solche Veränderungen sich innerhalb einer wissenschaftlichen Tradition ereignen, steht in einer gewissen Analogie zu der Art und Weise, in der sich regeldefinierte soziale oder legale Praktiken (z. B. Versprechen oder Bestrafen) im Laufe der Zeit verändern.[8] In beiden Fällen müssen neue Situatio-

8 Es gibt viele offensichtliche Unterschiede zwischen einer wissenschaftlichen, einer Rechts- und einer sozialen Tradition. Ich möchte hier nur deutlich machen, daß Erklären eine Tätigkeit ist, die von einer wissenschaftlichen Gemeinschaft in Übereinstimmung mit akzeptierten Regeln vorgenommen wird. *In dieser Hinsicht* liegt also eine Analogie zwischen der wissenschaftlichen Erklärungspraxis und der gesellschaftlichen oder der Rechtspraxis vor. Natürlich sind die Gesichtspunkte, anhand derer sich entscheiden läßt, ob etwas als intelligible Erklärung zu gelten hat, sehr verschieden von denen, anhand derer entschieden wird, ob etwas als ein verbindliches Versprechen zu gelten hat, und diese wiederum unterscheiden sich von den Dingen, anhand derer man entscheidet, ob eine Bestrafung gerecht ist. Mir geht es jedoch nur um den folgenden Gesichtspunkt: wenn wir beweisen müssen, daß ein Explanans nicht nur ein Mittel ist, um das Explanandum aus »bloß phänomenalen Regelmäßigkeiten« vorherzusagen, sondern eine intelligible Erklärung darstellt, dann haben wir die gleiche Aufgabe wie derjenige, der zu beweisen hat, daß ein Versprechen verbindlich oder eine Bestrafung gerecht ist. Wie dieser müssen wir uns auf die Regeln berufen, die die fragliche Praxis definieren: die Erklärung ist intelligibel, das Versprechen verbindlich, die Bestrafung gerecht, weil die relevanten Regeln sie zulassen oder verlangen.

nen anhand der akzeptierten Regeln bewältigt werden. In beiden Fällen ist es häufig nicht klar, wie die akzeptierten Regeln auf die neuartige Situation anzuwenden sind, so daß die Anwendungsmöglichkeiten der Regeln und die Bedeutung von Schlüsselbegriffen genauer angegeben werden müssen, bevor die unerwartete Situation dem Geltungsbereich der akzeptierten Regeln eingegliedert werden kann. In beiden Fällen werden die »Klärungen« Teil der akzeptierten Praxis. Die sich summierenden Auswirkungen solcher Erklärungen können im Laufe der Zeit zu einer wesentlichen Veränderung der Praxis führen.

Man betrachte beispielsweise die Art, in der Buridan die aristotelische Physik auf die Bewegung von Geschossen anwendet. Die Regel, daß das Bewegende in direkter Berührung mit dem Gegenstand sein muß, den es unmittelbar bewegt, verlangt, daß erklärt wird, wodurch Geschosse in Bewegung bleiben. Aristoteles vermutete, daß die ursprüngliche Kraft sich in irgendeiner Weise auf die Luft übertrüge, wodurch die Bewegung des Geschosses erhalten bleibe. Jahrhundertelang haben die Kommentatoren der aristotelischen Physik die »Antiperistase-Theorie« ebenso abgelehnt wie die Annahme, daß das Bewegende der Luft »die Fähigkeit oder die Kraft verleihe, als Movens zu wirken«, weil sich scheinbar keine Erklärung mit den Fakten vereinbaren ließ. Man versuchte auf vielfältige Weise, das Problem unter Verwendung der Aristotelischen Prinzipien auf andere Weise zu lösen. Im 14. Jahrhundert berief sich Franciscus de Marchia auf eine für eine Zeitlang im Geschoß »zurückgelassene Kraft« (*virtus derelicta*). Buridan erklärte die Bewegung durch einen permanenten »Impetus«, dessen Stärke durch den Luftwiderstand und die entgegengesetzte »natürliche Neigung« des Geschosses herabgesetzt werde ([6], S. 505–525). So akzeptiert Buridan die Aristotelische Regel, daß jede Bewegung ein Bewegendes braucht, ebenso wie die Unterscheidung zwischen »natürlichen« und »gewaltsamen« Bewegungen. Die Bewegung des Projektils ist gewaltsam. Seine unnatürliche Bewegung wird durch den Impetus aufrechterhalten, der nach Buridan eine »bewegende Kraft« ist. Der Impetus ist nicht eine Kraft von der Art der ursprünglich auslösenden Kraft. Trotzdem ist er in gewisser Weise der Wirkung der Ursprungskraft gleich, da er sich in der unmittelbar auf das Geschoß übertragenen Geschwindigkeit und der darin enthaltenen Quantität der Materie messen läßt. Dadurch, daß Buridan auf diese Art die Bedeutung von »Kraft« »klärt« und die Regel aufstellt, daß alle Bewegung auf die Kraft eines Antriebs zurückgeht, liefert er eine Aristotelische Erklärung der Geschoßbewegung, die sich besser mit den Fakten deckt.

Da der Historiker eine Entwicklungslinie erkennen kann, die zu Buridans Impetus und von dort über Oresme zu Galileis »Impeto« und Newtons »Bewegungsmenge« (momentum) führt, läßt sich dieser Übergang von einer wissenschaftlichen Tradition zur anderen als eher evolutionär denn revolutionär betrachten. Wenn es auch manchmal erhellend sein kann, die historische Kontinuität zu akzentuieren, kann es für andere Zwecke genauso erhellend sein, die unterschiedlichen Einstellungen deutlich zu machen, die beispielsweise einen Buridan von einem Newton trennen. Zwar mögen sich Konzepte und Regeln langsam verändern, indem sie von Wissenschaftlern, die sich innerhalb einer gegebenen Tradition bewegen, auf neue Probleme angewendet werden, doch macht es einen logischen Unterschied aus, ob man die akzeptierten Regeln in neuer Weise verwendet oder ob man ihre Akzeptierbarkeit infrage stellt. Der Unterschied ähnelt demjenigen zwischen dem Versuch, einen Rechtsfall anhand von Gesetzen zu entscheiden, die diesen unerwarteten Fall gar nicht berücksichtigen, und der Frage, ob die Gesetze nicht verändert werden müssen; oder dem Unterschied zwischen der Frage, ob es nicht ein ungewöhnlicher Fall war, in dem man Recht hatte, als man X unterließ, obwohl man versprochen hatte, es zu tun, und der Frage, ob es sinnvoll sei, Versprechen überhaupt zu halten. Im ersten Falle orientieren wir uns nach rückwärts an den Regeln, die die Praxis definieren. Unser Ziel ist, etwas durch die akzeptierte Praxis zu rechtfertigen. Selbst wenn wir vorbringen, daß einige der akzeptierten Regeln sich nicht auf diesen besonderen Fall anwenden lassen oder daß sich die Bedeutung einer Regel von derjenigen unterscheidet, die ihr allgemein zugeschrieben wird, sprechen wir uns eher für eine Klärung, Modifizierung oder genauere Erläuterung der Praxis aus, statt die Akzeptierbarkeit der Regeln infrage zu stellen. Im zweiten Fall müssen wir jedoch die Praxis selbst rechtfertigen. Zu diesem Zwecke können wir uns den Konsequenzen zuwenden, die sich aller Wahrscheinlichkeit nach ergeben, wenn wir der Praxis Folge leisten oder sie verwerfen [34]. Wir stellen unsere Fragen auf unterschiedlichen Ebenen, auch die Antworten müssen naturgemäß anderer Art sein, wenn sie den Fragen gerecht werden wollen.

Es trifft also zu, daß jede neue Anwendung oder »Klärung« einer Forschungstradition die akzeptierte Praxis in irgendeiner Weise modifiziert. Doch der Unterschied in den Argumenten, die Wissenschaftler vorbringen, in den Gesichtspunkten, die sie als relevant einräumen, zeigt, ob sie lediglich eine Erweiterung einer akzeptierten Erklärungsweise vorschlagen oder ob sie die akzeptierte Erklärungspraxis infrage stellen. Das Axiom, daß die Fortdauer der Bewegung eine Kraft verlangt, hat für Buridan noch Geltung, obgleich es sich bei seinem »Impetus« um eine ganz besondere Kraft handelt. Doch für Newton ist es axiomatisch, daß Körper in Bewegung diese beibehalten, bis eine Kraft auf sie einwirkt. Ganz unabhängig von der Frage, wieviel evolutionäre Kontinuität der Historiker zwischen Buridan und Newton zu entdecken vermag, sind sie durch eine »wissenschaftliche Revolution« getrennt, weil die Argumente, die für Buridan Geltung haben, für Newton nicht falsch, sondern bedeutungslos sind. Was der Erklärung bedarf und was zu geschehen hat, damit eine Erklärung als wissenschaftlich gelten kann, hat sich verändert. Auch als Le Sage Moleküle postulierte, die wie leere Käfige sind und deren Masse sich in den Gitterstäben konzentriert, um die Abhängigkeit der Schwerkraft von der Masse und nicht vom Durchmesser zu erklären, stellte er die Korpuskular-Theorie nicht in Frage. Es war ein letzter verzweifelter Versuch, die Gravitationstheorie durch korpuskulare Anstöße zu erklären. Die Anerkennung der Theorie von Le Sage hätte dem Konzept des »Korpuskels« eine neue Bedeutung verliehen und so die Korpuskel-Theorie verändert. Doch wäre diese Veränderung als Erweiterung oder Klärung der Erklärungspraxis der Theorie zu bewerten gewesen. Die Argumente, die in Le Sages Versuch eine Rolle spielen, die Korpuskel-Theorie durch eine neue Deutungsweise zu retten, unterscheiden sich von den Argumenten, die Desaguliers verwendet, wenn er die Korpuskel-Theorie in Frage stellt. Im ersten Fall ist die Frage, ob sich die Massenabhängigkeit und andere

Merkmale der Schwerkraft durch irgendeine Art von korpuskularen Anstößen erklären lassen, im zweiten Falle ist zu fragen, welchen Sinn es hat, darauf zu bestehen, daß die Gravitationskraft korpuskular zu erklären sei.

Nach welcher Art von Erklärung soll man Ausschau halten? Welche Art von Konzepten soll man verwenden, um die Phänomene zu beschreiben? Welche Art empirischer Wechselbeziehungen soll man herstellen – das sind sicherlich Fragen wissenschaftlicher Methodologie. Die Orientierung an unterschiedlichen Bezugssystemen von Konzepten und Erklärungsregeln bedeutet, daß man unterschiedliche Fragen stellt und nach unterschiedlichen Antworttypen sucht. Dadurch wird der Wissenschaftler darauf verpflichtet, seine zukünftige Forschungstätigkeit in eine andere Richtung zu lenken. Doch während der Zweifel an einer Erklärungspraxis methodologische Fragen aufwirft, gibt es Fakten, die ganz offensichtlich für die Antwort relevant sind. Ob die vorgeschriebene Vorgehensweise uns ermöglicht, einfache und verläßliche empirische Beziehungen, überprüfbare Erklärungen usw. herzustellen, muß anhand der Fakten entschieden werden. Wenn das Ziel also darin besteht, ein System von Überzeugungen einzurichten, das sich durch möglichst genaue Vorhersagen, Überprüfbarkeit, Einheitlichkeit und Einfachheit auszeichnet, dann kann es schwerwiegende Gründe dafür geben, sich für die eine Erklärungspraxis anstelle der anderen zu entscheiden.[9] Dem

9 Kuhn trifft den Punkt meiner Meinung nach nicht genau, wenn er davon spricht, daß der Wandel, der sich im Verlaufe wissenschaftlicher Revolutionen vollzieht, in einer »Bekehrung« besteht, die mit »Glauben« zu tun hat ([24], S. 147, 149 ff). In einer früheren Formulierung ist die Rede von »der Funktion des Dogmas in der wissenschaftlichen Forschung« ([9], S. 347–369). Das mag zwar für einige der betroffenen Wissenschaftler eine zutreffende psychologische Kennzeichnung sein, es wäre aber irreführend anzunehmen, daß es nicht auch überzeugende Gründe dafür geben kann, ein Bezugssystem zugunsten eines anderen aufzugeben. Professor Kuhn hat mir brieflich mitgeteilt, daß es nicht seine Absicht war, den Eindruck zu erwecken, solche überzeugenden Gründe könne es nicht geben. Er meint nur, daß diese Gründe nicht »logisch zwingend« seien. Doch wenn es in solchen Fällen überzeugende Gründe gibt, dann scheint die Redeweise vom »Glauben«, »Dogma« usw. unangemessen zu sein. Wenn wir darüber hinaus anerkennen, daß der Erklärungsrahmen

Zweifel an einem ganzen Erklärungssystem läßt sich durch den Hinweis auf seinen Nutzen begegnen.
So meinte Boyle selbst, daß zugunsten der »mechanischen Prinzipien« diese pragmatische Rechtfertigung spräche. Er schrieb:

Mich dünkt, die physikalischen Erklärungen der Teile und Systeme der Welt ähneln ein bißchen dem Versuch jener Menschen, die nach ihren Mutmaßungen verschiedene Schlüssel verfertigen, die uns instand setzen sollen, einen chiffrierten Brief zu verstehen (zitiert in [25], S. 32).

Als Schlüssel zur Dechiffrierung natürlicher Phänomene hatten die »mechanischen Prinzipien« im Verlaufe des 17. Jahrhunderts viel geleistet. So kann man verstehen, warum Wissenschaftler wie Huygens sich weigerten, sie aufzugeben. Doch angesichts dessen, was im 18. Jahrhundert jene Wissenschaftler leisteten, die, statt nach der Ursache von Anziehung und Abstoßung zu suchen, versuchten, andere Erscheinungen aus ihnen »abzuleiten«, wurde deutlich, daß die »Newtonschen Prinzipien« mehr zu leisten im Stande waren. Zwar setzten sich die Versuche, die Schwerkraft zu erklären, bis in das 19. Jahrhundert hinein fort, doch beherrschte nun das Verlangen die Bildfläche, die Schwerkraft zu anderen physikalischen Kräften in Beziehung zu setzen.[10] Wenn die Schwerkraft im 19. Jahrhundert eine Anomalie

festlegt, welche Frage wir stellen und nach was für Antworten wir Ausschau halten müssen, während Beobachtung und Experiment den Inhalt liefern, brauchen wir uns nicht den merkwürdigen Schluß zu eigen machen, zu dem Kuhn widerstrebend kommt: »Wir müssen vielleicht die – ausdrückliche oder unausdrückliche Vorstellung aufgeben, daß der Wechsel der Paradigmata die Wissenschaftler und die von ihnen Lernenden näher und näher an die Wahrheit heranführt«. ([24], S. 182). Denn die überzeugenden Gründe, die die Rechtfertigung dafür liefern, uns an unser eigenes Bezugssystem statt an das des Aristoteles zu halten, sind genau die Gründe, die die Annahme rechtfertigen, daß Erklärungen innerhalb unseres Bezugssystems »der Wahrheit näher« sind als die des Aristoteles.

10 In der zweiten Hälfte des 18. Jahrhunderts versuchte man, Theorien zu entwickeln, die Phänomene durch Anziehungs- oder Abstoßungskräfte zwischen Teilchen »elastischer Fluida« erklären. Darauf folgten Versuche, die verschiedenen Naturkräfte zueinander in Beziehung zu setzen, indem man sie auf Wellenbewegungen, Kräfte oder Druck der Moleküle oder des Äthers zurückführte (z. B. Guyot, 1832; Faraday, 1844; Seguin, 1848; Challis, 1859;

darstellte, lag das nicht daran, daß sie sich nicht durch korpuskulare Anstöße erklären ließ. Vielmehr meinten die Wissenschaftler dieser Zeit mit Maxwell, daß »nun ein Weg offensteht, durch den wir alle Kräfte, die – wie die elektrischen und magnetischen Kräfte – sich reziprok zum Quadrat der Entfernung verhalten, auf die Wirkung eines Mediums zurückführen können ...« ([26], S. 488). Doch die Schwerkraft unterschied sich von diesen Kräften und ließ sich der Erklärung, die sich für diese finden ließ, nicht unterordnen. Wie der Grund, demzufolge die Schwerkraft im 19. Jahrhundert anomal war, sich von dem früherer Zeiten unterschied, so auch die Regeln, die zu befolgen waren, um eine intelligible Erklärung für sie zu liefern. Das Anliegen der Wissenschaftler, die sich den »mechanischen Prinzipien« verpflichtet fühlten, war die Frage gewesen, ob eine Theorie wie die von Le Sage die Fakten erklären könne, ohne diese Prinzipien zu verletzen. Doch als Preston und Kelvin Le Sages Theorie in den siebziger Jahren des 19. Jahrhunderts wiederaufgriffen, ging es nun um die Frage, ob die Theorie die Fakten erklären könne, ohne das Prinzip von der Energieerhaltung zu verletzen.[11] Welcher begriffliche Wandel

Guthrie, 1870). Diese Autoren wehrten sich gegen die Schwerkraftwirkung über Entfernung hinweg, weil sie die Hoffnung hegten, sie könnten die vorhandenen Theorien in Einklang bringen. Dazu wollten sie die Schwerkraft mit anderen physikalischen Kräften verknüpfen, deren Fernwirkung sich durch irgendeine Art kontinuierlicher Übertragung über ein Medium erklären ließ. In manchen Fällen war diese Suche nach der Ursache der Schwerkraft durch die Hoffnung motiviert, sie zur elektromagnetischen Feldtheorie in Beziehung setzen zu können, in anderen durch die Hoffnung, sie in Zusammenhang mit der kinetischen Wärmetheorie bringen zu können. Ob die kleinsten Teilchen selbst mit »aktiven Kräften« auszustatten seien, war keine entscheidende Frage mehr, obgleich gelegentlich die leidenschaftliche Rhetorik früherer Zeiten überlebte. Zu einem Überblick über diese Theorien vgl. [36]; zum Überleben der Theorie Le Sages bei Kelvin (1873) und Preston (1977) vgl. [2].

11 Um Gravitationseffekte hervorzurufen, hätten die Zusammenstöße zwischen den Korpuskeln Le Sages und materiellen Objekten zumindest teilweise unelastisch sein müssen. Wenn jedoch die Geschwindigkeit der Korpuskeln durch die Zusammenstöße reduziert wird, was geschieht dann mit der Energie, die sie verlieren? Sie kann nicht an die Körper abgegeben werden, mit denen sie zusammenstoßen, weil dadurch eine unglaubliche Wärme hervorge-

sich vollzogen hatte, wird deutlich, wenn Maxwell sagt, daß die Frage »Warum ziehen die beiden Körper einander an?« sinnvoller in der Form »Warum nimmt die Energie des Systems zu, wenn der Abstand abnimmt?« zu stellen sei ([26], S. 486). Er schließt seinen Überblick über die Schwerkrafttheorien mit folgender Bemerkung:

Diesen Hypothesen zufolge dürfen wir die Naturprozesse nicht als Beispiele des großen Prinzips von der Energieerhaltung ansehen, sondern als Fälle, in denen durch ein glückliches Zusammenspiel mächtiger Wirkkräfte, die diesem Prinzip nicht unterworfen sind, eine scheinbare Erhaltung der Energie gewahrt bleibt. Folglich müssen wir zu dem Schluß kommen, daß keine dieser Hypothesen uns eine Erklärung der Gravitationsursache liefert ([26], S. 491).

Das Erhaltungsprinzip hat die Rolle übernommen, die einst mechanische Prinzipien spielten.

Kurzum, wenn man gefragt wird, wie A, B, ... durch X erklärt werden können, antwortet man, indem man sich akzeptierter Konzepte und Regeln bedient, um zu zeigen, daß X der Fall sein kann, wenn A, B, ... der Fall ist. Dies tun, heißt eine intelligible Erklärung für X liefern. Wenn eine akzeptierte Erklärungspraxis gegeben ist, sind die Bedingungen, denen man gerecht zu werden hat, wenn A, B, ... eine Erklärung für X sein sollen, formaler Natur. Sie können erläutert werden, ohne der wissenschaftlichen Gemeinschaft Erwähnung zu tun, innerhalb derer und für die diese Erklärung geliefert wird. Doch die Regeln, anhand derer verschiedene wissenschaftliche Gemeinschaften die Erklärungspraxis definiert haben, sind in verschiedenen historischen Epochen verschieden gewesen. Eine vollständige Erläuterung des Konzeptes der »Erklärung« muß diesen pragmatischen Aspekt von Erklärungen berücksichtigen. Denn ob X als etwas anzusehen ist, das der Erklärung bedarf, und ob der Schluß von A, B, ...

rufen würde. So bestand das Problem für die Wissenschaftler des 19. Jahrhunderts darin zu klären, wie sich die Behauptung, daß die Korpuskeln bei ihren Zusammenstößen Energie verlören, mit der Behauptung vereinbaren lasse, daß diese Energie nicht an die Körper abgegeben wird, mit denen sie zusammenstoßen. Kelvin versuchte zu zeigen, daß sich der Widerspruch lösen lasse, Maxwell bewies, daß das nicht der Fall ist; vgl. [2].

auf X, der bestimmten formalen Bedingungen gerecht wird, als intelligible Erklärung von X zu zählen hat, hängt von der Gemeinschaft der Wissenschaftler ab, die sich auf eine gemeinsame Erklärungspraxis geeinigt haben, d. h. auf gemeinsame Regeln, anhand derer sie anomales Verhalten erkennen und eine intelligible Erklärung für dieses Verhalten liefern. Da das Annehmen einer gegebenen Erklärungspraxis sich pragmatisch rechtfertigen läßt, haben wir überzeugende Gründe dafür, unsere Erklärungen denen früherer Epochen vorzuziehen. Daraus folgt jedoch nicht, daß es einem Wissenschaftler im allgemeinen freisteht, sich auf die Folgen zu berufen, die sich daraus ergeben könnten, daß die Phänomene in einer völlig anderen Weise erklärt würden. Die Tatsache, daß die wissenschaftliche Gemeinschaft ein bestimmtes Erklärungssystem akzeptiert, schließt diese pragmatische Berufung aus. Dadurch wird erhalten, was Maxwell das »Kommunikationssystem« nennt, »das einen bestimmten Geltungsbereich besitzt und das die einzige Gewähr für einen ständigen Ausbau der Wissenschaft darstellt« ([26], S. 420). Unter normalen Umständen muß ein Wissenschaftler seine Erklärung durch den Beweis rechtfertigen, daß sie sich in die akzeptierte Erklärungspraxis einfügt. Nur wenn die akzeptierte Erklärungsweise in eine »Krise« gerät ([24], Kap. VI–VIII), ist eine Berufung der oben beschriebenen Art zulässig. In diesem Falle wird eine Frage ganz anderer Art aufgeworfen. Statt wie gewöhnlich zu fragen, wie sich eine Erscheinung mittels der akzeptierten Erklärungsweise in den Griff bekommen läßt, stellen die Wissenschaftler die Frage, wodurch diese Erklärungsweise gerechtfertigt ist. Statt die Wahrheit des Explanans und seine Verknüpfung mit dem Explanandum zu erörtern, setzen sie sich – wie die Anhänger der Korpuskel-Theorie und Newtons – über die »Intelligibilität« alternativer Erklärungsweisen auseinander. Wenn die wissenschaftliche Gemeinschaft schließlich andere Regeln akzeptiert, wird sie es mit unterschiedlichen Grundlagen zu tun haben, auf die sich eine intelligible Erklärung der Fakten zu gründen hat.

II

Was bezeichnet »weil« in der Aussage »er tat dies, weil ...«, auf die eine Äußerung über die Absichten des Handelnden folgt? Die vorstehende Erörterung kann – so meine ich – zur Klärung der Frage beitragen, auf welche Weise Gründe Handlungen erklären können. Denn die Beschreibungen und Erklärungen menschlichen Verhaltens, derer wir uns in unserem Alltag bedienen, sind ebenfalls vor einem Hintergrund von Regeln zu sehen. Diese Regeln stehen hinter unseren alltäglichen Aussagen über das Tun von Menschen. Wenn wir menschliches Verhalten beschreiben, verstehen wir es normalerweise als eine Art absichtsvollen Handelns und nicht als Vorgänge in der Außenwelt. Obgleich sich verschiedene »externe« Beschreibungen liefern lassen (z. B. »auf eine Bewegung des rechten Armes nach vorne folgte ...«), bezeichnen wir normalerweise das, was geschieht, als z. B. »Smith nimmt einen Drink zu sich«. Manchmal klassifizieren wir menschliches Verhalten nach dem Zweck, auf den es der Handelnde anscheinend abgesehen hat (z. B. er geht zum Bus), manchmal durch Kriterien, denen der Handelnde durch sein Tun gerecht wird, obgleich er keinen Zweck im Sinn hat (z. B. er geht). In jedem Falle setzt unsere Beschreibung voraus, daß wir es mit einem Handelnden zu tun haben, der tut, was er zu tun beabsichtigt.

Wenn Verhalten in dieser Weise beschrieben wird, verlangt es eine Erklärung durch die Intentionen des Handelnden. Gewöhnlich verwirrt uns eine Handlung, wenn wir nicht verstehen, warum sie unter diesen Umständen ausgeführt wird. Wir halten uns an die Ziele, Überzeugungen, Strategien und Wünsche des Handelnden, um die Erklärung zu finden. Insoweit wir *ihn* verstehen, verstehen wir sein Handeln. Denn wenn die Handlung von A uns verwirrt, dann nicht, weil wir nicht verstehen, wie er tun kann, was er zu tun beabsichtigt, sondern weil wir nicht verstehen, wie er unter diesen Umständen X beabsichtigen kann. Welchen Grund kann er dafür haben? Wie kann er dies für angemessen halten? Die Handlung bedarf der Erklärung, weil wir sie in einem Kontext erblicken, in der sie ein merkwürdiges, unangemessenes Tun ist oder als ein solches erscheint. Normalerweise erklären wir sie dadurch, daß wir sie in ein anderes Muster einordnen, in dem sie uns als sinnvoll erscheint. Wann immer wir sie – zumindest vom Standpunkt des Handelnden aus – als angemessen erkennen, verstehen wir, warum er sie ausgeführt hat.

Obgleich wir menschliches Handeln gewöhnlich auf diese Weise erklären, behaupten manche Autoren, das sei überhaupt keine Erklärung. So bringt Hempel vor, daß »Bewertungsprinzipien«, die die Frage betreffen, was getan werden sollte, nicht zu Schlüssen berechtigten, »die empirische Fakten wie die Handlung von A betreffen«. Solche Prinzipien könnten uns Gründe für die Annahme liefern, daß »das angemessene Tun für A X war, doch nicht für die Annahme, daß er tatsächlich X tat« ([19], S. 26 f). Ein anderer Autor behauptet, daß solche Darstellungen nicht verdeutlichen, »wie Gründe Handlungen erklären«, da »ein Mensch einen Grund für eine Handlung haben und die Handlung ausführen kann, und doch dieser Grund nicht der wirkliche Grund dafür sein muß, daß er sie ausgeführt hat«. Der Nachweis, daß er einen Grund hatte, in einer bestimmten Weise zu handeln, beweise nicht, daß »der Handelnde die Handlung ausgeführt hat, *weil* er den Grund hatte« ([10], S. 691 f). Die »Verknüpfung« zwischen der Handlung und dem Grund wird nicht bewiesen. Nach diesen Autoren müssen wir die Prämissen hinzufügen, daß A geneigt war, rational zu handeln, und daß X diejenige Handlung ist, die Menschen mit dieser Disposition tatsächlich ausführen, wenn Gründe Handlungen erklären sollen ([19], S. 27). Oder wir müssen solche Erklärungen als »eine Art alltäglicher Ursachenerklärung« verstehen ([10], S. 685).

Zwar lassen sich deskriptive Aussagen nicht stichhaltig aus präskriptiven Prämissen (d. h. »Bewertungsprinzipien«, die vorschreiben, was getan werden muß) ableiten, doch sind solche Prinzipien in gewissem Sinne Bestandteil aller Erklärungen. Denn obgleich es möglich ist, die Beschreibung eines Explanandums aus dem Explanans *innerhalb* eines akzeptierten Erklärungsrahmens zu deduzieren, bedarf – wie wir gesehen haben – das, was durch das Explanandum beschrieben wird, der Erklärung. Diese Deduktion wird als intelligible Erklärung des Explanandums akzeptiert, weil die wissenschaftliche Gemeinschaft die fraglichen Verfahrensregeln und Gesetze als Regeln akzeptiert, die ihre Erklärungspraxis definieren. Nun liegt derjenigen Erklärungspraxis, die durch unsere Alltagssprache impliziert wird, zugrunde, daß Handlungen durch Intentionen erklärt werden müssen. Wenn wir etwas als eine intentionale Handlung beschreiben, klassifizieren wir es als ein Tun, das auf die Intentionen des Handelnden zurückgeht – d. h. als etwas, das er tat, und nicht als etwas, das irgendwie zustande kam. Ein Verhalten, das in dieser Weise beschrieben wird, muß anhand der Gründe erklärt werden, die der Handelnde hatte, es auszuführen. Wenn wir Planeten durch die Aussage beschreiben, daß sie aus ihrer geradlinigen Bahn gebracht werden, verpflichten wir uns, ihr Verhalten in einer Weise zu erklären, die sich von der Erklärung unterscheidet, die ein Aristoteliker liefern würde, der das Verhalten eben anders beschreiben würde.

Ferner ist die »Verbindung« zwischen der Handlung und der Intention, die jene erklärt, in unserem alltäglichen Erklärungsrahmen keine empirische Beziehung. Denn Bestandteil der Bedeutung von »A intendiert X« ist bei ansonsten gleichen Bedingungen, daß A X tun wird. Wir würden nicht sagen, daß A X intendierte, wenn er X nicht tut und keine Erklärung kommt, warum er es nicht tut. Genauso wenig ist es – wie der Ausdruck »bei ansonsten gleichen Bedingungen« anzeigt – analytisch wahr, daß, wenn A X intendiert, er auch X tut.[12] Dieser Ausdruck weist nämlich auf die Analogie zwischen dem Prinzip, daß Handelnde tun, was sie intendieren, und »Newtonschen« oder »mechanischen« Prinzipien hin. Wie diese fügt sich das Prinzip nicht in die Dichotomien analytisch-synthetisch oder notwendig-kontingent ein, weil es als Regel fungiert, die vorschreibt, wie die Phänomene zu analysieren und zu verstehen sind. Wie sie verlangt es nicht nach weiteren Erklärungen, noch läßt es sie zu. Vielmehr bedarf die Tatsache, daß ein Handelnder nicht tut, was er intendiert, wie die Tatsache, daß ein Körper in Bewegung seine Bewegung nicht beibehält, der Erklärung. In diesem Falle ist zu zeigen, daß die übrigen Bedingungen nicht gleich waren. Während die Tatsache,

12 Ähnliche Gesichtspunkte gelten für die Verbindung zwischen As Wunsch nach X und der Tatsache, daß A das Erforderliche tut, um X zuwege zu bringen. In diesem Punkte ist Hempel anderer Meinung ([19], S. 28 f).

daß A tut, was er intendiert, niemals einer Erklärung bedarf, ist der Umstand, daß er X tut, jedoch dann eine Anomalie, wenn die Umstände zu dem Schluß zwingen, daß X angesichts der allgemein akzeptierten Verhaltensregeln unangemessen ist oder so scheint. Die Tatsache, daß A X tut, bedarf also der Erklärung, wenn wir nicht verstehen, warum er X intendiert. Dies ist angesichts von Umständen der Fall, unter denen sowohl die Konzepte, anhand derer wir das, was er tut, als »X« beschreiben, wie auch die Verhaltensregeln, anhand derer wir X als ein unangemessenes Tun einstufen, in unserer Gemeinschaft gemeinhin akzeptiert werden. Um den Umstand, daß A X tut, intelligibel zu machen, müssen wir zeigen, welchen Sinn sein Tun hatte, welchen Grund er hatte, X zu tun.

Unsere Alltagserklärungen von Handlungen gründen sich also auf eine Erklärungspraxis von Regeln, die definieren, was der Erklärung bedarf und wie eine intelligible Erklärung auszusehen hat. Sie unterscheiden sich insofern nicht von den wissenschaftlichen Erklärungen, mit denen wir uns im vorstehenden Abschnitt beschäftigt haben. Doch gibt es einen grundsätzlichen Unterschied zwischen solchen Erklärungen und den Ereigniserklärungen des Physikers. Dieser Unterschied gerät allzu leicht in Vergessenheit, wenn wir von »empirischen Fakten wie den Handlungen von A« sprechen. Denn wenn Handlungen auch empirische Fakten sind, so unterscheiden sie sich doch von den empirischen Ereignissen dadurch, daß sie von einem Handelnden intendiert sind. Sie lassen sich deshalb nicht nur von anderen – sozusagen von »außen« – sondern auch von »innen« beschreiben, vom Handelnden selbst. Die Beschreibung, die der Handelnde selbst von seinem Handeln liefern kann, ist von entscheidender Bedeutung, weil wir sie verstehen müssen, bevor wir sein Handeln in Übereinstimmung mit der Erklärungspraxis erläutern können, die unserer Alltagssprache implizit ist. Die Handlung wurde nämlich unter dem Einfluß der Beschreibung intendiert, die der Handelnde von ihr liefert, nicht unter dem unserer Beschreibung. Wenn wir also eine Handlung durch die Intentionen des Handelnden erklären wollen, müssen wir zeigen, daß die Handlung, die angesichts der von uns verwendeten Konzepte und Verhaltensregeln anomal erscheint, in Wirklichkeit »angesichts seiner Konzepte und Verhaltensregeln« »angemessen« ist: Wenn wir die Situation in seiner Weise beschrieben, wenn wir seine Verhaltensregeln akzeptierten, würden wir sein Tun intendieren, würde sein Tun unter den Umständen als angebracht erscheinen. Mit anderen Worten, wenn wir *innerhalb dieses Bezugssystems* eine intelligible Erklärung liefern wollen, müssen wir den »Standpunkt« des Handelnden einnehmen.[13] Wir müssen feststellen, wie er die Situation klassifiziert, der er sich gegenüber sieht, wie er bezeichnet, was er wünscht oder beabsichtigt, welcher Verhaltensregeln er sich bedient. Da wir uns an solchen Gesichtspunkten orientieren müssen, um eine Handlung durch die Intentionen des Handelnden zu erklären, muß das »Kalkül«, das zeigt, daß sein merkwürdiges Tun schließlich doch »angemessen« war, das Kalkül eines Handelnden[14] sein, auch wenn es vom Forscher konstruiert wird – d. h. es muß ein Kalkül sein, das der Handelnde im Prinzip hätte verwenden können, als er entschied, was zu tun sei.

Damit befinden wir uns in entschiedenem Gegensatz zur Naturwissenschaft. Denn dort erklären wir Ereignisse, indem wir zeigen, daß ihr Vorkommen – obwohl es anomal erscheint – intelligibel ist, weil es angesichts der Konzepte und Regeln, die von den Forschern akzeptiert werden, tatsächlich das ist, was »geschehen muß«. Um Ereignisse zu erklären, stellt man ein »Kalkül« an, das zeigt, wie die Beschreibung ihres Vorkommens sich in Übereinstimmung mit den Verfahrensregeln und Gesetzen liefern läßt, die die Erklärungspraxis der wissenschaftlichen Gemeinschaft definieren. Doch in der Erklärungspraxis, von der unsere Alltagsregeln über menschliches Verhalten leben, müssen Handlungen durch die Intentionen von Handelnden erklärt werden. Das heißt, daß die Handlung, die angesichts der allgemein akzeptierten Verhaltensregeln unangemessen (anormal) erscheint, intelligibel zu machen ist. Dazu zeigen wir, daß angesichts der Art, wie

13 Zu einem interessanten Versuch eines klinischen Psychologen, Verfahren zur Aufdeckung der Konzepte und Verhaltensregeln zu entwickeln, anhand derer ein Individuum seine Welt »wahrnimmt« und entscheidet, was angesichts ihrer zu tun ist, vgl. [23]; vgl. auch meine Erörterung von Kellys Arbeit in [28].

14 Der Begriff des »Kalküls« eines Handelnden wurde von Dray in [11] eingeführt.

der Handelnde seine Situation beschreibt, und angesichts der Regeln, durch die er festlegt, was in solchen Situationen zu tun ist, sein Tun dasjenige ist, welches »zu geschehen hat«. Um eine Handlung zu erklären, stellt man ein »Kalkül« an, das zeigt, wie die Beschreibung der Handlung durch den Handelnden als das angemessene Tun sich in Übereinstimmung mit den Konzepten und Verhaltensregeln gewinnen läßt, die nicht von den Forschern, sondern von dem Handelnden verwendet werden, der Gegenstand der Untersuchung ist. Dies zeigen heißt aufzeigen, was der Handelnde intendierte, weshalb er so handelte. So liefern wir eine intelligible Erklärung dessen, was er tat, d. h. eine Erklärung, die sich mit jenen Regeln deckt, welche unsere alltägliche Erklärungspraxis des menschlichen Handelns definieren.

Wenn die Kriterien, anhand derer der Handelnde entscheidet, welcher Art von Situation er sich gegenübersieht und was er angesichts ihrer zu tun hat, den unseren ähneln, brauchen wir sein Handeln wahrscheinlich nur erneut zu beschreiben, um es zu erklären. Denn wir können uns an ein gemeinsames Bezugssystem von Konzepten und Verhaltensregeln halten, wenn dies auch angesichts der früheren Beschreibung noch nicht ersichtlich war. Doch wenn sich der Handelnde auf eigentümliche Konzepte oder Verhaltensregeln festgelegt hat, wird erhebliche empirische Forschungsarbeit erforderlich sein, um mehr über ihn zu erfahren. Erst dann können wir sein Handeln erklären. Es gilt seine eigentümlichen Konzepte oder Regeln zu entdecken, anhand derer es uns möglich wird, sein Handeln als angemessen zu beschreiben.[15] Die Handlung bedarf der Erklärung, weil es keine »Verbindung« zwischen der Situation, der sich der Handelnde gegenübersieht, und dem zu geben scheint, was er angesichts ihrer tut, zumindest, wenn wir die Situation beschreiben und uns an die gemeinhin akzeptierten Regeln halten, die das angemessene Tun in solchen Situationen betreffen. Wenn wir Konzepte und Verhaltensregeln entdecken, die der Handelnde akzeptiert und

15 Andernorts habe ich die Auffassung vertreten, daß der Versuch, diese Dinge zu entdecken, eine empirische Aufgabe ist – wenn sie sich auch von der Entdeckung empirischer Verhaltensgeneralisierungen unterscheidet – und die Hauptaufgabe des Klinikers darstellt.[28]

anhand derer wir ein »Kalkül« anstellen können, das uns vor Augen führt, was er selbst für das angemessene Tun hält, verstehen wir, warum er es getan hat.[16]
In unserem alltäglichen Bezugssystem wird also das zu erklärende Verhalten über die Verhaltensregeln, die der in der Situation befindliche Handelnde akzeptiert, mit den Umständen verknüpft. Um zu erklären, warum A unter diesen Umständen X getan hat, zeigen wir, daß es von seinem Standpunkt aus das angemessene Tun war. Wie sonst könnten wir sein Verhalten als eine Handlung erklären, als *etwas, das er tat* und das sich von einem bloßen Geschehnis unterscheidet? Kein Zweifel, daß wir damit auf einen Unterschied zu den Naturwissenschaften gestoßen sind, wo z. B. Veränderungen der Meerespegelstände durch Gesetze und Verfahrensregeln, die von der Forschungsgemeinschaft akzeptiert werden, mit Veränderungen der Schwerkraft verknüpft werden. Aber die Behauptung, daß Intentionen Handlungen nicht erklären könnten, weil sie wegen des Mangels an Gesetzen oder gesetzesähnlichen Generalisierungen keine »hinreichenden Bedingungen« für das Vorkommen des Intendierten sind, heißt die Voraussetzungen verschiedener Erklärungspraxen verwechseln. Denn wenn wir die Grundregeln unserer Alltagspraxis akzeptieren, besteht unsere Aufgabe darin, das, was ein Mann tut, durch seine Gründe für sein Tun zu erklären, und nicht darin, ein Ereignis durch Bedingungen zu erklären, die für sein Vorkommen hinreichen. Innerhalb unserer alltäglichen Erklärungspraxis gilt als Erklärung für die Handlung eines Menschen die Tatsache, daß wir zeigen, welche Gründe er dafür hatte, etwas zu tun. Wir zeichnen die Gesichtspunkte nach, die ihn veranlaßten, sein Tun als angemessen anzusehen. Dies heißt Handlungen durch Intentionen erklären.
Solche Erklärungen können empirisch abgesichert sein. Sie können alle relevanten Fakten berücksichtigen. Natürlich kann ein Mensch einen guten Grund für eine Handlung haben, er kann z.

16 Das heißt nicht, daß der Handelnde tatsächlich ein solches Kalkül angestellt hat, nur daß er es tun könnte, wenn er aufgefordert würde, sich zu erklären. Selbst diese Auffassung wäre zu modifizieren, wenn sie für »unbewußte Intentionen« Geltung haben sollte. Ich habe diesen Punkt in [27] erörtert.

B. eifersüchtig auf B sein. Trotzdem kann er, wenn er gegen B intrigiert, tatsächlich aus einem ganz anderen Grund handeln. Vielleicht tut er es aus der (möglicherweise falschen) Überzeugung heraus, daß B versucht, ihn zu ruinieren, und daß er sich wehren muß, oder aus dem (vielleicht unbewußten) Wunsch heraus, Bs Posten zu erlangen usw. Doch treffen diese Annahmen zu, wird die Beschreibung, die der Handelnde von seinem Handeln zu geben weiß – die Bezeichnung dessen, was er durch sie intendierte – anders ausfallen. Der Beweis dafür, daß er gegen B aufgrund von X und nicht von Y intrigierte, ist das »Kalkül«, das wir anhand der Konzepte und Verhaltensregeln anstellen, an die sich der Handelnde nach unseren Ermittlungen tatsächlich gehalten hat. Obgleich die Intrige alle möglichen Gründe gehabt haben kann, beruht unser Kalkül auf all den relevanten Informationen über den Handelnden, derer wir habhaft werden können, wozu unter Umständen auch gehört, was ein geübter Kliniker über seine »unbewußten Intentionen« herausfinden kann. Daraus ergibt sich möglicherweise wirklich, was er für das angemessene Tun hielt und warum er es als solches ansah.[17] In diesem Zusammenhang ist die Frage »Könnte der Grund nicht Y statt X sein?« gleichbedeutend mit der Frage, ob wir wirklich verstanden haben, was jemand intendierte. Damit stellen wir also die Gültigkeit dieses besonderen Kalküls in Frage und nicht die Möglichkeit,

17 Die Verhaltenserklärung (Interpretationen) des Analytikers anhand der »unbewußten Intentionen« seines Patienten lassen sich meiner Meinung nach als Erweiterungen unserer Alltagserklärungen betrachten. Denn obgleich es auf den ersten Blick wichtige Unterschiede zwischen den Handlungen des Neurotikers und denen eines intentional Handelnden gibt, läßt sich aus den Maßnahmen von Psychoanalytikern und klinischen Psychologen nicht schließen, daß das irrationale Verhalten des Neurotikers das Prinzip »falsifiziert«, nach dem Handlungen durch Intentionen erklärt werden müssen. Die Kliniker erklären nämlich die Handlungen des Neurotikers, indem sie ihm »verdrängte Wünsche« und »unbewußte Intentionen« zuschreiben. Dadurch wird das Prinzip modifiziert, nach dem Handlungen durch Intentionen erklärt werden müssen. Die alltägliche Bedeutung von »Intention« und verwandten Konzepten wird erweitert. In solchen Fällen mag der Handelnde zwar ehrlich leugnen, er habe sich an eine bestimmte Verhaltensregel gehalten, oder behaupten, man könne, was er getan (oder gewünscht habe), als X beschreiben,

daß solche Kalküle Erklärungen liefern können. Solche Zweifel sind immer angebracht, wenn sie sich auf Augenschein stützen. Sie sind aber dadurch zu beantworten, daß das Kalkül verbessert wird, und nicht dadurch, daß man einen anderen Erklärungstyp wählt.

Die Frage also »Wie kann ein Grund eine Handlung erklären?« läßt sich nur dadurch beantworten, daß wir zeigen, wie wir im Alltag eine Handlung durch den Grund erklären, den der Handelnde für sein Tun besitzt. Um die Konzepte und Regeln zu klären, die unser alltägliches Bezugssystem für die Erklärung von Handlungen ausmachen, müssen wir zeigen, wie Gründe Handlungen erklären können. Zwar mag Zweifel an einer bestimmten Erklärung dieser Art angebracht sein, keinesfalls aber der grundsätzliche Zweifel daran, daß Gründe ohne Gesetze oder gesetzesähnliche Verallgemeinerungen Handlungen überhaupt erklären können. Denn die Erklärungspraxis, die unserer Alltagsrede über menschliches Verhalten implizit ist, beruht darauf, daß Handlungen durch Intentionen erklärt werden. Wir zeigen, daß das Tun des Handelnden von seinem Standpunkt aus »angemessen« war. Erklärungen, die mit dieser Praxis in Einklang stehen, beruhen auf empirischer Evidenz, und ihre Brauchbarkeit beweisen sie jeden Tag aufs neue. Verwenden wir sie doch mit Erfolg, um das Verhalten der Menschen zu erklären, mit denen wir zu tun haben.

trotzdem behauptet der Kliniker, der ein bestimmtes Muster in seinem Verhalten wahrgenommen hat, der Patient täusche sich selbst. Solche Erklärungen orientieren sich immer noch (wenn auch in einem erweiterten Sinne) an den Intentionen des Handelnden. Denn die Frage, ob sie zutreffen, hängt davon ab, ob der Handelnde – ohne sich der Regel bewußt zu sein – ihr wirklich folgte, ob er wirklich X intendierte (oder wünschte). Hat der Kliniker recht, muß der Handelnde – zumindest im Idealfalle und auf lange Sicht – tatsächlich anerkennen, daß er, wenn er auch derzeit von der Regel nichts wußte, ihr tatsächlich verpflichtet war, daß dies wirklich die Beschreibung ist, die der Handlung (oder dem Wunsch) aus seiner Sicht gebührt. Die irrationalen Handlungen des Neurotikers werden also erklärt, indem der Kliniker zeigt, daß der Patient sie wirklich intendiert hat – daß sie aus seiner verzerrten Perspektive wirklich das angemessene Tun darstellten. Ich habe einige dieser Fragen in [28] und [27] erörtert.

III

Könnte man nun aber nicht diese Erklärungsweise als ganze in Frage stellen, wie die Anhänger Newtons die Erklärungsweise der Korpuskel-Theorie mit Erfolg in Frage stellten? Obgleich dies jene im Sinn zu haben scheinen, die die Meinung vertreten, unsere Alltagserklärungen seien »überhaupt keine Erklärungen«, gibt es andere, die behaupten, daß unsere Alltagserklärungen sich auf keinen Fall durch Erklärung irgendeiner anderen Art ersetzen ließen.[18] Diese Auffassung wird gewöhnlich mit der Begründung vertreten, daß die Theorien, für die sich Experimentalpsychologen interessieren, logisch ungeeignet zur Erklärung von Handlungen seien. Solche Theorien – so bringt man vor – könnten lediglich »Bewegungen« erklären. Menschliche Handlungen seien aber keine bloßen Bewegungen. Sie lassen sich als angemessen oder unangemessen beschreiben. »Aussagen, die Normen und Standards implizieren, lassen sich nicht aus Aussagen ableiten, die bloße Bewegungen ohne solche normativen Implikationen betreffen« ([33], S. 14). Da die Beschreibungen und Erklärungen, die wir im Alltag liefern, »sich nicht aus logisch übergeordneten Theorien eines anderen Typs ableiten lassen«, hält Peters die Suche des Experimentators nach allgemeinen Theorien, die menschliche Handlungen erklären können, für eine Suche, die »*logisch* unmöglich« ist ([33], S. 156 f). Während Hempel behauptet, daß Gründe Handlungen nicht erklären könnten, weil wir keine Fakten aus Normen ableiten können, behauptet Peters, daß »Mechanismen« Handlungen nicht erklären könnten, weil wir Normen nicht aus Fakten ableiten können!

Nun besteht der Ehrgeiz von Experimentalpsychologen nicht darin, Verhalten in der Weise zu beschreiben und zu erklären, in der wir es normalerweise tun. Forscher wie Hebb hoffen, zeigen zu können, daß ein geistiger Prozeß »ein *physiologisch intelligibler* Prozeß sein kann« ([18], S. XVIII; Hervorhebung von mir)

18 Diese Auffassung wurde in mannigfacher Weise von den Autoren in der von R. F. Holland herausgegebenen Reihe ›Philosophical Psychology‹ dargelegt. Vgl. vor allem R. S. Peters, *The Concept of Motivation;* A. I. Melden, *Free Action;* A. Kenny, *Action, Emotion and Will;* and P. Winch, *The Idea of a Social Science.*

– d. h. er hofft, die Konzepte und Regeln der physiologischen Forschung dazu verwenden zu können, Theorien zu entwikkeln, die auf einer Ebene mit denen der Physik und der Chemie liegen und die Mikrozustände im zentralen Nervensystem von A zur »Reaktion« von A auf die Situation S in Beziehung setzen. Durch solch eine Theorie soll die »Verknüpfung« der Handlung von A und seiner Intention auf einer tieferliegenden Ebene erklärt werden, indem gezeigt wird, daß, wenn A, der in einer bestimmten Weise »programmiert« wurde, in der Situation S ist, neurologische Ereignisse eintreten, die bewirken, daß A X »intendiert« und es auch in die »Tat« umsetzt.

Natürlich würde eine neurophysiologische Darstellung von A nicht als Erklärung dafür gelten können, »warum A X getan hat«, zumindest nicht in dem Sinne, in dem dieser Ausdruck jetzt verstanden wird. Doch die Frage lautet, ob das Bezugssystem, das der Alltagssprache (ordinary language) implizit ist, nicht durch ein anderes ersetzt werden könnte. Nehmen wir an, der Theorietyp, der Hebb vorschwebt, könnte in allen Einzelheiten ausgearbeitet werden, und nehmen wir weiter an, es stellte sich heraus, daß er sich außerordentlich erfolgreich für die Forschungsarbeit erweisen würde. Er würde unsere Erkenntnisse über verschiedene Verhaltensaspekte auf der physiologischen Ebene miteinander verbinden, so daß wir zu neuartigen und genauen Vorhersagen in der Lage wären usw. Wären wir damit nicht an einem Punkt, wo es sinnvoll wäre, andere Regeln als Kriterien für eine intelligible Erklärung menschlichen Verhaltens zu akzeptieren, ebenso wie man andere Regeln zur Erklärung physikalischer Phänomene akzeptierte, nachdem der Newtonsche Ansatz sich als so fruchtbar erwies?

In gewissem Sinne würde eine solche Theorie nicht die »gleiche Sache« erklären, die wir jetzt in unseren Alltagsdarstellungen menschlichen Handelns erklären. Denn »Handeln«, »Intention« und verwandte Konzepte würden nicht die Bedeutung behalten, die sie jetzt besitzen, wenn sie in das Bezugssystem einer solchen Theorie gestellt würden. Teil dessen, was wir jetzt mit »Handlung« meinen, ist der Umstand, daß sie von einem Handelnden aus einem bestimmten Grund getan wird. Nach der vorgeschlagenen Theorie würde die Handlung jedoch auf neurophysiologische Ereignisse zurückgehen – die »Verknüpfung« der Situation mit dem Verhalten von A würde nicht nur auf den Regeln As beruhen, die das angemessene Tun in solchen Situationen betreffen, sondern auf neurologischen Ereignissen, die durch die neue Theorie verknüpft wären. Folglich würden wir nicht mehr wie bisher zwischen dem unterscheiden, was A »tut«, und dem, was ihm »zustößt«. Nach einer solchen Theorie würde die Tatsache, daß ein Mensch eine bestimmte Intention hat, wahrscheinlich mit neurologischen Ereignissen gleichgesetzt (vgl. z. B. [14] und [37] Kap. V und VI). Die Bedeutung von »Intention« und ihre Beziehung zum Begriff der »Handlung« würde sich verändern. Der Umstand, daß auf die Intention X von A sein Tun X erfolgt, wäre eine synthetische, kontingente Wahrheit, eine empirische Korrelation zwischen neurophysiologischen Ereignissen, die unter den Bedingungen dieser Theorie bewiesen würde. Doch das ist – wie wir gesehen haben – nicht die Beziehung zwischen Handlungen und Intentionen in unserer Alltagsdarstellung.

Solche Gesichtspunkte mögen uns der Auffassung zuneigen lassen, daß eine Theorie wie die Hebbs nicht menschliche Handlungen, sondern etwas anderes (z. B. Bewegungen) erklären würde. Man sollte sich allerdings in diesem Zusammenhang daran erinnern, daß ähnliche Argumente von einem Anhänger des Aristoteles oder der Korpuskel-Theorie gegen Newtons Erklärungsweise hätten ins Feld geführt werden können. Erklären, warum die Planeten »aus ihren geradlinigen Bahnen gebracht werden«, heißt nicht erklären, was ein Anhänger des Aristoteles zu erklären versuchte. Ebensowenig waren die Erklärungen Newtons das, was die Anhänger der Korpuskel-Theorie zu erklären wünschten. Immer, wenn eine grundsätzliche Veränderung der Konzepte und Regeln erfolgt, die zur Beschreibung und Erklärung der Phänomene verwendet werden, verändern sich die Fragen, die sich intelligiblerweise zu ihnen stellen lassen, und die Antworten, die intelligiblerweise gegeben werden können.[19] In einer bestimmten Hinsicht verändert sich das, »was« erklärt wird, wenn die akzeptierte Erklärungspraxis sich verändert. Wenn also die Erklärun-

19 Vgl. [24]. Dort finden sich viele Belege aus der Geschichte der Naturwissenschaften für diesen Gesichtspunkt.

gen, die wir jetzt liefern, sich nicht ohne Bedeutungswandel aus jener Theorie deduzieren lassen, die Hebb anstrebt, trifft das auch für den Übergang von der Aristotelischen zur Newtonschen Erklärungsweise zu [15]. Zweifellos würde die Entwicklung einer solchen Theorie grundsätzliche Veränderungen an den Voraussetzungen erzwingen, die unsere Auffassung vom menschlichen Handeln bestimmen. Doch sicherlich ist dies der Verdrängung der aristotelischen Physik durch die Neue Wissenschaft analog. Natürlich können wir für unsere Alltagserklärungen ins Feld führen, daß die Menschen mir ihr Verhalten sehr erfolgreich erklären. Doch obgleich der Erfolg von Erklärungen, die auf den korpuskularen Anstößen beruhten, Boyle von der »Wahrheit und Wirklichkeit seiner Korpuskel-Theorie« überzeugte ([4], S. 91), bot dieser Erfolg keine Gewähr für die Unersetzlichkeit der korpuskularen Erklärungsweise. So bestätigt die Wissenschaftsgeschichte Hempels Behauptung, daß wir »nicht an Konzeptionen gebunden sein können, die möglicherweise der Alltagssprache ... implizit sind«, sondern daß wir untersuchen müssen, welche Konzeptionen »die befriedigendste Erklärung menschlichen Verhaltens liefern können« ([19], S. 31).

Wenn das Verfahren, durch das wir Verhalten im Alltag erklären, anhand derselben Kriterien bewertet werden kann, wie die Erklärungspraxis in den Naturwissenschaften, dann klingt die Behauptung, daß unsere Alltagserklärungen unersetzlich seien, recht zweifelhaft. Doch sind die Kriterien für eine »befriedigende Erklärung« dieselben? Die Annahme, daß sie es nicht sind, wird durch den Umstand nahegelegt, daß unsere Alltagserklärungen insofern Rechtfertigungen ähneln, als sie die Handlung vom Standpunkt des Handelnden aus als das angemessene Tun darstellen. Sie sind keine Rechtfertigungen, weil sie nur zeigen, daß dies das angemessene Tun wäre, *wenn* man die Einstellungen des Handelnden teilte (d. h. seine Art, die Situation zu beurteilen, und seine Regeln, die das angemessene Tun in solchen Situationen bestimmen). Keinesfalls wird gerechtfertigt, daß der Handelnde diese Einstellungen besitzt. »War X für A das angemessene Tun?« ist eine ganz andere Frage als »Warum hielt A X für das angemessene Tun?«. In der ersten Frage geht es um eine Rechtfertigung, in der zweiten um eine Erklärung. Es ist jedoch nicht ohne Bedeutung, daß wir hier As Handeln dadurch erklären, daß wir die Art und Weise beschreiben, in der er im Prinzip versuchen könnte, sie zu rechtfertigen. Denn dies weist auf den praktischen, wertbestimmten Kontext hin, aus dem sich im Alltag die Forderung ergibt, menschliches Verhalten zu erklären. Sehr häufig bestimmt uns unser Bedürfnis, den Handelnden einzuschätzen, nach der Erklärung einer Handlung zu verlangen. Unser Interesse, menschliches Handeln zu verstehen, ist an die Gesichtspunkte von Gut und Böse, Schuld und Unschuld, Lob und Tadel gebunden. Uns verlangt nach einer Erklärung, weil die Handlung angesichts der allgemein akzeptierten Verhaltensregeln unangemessen ist oder erscheint. Wenn wir verstehen, warum der Handelnde sie intendiert hat, kommen wir vielleicht auch zu der Auffassung, daß er berechtigt war, sie auszuführen. Erklärung und Rechtfertigung decken sich, wenn der »Standpunkt« des Handelnden gerechtfertigt ist. Wenn sich sein Verhalten hingegen nicht rechtfertigen läßt, wird die Erklärung durch seine Intentionen jene Gesichtspunkte offenlegen, die ihn veranlaßten, sein falsches (unangemessenes) Tun für das richtige (angemessene) zu halten. Wir können uns also mit ihm als Handelndem beschäftigen. Solche Erklärungen ermöglichen es uns, zu verstehen, ob er die Handlung absichtlich oder unabsichtlich vornahm, aus Unwissenheit, Irrtum oder Nachlässigkeit. Wir wollen seine Verantwortung in dieser Angelegenheit bestimmen. Die Erklärungen lassen uns verstehen, was er für erwünscht oder unerwünscht ansieht, was er zu vermeiden oder zu erlangen bestrebt ist und wie er sich anschickt, dies zu tun. Damit wollen wir seinen Charakter bewerten. Wenn wir uns über die Erwägungen Klarheit verschaffen, die ihn so haben handeln lassen, wie er es tat, zeigt uns die Erklärung, wie wir mit ihm argumentieren, ihn überzeugen und dazu veranlassen können, seine Vorgehensweisen zu ändern. Wenn wir unter den Bedingungen unseres sozialen Lebens eine Erklärung menschlichen Verhaltens verlangen, sind wir gewöhnlich an einer Antwort interessiert, die uns dabei helfen kann, mit den anderen Menschen in dieser praktischen Weise auszukommen. Der Erklärungstypus, der Psychologen wie Hebb vorschwebt, ist für dieses Interesse ohne Belang – durch ihn würden wir nicht erfahren, was wir gewöhnlich wissen möchten.

Natürlich haben die Anhänger Newtons nicht die Fragen der Anhänger der Korpuskel-Theorie beantwortet. Doch die Entscheidung, die Fragen künftig im Bezugssystem Newtons und nicht in dem der Korpuskel-Theorie zu stellen und zu beantworten, ließ sich damit rechtfertigen, daß die Forschungstätigkeit, die sich nach Newtons Prinzipien richtete, zu einem System von Überzeugungen führte, das über ein höheres Maß an Vorhersagefähigkeit, Einheitlichkeit usw. verfügte. Es handelte sich eher um konkurrierende als um grundsätzlich verschiedene Forschungstraditionen, da sie das gleiche Ziel hatten. Die Erklärungsregeln, denen die Anhänger Newtons folgten, erwiesen sich als befriedigender, weil sie in Hinblick auf das gemeinsame Ziel effektiver waren. Keinesfalls geht jedoch daraus hervor, daß unsere an Intentionen orientierten Erklärungen und der Versuch, Verhalten »physiologisch intelligibel« zu machen, in der gleichen Beziehung zueinander stehen. Sollen unsere Alltagserklärungen befriedigen, ist eine entscheidende Vorbedingung, daß wir sie dazu verwenden können, das Verhalten anderer im praktischen Leben zu verstehen und zu bewerten. Das ist sozusagen eine technische Voraussetzung unserer Erkenntnis menschlichen Verhaltens, die sich aus der alltäglichen Verwendungssituation ergibt. Natürlich möchten wir, daß solche Erklärungen so reliabel, einheitlich usw. wie möglich sind. Sie sollen aber auch unseren Zwecken entsprechen. Das Verhaltensverständnis, dessen wir bedürfen, um unsere sozialen Beziehungen zu regeln, ist das Verständnis der Beziehungen zwischen Handelnden, Handlungen und Intentionen, das Verständnis, das uns hilft, Gut und Schlecht in Charakter und Verhalten zu bewerten. Wenn uns eine erklärende Darstellung diesem Ziel näher bringen soll, muß sie in den gleichen Konzepten niedergelegt sein, die auch die Struktur unserer alltäglichen Verhaltenserklärungen bestimmen: sie muß sich am »Standpunkt« des Handelnden orientieren, dem die Handlung zuzuschreiben ist. Dieser Voraussetzung werden keine Theorien gerecht, die das Verhalten durch die Konzepte und Regeln zu erklären suchen, an die sich neurophysiologische Forscher halten. Folglich können solche Theorien das Verhalten noch so erfolgreich vorhersagen, sie können als Erklärungen, die menschliches Verhalten »physiologisch intelligibel« machen, noch so sehr befriedigen, trotzdem würden sie uns ganz bestimmte Dinge nicht ermöglichen, derer wir nach wie vor bedürften.[20] Da wir mit den Informationen aus den Verhaltenserklärungen, die wir einerseits von unserem alltäglichen Bezugssystem und andererseits vom neurophysiologischen beziehen, Unterschiedliches bezwecken, wäre es falsch, sie als konkurrierende Erklärungsweisen zu betrachten. Es gibt keinen vernünftigen Grund für uns, zwischen ihnen zu wählen, wie die Wissenschaftler zwischen der korpuskularen und Newtonschen Erklärungsweise wählen mußten.

Literatur

[1] Agassi, J., »Towards an Historiography of Science.« *History and Theory,* Beiheft 2, 1963.

[2] Aronson, S., »The Gravitational Theory of George-Louis Le Sage.« *The Natural Philosopher,* vol. 3, 1964.

[3] Aristotle, *Physics.* Heinemann, 1934.

[4] Boas, M., *Boyle and 17th Century Chemistry,* Cambridge University Press, 1958.

20 Es sei angemerkt, daß die »technischen« Voraussetzungen des Klinikers in der Therapie unseren Alltagsvoraussetzungen ähneln: er muß einem anderen Menschen helfen, die »Realitäten« der Situation zu erkennen, in der er sich befindet. Der Kliniker muß beurteilen, ob die Reaktionen dieses Menschen der Situation »angemessen« sind. Er muß dem Patienten helfen, »angepaßtere«, »reifere« oder »gesündere« Bewältigungsweisen zu entwickeln. Der Umstand, daß solche wertbestimmten Gesichtspunkte Teil der therapeutischen Arbeit sind, ist nicht ohne Bedeutung für die Erklärungstheorie, die für die Arbeit des Klinikers relevant werden kann. Vermutlich werden ihm die »objektiven Psychologen« nicht viel helfen können. Mandler entwirft wohl ein zutreffendes Bild von der Situation, wenn er sagt: »Welche Schlüsse können wir aus dem Gemurmel unserer Versuchspersonen ziehen? Für den objektiven Psychologen sind sie mannigfaltig und hängen von seiner jeweilen theoretischen Voreingenommenheit ab« ([30], S. 303).

[5] Boas, M., »The Establishment of the Mechanical Philosophy.« *Osiris*, vol. X, 1952.
[6] Clagett, M., *The Science of Mechanics in the Middle Ages*, University of Wisconsin Press, 1959.
[7] Cohen, I. B., *Franklin and Newton*. American Philosophical Society, 1956.
[8] Crombie, A. C., *Augustine to Galileo*. Mercury Books, London, 1961, vol. 1 & 2.
[9] Crombie, A. C. (ed.), *Scientific Change*. Basic Books, Inc., 1963.
[10] Davidson, D., »Actions, Reasons and Causes.« Symposium on Action of the American Philosophical Association, Eastern Division, 60th Meeting. *Journal of Philosophy*, vol. LX, no. 23, Nov. 7, 1963.
[11] Dray, W., *Laws and Explanation in History*. Oxford University Press, 1957.
[12] Duhem, P., *The Aim and Structure of Physical Theory*. Princeton University Press, 1954.
[13] Euler, L., *Lettres A Une Princesse d'Allemagne*. Paris, 1812.
[14] Feigl, H., »The ›Mental‹ and the ›Physical‹.« *Minnesotta Studies in Philosophy of Science*, vol. II. University of Minnesotta Press, 1958.
[15] Feyerabend, P., »Explanation, Reduction and Empiricism.« *Minnesotta Studies in Philosophy of Science*, vol. III. University of Minnesotta Press, 1962.
[16] Frank, P., *Modern Science and Its Philosophy*. Collier Books, 1961.
[17] Hanson, N. R., *Patterns of Discovery*. Cambridge University Press, 1961.
[18] Hebb, D. O., *The Organization of Behavior*. Science Editions, New York, 1961.
[19] Hempel, C. G., »Explanations in Science and in History.« In R. G. Colodny (ed.), *Frontiers of Science and Philosophy*. University of Pittsburgh Press, 1962.
[20] Hesse, M. B., *Forces and Fields*. Philosophical Library, 1961.
[21] Huygens, *Discours de la Cause de la Pesanteur*, added to the *Traité de la Lumiere*. Leiden, 1690.
[22] Jammer, M., *Concepts of Force*. Harper Torchbooks, 1962.
[23] Kelly, G. A., *The Psychology of Personal Constructs*, vol. 1, 2. Norton, 1955.
[24] Kuhn, T., *The Structure of Scientific Revolutions*. International Encyclopedia of Unified Science, vol. II, no. 2. University of Chicago Press, 1962; dt.: *Die Struktur wissenschaftlicher Revolutionen*. Zweite, revidierte Auflage, Frankfurt, 1977.
[25] Loemker, L. E., »Boyle and Leibnitz.« *Journal of the History of Ideas*, 1955.

[26] Maxwell, J. C., *The Scientific Papers of J. C. Maxwell.* Cambridge, 1890.
[27] Mischel, T., »Psychology and Explanations of Human Behavior.« *Philosophy and Phenomenological Research,* vol. XXIII, no. 4, 1963.
[28] Mischel, T., »Personal Constructs, Rules and the Logic of Clinical Activity.« *The Psychological Review,* vol. 71, no. 3, 1964.
[29] Mouy, P., *Le Dévelopment de la Physique Cartésienne.* Paris, 1934.
[30] Newcomb, T. M., *New Directions in Psychology.* Holt, Rinchart and Winston, 1962.
[31] Newton, I., *Principia.* University of California Press, 1962, vol. 1 & 2.
[32] Newton, I., *Opticks.* Dover Publications, Inc., 1952.
[33] Peters, R. S., *The Concept of Motivation.* Routledge & Kegan Paul, 1958.
[34] Rawls, J., »Two Concepts of Rules.« *Philosophical Review,* 1955.
[35] Smart, J. J. C., *Philosophy and Scientific Realism.* Routledge & Kegan Paul, 1963.
[36] Taylor, W. B., *Kinetic Theories of Gravitation.* (From the Smithsonian Report for 1876). Washington, 1877.
[37] Toulmin, S., *The Philosophy of Science.* Hutchinson's University Library, 1953.

»Emotion« und »Motivation« in der Entwicklung der englischen Psychologie: David Hartley, James Mill, Alexander Bain (1966)

In einigen seiner Dialoge (1632) hielt Galilei es noch für erforderlich, sich über jene Philosophen lustig zu machen, die meinen, Wörter wie »Sympathie«, »Antipathie« oder auch »Schwerkraft« könnten irgendwelche Erscheinungen erklären. Er ist der Auffassung, damit werde lediglich ein »Name« geliefert.[1] Doch gegen Ende des Jahrhunderts hatte man solche »verborgenen« Formen, Vermögen oder wirkende Kräfte, weitgehend aus den Naturwissenschaften verbannt. Selbst die Bewegungen des menschlichen Körpers wurden von Borelli und anderen mechanisch erklärt. Der menschliche Geist galt jedoch als nichtmateriell und außerhalb des Bereiches der »mechanischen« Wissenschaft angesiedelt. Gewiß hatte Locke versucht, den Geist empirisch zu untersuchen, doch bei der Erklärung von willkürlichen Handlungen beschränkte er sich auf die Aussage: Wir finden in uns »die Kraft ... Bewegungen unseres Körpers zu beginnen oder zu unterlassen ... und zwar lediglich kraft eines Gedankens oder einer Vorliebe des Geistes.«[2] Es ist kennzeichnend, daß Locke sagt: »Der Mensch führt die Handlung aus ... das handelnde Subjekt besitzt das Vermögen oder ist fähig zu handeln«[3], doch nicht zu erklären versucht, wie er dies anstellt. Sind aber solche geistigen »Kräfte« weniger »verborgen« als jene, die man in der Physik verworfen hatte? Wenn solche Mystifikationen den Fortschritt der Naturwissenschaften gehemmt haben, müßten sie es dann nicht auch bei der Untersuchung des Geistes tun? Der wissenschaftliche Fortschritt im Laufe des 18. und 19. Jahrhunderts machte die

1 Galileo Galilei, *Dialog über die beiden hauptsächlichsten Weltsysteme*, Leipzig 1891, S. 419 und 249.

2 Locke, *Essay Concerning Human Understanding*, (1690), II, XXI, 5.

3 a. a. O., II, XXI, 19.

Bedeutung dieser Fragen deutlich. So läßt sich die Entwicklung der englischen Assoziationspsychologie in dieser Zeit als der Versuch verstehen, eine »Wissenschaft vom Geiste« nach dem Modell der Naturwissenschaften zu entwerfen. Autoren dieser Tradition wollten erklären, wie die Emotionen zum Handeln »bewegen«, ohne dabei mysteriöse Vermögen oder Kräfte ins Spiel zu bringen, wie die Physiker ja auch Bewegungen erklärten, ohne sich auf okkulte Eigenschaften zu beziehen. Im folgenden möchte ich diesen Aspekt bei jener »Wissenschaft vom Geiste« untersuchen, die von Hartley, James Mill und Bain entwickelt wurde.

David Hartley
(1705–1757)

In seinen *Observations on Man* (1749) meint Hartley, daß »den *Gefühlen* die Lust und der Schmerz an ihren Gegenständen innewohnt... durch die Gefühle werden wir dazu bewegt, nach Glück und allen seinen Mitteln zu streben und das Unglück und all seine offensichtlichen Ursachen zu fliehen«.[4] Er versteht unter Gefühlen die »auf Assoziation beruhenden Zusammenschlüsse einfacher Ideen« (S. 368). Die Idee der Nahrung beispielsweise stellt in der Assoziation mit Lust eine zusammengesetzte Idee dar, welche eine Form der Liebe ist. Wenn sie stark genug wird, ist sie ein Wunsch, der uns zum Handeln bewegt (S. 369). In Assoziation mit Schmerz statt Lust heißen die entsprechenden Gefühle »Haß« und »Widerwillen«.[5] Hartley bezieht sich aus-

4 D. Hartley, *Observations on Man*, Bd. I, II, III, London 1791. Wenn nicht ausdrücklich vermerkt, beziehen sich alle Seitenangaben in diesem Abschnitt auf den Band I der Ausgabe von 1791.

5 Hoffnung und Furcht sind »Anwärter auf den Wunsch und den Widerwillen« und hängen von der Wahrscheinlichkeit und der Nähe des erwarteten Ereignisses ab. Freude und Kummer »gelten einem Gegenstand, der präsent ist«. Von Liebe und Haß, Wunsch und Widerwillen, Hoffnung und Furcht, Freude und Kummer sowie »angenehmer« und »unangenehmer Erinnerung« heißt es, daß sie »alle allgemeinen Leidenschaften der menschlichen Natur umfassen« (S. 369 ff). Ferner unterscheidet Hartley sechs Klassen »verstan-

drücklich auf die Arbeit von Locke und seinen Nachfolgern (S. 5) und meint, daß die Ideenassoziation einzig und allein auf die unmittelbare Abfolge zurückzuführen sei (S. 65). Meine Liebe zu X ist also einfach die Folge davon, daß in der Vergangenheit auf X regelmäßig Lust erfolgte. Lust hat man sich dabei als ein bestimmtes »inneres Gefühl« vorzustellen, das durch Assoziation zufällig auf seine »Ursache« bezogen ist.

Damit befindet Hartley sich noch ganz in der Tradition Lockes, doch schlägt er einen eigenen Weg ein, wenn er meint, daß sich die Ideenassoziation selbst durch »Schwingungen« erklären lassen, die ihre »physische Ursache« sind (S. III). Nach seiner Auffassung können »äußere Objekte, da physisch, auf die Nerven und das Gehirn einwirken, die ebenfalls physisch sind, nur indem sie sie in Bewegung versetzen« (S. 12). Hartley bezieht sich auf Newton, der Spekulationen über jenes »überaus flüchtige Prinzip, das alle materiellen Körper durchdringt und in ihnen verborgen liegt« anstellt,[6] und meint, daß alle Körper in dem sie umgebenden Äther Schwingungen erzeugten. Diese wiederum »bewegen die Bestandteilchen der Marksubstanz in den Nerven« und werden auf diese Weise an das Gehirn weitergeleitet, dessen »Marksubstanz« gleichfalls in Vibrationen versetzt werde (S. 21 ff). Die Empfindung kann also als die Schwingung feiner, ätherischer Teilchen angesehen werden. Da »Empfindungen

desmäßiger Lust und verstandesmäßigen Schmerzes« – die der Vorstellung, des Ehrgeizes, des Eigeninteresses, der Sympathie, der religiösen Versenkung und des sittlichen Gefühls. Er behauptet, daß das Empfinden die Vorstellung »hervorrufe«. Diese beiden riefen gemeinsam den Ehrgeiz hervor, diese drei wiederum die nächste Klasse usw., bis »schließlich durch zahlreiche wechselseitige Einflüsse aller aufeinander die Leidenschaften jenen Grad von Komplexität erreichen, der in der Wirklichkeit zu beobachten ist und der ihre Analyse so schwierig gestaltet« (S. 369). Hartley erörtert diese »wechselseitigen Einflüsse« genauer auf den Seiten 416–499.

6 »General Scholium«, *Principia*, Bd. II, S. 547 (Berkeley & Los Angeles, 1962). Hartley kommt häufiger auf diesen Abschnitt zu sprechen, ebenso wie auf die Fragen in den *Opticks* und auf den Brief an Boyle (Hartley, a. a. O. S. 13 ff). Zum Abschluß der allgemeinen Darstellung seiner Theorie zitiert Hartley jene Stelle aus den *Principia* vollständig, weil – wie er sagt – Newtons Worte »mich zuerst zu dieser Hypothese veranlaßten und weil sie sich als Zusatz zu ihr ergeben« (a. a. O., S. 111).

durch häufige Wiederholung Ideen hervorbringen, muß es einfach dazu kommen, daß die Vibrationen, die die Empfindungen begleiten, etwas hervorbringen, das die Ideen in gleicher Weise begleitet« (S. 58). Dasjenige, was sie nach Hartley hervorbringen, sind kleinste Schwingungen – oder »Vibratiuncles« –, die sich auch noch eine Zeitlang in der Marksubstanz des Gehirns erhalten, nachdem das Objekt entfernt wurde, das die Schwingungen hervorgerufen hat. Die Vibratiuncles unterscheiden sich von den korrespondierenden Vibrationen nur dadurch, daß sie schwächer sind. Sie sind also die physischen Äquivalente der Ideen, so wie die Vibrationen die physischen Äquivalente der Empfindungen sind. Hartley postuliert solche Vibrationen nicht nur, weil sie notwendig sind, die Beziehung zwischen Empfindungen und Ideen zu erklären (S. 58 f), sondern auch, weil »die Beschaffenheit der Schwingungsbewegung und des Körpers« die Annahme wahrscheinlich machen, daß die Wiederholung der Vibrationen Vibratiuncles erzeugen können (S. 59 ff). Daraufhin fordert er, wiederum aufgrund »der Beschaffenheit der Schwingungen und des [tierischen] Körpers« (S. 67 ff), ein physikalisches Gesetz der Assoziation zwischen Vibratiuncles, nämlich:

> Alle Schwingungen A, B, C usw. gewinnen durch hinreichend häufige Assoziation eine solche Macht über die korrespondierenden kleinsten Schwingungen a, b, c usw. daß jede Schwingung A allein in der Lage ist, die kleinsten Schwingungen b, c usw. der übrigen Schwingungen B, C, ... hervorzurufen (S. 67).

Da Hartley meint, dieses physikalische Gesetz erkläre die psychologische Ideenassoziation, ist er der Ansicht, er habe gezeigt, wie »die Fähigkeit, Ideen zu erzeugen und sie durch Assoziationen auszulösen, auf körperliche Ursachen zurückgehen muß. Folglich kann man sie durch die flüchtigen Einflüsse der kleinsten Materieteilchen aufeinander erklären« (S. 72).

Daraufhin erfaßt Hartley in seiner Theorie auch motorisches Verhalten und versucht zu zeigen, wie ein Gefühl, ein mentales Phänomen, körperliche Handlungen »hervorrufen« kann. Obgleich Locke und seine Nachfolger mit der Assoziation die sich wandelnden »Inhalte des Geistes« erklärten, lieferten sie keine Erklärung dafür, wie Körperbewegungen durch »nichts als einen Gedanken« hervorgebracht werden können. Statt Handlungsvermögen als eine mysteriöse »Kraft« des Selbst zu beschwören, sagt Hartley, es sei »wahrscheinlich, daß die Muskelbewegung ganz auf dieselbe Weise wie die Empfindung vonstatten geht« (S. 85). Er führt die Schriften von Stephen Hales und anderen an und versucht zuerst zu zeigen, daß »automatische Bewegungen ..., die dem Mechanismus des Körpers entstammen« (S. III) durch Schwingungen erklärt werden könnten, die zum Gehirn und von dort in die Muskeln wanderten (S. 85–100). Auf dieser Grundlage kommt er zu der Annahme von »motorischen Vibrationen und Vibratiuncles« (S. 101), d. h. einer besonderen Klasse von Schwingungen, die die physische Grundlage des motorischen Verhaltens sind und eine Analogie zu jenen Schwingungen darstellen, die die physische Grundlage der Empfindungen und Ideen sind. Da motorische Vibratiuncles ebenso wie andere Vibratiuncles assoziiert werden können, verleiht Hartley dem psychologischen Assoziationsgesetz nun eine neue Form. Es umfaßt jetzt nicht nur die Assoziation zwischen Ideen, sondern auch die Assoziation zwischen Ideen und Muskelbewegungen (S. 102). Damit hat er die Voraussetzungen geschaffen, um eine einfallsreiche »mechanische« Erklärung jener »willkürlichen Bewegungen« zu liefern, »die aus Ideen und Gefühlen entstehen und die deshalb dem Geist zugeschrieben werden« (S. III–IV). Er will zeigen, daß solche Bewegungen sich durch einen Assoziationprozeß aus unwillkürlichen entwickeln. Das Greifen des Kindes ist beispielsweise zuerst automatisch – d. h. durch ein Empfinden auf der Handfläche ausgelöst. Durch Assoziation wird es jedoch möglich, daß diese *Bewegung* durch die *Idee jener Empfindung* ausgelöst wird, die ursprünglich die Handlung hervorrief. Die Idee jener Empfindung kann ihrerseits durch die *Idee der Bewegung* ausgelöst werden, da jene während der Handlung fortbesteht und mit dieser Idee assoziiert wird. Wenn das Kind willkürlich greift, geschieht also folgendes: die Idee eines Zweckes wird mit der Idee des Muskelaktes assoziiert, der den Zweck in der Vergangenheit erfüllte. Diese Idee wird mit der Idee der Empfindungen assoziiert, die die Bewegung begleiten, und diese Idee kann infolge der Assoziation in eben der Weise die Muskelbewegung hervorrufen, in der die Empfindung selbst es getan hat.

Diese Assoziationskette bildet sich durch ständige Wiederholung allmählich heraus. Doch wenn das Verhalten »vollkommen willkürlich« geworden ist, sind die einzelnen Kettenglieder nicht mehr bewußt.[7]

Willkürliche Bewegungen – jene, die »dem Geist« und nicht dem »Mechanismus des Körpers« zugeschrieben werden – sind also Bewegungen, die auf »Motive, d. h. auf den Einfluß von Lust und Schmerz« zurückgehen (S. 501). Doch obgleich solche Bewegungen unmittelbar durch Gefühle hervorgerufen scheinen, erklärt die Assoziation sowohl die Tatsache, daß ich dieses Gefühl habe, wie auch die Art und Weise, in der es mein Handeln hervorruft. Also sind »die Handlungen, die aus dem Wunsch oder dem Widerwillen hervorgehen, ganz und gar das Ergebnis assoziierter Kräfte und Umstände« (S. 369). Da diese Assoziationen »mechanisch« sind – d. h. sich anhand von Schwingungen erklären lassen –, »folgt daraus, daß auch der Wille mechanisch ist« (S. 371). Die kompromißlose Schärfe der Theorie Hartleys tritt zutage, wenn er sagt:

> Die Lehre von den Schwingungen erklärt alle ursprünglich automatischen Bewegungen, die von der Assoziation die willkürlichen ... Wenn die Assoziationslehre sich in der oben dargelegten Weise auf die Schwingungslehre gründen und aus ihr ableiten läßt, dann werden alle Empfindungen, Ideen und Bewegungen eines jeglichen Tieres gemäß den Schwingungen der kleinsten Markteilchen ausgeführt (S. 109).

Die schottischen Autoren, deren Psychologie des »common sense« in der zweiten Hälfte des 18. Jahrhunderts außerordentlich einflußreich wurde, nannten Hartleys Theorie einen »metaphysischen Roman«.[8] Doch bewegte er sich tatsächlich ganz in der

7 Hartley, a. a. O., S. 103–109. In ähnlicher Weise erklärt Hartley, wie wir sprechen oder Spinett spielen lernen. Er stellt auch fest, daß willkürliche Handlungen »sekundär automatisch« werden können. Dann ist ihre Ausführung gewohnheitsmäßig und von keinerlei bewußter Willensregung begleitet. So wird uns die Gewohnheit zur »zweiten Natur«.

8 Dugald Stewart, »Preliminary Dissertation« zu den »Philosophical Essays«, in: *Works,* Cambridge 1829, Bd. IV, S. 3. Joseph Priestley und Erasmus Darwin ergriffen die Partei Hartleys, doch Stewart urteilte, die Schriften »Hartleys, Priestleys und Darwins seien in der Anlage so unwissenschaftlich

Tradition einer sich an Newton anschließenden spekulativen Wissenschaft, die in diesem Jahrhundert gang und gäbe war. Hartley war ein Arzt, der eine naturwissenschaftliche Ausbildung in Cambridge erhalten hatte und ein Mitarbeiter von Hales und anderen Mitgliedern der Royal Society war.[9] Er tat das, was andere Wissenschaftler taten: er hielt sich an den Newton des General Scholiums und der *Opticks* und bezog aus diesen Werken vielversprechende Hypothesen. Denn nur wenige Experimentalwissenschaftler der Zeit nahmen Newtons »hypotheses non fingo« für bare Münze.

I. B. Cohen weist darauf hin, daß die Experimentalisten des 18. Jahrhunderts meinten, Hypothesen dürften nur dann nicht aufrechterhalten werden, wenn sie »sich mit den Erfahrungsdaten oder den erwiesenen (›wahren‹) Prinzipien nicht vertragen«. Hypothesen über die Wirkungsweise »flüchtiger«, d. h. nicht zu beobachtender Teilchen lag in der Tat

den Vorstellungen zugrunde, die sich Desagulier von der Elastizität, Hales von den Gasen, Franklin vom elektrischen Strom, Lavoisier von der Wärme

wie uninteressant in der Ausführung« (ebend.). Stewart wie Reid wurden beim Thema Hartley sogar ungewöhnlich ätzend. Reid beschuldigt ihn, »ein Luftschloß gebaut« zu haben (*The Works of Thomas Reid,* 3 Bde., mit einer Einleitung von D. Stewart, New York, 1822, Bd. I, S. 393). Stewart sagt, daß »unzweifelhaft Dr. Hartley der erste Platz unter den Alchimisten der Wissenschaft von der Seele gebührt« (a. a. O., Bd. IV, S. 10; vgl. auch Bd. II, S. 295–304 und Bd. VI, S. 321–326). Dies darf nicht überraschen, da eine der zentralen Lehren der schottischen Schule lautete, daß eine Erklärung des Geistes durch »mechanische Prinzipien« ebenso absurd sei, als wolle man chemische Affinität dadurch erklären, daß man die Materie »mit Denken und Willen ausstatte« (vgl. D. Stewarts Einführung zu seinen »Elements of the Philosophy of the Human Mind«, a. a. O., Bd. I, S. 10). Spätere Kommentatoren bezogen häufig einen ähnlichen Standpunkt zu Hartleys Schwingungstheorie. So hält G. S. Bower die Schwingungen für »Auswüchse, ... die ganz allein auf die Vorliebe Hartleys für die Naturwissenschaft zurückzuführen sind« (*David Hartley and James Mill,* New York, 1881, S. 26) und M. Heider unterstreicht ihren »spekulativen« Charakter (*Studien über David Hartley,* Bergisch-Gladbach 1913, S. 52 ff).

9 Vgl. »Sketch of Dr. Hartley's Life«, *Observations,* Bd. III, S. VI.

und Dalton von den Atomen machten. In jedem Falle war die eigentliche Quelle Newton.[10]

Hartley lehnt die cartesianischen »Lebensgeister« ab, auf die Boerhaave in seiner Physiologie wieder zurückgreift.[11] Er versucht weiter zu entwickeln, was Newton in den *Opticks* über die »Ursache des Gesichtssinnes« (Query Frage 12) und über die »tierischen Bewegungen« sagt. Sie entstehen durch Schwingungen, »die im Gehirn durch die Willenskraft hervorgerufen werden« (Query Frage 24). Da er seiner Theorie die Gestalt einer »experimentellen« Newtonschen Hypothese geben möchte, die die Wirkungsweise des menschlichen Geistes erklären kann, führt Hartley eine Fülle von Beobachtungen normalen wie des pathologischen Verhaltens an. Er will feststellen, »inwieweit sich diese Erscheinungen mit der Schwingungslehre vertragen« (Kap. II, III *passim*). Er untersucht sogar, inwieweit »Erscheinungsformen des Irreseins sich mit der oben dargestellten Theorie vereinbaren lassen« (S. 390–403). Auch meint er, die »Heilwissenschaft biete viele Möglichkeiten zur Überprüfung der Schwingungslehre« (S. 264 ff.). Wie Newton, der in Query Frage 31 umfänglichen Ge-

10 I. B. Cohen, *Franklin and Newton,* Philadelphia 1956, S. 248 f. In unserem Zusammenhang sind die Kapitel 5–7 in ganzer Länge von Interesse.

11 Es sei angemerkt, daß schon vor Hartley einige Physiologen bezweifelten, die »Lebensgeister« könnten neuromuskuläre Prozesse erklären. Die Vorstellung, daß automatische Bewegungen quasi-mechanisch erklärt werden könnten, war nach den Schriften von Descartes, Willis und Boerhaave durchaus üblich. Doch unterschieden diese frühen Autoren ganz klar zwischen willkürlichen Handlungen, die – wenn sie sich auch im Großhirn lokalisieren lassen – doch unmittelbar auf die Eingebung des Willens zurückgehen, und unwillkürlichem (automatischem) Verhalten. Dieses wird durch »Geister« (spiritus) hervorgerufen, die aus dem Kleinhirn fließen und nicht der Kontrolle des Subjekts unterliegen. (Vgl. F. Fearing, *Reflex Action,* Baltimore, 1930, Kap. IV und V. Dort wird die Neurophysiologie der Zeit in einer Überschau dargestellt.) Hartley unterscheidet sich von diesen Autoren nicht nur dadurch, daß er für die Lebensgeister einen Newtonschen Ersatz sucht, sondern auch – und das ist noch wichtiger – daß er versucht, willkürliches und unwillkürliches Verhalten in gleicher Weise zu erklären. So werden also »mechanische« Erklärungen auf eindeutig »geistige« Erscheinungen ausgedehnt.

brauch vom Analogieschluß macht, da die »Natur weitgehend mit sich selbst im Einklang ist und sich wiederholt«, vertritt auch Hartley die Auffassung, daß Schwingungen »als Schlüssel und Leitprinzip« für die Erklärung menschlichen Verhaltens dienen sollten, da sie so viele Dinge erklärten (S. 28 f.). In diesem Zeitraum herrschte die »Korpuskel-Theorie in ihrer von Newton berichtigten und erneuerten Gestalt« vor[12] – d. h. an die Stelle von Druck und Stoß in der Erklärung der mechanischen Korpuskelinteraktion sind Anziehung und Abstoßung getreten. Diese Theorie beherrschte die wissenschaftliche Suche nach Erklärungen.[13] Hartleys Theorie war Teil dieser Entwicklung. Reid sagt völlig zu Recht, daß »bis jetzt noch kein Beweis für das Vorhandensein von Schwingungen in der Marksubstanz der Nerven und des Gehirns erbracht worden ist«.[14] Doch Gleiches läßt sich über die in der Chemie oder elektrischen Theorie der Zeit postulierten Teilchen sagen, ohne daß es deshalb gerechtfertigt wäre, diese Theorien als »metaphysische Romane« abzutun.
Hartley unterschied sich von anderen Wissenschaftlern seiner Zeit nicht dadurch, daß er weit »spekulativer« war, sondern daß er versuchte, geistige Phänomene durch Konzepte zu erklären, die sie zur Erklärung physischer Phänomene benutzten. Doch wie können geistige Phänomene auf »die feinste Einwirkung kleiner Materieteilchen aufeinander« zurückgehen«? Will Hartley damit sagen, daß seelische Zustände mit Schwingungen im Gehirn gleichgesetzt werden können? Während Hartley es vermeidet, sich in diesem Punkte festzulegen (S. 511 f, 533), läßt seine Sprache gelegentlich auf eine solche Gleichsetzung schließen – z. B. spricht er von »einer Idee oder einem Gemütszustand (d. h. einem Vibratiunclesbündel)« (S. 103). In dieser Weise hat man ihn auch ausgelegt.[15] Doch Hartley selbst behauptet: »Mir genügt es,

12 I. B. Cohen, a. a. O., S. 180 ff.

13 Vgl. meinen Artikel »Pragmatic Aspects of Explanations«, in: *Philosophy of Science,* 1966, 33, S. 40–60 (dt.: in diesem Band).

14 Th. Reid, a. a. O., Bd. I, S. 397.

15 Von Coleridge beispielsweise, der sagt, daß »in Hartleys System selbst die Ideen nichts anderes sind, als die entsprechende Anordnung der Schwingungen«. *Biographia Literaria,* London 1847, Bd. I, Teil II, S. 113. Joseph Priestley erwähnt in seiner Einleitung zu *Hartley's Theory of the Human Mind*

daß es eine gewisse Verknüpfung der einen oder anderen Art zwischen den Empfindungen der Seele und den in der Marksubstanz des Gehirns hervorgerufenen Bewegungen gibt. Darüber sind sich alle Ärzte und Philosophen einig«. Er habe diese Verbindung nur »im einfachsten Falle für bewiesen genommen, um von dort aus weitere Überlegungen anzustellen« (S. 511 f.). Doch da sein Ausgangspunkt ist, physiologisch zu erklären, was während der Empfindungen in der Seele geschieht, muß er im Verlaufe dieser Untersuchungen schließlich zu einer physiologischen Erklärung »komplexer« geistiger Phänomene kommen. Was auch der Fall ist.

Wenn Hartley auch sagt, seine Theorie stünde der Descartes' »nahe« (S. 110 f.), sollte doch deutlich geworden sein, daß seine Auffassungen sich in Wirklichkeit grundsätzlich von den cartesischen unterscheiden. Denn Descartes meinte:

> Zwei unterschiedliche Prinzipien unserer Bewegung lassen sich unterscheiden: das eine ist gänzlich mechanisch oder körperlich und hängt allein von der Kraft der Lebensgeister und der Anordnung der Teile des Körpers ab ... das andere ist unkörperlich, das heißt Geist oder Seele, die man als denkende Substanz definieren kann.[16]

Descartes, der große Meister der mechanischen Naturerklärung, war sich sehr wohl darüber im klaren, daß manches intelligente Verhalten durch mechanische Vorrichtung täuschend ähnlich nachgeahmt werden kann. Er beschreibt, wie Automaten in den europäischen Lustgärten des 17. Jahrhunderts Bewegungen le-

(London, 1890) zwar Hartleys Vorsicht in diesem Punkt, fügt jedoch hinzu, daß nach seiner eigenen Auffassung »der Mensch nicht aus zwei so grundsätzlich verschiedenen Prinzipien wie Materie und Geist besteht ... der Mensch ist einheitlich zusammengesetzt« (S. XXIII). Ganz sicher ist dies in Hartleys Denken angelegt, selbst wenn er zögerte, es sich einzugestehen. Doch in Warrens *History of Association Psychology* ist nur von dem Widerstreben Hartleys die Rede (S. 52, 158) und selbst Boring versteht ihn als cartesianischen Dualisten (*History of Experimental Psychology*, S. 196).

16 Brief an Henry More, 1649, in R. M. Eaton (Hrsg.), *Descartes Selections*, New York 1927, S. 358. (Zitiert nach dieser engl. Übersetzung, Anm. d. Übers.)

bensähnlich ausführen.[17] Er entwarf auch selbst Pläne zur Konstruktion menschlicher und tierischer Automaten.[18] Er überlegte sogar, ob sich eine Maschine konstruieren ließe, die »sage«, man tue ihr weh, wenn man sie an bestimmten Stellen berühre usw.[19] Doch trotzdem ist Descartes davon überzeugt, daß rationales menschliches Verhalten sich nicht mechanisch erklären lasse. Seine Erklärung muß sich an einem anderen Prinzip ausrichten. Der menschliche Körper jedoch ist eine Maschine. »Handlungen, die nicht vom Denken bestimmt werden«, lassen sich mechanisch erklären. Bei Tieren ist dies gänzlich der Fall. Wenn auch »Tiere viele Dinge besser als wir verrichten«, beweist dies »nur, daß ihr Handeln von Naturkräften und Federn bestimmt wird, wie das einer Uhr, die uns auch besser darüber unterrichtet, wie spät es ist, als unser Urteil uns mitzuteilen vermag«.[20] Doch nicht alles, was der Mensch tut, läßt sich mechanisch erklären. Denn die Menschen unterscheiden sich von den Tieren darin, daß sie ihr Denken in der Sprache äußern können. Für Descartes »ist das Wort das einzige Zeichen und der sichere Beweis für die Anwesenheit des Denkens, das im Körper eingebettet und verborgen ist«.[21] Seiner Auffassung nach liegt der Grund dafür, daß Tiere nicht so sprechen wie wir, darin, daß sie nicht die Fähigkeit zum Denken besitzen, keinesfalls darin, daß ihnen die entsprechenden Organe fehlen würden«.[22] Der Papagei, dem man beigebracht hat zu »sprechen«, kann nicht wirklich sprechen. Er hat die physiologische Ausrüstung, er stößt die richtigen Töne aus, aber er äußert keinen Gedanken – wie deutlich werden würde, wenn wir ein Gespräch mit ihm beginnen wollten. Der Umstand, daß Menschen sich der Sprache bedienen, um ihr Denken zu äußern, zwingt uns nach der Auffassung Descartes' dazu, eine »vernünf-

17 »Traité de l'homme«, in: *Oeuvres et lettres,* Paris 1952, S. 814 f.

18 D. Price, »Automata and the Origins of Mechanism«, in: *Technology and Culture,* Bd. V, Nr. 1, 1964, S. 23.

19 »Discours de la méthode«, in: *Oeuvres philosophiques,* Bd. 1, Paris 1963, S. 269.

20 Brief an den Marquis von Newcastle, in: *Oeuvres et lettres,* Paris 1952, S. 1256.

21 Brief an Henry More, in R. M. Eaton, a. a. O., S. 360.

22 Brief an den Marquis von Newcastle, a. a. O., S. 1256.

tige Seele« zu postulieren, die die Körpermaschine steuern kann, wie der »Springbrunnenbauer« die Bewegung seiner Automaten steuern kann.[23] Da der Mensch eine Seele hat, kann er »aus der Erkenntnis« handeln, und diese besondere menschliche Fähigkeit ermöglicht es ihm, auf eine weit größere Vielfalt von Situationen angemessen zu reagieren, als es Automaten oder Tiere können. Sie sind auf die Fertigkeiten des Konstrukteurs oder die »Naturkräfte« angewiesen und deshalb nur dazu in der Lage, auf jenes begrenzte Spektrum von Situationen zu reagieren, für das sie konstruiert sind.[24] Doch diese Überlegenheit des Menschen, die in enger Beziehung zu seinem Sprachvermögen steht, läßt sich nach Meinung Descartes' nur erklären, wenn man davon ausgeht, daß sie »durch das Denken gelenkt« ist. Wir müssen uns dazu also an ein Prinzip halten, das sich vom bloßen Mechanismus unterscheidet.

Hartley ist sich zwar der »großen Schwierigkeit« bewußt, die in der Annahme liegt, »daß die Seele, eine immaterielle Substanz, einen wirklichen physischen Einfluß auf den Körper, eine materielle Substanz, ausübt und von ihm empfängt« (S. 111), trotzdem versucht er im Gegensatz zu der Auffassung Descartes', alles menschliche Verhalten mechanisch zu erklären. Schwingungen im Mark entsprechen immer geistigen Zuständen. Da Veränderungen in diesen Schwingungen mechanisch erklärt werden können, muß alles menschliche Verhalten, ganz gleich wie komplex es ist, eine physische Erklärung besitzen. Da er eindeutig menschliches Verhalten nicht auf den Einfluß eines immateriellen Geistes zurückführt, weist Hartley Descartes' entschiedene Trennung zwischen Tieren und Menschen zurück. Zwar meint er auch, daß alle tierischen Bewegungen »von bloßen Mechanismen ausgeführt werden«, doch glaubt er, daß Tiere Empfindungen haben, »die jenen entsprechen, die in uns stattfinden« (S. 413). Insofern haben auch Tiere »intellektuelle Fähigkeiten«. Hartley vergleicht Papageien mit Kindern und »scharfsinnige Vierbeiner« mit stummen Erwachsenen, die ihre Ideen nicht in Worte bringen können (S. 404–415). Die menschliche Sprache gilt ihm nicht wie

23 »Traité de l'homme«, a. a. O., S. 814.

24 Vgl. »Discours de la méthode«, a. a. O., S. 629.

Descartes als Äußerung des Denkens, das sich mechanisch nicht erklären läßt. Hartley erklärt vielmehr durch Assoziationen, die sich ja ihrerseits anhand der Schwingungen erklären lassen, wie wir sprechen lernen (S. 105 ff). Willkürliche Bewegungen unterscheiden sich von automatischen nur dadurch, daß sie durch Ideen und nicht durch Empfindungen erregt werden. Da sich beide physiologisch erklären lassen, läßt sich rationales menschliches Verhalten als der »Output« eines sehr komplexen Mechanismus verstehen.

Damit wird das Gespenst sehr nachdrücklich aus der cartesianischen Maschine ausgetrieben. Doch scheint sich diese Erklärung nicht mit unseren alltäglichen Annahmen zu vertragen. Denn danach unterscheidet sich unser Verhalten insofern von dem einer Maschine, als wir es nach Überzeugungen und Absichten steuern können. Das ist sicherlich die Seite an Hartleys Denken, die seine Nachfolger am meisten störte. So klagt Coleridge, daß wir nach Hartleys Theorie »uns nur einbilden zu handeln«, während »das wirkliche Agens etwas, nichts und alles ist".[25] Denn das Niederschreiben dieser Wörter ist »bloße Bewegung meiner Muskeln und Nerven. Diese wiederum werden durch genauso passive äußere Ursachen in Bewegung gesetzt«. Letztlich »ist das ganze Universum am kleinsten Federstrich beteiligt, nur ich allein habe nichts mit ihm zu tun«.[26] Hartley sah diese Schwierigkeit. In einem Schlußwort zum »Mechanism of the Human Mind« befaßt er sich mit dem Einwand, daß nach seiner Theorie der Mensch nicht Handelnder sein könne. Er erwidert: »Wenn Handlungsfähigkeit wie andere Wörter seinen Sinn aus den assoziierten Erscheinungen bezieht, dann wird der Einwand sofort hinfällig. Ein Mensch kann sprechen, etwas handhaben, lieben, fürchten usw., ohne daß dazu mehr als der Mechanismus notwendig wäre« (S. 507 f.).

Natürlich kann – wie Descartes selbst erkennt – ein Mechanismus den Anschein der Handlungsfähigkeit erwecken. Aber kann ein Mensch wirklich lieben oder fürchten, »ohne daß dazu mehr als ein Mechanismus notwendig wäre«? In manchen Fällen – wenn z.

25 *Biographia Literania,* London 1847, Bd. I, Teil II, S. 124.
26 a. a. O., S. 122.

B. ein Mann stolpert und nahe daran ist, von einer Klippe zu stürzen – läßt ihn die Furcht erbleichen, zittern, einen Schrei ausstoßen usw. Wir sagen, daß er von Furcht »überwältigt« wird, weil es eher den Anschein hat, daß die Furcht ihm sein Verhalten diktiert, als daß er dafür verantwortlich sei. Doch selbst solche Fälle scheinen sich von der Reflexbewegung zu unterscheiden, die durch einen Schlag ausgelöst wird. Denn immerhin handelt es sich um das Verhalten eines Menschen, und seine Überzeugung, daß ihm ein gefährlicher Absturz drohe, scheint für sein Verhalten von einer gewissen Bedeutung zu sein. Auf jeden Fall hätte Descartes hier eine mechanische Erklärung zugelassen. Doch es gibt ganz andere Situationen, in denen Menschen Angst empfinden. Denken wir an den Diplomaten, der sich zum Verhandeln entschließt, weil er Krieg fürchtet. Hier wird das Verhalten durch eine abstrakte und fernliegende Situation hervorgerufen, nicht durch eine physikalische und naheliegende. Es bedarf keiner sichtbaren körperlichen Anzeichen einer Emotion. Es lassen sich in solchen Fällen außerordentlich mehr und mannigfaltige Verhaltensäußerungen der Angst vorstellen. Wenn man uns dann auffordern würde, das Verhalten dieses Diplomaten eingehender zu erklären, würden wir im Normalfall untersuchen, wie er die Situation einschätzt, feststellen, welche Überzeugungen dabei im Spiel sind usw. In solchen Fällen erklären wir die Handlungen, die durch die Angst hervorgerufen werden, nicht mechanisch, sondern durch den Nachweis, daß die Handlungen des Subjekts der Situation, so wie es sie verstanden hat, »angemessen« sind. Das Handeln wird auf die Ziele und Intentionen des Handelnden zurückgeführt. Es wird mit der Annahme erklärt, daß er »aus Erkenntnis handelt«. »Angst« erklärt sein Tun, indem sie zeigt, daß sein Handeln sich in jenen komplexen Kontext sozialer Beziehungen einfügt, der sich seiner Sicht darbietet. Nun verwischt die Vorstellung, daß ein Mensch sich fürchte, »ohne daß dazu mehr als ein Mechanismus vonnöten sei«, die Unterscheidung zwischen diesen beiden Fällen. Auf diese Unterscheidung aber legte Descartes großen Wert, als er zwei unterschiedliche Prinzipien der Verhaltenserklärung hervorhob. Wenn Hartley recht hat, ist der Unterschied nur scheinbar. Dann kann alles Verhalten, das auf Angst oder irgendeiner anderen Emotion beruht,

»durch Mechanismus« erklärt werden. Zweifellos müssen diese Mechanismen komplexer sein als jene, die an der Reflexbewegung beteiligt sind. Hartley meint jedoch, wir müßten die Mechanismen nur hinreichend komplizieren, um den »Anschein« menschlichen Handlungsvermögens zu bekommen.

Hartleys Theorie ist ein Versprechen auf die Zukunft. Sie besagt, daß solche Erklärungen im Prinzip geliefert werden können. Doch sollten wir anmerken, daß dies bis jetzt noch nicht geschehen ist.[27] Selbst wenn wir heute zu solchen Erklärungen in der Lage wären, müßten wir immer noch fragen, ob dadurch, daß wir den Anschein des Handlungsvermögens erklären, wir auch dieses selbst erklären. Stellen wir uns vor, alle Bewegungen des menschlichen Organismus in einer bestimmten Umwelt – d. h. der Anschein des Handlungsvermögens – ließen sich durch neurophysiologische Mechanismen erklären. Würde dies die Handlungen der Person erklären?

James Mill (1773–1836)

James Mill schrieb seine *Analysis of the Phenomena of the Human Mind* (1829) mit dem Zweck – so teilt uns sein Sohn John Stuart Mill im Vorwort der Ausgabe von 1869 mit –, »Hartleys Leitgedanken zu folgen und zu vollenden, was dieser Denker begonnen hatte«.[28] Doch zeigt sich ein grundsätzlicher Unterschied zwischen den beiden, wenn wir das Locke-Zitat betrachten, das Mill seinem ersten Kapitel voranstellt (I, i, 2). Dort klammert Locke die »materielle Betrachtungsweise des Geistes« aus, weil sie »nicht in der Richtung liegt, die ich jetzt eingeschlagen habe« (I, S. 2). Mill folgt zwar den Auffassungen Hartleys hinsichtlich der Ideenassoziationen und erweitert sie, doch vermei-

27 Vgl. beispielsweise G. Mandler, »Emotion«, in T. M. Newcomb (Hrsg.), *New Directions in Psychology*, 1963.

28 James Mill, *Analysis of the Phenomena of the Human Mind*, Bd. I u. II, London 1869, S. XVII. Wenn nicht gesondert vermerkt, beziehen sich alle Seitenangaben im vorliegenden Abschnitt auf diese Schrift.

det er alle physiologischen Erwägungen. Er ist auch nicht bereit, seine Theorie auf Tiere zu beziehen.[29] Er möchte die eindeutig psychologischen Gesetze formulieren, die den menschlichen Geist bestimmen. Während Hartley die Psychologie als Naturwissenschaft versteht und sein Erklärungsmodell von der Physik seiner Zeit bezieht, versteht Mill die Psychologie als »Geisteswissenschaft«. Er faßt Erklärungen in Humescher Weise auf: Wenn wir dargelegt haben, daß komplexe Erscheinungen auf die regelmäßige *de facto* Verbindung einfacher Elemente zurückgehen, haben wir so weit »erklärt«, wie Wissenschaft zu erklären vermag. Im Reich des Geistes sind die einfachsten Elemente Empfindungen und Ideen. Dieser Unterschied zwischen Mill und Hartley zeigt sich an der Art, wie sie die Emotionen behandeln. Obgleich Hartley sich nicht klar darüber äußert, ob die Emotion, die wir erleben, mit irgendeinem physiologischen Zustand identisch oder ihm epiphänomenal sind, hegt er doch fraglos die Auffassung, daß es ein physiologisches Äquivalent für jede Emotion gibt und daß dieses die physische Ursache des nachfolgenden Verhaltens ist. Will man Verhalten durch Emotion erklären, muß man zeigen, wie beide durch neurophysiologische Prozesse verknüpft sind. Doch für Mill ist eine Emotion eine Art von Erlebnis, ein bestimmter Bewußtseinszustand, der die »geistige Ursache« des nachfolgenden Verhaltens ist. Wenn er also Verhalten durch Emotion erklären will, muß er zeigen, daß ein bestimmter geistiger Zustand tatsächlich mit diesem Verhalten regelmäßig einhergeht.

Nach Mill heißt »diejenige komplexe Idee ein *Gefühl*, die sich aus den Ideen der Ursache einer lustvollen oder schmerzvollen Empfindung und ihrer Wirkung zusammensetzt«.[30] Motive sind eine

29 In einem frühen Artikel (1795) zu Belshams *Elements of Logic and Mental Philosophy* kritisiert Mill die Schwingungstheorie und heißt den Angriff von Reid gut. Vgl. M. Heider, a. a. O., S. 72.

30 II, S. 327 f. Wenn die Wirkung aus einer Lust besteht, die man als vergangen ansieht, heißt das Gefühl »Sympathie« (Liebe); wenn die Lust zukünftig ist, heißt das Gefühl »Freude«, sofern sie gewiß ist, »Hoffnung«, sofern sie ungewiß ist. Die entsprechenden Gefühle im Falle des Schmerzes sind Antipathie (Haß), Trauer und Furcht (II, S. 196 ff). Eine weitere Klassifizierung der Gefühle erfolgt anhand »fernliegender Ursachen lust- und schmerzvoller

Sonderklasse der Gefühle. »Wenn die Idee der Lust mit einer unserer Handlungen als ihrer Ursache assoziiert wird, ... wird ein besonderer Geisteszustand hervorgerufen, der, da er eine Neigung zum Handeln darstellt, zu Recht *Motiv* genannt wird« (II, S. 258). Während jede Lust, die mit einer unserer Handlungen als ihrer Ursache assoziiert wird, ein Motiv darstellt, führt nicht jedes Motiv zum Handeln. Zum einen kann ein Mensch, der das Motiv verspürt, X zu tun, das noch stärkere Motiv haben, X zu unterlassen (II, S. 258 f). Zum anderen unterscheidet Mill zwischen dem Motiv zu einer bestimmten Handlung und dem Willen zu ihr.

In einem langen Kapitel mit dem Titel »Der Wille« versucht Mill zu zeigen, »in welcher Weise dieser Geisteszustand [d. h. ein Motiv] eine Handlung ins Leben ruft«. Er sagt, daß der »Wille zwar unveränderlich war und zu Recht als die Ursache des Handelns vorgestellt wurde«, daß aber durch die Überzeugung, der Wille sei irgendeine obskure »Kraft oder Fähigkeit«, Verwirrung geschaffen worden sei (II, S. 328 f.). Er verwarf diese »Täuschung« zugunsten der Humeschen Ursachenanalyse II, S. 329; I, 110 ff.) und meinte, daß der Wille kein Vermögen, sondern ein besonderer »Bewußtseinszustand« sei. Er ist die »Ursache« des Handelns, insofern er der Geisteszustand ist, der dem Handeln unmittelbar vorausgeht. Das einzig wirkliche Problem besteht also darin zu entdecken, welcher »Geisteszustand einer Handlung tatsächlich unmittelbar vorausgeht« (II, S. 328 f.). Nun erfordert alles Handeln Muskelkontraktionen. Diese – so sagt Mill und folgt damit Hartley – werden immer durch Empfindungen oder Ideen hervorgerufen (II, S. 330). Man sagt, daß ein Schluckauf oder das Niesen durch verschiedene »innere Empfindungen« verursacht werden (II, S. 331 ff.). Doch wir wissen auch, daß z. B. Furcht sich auf Herzschlag, Darm usw. auswirken kann. Dies

Empfindungen, die als vergangen oder zukünftig angesehen werden«. Mill verwendet folgende Klassifikation: (A) Wohlstand, Macht, Würde und ihre Gegensätze; (B) unsere Mitmenschen, wozu Freundschaft, Freundlichkeit, Familie, Heimatland, Partei, Klasse, Menschheit gehören; (C) Dinge, die für erhaben und schön gelten, und ihre Gegensätze. Vgl. dazu II, S. 206–255. Dort wird dargestellt, wie sich all diese Gefühle durch Assoziation einfacher Elemente zusammensetzen.

beweist nach Mill, daß »auch Ideen Bewegungen hervorrufen können« (II, S. 341). Der Erwerb willensmäßiger Kontrolle über unsere Bewegungen besteht darin, Bewegungen, die ursprünglich durch Empfindungen ausgelöst wurden, unter die Kontrolle der entsprechenden Ideen zu bringen. Wie dies geschieht, erklärt Mill ebenso durch Assoziation, wie Hartley es getan hat. Mill kommt zu dem Schluß, daß »unsere Willenskraft in dem Vermögen besteht, die entsprechenden Ideen hervorzurufen« (II, S. 343–348). Worin besteht der Unterschied zwischen Handlungen, die »willkürlich« heißen, und jenen, die man »unwillkürlich« nennt? Mill sagt: »Da die Tätigkeit der Muskeln auf die Idee folgt« und da Ideen immer durch Assoziationen hervorgerufen werden, »gibt es keinen Umstand, durch den sich die Fälle, die willkürlich heißen, von den unwillkürlichen unterscheiden lassen, außer, daß im willkürlichen Falle ein Wunsch vorliegt« (II, S. 350). Als Beleg führt Mill an, daß »wir, wenn wir beim Anhören einer tragischen Geschichte Tränen vergießen, dies nicht tun, weil wir zu weinen wünschen«, während wir den Arm zu heben wünschen, wenn wir es tun, um einen Schlag abzuwehren (II, S. 350 f.). Mill glaubt merkwürdigerweise, die symptomatischen Ausdrucksweisen der Emotionen unterschieden sich von willkürlichen Handlungen nur insofern, als jenen kein entsprechender Wunsch vorausgehe. Die Tränen sind unwillkürlich, weil wir nicht weinen wollen, das Heben des Armes ist willkürlich, weil wir ihn heben wollen. Die Aussage, daß X gewünscht ist, bedeutet für Mill nun das gleiche wie die Aussage, daß X lustvoll ist (II, S. 351, 191). Der Bewußtseinszustand, der dem willkürlichen Handeln vorausgeht, ist folglich dadurch gekennzeichnet, daß die Idee einer meiner Handlungen mit Lust assoziiert wird. Diese komplexe Idee ist ein Motiv. Wie unterscheidet sich dann aber ein Motiv für eine Handlung von dem Willen zu der Handlung? Mill antwortet darauf, daß wir, wenn wir aufgrund eines Motivs handeln – d. h. handeln wollen –, diejenige »Idee der Handlung« in uns wachrufen müssen, die nicht nur die »äußere Erscheinung der Handlung ist«, die zum Motiv gehört, sondern auch die Idee jener inneren Empfindungen, die ursprünglich die Muskeln in Bewegung setzten. Die Ideen der zweiten Art sind so beschaffen, daß »uns durch die Gewohnheit, nicht auf sie zu achten, die Fähigkeit überhaupt verloren geht, auf sie zu achten« (II, S. 353). Doch nur, wenn »die Idee der äußeren Erscheinung der Handlung jene andere Idee herbeizieht, nämlich die der inneren Gefühle der Handlung, wirkt sich das Motiv aus, läßt sich sagen, daß wir wollen« (II, S. 354).

Nach Mills Darstellung ist die Frage, ob sich ein Motiv »auswirkt« oder nicht, also völlig kontingent. Es gibt zumindest zwei Situationen, in denen ich den Willen haben könnte, z. B. meinen Arm zu heben, und zu meiner Überraschung feststellen könnte, daß der Arm sich nicht bewegt. Mein Arm könnte gelähmt sein und »ein gelähmtes Glied ist eines, das sich nicht im Anschluß an jenen Geisteszustand in Bewegung setzt, dem gewöhnlich eine solche Bewegung folgt«. Warum dies geschieht, kann der Physiologe erklären, der sich damit beschäftigt, »die physischen Antezedenzien eines kontrahierenden Muskels nachzuzeichnen«. Für den Psychologen ist dies ohne Belang, weil er sich für die »geistige Ursache« interessiert. Für diese ist es gleichgültig, »ob ein physisches Bindeglied oder mehr als eines zwischen sie und die Kontraktion tritt« (II, S. 330). Die geistige Ursache meines Armhebens ist ein Gefühl – d. h. die Idee der Lust, die mit der Idee des Armhebens als seiner Ursache verknüpft wird. Doch selbst wenn das Motiv vorliegt, muß der Arm sich nicht unbedingt nach oben bewegen, weil die »äußere Idee«, ihn zu bewegen, nicht die Idee der inneren Empfindungen wachruft, die für die Innervation verantwortlich sind. Die Tatsache, daß mein Arm sich nach oben bewegt, wenn ich ihn heben will – d. h. wenn die Idee dieses Tuns mit Lust verknüpft ist –, ist also völlig kontingent. Diese Idee ist einfach die erste in einer Reihe von Ereignissen, von denen einige geistiger und einige physischer Natur sind und die untereinander in der Beziehung von Ursache und Wirkung stehen. Es ist anzumerken, daß das Bild, das Mill hier entwirft, die übliche Unterscheidung zwischen willkürlichem und unwillkürlichem Handeln verwischt. Wenn ich nach dieser Theorie X willkürlich ausführe, ist die Beziehung zwischen dem Wunsch, es zu tun, und seiner tatsächlichen Ausführung ebenso äußerlich und kontingent wie die Beziehung zwischen dem Kummer und dem (unwillkürlichen) Tränenreiz, den er hervorruft. Da Mill im Falle des willkürlichen Handelns die Verbindung zwischen Geist und Körper als rein extrinsische, kausale Beziehung versteht, sieht er keinen Hinderungsgrund für die Annahme, daß sich die unwillkürlichen Körpersymptome der Emotion von willkürlichen Akten nur durch das Fehlen des Wunsches unterscheiden. Trifft Mills Theorie zu, ist die übliche Vorstellung, daß willkürliche Akte im Gegensatz zu unwillkürlichen »in meiner Macht« stehen, ein Irrtum.

Daraus geht hervor, daß der Einwand, den Coleridge gegen Hartley geltend macht – daß wir nämlich nach seiner Theorie »uns nur einbilden zu handeln« –, für Mill in gleicher Weise gilt. Obgleich die Bedingungen, die bei diesem meine Handlungen verursachen, in erster Linie geistige Zustände und keine Körpermechanismen mehr sind, sind sie doch die wirksamen Faktoren meines Handelns, so daß »ich selbst, ich allein nichts mit ihnen zu tun habe«. Es kann ja auch gar nicht anders sein, da Mill von Hartley die Vorstellung übernommen hat, daß ursprünglich unwillkürliche, durch das Empfinden ausgelöste Bewegungen zu willkürlichen werden, wenn es durch Assoziation möglich wird, sie durch Ideen hervorzurufen. Mill unterscheidet sich von Hartley nur insofern, als er der Theorie die physiologische Basis entzieht. Während Hartley die Ideen mit Vibratiuncles als der physischen Ursache der nachfolgenden Körperbewegungen verbindet, versteht Mill Ideen als die »geistigen Ursachen« der Bewegungen. Doch wenn es eine »Wissenschaft des Geistes« geben soll, müssen die Ideen nach Mills Auffassung das Verhalten in der gleichen Weise »verursachen«, wie das Feuer Rauch verursacht. So liefert er zuerst eine kausale Erklärung des Ursprungs unserer Gefühle – wenn ich X will, geht dieses »Gefühl« auf die kontingente Tatsache zurück, daß auf die Ausführung von X in der Vergangenheit regelmäßig Lust folgte. Dann gibt er eine kausale Erklärung dafür, wie dieses Gefühl mich über jene Kette kontingenter Assoziationen zum Handeln bewegt, die den geistigen Zustand (die Idee, X auszuführen) mit der körperlichen Handlung (die Ausführung von X) verbindet.

Soll Mills Ursachenerklärung gelten, muß es Kriterien geben, anhand derer sich die Idee erkennen läßt, die die Ursache dafür sein soll, daß ich X tue. Diese Kriterien müssen logisch unabhängig von der Tatsache sein, daß ich X tue. Nach Mill ist die Idee, die das erste Glied in der Kausalkette ist, »die äußere Erscheinung der Handlung, und es handelt sich immer um eine sehr augenfällige Idee« (II, S. 353). Nach seiner Auffassung stellen wir uns also wohl zuerst ganz grob vor, wie X getan wird. Nun kann ich mir dies natürlich vorstellen und X dennoch nicht ausführen. Das weiß Mill und sagt, daß nur dann, wenn diese Idee die Idee jener inneren Empfindungen hervorruft, die mit der Ausführung von X verbunden sind, das Motiv wirksam wird. Doch welches Kriterium gibt es, anhand dessen sich sagen ließe, diese Idee sei wachgerufen worden, abgesehen von der Tatsache, daß ich X tue? Gewöhnlich enthält meine Seele keine solchen inneren Empfindungen, bevor ich X tue. Das erkennt Mill sehr wohl – er sagt sogar, daß wir »die Fähigkeit verloren haben, auf sie zu achten« (II, S. 353). Welches Kriterium kann es dann für das Vorliegen der Idee geben, abgesehen von der Tatsache, daß ich X tue? Die einzige Alternative besteht im Rekurs auf die Lust. Mill könnte also seinen Standpunkt etwas verändern und sagen, daß in der reifen Person die Idee, X zu tun, immer mit irgendeiner »unbewußten« Idee der beteiligten inneren Empfindungen assoziiert ist. Wenn auf diese Idee dann nicht die Ausführung von X folgt, muß der Grund darin zu suchen sein, daß das geistige Antezedenz kein »Gefühl« ist – ich will X nicht wirklich tun, die Idee seiner Ausführung war nicht mit Lust assoziiert. Doch damit stoßen wir wieder auf dasselbe Problem. Welches Kriterium gibt es für die Aussage, daß mit der Idee der Ausführung von X Lust assoziiert war, außer der Tatsache, daß ich X getan habe?

Mill meint, eine Antwort auf diese Frage zu haben. In seinen Ausführungen über Lust und Schmerz sagt er:

> Dieser Bewußtseinszustand läßt sich wie andere Zustände nur dadurch erkennen, daß man sich in ihm befindet. Wie er empfunden wird, ist er auch. Wir können dem Leser deshalb auf keine andere Weise helfen, diesen Zustand zu unterscheiden, als dadurch, daß wir Ausdrücke verwenden, die darauf berechnet sind, seine Aufmerksamkeit dafür zu erwecken. Es geht um seinen eigenen inneren, unsichtbaren Zustand, den nur er selbst an sich feststellen kann (II, S. 189 f.).

Wenn jedoch Lust ein seelischer Zustand ist, der sich nur dadurch erkennen läßt, daß man »sich in ihm befindet«, kann es keine öffentlichen Kriterien geben, anhand derer sich entscheiden läßt, ob eine Idee mit Lust assoziiert ist oder nicht. Wir werden kaum zu wissenschaftlichen Erklärungen gelangen, wenn wir das der Beobachtung zugängliche Verhalten von Menschen mit Hilfe eines »inneren, unsichtbaren Zustandes« erklären sollen, der sich im Prinzip der öffentlichen Beobachtung entzieht. Außerdem muß an der Vorstellung, daß Lust ein solch rein privater Zustand ist, etwas nicht stimmen. Denn wenn dem so wäre, wie könnte es dann Ausdrücke geben, »die darauf berechnet sind, unsere Aufmerksamkeit für ihn zu erwecken«? Mills Antwort lautet, daß Lust mit verschiedenen »Ursachen« assoziiert ist – »die Lust kann mit der Gestalt und anderen Eigenschaften einer bestimmten Frau verknüpft sein . . . mit einer bestimmten Anordnung von Farben . . . Doch in all diesen Fällen ist die Lust das spezifische Gemeinsame« (II, S. 263). Doch was haben diese Fälle gemeinsam? Ist die Lust an einer bestimmten Farbanordnung die gleiche, die wir angesichts der Eigenschaften einer Frau empfinden? Offensichtlich nicht. Kann die Lust von dem getrennt werden, das mir die Lust verschafft? Abermals müssen wir die Frage verneinen. Denn wir brauchen keine empirische Untersuchung anzustellen, um zu erkennen, daß es die bestimmte Eigenart einer Frau ist, die mir Lust verschafft, und nicht die Farbanordnung auf ihrem Kleid. Die Annahme, daß die Lust, die ich gewöhnlich aus dem einen ziehe, gelegentlich durch das andere geliefert werden könnte, ist absurd. Darüber ist Mill sich völlig im klaren, wenn er meint, daß die Ideen der Ursachen unserer Lust und unseres Schmerzes »niemals gesondert als die Ideen der Ursachen alleine in Erscheinung treten, sondern als die Ideen sowohl der Ursachen wie der Wirkungen, durch Assoziation untrennbar verbunden« (II, S. 327, 202; I, S. 96 ff.). Er führt aus, daß nicht nur eine Idee auf die andere folge, sondern »daß es gar nicht in unserer Macht steht, das Aufeinanderfolgen zu verhindern« (II, S. 329). Wir können »gar nicht umhin, das nachfolgende Gefühl zu empfinden, wann immer das vorhergehende in uns vorliegt« (I, S. 96). Mill hält diese »unauflösliche« Assoziation für einen bemerkenswerten psychologischen Tatbestand. Es wird allerdings ganz und gar nicht deutlich, wie der Umstand zu verstehen ist, daß Ideen, die tatsächlich untrennbar sind, trotzdem separate Ideen sind, deren Assoziation nur kontingent ist.

J. St. Mill meint, man solle in solchen Fällen sagen, die zusammengesetzte Idee »sei das *Ergebnis* der einfachen Ideen oder werde *von ihnen hervorgebracht,* nicht aber, sie *bestehe* aus ihnen«.[31] Er schlägt vor, die Schwierigkeit dadurch zu umgehen, daß man solche untrennbaren Assoziationen als »Fälle von Seelenchemie« behandle.[32] »Die einzelnen Elemente sind jetzt ebenso wenig zu unterscheiden wie Wasserstoff und Sauerstoff im Wasser.«[33] Doch ist diese Analogie irreführend, weil es intersubjektive Kriterien gibt, anhand derer sich die einzelnen Elemente einer chemischen Verbindung erkennen lassen. Der einzige Weg aber, die Idee der Lust zu erkennen, die als eines der Elemente im zusammengesetzten Gefühl angesehen wird, besteht in dem rein privaten Akt der Selbstbeobachtung. Und die Möglichkeit, geistige Zustände auf rein private Weise zu erkennen, wird eben bezweifelt. Die meisten heutigen Wissenschaftler jedenfalls würden behaupten, daß Mill, wenn er von der »untrennbaren Assoziation« unserer Lust mit ihren Ursachen spricht, fälschlicherweise als psychologischen Tatbestand beschreibt, was in Wirklichkeit ein logischer ist. Unsere Lust und ihre angeblichen »Ursachen« sind logisch verknüpft, weil – wie Wittgenstein deutlich gemacht hat[34] – die Sprache, die wir zur Beschreibung geistiger Zustände verwenden, notwendigerweise von der Sprache zehrt, die öffentlich und allen gemeinsam ist. Wenn Jane beispielsweise vor Spinnen Angst hat, deutet Mill ihr »Gefühl« als einen besonderen Gemütszustand, der auf die »unabänderliche Assoziation« der Idee von Spinnen mit der Idee einer schmerzhaften Empfindung zurückgeht (I, S. 96). Er kann sich den Gegenstand von Janes Angst und die innere Erfahrung der Angst als logisch unterschieden vorstellen – die Angst ist einfach die ungewisse Erwartung einer schmerzhaften, zukünftigen Empfindung, die in diesem besonderen Fall zufällig mit Spinnen assoziiert ist. Er meint nämlich, daß die Bedeutung von »schmerzhafter Empfindung« und ähnlichen

31 J. St. Mill, *A System of Logic,* New York, 1846, S. 533 (VI, iv, 3).

32 Ebd. Mill vergleicht den Vorgang ausdrücklich mit der »chemischen Verbindung« und spricht auch von »psychologischer Chemie« (a. a. O., S. 533 f.).

33 J. St. Mill, »Bain's Psychology«, in: *Dissertations and Discussions,* Bd. IV, 1868, S. 112.

34 Vgl. L. Wittgenstein, Philosophische Untersuchungen.

Ausdrücken darauf beruht, daß sie einen inneren Zustand bezeichnen, der »nur dadurch erkannt wird, daß man sich in ihm befindet«. Solche Worte dienen – wie Mill selbst sagt, nur dazu, »zu bezeichnen, was empfunden wird. Würde man nicht selbst die eigenen Gefühle kennen, wären die Wörter ohne Bedeutung« (II, S. 191). Tatsächlich jedoch verhält es sich ganz anders. Die Wörter wären ohne Bedeutung, wenn sie nur durch den Verweis auf eine innere Erfahrung definiert würden, deren Verbindung mit öffentlich zu beobachtenden Phänomenen rein äußerlich wäre. Wären sie nämlich so definiert, könnte ich niemals wissen, was ein anderer mit »Schmerz«, »Furcht« oder irgendeinem anderen Gemütszustand meint. Ich wäre von dem Prozeß ausgeschlossen, durch den diese Worte Bedeutung für den anderen gewinnen. Ich könnte noch nicht einmal erkennen, was ich selbst meine, insofern zumindest, als das Kennen der Bedeutung von z. B. »Furcht« einschließt, daß ich in der Lage bin, das Wort richtig zu verwenden. Denn »richtige Verwendung« setzt öffentliche Kriterien voraus, es setzt voraus, daß die Möglichkeit besteht, mich zu korrigieren. Diese Möglichkeit wäre aber für Wörter wie »Schmerz« oder »Furcht« nicht gegeben, wenn ihre Bedeutung in der Weise bestimmt würde, in der Mill es fordert. Unter diesem Aspekt ist die »untrennbare Assoziation« der »Ursachen« unserer Lust und unseres Schmerzes mit ihren Wirkungen nicht ein bemerkenswerter psychologischer Tatbestand. »Furcht« ist eine Idee, die logisch mit der Idee von Spinnen, Krieg oder Stürzen verbunden ist, weil es sich bei der Furcht vor Spinnen, der Furcht vor dem Krieg usw. nicht um ein und dasselbe »Gefühl« handelt, das zufälligerweise durch unterschiedliche Gegenstände hervorgerufen wird. Es handelt sich um unterschiedliche Arten der Furcht, und wir erkennen ihren Charakter zumindest teilweise an dem, wovor wir Furcht haben. Denn wir bedienen uns der Sprache, um über die »Gefühle« zu sprechen. Dies können wir nur tun, weil die Verbindung zwischen verschiedenen »Gefühlen« und ihren Gegenständen begrifflicher und nicht kontingenter Art ist. Wenn es aber eine logische Verbindung zwischen meinen Lust- und Schmerzempfindungen sowie ihren Gegenständen gibt, dann können letztere nicht »Ursachen« in dem Sinne sein, in dem Mill den Terminus verwendet.

Kurzum, wenn Mill zu Recht behaupten will, daß die Gefühle die »seelischen Ursachen« unserer Handlungen sind, dann muß er sowohl zeigen, daß auf das Vorliegen des Gefühls immer die Handlung folgt, wie auch, daß das Gefühl vom Handeln logisch unabhängig ist. Mill meint, dies ließe sich durch die Idee der Lust bewerkstelligen – wenn diese Idee mit der Idee der Ausführung von X assoziiert ist, dann führe ich X tatsächlich aus. Doch es gibt eine Möglichkeit, das Vorliegen dieser Idee zu überprüfen, die von der Frage unabhängig ist, ob ich X tue. Ich kann nämlich auf dem Wege der Selbstbeobachtung darüber Auskunft geben, ob die Idee der Ausführung von X mit Lust assoziiert ist. Nun haben wir gerade gesehen, auf welche Schwierigkeiten die Annahme stößt, in dieser Weise ließen sich unsere Lustempfindungen identifizieren. Doch selbst von diesen abgesehen ist – auch nach Mills eigenen Ausführungen – das einzige Kriterium für das Vorliegen eines Gefühls – abgesehen davon, daß ich die Handlung ausführe – die Selbstbeobachtung, von der jeder andere im Prinzip ausgeschlossen ist. Der einzige öffentliche Beweis für die Aussage, daß die Idee der Ausführung von X mit Lust assoziiert ist, liegt also in der Tatsache, daß X getan wird. Da diese Tatsache aber eben durch die Lust erklärt werden sollte, fängt sich Mills Versuch, das Handeln mit seinen »seelischen Ursachen« zu erklären, im Zirkelschluß.

Dieser Versuch nährte sich von der Hoffnung, die Psychologie könne sich auch als ausgesprochene Geisteswissenschaft der Methoden der Naturwissenschaften bedienen. »Er hat lediglich«, so sagt J. St. Mill von seinem Vater, »auf die Geisteswissenschaft die Vorstellungen wissenschaftlicher Forschungsmethodik angewendet, die im Verlaufe vieler Generationen bei der erfolgreichen Anwendung in der Erkenntnis der äußeren Natur ausgereift waren« (I, S. X). Die sorgfältige Beobachtung der Erscheinungen, wozu auch die »Selbstbeobachtung« unserer geistigen Zustände gehört, führt zur Formulierung von Verallgemeinerungen, die Regelmäßigkeiten in den Erscheinungen beschreiben. Die »Analyse« hat dann die Aufgabe, einige wenige einfache Prinzipien aufzudecken, durch die sich die Regelmäßigkeiten der Erscheinungen erklären lassen. J. St. Mill beschreibt die Leistung seines Vaters wie folgt:

Nicht nur läßt sich die Regelmäßigkeit, in der die komplexeren Erscheinungen einander folgen oder begleiten, mit einer Analyse, die der Newtonschen ähnlich ist, auf eine vergleichsweise kleine Zahl von Gesetzen über die Abfolge einfacherer Tatbestände reduzieren, die als Ursache und Wirkung miteinander verknüpft sind, sondern es läßt sich auch durch eine Analyse, die den chemischen ähnelt, zeigen, daß die Erscheinungen selbst aus einfacheren Erscheinungen aufgebaut sind (I, S. VIII).

Doch die Erscheinungen, mit denen sich die »Geisteswissenschaft« befaßt, sind nicht rein mentaler Natur. Wenn ich einen Löwen sehe, finden physiologische Ereignisse in meinem Körper statt, und wenn ich voller Angst vor ihm davonlaufe, befindet sich mein Körperverhalten in einer bestimmten Beziehung zu meinem Gemütszustand. Unter dem Einfluß der oben dargelegten Auffassung wissenschaftlicher Methodik stellt sich Mill die Beziehung zwischen den beteiligten körperlichen und geistigen Phänomenen als kontingente Ursachenbeziehung vor, entsprechend der Beziehung zwischen Feuer und Rauch. Diese Annahme ist ja auch nur natürlich, wenn man – wie Locke und Descartes – annimmt, daß die Erfahrung aus »Eindrücken« besteht, die die Seele von der Außenwelt empfängt. Denn wenn die Seele sich in einer ursächlichen Wechselbeziehung mit der Welt befindet, kann man sich den Körper als Teil der Außenwelt vorstellen. Die an der Wahrnehmung beteiligten physiologischen Ereignisse gehen dann der Tatsache voraus, daß ich den Löwen sehe, und sind kontingent mit ihr verknüpft.[35] Dann läßt sich auch leicht vorstellen, daß in dem Satz »ich laufe vor dem Löwen davon, weil ich Angst habe«, dieses »weil« gleichfalls kausal ist. Der Gemütszustand ist also ein »antezedentes Ereignis«, das mit dem nachfolgenden Verhalten kontingent verknüpft ist. Die Verkörperung der Seele im Verhalten nimmt das Aussehen eines extrinsischen Tatbestandes an – man meint, es gäbe keine intrinsische, begriffliche Verbindung zwischen z. B. der Furcht vor X und der Handlung, die dazu dient, X zu vermeiden. Man meint, der Tatbe-

35 »Wenn ich von meinem Gesichtssinn spreche, bezeichne ich damit – wie wenn ich von der Anziehungskraft des Magneten spreche – ein Antezedenz und eine Folge; das Organ und seinen Gegenstand in angemessener Stellung zueinander: das Antezedenz; die Empfindung: die Folge« (I, S. 23).

stand, daß auf die Furcht vor X gewöhnlich »Vermeidungsverhalten« folgt, sei bloß kontingent und von der »Geisteswissenschaft« entdeckt worden. Die »Furcht vor X« nimmt also das Aussehen eines seelischen Ereignisses an, das Körperereignisse »verursacht«. Damit befinden wir uns inmitten all der Schwierigkeiten, die mit der Frage zusammenhängen, wie Seele und Körper aufeinander einwirken. Hartley hat – wie wir gesehen haben – versucht, diesen Schwierigkeiten dadurch aus dem Wege zu gehen, daß er annahm, geistige Zustände müßten immer physiologisch zu erkennen sein, so daß sich die Psychologie letztlich auf die Neurophysiologie zurückführen lasse. Das Problem stellt sich erneut für Mills Nachfolger, Alexander Bain.

Alexander Bain (1818–1903)

Die Schriften, dank derer – in J. St. Mills Worten – »das Zepter der Psychologie« nach England zurückkehrte, sind *The Senses and the Intellect* (1855) und *The Emotions and the Will* (1859) von Bain.[36] Bain fügte der Ausgabe von 1869 von Mills *Analysis* außerdem eine ausführliche Kritik an. In unserem Zusammenhang bietet sie einen geeigneten Ausgangspunkt, wenn wir seine Auffassungen untersuchen wollen. Bain weist als erstes darauf hin, daß das Niesen, die Peristaltik und ähnliche Dinge mit dem Willen nichts zu tun haben, da dieser Terminus, »wie ich ihn verstehe, nur für den gesamten Bereich geistigen oder gefühlsbe-

36 Zu dieser Äußerung von J. St. Mill vgl. seine Schrift »Bain's Psychology«, *Dissertations and Discussions*, Bd. IV, Boston 1868, S. 101. Die Seitenverweise im folgenden Abschnitt beziehen sich auf Bain, *The Senses and the Intellect* in der Ausgabe von 1855 und auf die dritte Ausgabe von *The Emotions and the Will* (1888). Verweise auf die erste Schrift werde ich durch die Abkürzung *»SI«* kennzeichnen, Verweise auf die zweite durch *»EW«*. Verweise auf Bains Anmerkungen in Mills *Analysis* in der Ausgabe von 1869 werden als *»Anal.«* abgekürzt. Verweise auf Bains *Mind and Body*, New York 1875 durch *»MB«*; Verweise auf seine Schrift »Correlation of Nervous and Mental Forces«, in: B. Stewart, *The Conservation of Energy*, New York 1864, durch *»CE«*.

stimmten Handelns gilt«.[37] Aber die Peristaltik z. B. ist völlig unbewußt, und obgleich ein Vorgang wie das Niesen von Empfindungen begleitet wird, sind sie nicht seine Ursache (*Anal.* II, S. 382). Nach Bains Auffassung sind solche Bewegungen »Reflexhandlungen«. Sie erfolgen »instinktiv«, stellen eine »Fähigkeit zum Handeln dar, in der wir nicht unterwiesen wurden«, und müssen anhand der Physiologie des Nervensystems erklärt werden (*SI*, S. 257 ff. u. S. 47 ff.). Die Körpersymptome, die Emotion ausdrücken, sind »die untrennbaren physischen Begleiterscheinungen des Gefühls; die physische Seite oder das physische Gegenstück des geistigen Tatbestandes«. Sie sind deshalb »Manifestationen der Emotion und nicht des Willens« (*Anal.* II, S. 383, 351). Bain bezieht sich auf Müllers *Physiologie* und die Schriften von Charles Bell und erklärt den instinktiven Emotionsausdruck physiologisch (*SI*, S. 272–288). Zwar gibt er zu, daß eine Emotion so schwach sein kann, daß die Trägheit der sie ausdrückenden Organe und ähnliche Dinge es möglicherweise zu keinem augenfälligen körperlichen Ausdruck der Emotion kommen lassen, doch meint er, daß »keiner Emotion ihre externe Darbietung erspart bleibt, wenn sie einen gewissen Grad erreicht« (*EW*, S. 5 ff.). Denn der Körperausdruck von Emotionen ist nur ein Beispiel für die »durchgehende« Verbindung von Geist und Körper, die unter anderem im Diffusionsgesetz formuliert wird: »In dem Maße, in dem ein Eindruck von Gefühlen begleitet ist, *breiten* sich die erregten Ströme frei über das Gehirn aus und führen zu einer allgemeinen Erregung der Bewegungsorgane, wobei sie auch die inneren Organe affizieren« (*EW*, S. 4). Diese Ausbreitung der Nervenströme unterscheidet »geistige oder gefühlsbedingte Handlungen« von bloßen »Reflexhandlungen« (*EW*, S. 6). Bain, der seine Schriften mit einer ausführlichen Erörterung der Physiologie des Nervensystems beginnt (*SI*, S. 10–62), folgt also eher Hartley als Mill, wenn er auf die enge Verbindung zwischen geistigen Prozessen und der Arbeitsweise der Körperorgane hinweist. Kein Wunder also, daß er auch tierisches Verhalten in die »Geisteswissenschaft« einbezieht.

37 *SI*, S. 5. Bain versteht unter »Gefühl« alles, »was gewöhnlich Empfindung und Emotion genannt wird« (SI, S. 1).

Nachdem Bain zwischen Reflexhandlungen und symptomatischen Emotionsäußerungen auf der einen Seite und Willenserscheinungen auf der anderen unterschieden hat, sagt er, daß Mills Beschreibung des Willens zwar »richtig, aber nicht genau und auch nicht vollständig« sei (*Anal.*, II, S. 385). Mill versäume es zu erklären, wieso »es Bewegungen gibt, die die Lust fördern und den Schmerz bezwingen sollen« (*Anal.*, II, S. 390). Denn Lust und Schmerz können bei einem »genaueren« Verständnis zwar erklären, warum wir manche Bewegungen fortführen und andere vorzeitig beenden, sie können jedoch nicht jener Faktor sein, der die Bewegungen ursprünglich in Gang bringt. Um dies zu erklären, müssen wir auf der Triebebene beginnen, die Bain das »Faktum spontaner Aktivität« nennt. Abermals bezieht er sich auf Müllers *Physiologie* (*SI*, S. 289 ff.) und meint: »Die Bewegung geht der Empfindung voran. Sie ist der von jedem äußeren Reiz unabhängige Ausgangspunkt«. Bain verwirft also die Auffassung von Hartley und Mill, nach der alle Bewegung ursprünglich von Empfindungen ausgelöst wird. Er meint, daß Nahrung und Ruhe »Nervenenergie« speicherten, die sich durch die Körperorgane »spontan entlädt«. Deshalb »gehört die Aktivität enger und untrennbar zu unserer Konstitution als irgendeine unserer Empfindungen« (*EW*, S. 303–305). Bain vergleicht das Nervensystem

> mit einer Orgel, deren Blasebalg ständig gefüllt ist und sich in jede beliebige Richtung entladen kann, je nachdem, welche besonderen Tasten angeschlagen werden. Der Reiz unserer Empfindungen und Gefühle versorgt uns nicht mit innerer Kraft, sondern bestimmt lediglich die Art und den Ort der Entladung. (*SI*, S. 291).

Doch während das spontane Überfließen dieser Energie erklärt, wie Bewegungen ausgelöst werden, führt die Energieentladung des Gehirns, »durch die einzelne Bewegungen hervorgerufen werden«, doch nur zu ziellosen zufälligen Bewegungen (*EW*, S. 307 ff.). Richtung (»Zielstrebigkeit«) gewinnen sie erst durch die »Verbindung von Gefühl und Handeln«, die eine weitere grundlegende Eigenschaft unserer Konstitution ist. Ein Aspekt dieser Verbindung ist die Verknüpfung einer erfahrenen Emotion mit den Bewegungen, die sie zum Ausdruck bringen. Der andere Aspekt, der für das Wollen entscheidend ist, ist die Verbindung von Lust oder Schmerz mit »Aktivität« (*SI*, S. 293–298). Bain drückt diese Verbindung in seinem Gesetz der Selbsterhaltung aus, die »Lust mit gesteigerter Lebenskraft und Schmerz mit verminderter Lebenskraft verbindet«.[38] Während Lust und Schmerz »die selbstregulierenden, eigentätigen Antriebe des animalischen Systems sind« (*MB*, S. 78), ist die auf diese Weise hergestellte Verbindung zwischen Gefühl und Handlung nicht ausreichend bestimmt. Das Gesetz teilt uns zwar mit, daß »Lust stimuliert, Schmerz einschränkt, die Linderung des Schmerzes stimuliert«,[39] doch richtet sich die Stimulation nur auf *irgendeine* Handlung. »Der ursprüngliche Impuls bestimmt in keinem Falle, *welche* Handlung« erfolgt (*SI*, S. 294). Dieses Gesetz erklärt also, »daß wir zur Lust *hin* und vom Schmerz *fort* streben«, es erklärt jedoch nicht »die *Wahl* der jeweils geeigneten Bewegungen« (*Anal.*, II, S. 389). Wollen wir auch sie erklären, müssen wir auf die Ideenassoziation zurückkommen.

Wollen wir also »die ganze Wahrheit« über den Willen erfahren, benötigen wir drei Voraussetzungen: Die Spontaneität der Bewegungen, das Gesetz der Selbsterhaltung und die Ideenassoziation. Bain faßt seine Theorie wie folgt zusammen:

Nehmen wir an, daß die Bewegungen spontan beginnen und durch Zufall Lust verursachen. Nehmen wir weiter an, daß die Lust einen Zuwachs an Lebensenergie schafft. Dadurch werden auch die beglückenden Bewegungen vermehrt, wodurch wiederum die Lust gesteigert wird. Andererseits nehmen wir an, daß die spontanen Bewegungen Schmerz verursachen und daß der Schmerz eine Abnahme der Energie bewirkt, die auf die das Übel verursa-

38 *EW*, S. 313. Er statuiert dieses Gesetz zugleich als eine Verbindung von Lust oder Schmerz mit der Zunahme oder Abnahme »einiger oder aller vitaler Funktionen« (*MB*, S. 59). Und in seinen Anmerkungen zu Mill meint Bain, daß das »Gesetz des Willens« aus jenem Prinzip folgt, »das Lust mit Nahrung oder der Zufuhr von Lebenskraft und mit Stimulation auf der einen Seite und folglich Schmerz mit der Verminderung oder dem Verlust an Lebensenergie auf der anderen Seite gleichsetzt« (*Anal.*, II S. 389). Vgl. auch S. 300 ff. in der 3. Ausgabe der *SI* von 1868.

39 Auf die durch einen Schmerz bewirkte Einschränkung der Aktivität folgt erneute Aktivität, die das System vom Schmerz befreien soll. Dabei liefert die lindernde Aktivität, oder die Idee der Linderung, die beide Lust sind, den Reiz. Vgl. *Anal.*, I, S. 386 ff.

chenden Bewegungen übergreift. Dadurch wird Abhilfe geschaffen. Wiederholt sich das zufällige Zusammentreffen von Lust und einer bestimmten Bewegung einige Male, wird sich unter dem Gesetz des Erinnerns oder der Kontiguität eine erworbene Verbindung herausbilden. In der Zukunft wird die Lust oder ihre Idee sofort die geeignete Bewegung hervorrufen (*EW*, S. 315).

Ein gereifter Geist ist voller Assoziationen, »die jede erkennbare Bewegung oder Stellung aller Organe mit dem exakten Impuls zu ihrer Verwirklichung verbinden, nur vorausgesetzt, daß der geeignete Anreiz des Willens vorliegt«. Die Assoziation stellt also »Kommunikationskanäle« her. Wenn wir auch bei unserem Handeln normalerweise nicht auf sie achten, erklären sie doch, wie »die ideale Ausführung [die Idee, X zu tun] den Verlauf der realen Ausführung bestimmen kann«. Schließlich wird die Wirkung, die durch die Handlung geschaffen wird, mit dieser selbst assoziiert. Schlägt man z. B. einen Nagel ein, »könnte man seine Energie zwar unter der Anleitung der idealen Bewegung von Arm und Hand äußern, tatsächlich wird das Handeln jedoch durch die Vorstellung bestimmt, daß der Nagel in das Holz eindringt«. Doch während Assoziationen die Wahl der geeigneten Bewegungen »steuern«, sind sie nicht der »Anreiz des Willens«. »Irgendeine Form der Lust und des Schmerzes müssen den Antrieb liefern« (*EW*, S. 350 ff.).
Zu den Emotionen meint Bain,[40] daß sie »Gefühle sind, die sich von ›einfachen‹ Empfindungen« insofern unterscheiden, als sie »sekundär und zusammengesetzt« sind. Sie werden durch Assoziation zusammengesetzt, die sich »dahingehend auswirkt, daß sie eine Anzahl separater Gefühle zu einem zusammengesetzten Ganzen vereinigt; dieses wird dann mit einem bestimmten Gegenstand verknüpft, wie es z. B. in der geschlechtlichen Liebe der Fall ist«. Emotion und Empfindung beruhen beide auf der »Dif-

40 Wie Bain die Emotionen im einzelnen klassifiziert, braucht uns hier nicht zu beschäftigen. Die folgenden Kapitelüberschriften zeigen, welche Kategorien er wählt: Emotionen der Relativität (Neuartigkeit, Vielfalt usw.); ideale Emotion; Sympathie; zärtliche Emotion; Furcht, Ärger; Emotion der Macht; Emotionen des Selbst; Emotionen des Intellektes; Emotionen des Handelns (Streben); ästhetische Emotionen; ethische Emotionen oder das sittliche Empfinden. Vgl. *EW*, S. 78–302.

fusion« der Nervenströme, doch die Empfindung hat einen »peripheren Ursprung«, während die Emotion einen »zentralen Ursprung« besitzt. Auch wenn ein Empfindungsreiz vorliegt, »wird der emotionale Charakter doch durch innere Vorgänge vermittelt«.[41] Der »willensmäßige Charakter der Gefühle« geht auf ein Element der Lust oder des Schmerzes in unseren Emotionen und Empfindungen zurück (*EW*, S. 14, 76). Unsere Motive sind zwar immer Lust oder Schmerz,[42] doch können sie sich »sehr vielfältig auswirken, je nachdem ob die Lust tatsächlich gegeben ist oder nur in Aussicht steht« (*EW*, S. 383). Beispielsweise ist Furcht eine »gedachte Emotion«, insofern in ihr »ein schmerzhaftes Ereignis, das sich noch in der Zukunft befindet«, erfaßt wird. Ihr Merkmal ist die »physische Eingeschränktheit, die großen Schmerz begleitet, und auf der anderen Seite hektische Aktivität in jene Richtung, in der eine Möglichkeit des Entkommens vermutet wird« (*EW*, S. 151 ff.). Während so die Überzeugungen eines Menschen in seine emotionalen Reaktionen eingehen, können seine Emotionen ihrerseits seine Überzeugungen beeinträchtigen, sein Urteil und sein Gedächtnis entstellen.[43] Die »Theorie und Erklärung der Emotion« findet sich in »der Anwendung der Assoziationsgeset-

41 Die Emotionen »entstehen also langsamer, erreichen einen größeren Umfang und klingen allmählicher als die Empfindungen ab«. Sie hängen in höherem Maße von den »allgemeinen Bedingungen des Geistes« ab, werden leichter unterdrückt und sind »eher diffus als akut« (*EW*, S. 69 ff.).

42 »Wunsch« ist nach Bain »die Phase der Willensstrebung, in der ein Motiv vorliegt, aber keine Möglichkeit besteht, entsprechend zu handeln«. Der Wunsch ist also ein »Konfliktzustand« – d. h. wenn wir X fürchten, handeln wir normalerweise mit dem Ziel, es zu vermeiden; doch wenn wir nicht nach diesem Motiv handeln können, entsteht der »Wunsch«, X zu vermeiden, der mit unserer Unfähigkeit kollidiert, es zu tun. Bain vermerkt, wir könnten versuchen, diesem Konflikt durch eine »gedachte oder vorgestellte Handlung« zu entgehen, d. h. im Tagtraum zu tun, was wir in der Wirklichkeit nicht vermögen (*EW*, S. 423 ff.).

43 *EW*, S. 20 ff., 521 ff. Leidenschaften sind »emotionale Erregtheit in hohem Maße, die die Ruhe und Ausgewogenheit des Systems stören«. Unter ihrem Einfluß wird der Gegenstand des Gefühls eine »fixe Idee« oder »übertriebene Vorstellung« – z. B. »wenn wir von Panik ergriffen sind, übertreiben wir die Gefahr und entwerfen einen Verteidigungsplan entsprechenden Formats«. Im Extremfalle kann dies zu »einer der Stufen der Geisteskrankheit« werden.

ze auf die Gefühle« (*EW*, S. 70), da sie erklären, wie bestimmte »Stimuli« Emotionen hervorrufen – z. B. induziert der plötzliche Fall des Barometers »das Grauen im Seemann, der den Hurrican auf sich zukommen sieht« (*EW*, S. 153). Genauso wird die »Richtung« bestimmt, in der wir uns bewegen. Doch »die intellektuelle Verbindung reicht nicht aus, um die Tat auf den Wink der Idee hin hervorzurufen ... Wenn irgendeine Lust erwacht oder fortdauert, dadurch, daß wir eine Handlung ausführen, die wir uns genau vorstellen, ist der Ursachenzusammenhang vollständig. Die richtungweisenden und die bewegenden Kräfte sind gegeben« (*EW*, S. 352). Lust verbunden mit einem Zuwachs an Lebensenergie liefert »die Triebkraft«.

Durch die Verbindung von Lust und Schmerz mit einer Zunahme oder Abnahme der Lebensenergie überwindet Bain einige der Schwierigkeiten, auf die Mill in seinem Versuch stieß, die Emotionen als »Ursachen« zu verstehen. Denn es gibt physiologische Kriterien, die Lust in ihrem »physischen Aspekt« zu beschreiben. Damit besitzen wir ein unabhängiges, öffentliches Verfahren zu entscheiden, ob eine Idee mit Lust assoziiert ist oder nicht. Doch wenn Bain sich auf eine »nahe- oder fernliegende Lust« bezieht, um willkürliche Handlungen zu erklären, wird seine Sprache häufig teleologisch – z. B. willkürliche Handlungen sind durch »*Zweck* oder Zielsetzung« gekennzeichnet (*EW*, S. 313); »Lust ist das große Ziel, das es im menschlichen Leben zu verwirklichen gilt« (*EW*, S. 93). Die Idee zukünftiger Lust »leitet« unsere Anstrengungen, wie »der Schuljunge seine Aufgaben am Abend lernt, um dem Stock des Lehrers am Morgen zu entgehen« (*EW*, S. 388 f.). Und wenn wir durch die Idee der Lust erklären, warum wir mit der Ausführung von X beginnen – d. h. ich tue X, »um mir Lust zu verschaffen, wenn sie auch noch fernliegt«, weil ich »Ursache und Wirkung, Mittel und Zweck kenne« (*MB*, S. 82) –, dann erklären wir das Handeln durch das Ziel, auf das es gerichtet ist, und nicht durch eine vorangehende Ursache. Da die Idee

Verblendung, Faszination, unwiderstehlicher Impuls und ähnliche Phänomene, in denen sich »keinerlei Verbindung zwischen der genossenen Lust oder dem abgewendeten Schmerz und der Energie, die sich in dem entsprechenden Bestreben manifestiert, entdecken lassen«, werden in ähnlicher Weise durch die »krankhafte Beharrlichkeit gewisser Ideen« erklärt (*EW*, S. 390 ff.).

der Lust sich überdies von wirklicher Lust unterscheidet, erscheint die Erklärung abermals einen nicht zu beobachtenden Zustand zu postulieren.
Doch während Bain sich häufig der teleologischen Sprache der Lust bedient, zeichnet sich noch eine andere und ganz andere Richtlinie in seinem Denken ab. Denn in der oben wiedergegebenen Zusammenfassung seiner Theorie des Willens macht er deutlich, daß die Fortführung einer Bewegung nicht durch die Absicht, sich mehr Lust zu verschaffen, gekennzeichnet ist, sondern nur durch den Zuwachs an Energie, der davon herrührt, daß eine spontane Bewegung tatsächlich lustvoll ist. Die Wiederholung »des zufälligen Zusammentreffens von Lust und einer bestimmten Bewegung« knüpft ein Assoziationsband. Dieses bestimmt in Zukunft »die Art und den Ort der Entladung«. Nun beruft sich Bain auf »Lust« nicht nur, um die Fortführung, sondern auch, um den Beginn des Handelns zu erklären. Doch wenn er sagt, daß die Lust »das Wesen einer jeden Willensanstrengung oder jeder Veränderung von der Ruhe zur Bewegung ausmacht« (*EW*, S. 350), ist sein entscheidender Gesichtspunkt, nicht der teleologische, daß der Handelnde die Lust als Ziel anstrebt. Lust ist vielmehr deshalb wesentlich, weil sie mit dem Fluß der Lebensenergie oder »der inneren Kraft« verbunden ist, die benötigt wird, das System mittels der durch Assoziation hergestellten Kanäle zu bewegen. Denn selbst »fernliegende« Lust bewirkt einen »Fluß der Nervenenergie« (*EW*, S. 93 ff.). Wenn eine Lust »in Gedanken anwesend ist« (*EW*, S. 17), kommt es zu einem Energiezuwachs, der dem angesichts einer tatsächlich empfundenen Lust gleicht. Denn »die Nervenströme, die die Ideen begleiten, laufen in denselben Bahnen wie die intensiveren Ströme, die mit den Empfindungen verbunden sind« (*EW*, S. 564). Ferner erklärt Bain, wie Lust und Schmerz zukünftiges Verhalten hervorrufen. Er sagt, daß sie sich »unserer Erinnerung einprägen« (*EW*, S. 388) und daß sich »Schmerzen dem Geist tiefer einprägen und den assoziierten Umständen nachdrücklicher anhaften als Lustempfindungen« (*EW*, S. 107). Das läßt darauf schließen, daß Bain, wenn er die Auslösung des Verhaltens durch die Lust erklärt, keine teleologische Deutung im Sinn hat. Denn die Umstände, die zu jenem Zeitpunkt vorliegen, da irgendein Verhalten als lust-

voll oder schmerzhaft empfunden wird, werden durch Assoziationen mit dem Verhalten verknüpft. Dann kann die Wiederkehr ähnlicher Umstände in der Zukunft zur Wiederholung des lustvollen Verhaltens oder zur Unterdrückung des schmerzhaften Verhaltens führen. Dies muß nicht durch eine kognitive, intentionale Verbindung im Geist des Handelnden erklärt werden. Lust und Schmerz »prägen« das Verhalten von außen und sozusagen aus der Vergangenheit. Sie sind nicht die angestrebten Ziele, auf die das Subjekt sein Handeln richtet. »Unser Leben«, sagt Bain, »ist Versuch und Irrtum«. Lust und Schmerz »halten uns in Gang, wenn wir auf dem richtigen Weg sind, und zügeln uns, wenn wir auf dem falschen Weg sind« (*MB*, S. 79). Mit dieser Ansicht kommt Bain dem Erfolgsgesetz sehr nahe, das Thorndike etwa 50 Jahre später in seinen Tierstudien aufstellte. Nach dieser Deutung hätte Bain folgende Auffassung: Meine Ausführung von X wird durch ähnliche Umweltbedingungen hervorgerufen, wie sie vorlagen, als die Ausführung von X sich in der Vergangenheit als lustvoll erwies.[44] Da »Emotionen ... dadurch sich wiederbeleben, daß sich ihre früheren Begleiterscheinungen abermals darbieten« (*EW*, S. 102), wird die Assoziation, wenn ich diesen Bedingungen wieder begegne, eine »Lustidee« wachrufen, die durch ihre Verbindung mit Energie jenen Fluß »innerer Kraft« auslösen kann, der erforderlich ist, um mich in Gang zu setzen. Lust in Verbindung mit Energie, nicht Lust als intendiertes Ziel, erklärt also, warum ich bei gleichen Gegebenheiten beginne, X zu tun. Bain wurde von dem kurz vor seiner Zeit formulierten Energieerhaltungsprinzip beeinflußt und glaubte, daß »die Nervenkraft mit der Elektrizität verbunden ist und in diesen Zusammenhang gehört« (*CE*, S. 205). Trotz seiner teleologischen Sprache will Bain offensichtlich einen »Weg finden, den Geist in seiner Beziehung zu den anderen Kräften zu behandeln« (*CE*, S. 218). Dazu bedient er sich eines Energiemodells der Motivation. Bain versteht den Menschen also als Energiesystem und versucht, seine Aktivitätsveränderungen auf die Quantität oder Verteilung der

44 »Die Ausübung der Willenskräfte ist eine vielfältige Wiederholung Desselben – eine bestimmte Situation, an die sich eine bestimmte Gruppe oder Folge von Bewegungen anschließt« (*MB*, S. 96 f.).

Energie im System zurückzuführen. Er behauptet, daß »die Nervenkraft durch die Wirkung der dem Körper zugeführten Ernährung erzeugt wird und deshalb in die Klasse der Kräfte gehört, die einen gemeinsamen Ursprung besitzen und ineinander umgeformt werden können« (*SI*, S. 59). Diese Macht, Energie oder Kraft – es kann nicht überraschen, daß Bain, der Mitte des 19. Jahrhunderts schrieb, sie nicht voneinander unterschied – bleibt erhalten: der Energievorrat, der von einem Organ verbraucht wird, steht keinem anderen mehr zur Verfügung (*SI*, S. 60). Was für »geistige Arbeit« aufgebraucht wird, kann nicht für körperliche verwendet werden (*CE*, S. 223 ff.). Es gibt sogar einen Zusammenhang zwischen den seelischen Kräften selbst ... sie können vorzugsweise dem Gefühl, dem Handeln oder dem Denken zugehen; wenn dem einen mehr zugeführt wird, muß für die anderen weniger bleiben. Die Gesamtmenge ist begrenzt« (*CE*, S. 227 f.). Deshalb »verbindet sich große Verstandeskraft im großen und ganzen nicht so leicht mit einem reichen emotionalen Leben« (*CE*, S. 236).

Das »Organ des Geistes«, das diese Energie verwendet, »ist nicht das Gehirn selbst. Es setzt sich aus dem Gehirn, den Nerven, den Muskeln und den Sinnesorganen zusammen«. Die Übertragung der »Nerveneinflüsse« durch diese Organe hindurch ist so eng an geistige Phänomene gebunden, daß wir sagen können: »Keine Ströme, kein Geist« (*SE*, S. 61 f.). Die physischen Bedingungen des Bewußtseins sind »Nervenströme des Gehirns, die kräftig und diffus genug sind« (*MB*, S. 57). Zwar werden willkürliche Handlungen durch »Gefühl ausgelöst«, aber Gefühle können Bewegungen nur auslösen, weil sie »ihrem physischen Aspekt nach« Ströme sind, die sich ungehindert über das Gehirn verbreiten und so auf die Bewegungsorgane und die inneren Organe einwirken. Wie das »Überfließen« der Nervenenergie die ursprüngliche Spontaneität der Bewegungen erklärt, so erklärt die »Diffusion« dieser Energie den Körperausdruck der Emotionen (Diffusionsgesetz). Und die Verknüpfung von Lust oder Schmerz einerseits mit Energie andererseits (Gesetz der Selbsterhaltung) erklärt, warum einige Bewegungen anstelle anderer fortgeführt und später auch begonnen werden. Selbst das Ausmaß der Aktivität ist »dem Ausmaß der Lusterregung proportional« (*Anal.*, II, S. 385).

Deshalb sind »Manifestationen des Geistes ihren physischen Grundlagen genau proportional« (*CE*, S. 218).
Das menschliche »System« verwandelt also Nahrung in Energie, die seine »Antriebskraft« ist. Die Leistung des Systems läßt sich durch »Überfließen«, »Diffusion« und »Zuwachs oder Abnahme« dieser Energie erklären, die im vollentwickelten System (»reifer Wille«) in einer Weise »kanalisiert« wird, die durch Erfahrung und Ausbildung »erworben« (d. h. programmiert) wurde. Bain selbst drückt dies so aus:

Was man die *Willenskonstitution* nennen könnte, ist der reichliche zentrale Ausstrom einer aktiven Kraft. Die Errungenschaften des Willens verbinden also die zentralen Entladungen verschiedener Größe mit den Zeichen und Signalen, die den Energiebetrag bezeichnen, der für die Notlagen des Lebens erforderlich ist (*EW*, S. 313).

Die Assoziation verknüpft Umweltreize (»Signale«) mit Lust- oder Schmerzideen verschiedenen Ausmaßes. Diese Signale werden so mit »zentralen Entladungen« angemessener Stärke verknüpft. Die Assoziation richtet außerdem die »Kanäle« ein, durch die die Entladung erfolgt.[45] Die Ideenassoziation liefert eine psychologische Erklärung dieser »Kanalisierung« – d. h. der »Richtung« der Bewegungen, festgelegt durch die mit einem bestimmten Umweltreiz assoziierte Lustidee. Dagegen macht Bain deutlich, daß die Assoziation eine physiologische Grundlage besitzen muß. Er meint, daß »jedem Eindruck, jeder Empfindung oder jedem Gedanken physisch eine Gruppe oder Folge von Nervenströmen korrespondiert«. Wenn zwei von ihnen zusammenfallen oder unmittelbar aufeinander folgen, »liegt in den Zellen oder Korpuskeln, in denen die Ströme sich treffen und vereinigen, infolge dieses Zusammentreffens eine verstärkte Verbindung oder ein herabgesetzter Widerstand vor, ... [die] wir nur als

45 So hört der Säugling zu saugen auf, weil »der Schmerzzustand des Geistes, der Sättigung heißt, von einer eingeschränkten Verfassung der aktiven Organe begleitet wird ... *nicht jedoch, weil wie im späteren Leben von diesem Teil die Kraft ausdrücklich abgezogen wird, sondern, weil die Kraft in einem übergreifenden Prozeß überall nachläßt* ... anfangs kann die Lust die Energie überall vermehren, der Schmerz sie überall verringern; die Fähigkeit des unterscheidenden Wählens haben wir nicht von Geburt an, sondern müssen sie erwerben.« *SI*, 3. Ausgabe (1868), S. 303; Hervorhebung von Bain.

erhöhte Leitfähigkeit in diesen Leitungen beschreiben können« (*MB*, S. 117 f.). Nehmen wir an, die Entwicklung der Neurophysiologie würde so verlaufen, daß diese Erklärung in allen Einzelheiten belegt werden könnte, bliebe dann irgendetwas genuin Seelisches in der »Wissenschaft von der Seele« übrig?

In seiner *Autobiographie* (London 1904) sagt Bain, daß er versucht habe, »den wesentlichen phänomenalen Unterschied zwischen Psychischem und Physischem zu bewahren, während ich gleichzeitig die unauflösliche Einheit der beiden vertreten habe« (S. 314). Er meint, wir seien nicht berechtigt, »von einem Geist zu sprechen, der vom Körper geschieden sei«. »Wir haben allen Anlaß zu der Annahme, daß unsere geistigen Prozesse von *einer ununterbrochenen Kette materieller Vorgänge* begleitet werden« (*MB*, S. 131 f.). Er weist Mills Auffassung zurück, nach der »Ideen Bewegungen hervorrufen können«, wie in der Assoziation »zwischen bestimmten Zuständen des Darms und schreckenerregenden Ideen« (*Anal.*, I, S. 101 f.). Statt dessen meint er, daß sich die Furcht nur deshalb auf die Verdauung auswirke, weil »die Emotion von einer besonderen erregten Verfassung des Gehirns und des Nervensystems begleitet wird; diese Verfassung des Gehirns bringt den Bauch in Unordnung« (*MB*, S. 132). Zwar gibt es nichts rein Psychisches, doch bleibt ein Unterschied zwischen dem Physischen und dem Psychischen. Ein »physischer Tatbestand« ist nämlich »ein einzelner, einseitiger, objektiver Tatbestand; der psychische Tatbestand ist ein doppelseitiger Tatbestand – die eine Seite besteht aus einer Folge von Gefühlen, Gedanken oder anderen subjektiven Elementen« (*MB*, S. 134). Nun befindet sich »die physische Seite in vollständiger Übereinstimmung mit den entdeckten physischen Kräften der Welt« (*CE*, S. 227), doch die »subjektive« Seite ist irreduzibel – »denn obgleich die Regung des Gehirns das Denken *begleitet*, ist sie doch nicht das Denken selbst« (*MB*, S. 190). Folglich »ist der Geist auf zwiefache Art zu untersuchen – der Geistesphilosoph muß sich mit dem Naturphilosophen vereinen« (*MB*, S. 196).

Doch warum kann der Naturphilosoph nicht alle Erscheinungen ohne die Hilfe seines Kollegen erklären? Bain beginnt damit, die Untersuchung der Natur der Untersuchung des Geistes gegenüberzustellen:

Wir können keinerlei Regelmäßigkeit in den Tätigkeiten eines Menschen erkennen, wenn wir lediglich seine Handlungen betrachten, wie es uns möglich ist, wenn wir den Fall eines Steines oder die Umlaufbahn eines Planeten in Augenschein nehmen. Allein die unsichtbaren Gefühle liefern uns den Schlüssel zu den weitverzweigten Verflechtungen menschlichen Tuns und Trachtens (*SI*, S. 3).

Doch der Unterschied scheint sich zu verflüchtigen, wenn Bain zum Schluß die Wirkung dieser »unsichtbaren Gefühle« anhand eines Energiemodells erklärt, das die naturwissenschaftliche Forschung des 19. Jahrhunderts zum Vorbild hat. Die Energie, die durch die Nerven hindurchfließt, erklärt alle Bewegungen. Obgleich die willkürlichen sich von den unwillkürlichen dadurch unterscheiden, daß sie »gefühlsbewirkt« sind, bedeutet dies am Ende nur, daß sie »von Bewußtsein oder Gefühl begleitet sind« (*EW*, S. 421). Nach Bain gibt es »eine Teilung der Nerventätigkeit in unbewußte und bewußte, in der sich das allgemeine Diffusionsgesetz ausdrückt« (*MB*, S. 53). Wenn Bewußtsein die Nerventätigkeit begleitet, verfügen die Phänomene nicht nur über eine »objektive, physische« Seite, sondern auch über eine »subjektive, geistige«. Diese subjektive Seite unterscheidet willkürliche Akte von bloßem »Reflexhandeln«. Doch auf der objektiven Seite ist der einzige Unterschied zwischen ihnen die größere »Diffusion« der Nervenströme und die Tatsache, daß die »Kanäle«, durch die sie fließen, »erworben« wurden, statt angeboren zu sein.

Wie sollen wir dann verstehen, was geschieht, wenn Furcht mich veranlaßt, X zu tun? Alle Bewegungen, die ich ausführe, lassen sich im Prinzip durch den Energiefluß in meinem Nervensystem erklären. So kann Bain den Zielen, Überzeugungen usw., die mein Handeln charakterisieren, nur noch einen Platz als irreduzierbaren, aber subjektiven Begleiterscheinungen neurophysiologischer Prozesse einräumen – diese stellen die »physische Seite« dar, jene die »geistige Seite«. Wenn Bain die Furcht nicht als »geistige Ursache«, sondern als eine »körperlich-geistige« Ursache darstellt, vermeidet er die Probleme der Interaktion von Körper und Geist. Dazu aber läßt er die psychologische Erklärung, die sich auf »Gefühle und Emotionen« beziehen, an der physiologischen Erklärung schmarotzen, die sich auf »Nerveneinflüsse«

beruft. Das Geistige ist die subjektive Seite physischer Prozesse, die wie andere natürliche Prozesse auf kontingentem Geschehen beruhen. Solche Ereignisse sind kausal und nicht begrifflich miteinander verbunden. Da der Geist eine »Seite« physischer Ereignisse ist, die in ursächlicher Beziehung zu anderen physischen Ereignissen stehen, ist auch die Verkörperung des Geistes im Verhalten – die Weise, in der das Denken (z. B. meine Furcht vor X) das Handeln hervorruft – extrinsisch und kontingent. Die »Furcht« erklärt mein Handeln nicht, indem sie zeigt, daß es in einer sozialen Situation, die von mir in einer bestimmten Weise verstanden und eingeschätzt wird, »angemessen« ist. Die Furcht ist vielmehr die subjektive Begleiterscheinung einer Verfassung meines Nervensystems, dessen Tätigkeit unter dem Einfluß von »Signalen« aus der Umwelt meine Bewegungen kausal erklärt.
Doch dann hat J. St. Mill sicherlich Unrecht mit seiner Behauptung, Bain habe Coleridges Klage beantwortet, indem er ein »aktives Element, oder die Spontaneität im Geist selbst« anerkenne.[46] Denn Bains spontanes »Überfließen« der zentralen Energie ist nicht das Handeln eines Subjekts. Bain verspottet sogar die Vorstellung, es gäbe eine »Abteilung des ›Selbst‹ oder der Ich-Tätigkeit«. Er sagt dazu:

»In der Annahme einer bestimmten Kraft, die ›Selbst‹ geheißen und dem gesamten Bereich der in der beschriebenen Weise hervorgebrachten Motive gegenübergestellt wird, kann ich nur ein Mißverständnis der Fakten erblikken.« (*EW*, S. 492).

Der Irrtum liegt nach Bain in der Auffassung, daß sich das »Selbst« von seinen empirisch faßbaren Eigenschaften unterscheide – »ebensogut könnten wir von einem Mineral sprechen, das sich von der Summe aller ihm zuzuschreibenden Eigenschaften unterscheidet« (*EW*, S. 492 f.).
Bain meint wie andere Autoren dieser Tradition, die Selbstbeobachtung liefere »Daten«, die unsere »inneren, unsichtbaren« Zustände beträfen und die »Wissenschaft von der Seele« müsse ursächlich erklären, wie diese geistigen Daten aufeinander und auf die relevanten nichtgeistigen Daten zu beziehen seien. Obgleich

46 J. St. Mill, »Bains Psychology«, a. a. O., S. 123 ff.

Hartley, Mill und Bain sich in der Art und Weise unterscheiden, in der sie die »geistigen Daten« mit den physischen verknüpft sehen, sind sie sich doch darüber einig, daß die Erklärung dieser Daten sich nicht wesentlich von der Erklärung unterscheidet, die sich für die Eigenschaften eines Minerals geben läßt. Da sie ihre Vorstellungen von der Art, in der der Psychologe das Handeln erklären muß, aus den Naturwissenschaften beziehen, und da Handlungsvermögen nicht eine Eigenschaft des Selbst ist, wie Härte eine Eigenschaft der Minerale ist, meinen diese Autoren, man berufe sich auf verborgene Kräfte, wenn man Handlungen durch die Fähigkeit des Menschen erkläre, »nur aufgrund eines Gedankens« tätig zu werden. Statt dessen stellen sie extrinsisch dar, wie verschiedene »Faktoren« Bewegungen verursachen. Etwas wird dabei allerdings ausgelassen. Denn, wie Locke und Coleridge hervorgehoben haben, »führt der Mensch die Handlung aus«. Doch in diesen Erklärungen, die uns mitteilen, wie unsere Organe und Därme »in Bewegung« gesetzt werden, bleibt für ein Subjekt, »das zum Handeln fähig ist«, kein Raum.

Kant und die Möglichkeit einer wissenschaftlichen Psychologie*

(1967)

I

Kant behauptet, daß die »empirische Seelenlehre jederzeit von dem Range einer eigentlich so zu nennenden Naturwissenschaft entfernt bleiben« müsse.[1] Was veranlaßte ihn zu diesem Schluß? Er führt zuerst aus, daß die Naturlehre, wenn wir die Natur als Inbegriff aller Dinge nehmen, insofern sie Gegenstände unserer Sinne sein können, zwei Teile enthielte, die der Hauptverschiedenheit unserer Sinne entsprächen: eine Körperlehre und eine Seelenlehre. Doch eine »historische Naturlehre, welche nichts als systematisch geordnete Fakta« enthält (d. h. eine klassifizierende und beschreibende Naturgeschichte) ist von einer Naturwissenschaft im strengen Sinne des Wortes zu unterscheiden. Denn »*eigentliche* Wissenschaft kann nur diejenige genannt werden, deren Gewißheit apodiktisch ist; Erkenntnis, die bloß empirische Gewißheit enthalten kann, ist ein nur uneigentlich so genanntes *Wissen*« (MAN, S. 468). Da die Chemie zu seiner Zeit »bloß aus Erfahrungsgesetzen« bestand, vertrat Kant die Auffassung, daß es sich nicht um eine eigentliche Wissenschaft handle. Die Erklärungen, die uns durch solche Gesetze gegeben werden, lassen immer eine Unzufriedenheit zurück, »weil man von diesen als zufälligen Gesetzen, die bloß Erfahrung gelehrt hat, keine Gründe *a priori* anführen kann« (MAN, S. 469 f.). Es kann keine eigentliche Naturwissenschaft geben, – so bringt Kant vor – ohne »einen *reinen* Theil, auf dem sich die apodiktische Gewißheit, die die Vernunft in ihr sucht, gründen könne« (MAN, S. 469). Diese

* Teile dieses Artikels wurden im Dezember 1966 beim Treffen der American Philosophical Association in Philadelphia vorgetragen.

1 *Metaphysische Anfangsgründe der Naturwissenschaft,* 1786, Akademie-Ausgabe, Berlin, 1903/II, Bd. 4, S. 471, fortan zitiert als MAN. Alle Zitate aus der *Kritik der reinen Vernunft* erscheinen ohne Ort; die Seitenangaben beziehen sich auf die Paginierung der Erstausgaben.

metaphysische Grundlage der Wissenschaft ist insofern transzendental, als sie sich an dem Begriff einer Natur überhaupt orientiert. Wenn wir ihn dadurch spezifizieren, daß wir den empirischen Begriff einer Materie oder eines denkenden Wesens einführen, stellt die Erkenntnis a priori, die dann möglich ist, einen reinen (metaphysischen) Teil der Physik oder der Psychologie dar, in dem »transcendentale Principien auf die zwei Gattungen der Gegenstände unserer Sinne angewandt werden« (MAN, S. 470).

Die Prinzipien der *Kritik* sind die Voraussetzungen wissenschaftlichen Denkens an sich, unabhängig vom Untersuchungsgegenstand. Wenn sie auf den Begriff der Materie angewendet werden, erhalten wir die Grundlagen a priori der Physik. Da dies die Aufgabe ist, der die *Metaphysischen Anfangsgründe der Naturwissenschaft* gewidmet sind, muß Kant den Titel rechtfertigen. Dazu bringt er vor, daß nur die Physik zu Recht eine Wissenschaft genannt werde, weil sie die einzige mathematische Naturwissenschaft sei. Er behauptet nämlich, »daß in jeder besonderen Naturlehre nur soviel *eigentliche* Wissenschaft angetroffen werden könne, als darin *Mathematik* anzutreffen ist« (MAN, S. 470). Kant begründet dies damit, daß Wissenschaft Erkenntnis a priori voraussetze.

Die Möglichkeit bestimmter Naturdinge kann aber nicht aus ihren bloßen Begriffen erkannt werden; denn aus diesen kann zwar die Möglichkeit des Gedankens (daß er sich selbst nicht widerspreche), aber nicht des Objects als Naturdinges erkannt werden, welches außer dem Gedanken (als existirend) gegeben werden kann. Also wird, um die Möglichkeit bestimmter Naturdinge, mithin um diese a priori zu erkennen, noch erfordert, daß die dem Begriff korrespondirende *Anschauung* a priori gegeben werde, d. i. daß der Begriff konstruirt werde. Nun ist die Vernunftserkenntniß durch Construction der Begriffe mathematisch ... Eine reine Naturlehre über *bestimmte* Naturdinge (Körperlehre und Seelenlehre) ist nur vermittelst der Mathematik möglich, und da in jeder Naturlehre nur so viel eigentliche Wissenschaft angetroffen wird, als sich darin Erkenntniß a priori befindet, so wird Naturlehre nur so viel eigentliche Wissenschaft enthalten, als Mathematik in ihr angewandt werden kann (MAN, S. 470).

Reine Begriffe sind also nur Formen des Denkens, während unsere Apprehensionsfähigkeit sinnlicher Natur ist. Deshalb muß die

Erkenntnis a priori »bestimmter Naturdinge« – das heißt von Materie oder denkendem Wesen »als existierend« im Gegensatz zu ihrer logischen Möglichkeit als Objekte des Denkens – durch ihre Konstruktion in reiner Anschauung vermittelt werden. Da die *Ästhetik* gezeigt hat, daß die Mathematik die Regeln zur Konstruktion der Objekte in reiner Anschauung liefert, kommt Kant zu dem Schluß, daß eine Wissenschaft a priori, gleichgültig ob sie sich mit der Materie oder dem denkenden Wesen befaßt, nur insoweit möglich ist, als der Gegenstand dieser Wissenschaft sich nach den Gesetzen der Mathematik konstruieren lasse. Da die Mathematik auf die Gegenstände unserer äußeren Sinne anwendbar ist, ist empirische Physik als eigentliche Wissenschaft möglich. In den MAN wendet Kant transzendentale Prinzipien auf den Materiebegriff an (d. h. auf das, was ausgedehnt ist, im Raum bewegt werden kann usw.). So entwickelt er eine reine Wissenschaft der Materie und liefert dadurch die metaphysischen Grundlagen einer wissenschaftlichen Physik. Da die Chemie zu Kants Zeit weitgehend aus qualitativen Beschreibungen der Eigenschaften von Stoffen wie Eisen usw. bestand, die im wesentlichen auf praktische Anwendung hinausliefen, nannte er sie »eher systematische Kunst als Wissenschaft« (MAN, S. 468). Doch Kant räumt ein, daß die Chemie eine eigentliche Wissenschaft werden könne, wenn z. B. sich ein »Gesetz der Annäherung oder Entfernung der Theile (chemischer Stoffe) angeben läßt, nach welchem etwa in Proportion ihrer Dichtigkeiten udgl. ihre Bewegungen sammt ihren Folgen sich im Raume a priori anschaulich machen und darstellen lassen« (MAN, S. 471). Wenn dies erreicht sei, ließe sich die Mathematik auf chemische Veränderungen anwenden, die dann wie Bewegungen in der Mechanik behandelt werden könnten. Dann würden die MAN nämlich auch die Begründung a priori der Chemie werden. Sie würde eine Newtonsche Wissenschaft. Doch Kant stellt ausdrücklich die Möglichkeit in Abrede, daß die Psychologie jemals eine solche Wissenschaft werden könne.

Weil Mathematik auf die Phänomene des inneren Sinnes und ihre Gesetze nicht anwendbar ist, man müßte denn allein auf das *Gesetz der Stetigkeit* in dem Abflusse der inneren Veränderungen desselben in Anschlag bringen wollen, welches aber eine Erweiterung der Erkenntniß sein würde, die sich zu der, welche die Mathematik der Körperlehre verschafft, ungefähr so verhalten würde, wie die Lehre von den Eigenschaften der geraden Linie zur ganzen Geometrie. Denn die reine innere Anschauung, in welcher die Seelen-Erscheinungen konstruiert werden sollen, ist die Zeit, die nur *eine* Dimension hat (MAN, S. 471).

Die Psychologie könnte also nur dann eine eigentliche Wissenschaft werden, wenn es möglich wäre, eine reine, mathematische Wissenschaft zu schaffen, die für die Erscheinungen des inneren Sinnes das gleiche leisten würde, was die MAN für die Erscheinungen des äußeren Sinnes leisten. Zwar mag die »Bewegung« innerer Zustände durch das Bewußtsein die Möglichkeit andeuten, solche seelischen Veränderungen mathematisch zu behandeln. Das kann jedoch nicht sehr weit führen, weil die Zeit nur eine Dimension hat. Die Situation ist sogar noch ungünstiger, denn die Zeit

kann keine Bestimmung äußerer Erscheinungen sein: sie gehört weder zu einer Gestalt oder Lage; dagegen bestimmt sie das Verhältniß der Vorstellungen in unserm innern Zustande. Und eben weil diese innre Anschauung keine Gestalt giebt, suchen wir auch diesen Mangel durch Analogien zu ersetzen und stellen die Zeitfolge durch eine ... Linie vor ... (B 50).

Das heißt, wir können Zeit nur unter der Perspektive des Raumes verstehen. Die Aussage, sie habe nur eine Dimension, bedeutet bereits, daß wir von einer Analogie zum Raum Gebrauch machen.

Die Zeit liefert im Unterschied zum Raum nicht einfach das Material, aus dem die Vernunft eine Wissenschaft a priori konstruieren kann. Kant führt dies näher aus, wenn er sagt, daß das einzige nicht empirische Prinzip, das verwendet werden könne, bei einer Erklärung dessen, »was in unserem Gemüte vorgeht«, die Abfolge der seelischen Zustände in der Zeit sei,

woraus man aber so gut wie gar nichts zum Behuf der Erklärung machen kann, weil allgemeine Zeitlehre nicht so, wie die reine Raumlehre (Geometrie) genugsamen Stoff zu einer ganzen Wissenschaft hergibt.[2]

An anderer Stelle vergleicht Kant das, was a priori »das Räumliche der Gegenstände der Physik« vermag, mit dem wenigen, was

2 *Über Philosophie überhaupt,* 1794, Akademie-Ausgabe, Bd. 20, S. 237.

»die Zeitform« vermag, »welche der Anschauung durch den inneren Sinn zugrunde liegt«. Er meint, daß »die Begriffe vom vollen und leeren Raum, von Bewegung und bewegenden Kräften ... in der rationalen Physik auf ihre Prinzipien a priori gebracht werden« können und müssen. Wir können aber keine analoge rationale Psychologie ausgehend vom Begriff der Seele als etwas nicht-materiellem, d. h. etwas nicht im Raum befindlichen, entwickeln.[3]

In der *Kritik* zeigte Kant, daß die Behauptung, das Wissen ergäbe sich aus dem »ich denke, [das] der alleinige Text der rationalen Psychologie« ist (A 343), auf einem Paralogismus beruht. Nachdem er bewiesen hat, daß wir über das Selbst nichts aus der rein formalen Einheit des ›Ich‹ erfahren können, das das Subjekt jedes Bewußtseinsaktes ist, kommt Kant zu dem Schluß, daß uns nichts übrig bleibt, »als unsere Seele an dem Leitfaden der Erfahrung zu studieren« (A 382). Da es jedoch keine rationale Psychologie in der Art und Weise geben kann, in der die MAN eine rationale Naturwissenschaft sind, stellt sich nun heraus, daß diese empirische Erforschung der Seele niemals mehr werden kann, als ein »bloßes Herumtappen«. Die Naturwissenschaft konnte sich »den sicheren Gang der Wissenschaft« aneignen, weil sie der Natur mit Prinzipien *a priori* begegnen konnte, »nach denen allein übereinstimmende Erscheinungen für Gesetze gelten können« (B. XIII f.). Ihre Begriffe können in einer rationalen Naturwissenschaft auf ihre Prinzipien *a priori* gebracht werden, weil der Raum die Voraussetzung einer mathematischen Wissenschaft für die Objekte des äußeren Sinnes bietet (d. h. für eine reine Körperlehre). Doch die Zeit bietet anders als der Raum keine Voraussetzung für eine Wissenschaft a priori. Da es keine rein mathematische Wissenschaft von der Seele für die Objekte des inneren Sinnes geben kann, deren einzige Form die Zeit ist, haben wir auch keine Möglichkeit zu verstehen, warum innere Zustände in der Weise vorkommen müssen, in der sie es tun. Wir können die inneren Zustände, die von anderen gefolgt werden, nur als rohes, kontingentes Faktum beschreiben. Eine empirische Psychologie

3 *Über die Fortschritte der Metaphysik,* 1791, Akademie-Ausgabe, Bd. 20, S. 285 f.

kann sich niemals »den sicheren Gang der Wissenschaft« aneignen.

Es ist nicht überraschend, daß Kant zu diesem Schluß kommt. Wie seine Zeitgenossen sah er in Newtons Physik das Modell aller Wissenschaft. Und er erkannte völlig richtig, daß Newtons Gesetze keine bloßen Verallgemeinerungen (»akzidentellen Gesetze«) waren, sondern Grundregeln des Begriffsrahmens, anhand dessen die Wissenschaftler entscheiden, wo eine Erklärung vonnöten war und was als verständliche Erklärung gelten durfte. Fakten konnten die Gesetze der Mechanik nicht unmittelbar falsifizieren, weil die Fakten selbst in ihrer Beschaffenheit anhand dieser Gesetze zu erklären waren. Die Wissenschaftsgeschichte bestätigt Kants Auffassung von der wissenschaftlichen Theoriebildung zumindest teilweise. Zu Recht nahm er an, daß bloß phänomenale Regelmäßigkeiten nur dann Teil des etablierten Bestandes einer Wissenschaft werden können – d. h. daß »übereinstimmende Erscheinungen (nur) für Gesetze gelten können« –, wenn sie durch den Begriffsrahmen zum Ausdruck gebracht werden können, der von der wissenschaftlichen Gemeinschaft akzeptiert wird.[4] Die Regeln der Newtonschen Mechanik bildeten den Begriffsrahmen zu Kants Zeiten.

Der Unterschied zwischen dem »sicheren Gang« einer theoretischen Wissenschaft wie der Mechanik, in der zwischen den Forschern Einmütigkeit hinsichtlich der objektiven Gültigkeit der Grundprinzipien herrscht, und dem »Herumtappen« einer bloß empirischen Forschung, deren Ergebnisse ständig widersprechenden Fakten anheimgegeben sind, versteht Kant als Hinweis darauf, daß wissenschaftliche Gesetze a priori begründet sind. Er glaubt, wir könnten zeigen, daß z. B. die empirischen Regelmäßigkeiten, die im Trägheitsgesetz zum Ausdruck kommen, ihre tatsächliche Form deshalb haben müssen, weil das Kausalitätsprinzip (das aus der transzendentalen Metaphysik übernommen wird) angewendet wird auf die »Materie, (die) als bloßer Gegenstand äußerer Sinne ... keine andere Bestimmung, als die äußeren

4 Einige ergänzende Argumente zur Unterstützung dieses Verständnisses der Wissenschaftsgeschichte stehen in meinem Artikel »Pragmatic Aspects of Explanation«, in: *Philosophy of Science,* 33, Nr. 1, 1966 (dt.: in diesem Band).

Verhältnisse im Raume« hat. Dadurch können wir nach Kant wahrnehmen, daß eine Veränderung der Materie hier eine Veränderung der Bewegung sein, daß diese Veränderung eine Ursache haben und daß diese Ursache eine äußere sein muß. Daraus folgt, »daß ihre Veränderung jederzeit eine äußere Ursache haben müsse«, eine Aussage, die Kant in Übereinstimmung zu Newtons zweitem Lehrsatz sieht (MAN, S. 543). Auf diese Weise versucht Kant, in den MAN Grundsätze a priori der wissenschaftlichen Mechanik darzulegen, auf die »sich die apodiktische Gewißheit, die die Vernunft in ihr sucht, gründen könne«. Er vertritt die Auffassung, daß »mathematische Physiker metaphysischer Prinzipien gar nicht entbehren« können, weil es keine mathematische Naturwissenschaft ohne sie geben könne, welbst wenn »sie solche lieber postulierten, ohne nach ihren Quellen *a priori* zu forschen« (Man, S. 472).

Wenn wir von unserem geschichtlichen Standort aus zurückblikken, läßt sich leicht sagen, daß Kant das Bezugssystem der Newtonschen Mechanik irrtümlicherweise für das einzig mögliche einer Wissenschaft gehalten und deshalb versucht hat, seine Prinzipien in der menschlichen Vernunft überhaupt zugrunde zu legen. In diesem Zusammenhang muß aber daran erinnert werden, daß Kants Überzeugung, die Mechanik müsse das Modell für jede Forschungstätigkeit abgeben, die »den sicheren Gang der Wissenschaft« einschlagen wolle, im 18. und 19. Jahrhundert weithin geteilt wurde. In diesem Zeitraum begriffen die meisten Gelehrten Newtons mathematische Physik als das Paradigma aller wissenschaftlichen Theorie. Die anderen Wissenschaften erschienen ihnen als unzulängliche Versuche, Mechanik zu betreiben. Es ist sehr charakteristisch, daß Kant der Überzeugung war, die Chemie könne nur eine eigentliche Wissenschaft werden, wenn es gelänge, chemische Veränderungen wie die Bewegungen in der Mechanik zu behandeln. Bei der Überlegung, ob es möglich sei, aus der Psychologie eine theoretische Wissenschaft zu machen, lenkt Kant die Aufmerksamkeit auf die »Stetigkeit in dem Abflusse der inneren Veränderungen«, der in gewisser Weise einer Bewegung gleiche. Doch da dieser Abfluß rein zeitlich ist und die Zeit »nicht eine Bestimmung äußerer Erscheinungen« sein kann, handelt es sich bei der Abfolge unserer inneren Zustände nicht wirklich um eine Bewegung. Er sieht keine Möglichkeit, jemals eine Mechanik seelischer Zustände zu entwickeln und kommt zu dem Schluß, daß die Psychologie niemals eine Wissenschaft in der eigentlichen Bedeutung des Wortes werden könne.

II

Doch Psychologie ist nicht nur »Seelenlehre«, sie beschäftigt sich auch mit dem Verhalten, das unserem äußeren Sinne erscheint. Was hat es mit der Beziehung zwischen inneren (seelischen) Zuständen und äußerlichen (körperlichen) Prozessen auf sich? Kant sagt, die Probleme dieser Beziehung beruhten auf einem »bloßen Blendwerke«, nach welchem man die Materie als etwas ansieht, welches »auch außer unseren Sinnen an sich wirklich« existiert. So verstanden sich Seele und Materie völlig heterogen. Ihre »Gemeinschaft« läßt sich nicht erklären. Allerdings bedeute Materie nicht – so sagt Kant weiter –

> eine von dem Gegenstande des inneren Sinnes (Seele) so ganz unterschiedene und heterogene Art von Substanzen, sondern nur die Ungleichartigkeit von Erscheinungen von Gegenständen (die uns an sich selbst unbekannt sind), deren Vorstellungen wir äußere nennen in Vergleichung mit denen, die wir zum inneren Sinne zählen, ob sie gleich eben sowohl blos zum denkenden Subjecte, als alle übrigen Gedanken gehören ... (A 385).

Die Frage stellen, wie Körperbewegungen seelische Zustände hervorrufen können, heißt also, den Fehler begehen, die Handlungen der Objekte unseres äußeren Sinnes, »die sie als Erscheinungen gegeneinander im Verhältniß zeigen, auf unser denkendes Subjekt [zu] beziehen ...« (A 386). Vielmehr müssen wir uns klarmachen, daß » ... beide [Körper und Bewegung] nicht etwas außer uns ... seien ... daß nicht die Bewegung der Materie in uns Vorstellungen wirke, sondern daß sie selbst (mithin auch die Materie, die sich dadurch kennbar macht) bloße Vorstellung sei ...« (A 387).

Kant meint damit, daß der ausgedehnte Tisch, den ich vor mir sehe, nicht ein Noumenon ist, sondern eine Vorstellung der äußeren Sinne, die als solche eine seelische Erscheinung sein müsse. Natürlich muß diese Vorstellung davon unterschieden werden, daß ich den Tisch sehe. Dies ist eine Vorstellung, deren Objekt der ausgedehnte Tisch ist. Daß ich den Tisch sehe, ist insofern ein subjektiver Vorgang, als er von mir abhängt, während der Tisch, den ich sehe, unabhängig von der Wahrnehmung ist, wenn auch nicht im allgemeinen, so doch von der meinen: er ist Teil einer objektiven Weltordnung. Doch das entscheidende Argument der *Kritik* ist, daß diese objektive, phänomenale Ordnung von der synthetischen Tätigkeit des Verstandes hervorgebracht werde. Die Ordnung des Mannigfaltigen nach seinen Prinzipien liefert uns die objektive Weltordnung, die wir zu Recht von der bloß subjektiven Erfahrung unterscheiden. Wenn diese kritische Einsicht in die Beziehung meiner Wahrnehmung zur objektiven Weltordnung die Erklärung der Körper-Seele-Beziehung ersetzt, die in ihrer gewöhnlichen Form »einen groben Dualism« darstellt (A 392), dann gibt es für uns – so meint Kant – nicht länger das unlösbare Körper-Seele-Problem. Denn wenn wir die kritische Philosophie akzeptieren, dürfen wir nicht mehr fragen, wie die Bewegung der Materie geistige Vorstellungen in uns hervorruft, sondern können nur noch fragen, wie die Vorstellungen des äußeren Sinns auf die des inneren Sinns zu beziehen sind.

Nun ist der Raum die Form des äußeren Sinns, die Zeit die Form des inneren Sinns. Doch sind auch die Erscheinungen des äußeren Sinns, wenn wir sie vom Standpunkt des wahrnehmenden Subjektes aus betrachten, in der Zeit: »Alle Erscheinungen überhaupt, d. i. alle Gegenstände der Sinne sind in der Zeit und entstehen nothwendigerweise in Verhältnissen der Zeit« (B 51). All meine Ideen lassen sich als Modifikationen meines Geistes verstehen. Wenn wir emotionale und Willenszustände außer acht lassen, die nicht zum Erkenntnisvermögen gehören, während der innere Sinn Teil dieses Vermögens ist,[5] dann besitzt der innere Sinn keine Inhalte, die sich von denen des äußeren unterscheiden. Der äußere Sinn wird von den fünf Sinnen und ihren Organen konstituiert (Anthro., S. 154), und es machen »die Vorstellungen

5 Vgl. *Anthropologie in pragmatischer Hinsicht*, Akademie-Ausg., Bd. 7, S. 153. Fortan zitiert als ›Anthro.‹.

äußerer Sinne den eigentlichen Stoff aus..., womit wir unser Gemüth besetzen...« (B 67). Vom Dasein der Dinge außer uns »beziehen wir doch den ganzen Stoff zu Erkenntnissen selbst für unsern inneren Sinn« (B XXXIX, Anm.). Die Unterscheidung zwischen dem ausgedehnten Tisch, der »außer uns« ist, und der Wahrnehmung, die »in der Seele« stattfindet, muß von der Art und Weise abhängen, in der wir eine Erfahrung als äußere erkennen und sie Objekten im Raum zuschreiben und in der wir eine Erfahrung als innere erkennen und sie uns selbst in der Zeit zuschreiben. Kant unterscheidet in diesem Zusammenhang den empirischen vom transzendentalen Gegenstand. Der empirische Gegenstand heißt »ein *äußerer*..., wenn er im *Raume,* und ein *innerer* Gegenstand, wenn er lediglich im *Zeitverhältnisse* vorgestellt wird« (A 373). Die Rede von empirischen Dingen »außer uns« bezeichnet »Dinge... *die im Raume anzutreffen sind*« (ebend.). Kant sagt:

Ich habe in Absicht auf die Wirklichkeit äußerer Gegenstände eben so wenig nöthig zu schließen, als in Ansehung der Wirklichkeit des Gegenstandes meines innern Sinnes (meiner Gedanken) (A 371).

Kant ist weit davon entfernt zu gestatten, daß man von inneren Zuständen auf äußere Gegenstände schließt, und wendet sich gegen den »problematischen Idealism« von Descartes, demzufolge äußere Erfahrung innerer Erfahrung vorangeht (B 275–B 279). Er meint, daß wir die »objective Realität« der Kategorien ohne die Anschauungen nicht darlegen könnten (B 288) – d. h. ohne Anschauung kann es keine Erkenntnis a priori bestimmter Dinge geben. Kant sagt, es sei »etwas sehr Bemerkungswürdiges«, daß wir zum Beweis der objektiven Realität der Kategorien

nicht bloß Anschauungen, sondern sogar immer *äußere Anschauungen* bedürfen... Um *Veränderung* als die dem Begriffe der *Causalität correspondirende Anschauung darzustellen, müssen wir Bewegung als Veränderung im Raume zum Beispiele nehmen... denn um uns nachher selbst innere Veränderungen denkbar zu machen, müssen wir die Zeit als die Form des inneren Sinnes figürlich durch eine Linie und die innere Veränderung durch das Ziehen dieser Linie (Bewegung), mithin die successive Existenz unser selbst in verschiedenem Zustande durch äußere Anschauung uns faßlich machen; wovon der eigentliche Grund dieser ist, daß alle Veränderung etwas Beharrliches in der Anschauung voraussetzt, um auch selbst nur als Veränderung wahrgenommen zu werden, im inneren Sinne aber gar keine beharrliche Anschauung angetroffen wird (B 291–B 292).*

Kant sagt, daß die Kategorien (insbesondere die Schemata der Substanz und der Ursache) »nur in der Beziehung zu äußeren Erscheinungen eine Bedeutung gewinnen können«.[6] Sagt er damit aber auch, daß sie auf innere Erscheinungen angewandt werden können? Oder meint er, daß wir eine Analogie zu äußeren Veränderungen bilden können, um innere Veränderungen verständlich zu machen? (Genauso können wir ja Kant zufolge auch die Kausalität in »analogischer Bedeutung« verwenden, um die Beziehung zwischen Noumena und Phänomenen verständlich zu machen [B 431 f.]). Da wir es im zweiten Falle nur mit einer Analogie zu tun haben, würde es hinsichtlich der inneren Veränderungen keine wissenschaftlichen Erkenntnisse im eigentlichen Sinn des Wortes geben. Die Argumente, die Kant gegen die Möglichkeit einer wissenschaftlichen Psychologie vorbringt, sprechen für diese zweite Alternative. Wenn die Grundbegriffe des Verstandes erklären sollen, wie unsere Erkenntnis Newtonscher Gegenstände möglich ist, dann gelten sie sicherlich nicht für seelische Zustände, die keine Newtonschen Gegenstände sind. Man wird Schwierigkeiten haben, mit ihrer Hilfe die Möglichkeit einer psychologischen Erkenntnis zu beweisen (vgl. B 294). Diese Auffassung wird auch durch den Umstand nahegelegt, daß Kant behauptet, die Analogien der Erfahrung seien »regulative« Grundsätze, nach welchen »aus Wahrnehmungen Einheit der Erfahrung ... entspringen soll«. Kant hebt die Gegenstände, mit denen die Analogien zu tun haben, sowohl von den »bloßen Wahrnehmungen« wie auch von den transzendentalen Gegenständen ab (B 223 f.). Daraus folgt, daß die Grundsätze der Analogien sich eher auf ausgedehnte Gegenstände als auf seelische Zustände beziehen. In der ersten Analogie setzt Kant die Substanz sogar der Quantität der Materie gleich. Und alle Beispiele kausaler Verknüpfung in der zweiten Analogie sind physikalischer Natur.

6 Dies ist die Interpretation N. K. Smiths. Vgl. *Commentary on Kant's Critique of Pure Reason,* New York 1950, S. 311 f.

Eben diese Ordnung des Mannigfaltigen nach dem Grundsatz der Kausalität wird dazu benutzt, um zwischen einer objektiven Ordnung physikalischer Ereignisse und einer bloß subjektiven Assoziation unserer Wahrnehmungen zu unterscheiden. (Vgl. vor allem B 239 f.)

So verstanden würde die kritische Philosophie eine »Wissenschaft von der Seele« in dem Sinne ausschließen, in dem die Hartley-Mill-Schule sie zu entwickeln versuchte – das heißt, als eine nach dem Vorbild der Naturwissenschaften vorgenommene Untersuchung der kausalen Beziehungen zwischen seelischen und körperlichen Zuständen.[7] Nach diesem Verständnis wären seelische Zustände nämlich keine Phänomene, sondern würden zu jenen Dingen gehören, die verursachen können oder verursacht werden können. Natürlich sind seelische Zustände durch Assoziationen miteinander verknüpft. Dazu äußert Kant in der Analytik die Auffassung, dies sei nur aufgrund kausaler Verknüpfungen zwischen objektiven Phänomenen möglich. Doch während die Ideenassoziation insgesamt von der Ordnung der Phänomene abhängt, so wie die gesamte phänomenale Ordnung von einer nicht erkennbaren Ordnung der Noumena abhängt, ist diese Abhängigkeit weder im einen noch im anderen Falle kausal. Kant meint vielmehr, daß ein Urteil ein Verhältnis ist,

> das *objectiv gültig* ist und sich von dem Verhältnisse eben derselben Vorstellungen, worin bloß subjective Gültigkeit wäre, z. B. nach Gesetzen der Association, hinreichend unterscheidet (B 142).

Damit leugnet er, daß Feststellungen über bloße Wahrnehmungen Urteile sind, die sich auf die Kategorien gründen (siehe auch *Prolegomena*, Abschnitt 18, 22). Die Ideenassoziation hat nur »subjektive Gültigkeit« und unterscheidet sich insofern von den kausalen Beziehungen zwischen Körpern, die sich – nach Kant – in der Mechanik beweisen lassen. Der entscheidende Gesichtspunkt ist der, daß der Raum eine ebenso wichtige Bedingung für die Anwendung der Kategorien ist wie die Zeit – man kann »von

7 Vgl. meinen Aufsatz »›Emotion‹ and ›Motivation‹ in the Development of English Psychology: Hartley, J. Mill, Bain«, in: *Journal of the History of the Behavioral Sciences*, 2, No. 2, April, 1966 (dt. in diesem Band).

einem anderen möglichen Verstande, ... der ... eine sinnliche Anschauung ... von anderer Art als die im Raume und der Zeit zum Grunde liegend besäße, sich nicht den mindesten Begriff machen« (B 139). Ohne den Raum kann es keine Erkenntnis geben, die diesen Namen verdient. Die Kausalität im eigentlichen Sinne und nicht in »analogischer Bedeutung« betrifft die mechanische Wechselbeziehung ausgedehnter Körper im Newtonschen Raum und Zeit. Nach Kant können wir niemals eine eigentliche Wissenschaft aus der introspektiven Prüfung der Abfolge der Vorstellungen in unserem Bewußtsein machen. Wir können unsere inneren Zustände beschreiben und klassifizieren und so eine Geschichte des inneren Sinnes schreiben. Doch die Assoziationsgesetze sind bestenfalls *de facto* Regelmäßigkeiten (»zufällige Gesetze, die bloß Erfahrung gelehrt hat«) und keine Gesetze wie die der Mechanik.

Auch dürfen wir nicht hoffen, wissenschaftliche Gesetze finden zu können, die materielle Prozesse mit seelischen Zuständen verknüpfen. Kant sagt, »daß nicht die Bewegung der Materie in uns Vorstellungen wirke«. Natürlich beschreibt der Satz »X sieht einen Tisch« was passiert, wenn X, ein Organismus einer bestimmten Art, in eine bestimmte Beziehung zu einem Objekt einer bestimmten Art gesetzt wird. Was geschieht, wenn X einen Tisch sieht, ist eine Folge von Ereignissen, die unserem äußeren Sinn geliefert werden. Physiker und Physiologen können kausale Verknüpfungen zwischen diesen Phänomenen aufzeigen. Doch die Wahrnehmung des Tisches durch X als Erscheinung des inneren Sinnes gehört nicht zu diesen Phänomenen. Sie ist also nichts, was durch Vorgänge zwischen Körpern hervorgerufen werden könnte. Es wäre in der Tat sinnlos, wollte man nach externen, kausalen Beziehungen zwischen diesen inneren und äußeren Erscheinungen Ausschau halten, da Kants Theorie im Gegensatz zu der cartesischen das Geistige und das Physische in eine innere Beziehung setzt. Von Erfahrung zu sprechen, beispielsweise zu sagen »X sieht einen Tisch«, ist nur dann sinnvoll, wenn wir sowohl eine objektive Ordnung, die von irgendeinem besonderen Wahrnehmungssubjekt unabhängig ist, wie auch ein Subjekt, das sie wahrnimmt, voraussetzen. Wir können den Begriff eines Subjekts, dem innere Erfahrungen zugeschrieben werden, nicht erklären, ohne uns auf äußere Objekte zu beziehen. Deshalb meint Kant, daß alles Material des inneren Sinnes von den »Dingen außer uns« kommen müsse. Und wir können den Begriff eines Objekts »außer uns« nicht erklären, ohne uns auf ein mögliches Subjekt zu beziehen. Obgleich Kants empirisches Objekt unabhängig von irgendeinem bestimmten Subjekt ist, muß es doch ein Objekt der möglichen Erfahrung eines Subjektes sein. Innere und äußere Erfahrungen sind nicht zwei voneinander getrennte Erfahrungen. Wenn wir den Tisch, der »außer uns« ist – das heißt den ausgedehnten Körper, den wir unserem äußeren Sinn zuschreiben – von dem unterscheiden, was »in uns« ist – das heißt von dem nicht-räumlichen, geistigen, ›Gegenstand‹, den wir unserem inneren Sinn zuschreiben – erfassen wir das Objekt, das in der Erfahrung dem Subjekt zugeordnet ist. Da das Geistige als Erscheinung des inneren Sinnes und das Physische als Erscheinung des äußeren Sinnes also intern als Subjekt und Objekt aufeinander bezogen sind, können wir keine externe, kausale Beziehung zwischen ihnen annehmen.

III

Diese Auffassung verträgt sich zwar mit Kants Darstellung der Körper-Seele-Beziehung und mit seinen Argumenten gegen die Möglichkeit einer wissenschaftlichen Psychologie, sie scheint jedoch dem Umstand zu widersprechen, daß Kant in seiner Darstellung der Freiheit davon ausgeht, das empirische Selbst werde ebenso wie die empirischen Objekte kausal bestimmt. Kommentatoren halten dies »für den wichtigsten Gesichtspunkt«, der zugunsten der Auffassung spricht, Kant habe die Kategorien ebenso auf innere wie auf äußere Erscheinungen anwenden wollen.[8] Doch hier muß man sich nach meiner Auffassung vor Augen

8 A. C. Ewing, *Kant's Treatment of Causality*, London 1924, S. 139. Zahlreiche andere Kommentatoren neigen einer ähnlichen Auffassung zu (z. B. N. Kemp Smith, a. a. O., S. 311 f.; H. J. Paton, *Kant's Metaphysics of Experience*, New York, 1951, 2, S. 423). Ewing spricht sich am überzeugendsten und ausführlichsten für diese Auffassung aus.

halten, daß menschliches Verhalten als Erscheinung des äußeren Sinnes eine Erscheinung in Zeit und Raum wäre. Die Frage lautet also nicht, ob die kritische Philosophie empirisches Verhalten als ursächlich bedingt ansieht, sondern ob sie die Anwendung der Kausalität auf seelische Zustände erlaubt. Natürlich ist »jede Handlung als Erscheinung gesehen, sofern sie eine Begebenheit hervorbringt, ... selbst Begebenheit oder Ereignis, welche einen anderen Zustand voraussetzt, darin die Ursache angetroffen werde« (A 543–B 571). Dies wurde schon in der Analytik bewiesen und »leidet keinen Abbruch« (A 536–B 564). Doch Kant sieht die Wissenschaft von Newtons Standpunkt aus. Da nun der menschliche Körper ganz aus physikalischen Partikeln zusammengesetzt ist, würde man bei Kant eigentlich die Auffassung vermuten, daß Verhalten im Prinzip anhand der Gesetze zu erklären sei, die das Verhalten dieser Elemente betrifft. Äußere Ereignisse – Vorgänge im Gehirn und im Nervensystem – bieten sich also ganz natürlich als die Ursachen des Verhaltens an, das dem äußeren Sinne erscheint. Warum spricht Kant dann manchmal von einer »psychologischen ... Kausalität«, die »durch Vorstellungen ... Handlung« hervorbringen kann?[9]

Die Antwort mag sein, daß die vermuteten physiologischen Ursachen tatsächlich unbekannt waren. Und Kant dachte, daß sie, selbst wenn sie bekannt wären, ohne praktische Relevanz für menschliches Verhalten sein würden. Er vertritt ein eher pragmatisches als physiologisches Angehen in der Anthropologie und sagt:

> Wer den Natursachen nachgrübelt, worauf z. B. das Erinnerungsvermögen beruhen möge, kann über die im Gehirn zurückbleibenden Spuren von Eindrücken, welche die erlittenen Empfindungen hinterlassen, hin und her (nach dem Cartesius) vernünfteln; muß aber dabei gestehen: daß er in diesem Spiel seiner Vorstellungen bloßer Zuschauer sei und die Natur machen lassen muß, indem er die Gehirnnerven und Fasern nicht kennt, noch sich auf die Handhabung derselben zu seiner Absicht versteht, mithin alles theoretische Vernünfteln hierüber ein reiner Verlust ist (Anthro., S. 119).

9 *Kritik der praktischen Vernunft*, Akademie-Ausgabe Bd. 5, S. 96. Fortan zitiert als »Praktische Vernunft«.

Doch viele Dinge von praktischer Relevanz waren über menschliche Begierden bekannt. Die Psychologie zu Kants Zeiten sprach über Begierden in einer quasi-kausalen Sprache. Kant definiert Begierde als »die Selbstbestimmung der Kraft eines Subjects durch die Vorstellung von etwas Künftigen als einer Wirkung derselben« (Anthro., S. 251). Er beschreibt sie auch als das Vermögen eines Wesens, durch seine Vorstellungen die Ursache der Wirklichkeit des Gegenstandes dieser Vorstellungen zu sein (Praktische Vernunft, S. 9 Anm.). Eine quasi-mechanische Auffassung der Begierde deutet sich auch an, wenn Kant von dem »Hang« (propensio) spricht als »die subjektive *Möglichkeit* der Entstehung einer gewissen Begierde, die vor der Vorstellung ihres Gegenstandes vorhergeht« (Anthro., S. 265). Die Ausdrücke, die Kant in Verbindung mit »Begierde« verwendet – »Triebfeder«, »Antrieb« und wenn die Begierde zur Gewohnheit geworden ist »Neigung« – lassen alle an nicht-rationale Kräfte denken.[10] Deshalb war es leicht, aus praktischen Gründen von der Begierde als der Ursache des Verhaltens zu reden. Wenn wir als Handelnde in unserer alltäglichen Beziehung zu anderen Handelnden fragen: »Was veranlaßt A, X zu tun?«, nimmt die Antwort häufig auf As Begierden Bezug, und von diesen läßt sich in recht oberflächlicher Weise sagen, daß sie sein Handeln ›verursachen‹.
Daraus geht jedoch nicht hervor, daß Kant mit solcher Redeweise den Anspruch erhebt, wissenschaftliche (d. h. theoretische) Aussagen über die kausalen Beziehungen zwischen den Erscheinungen zu machen. Zunächst meint er, daß Maximen, die das Verhalten durch die Beziehung zu einem Gegenstand der Begierde leiten, keine Gesetze sein können, weil solche Maximen »bloß empirisch« sind. Dabei sind Kants Argumente: (A) Wenn das Objekt einer Begierde der Bestimmungsgrund des Willens ist, ist dies in Wirklichkeit eine Begierde nach der Lust, die von dem Gegenstand erwartet wird. Unser Wissen, daß er uns Lust verschaffen wird, ist bloß empirisch und folglich bestenfalls wahrscheinlich.

10 Anthro., S. 251 f. und *passim*. Die Begierde richtet sich immer auf das, was Lust verspricht und »was unmittelbar (durch den Sinn) mich antreibt meinen Zustand zu *verlassen* (aus ihm herauszugehen): ist mir *unangenehm* – es schmerzt mich; was eben so mich antreibt, ihn zu *erhalten* (in ihm zu bleiben) ist mir *angenehm*, es vergnügt mich.« (Anthro., S. 231.)

Die Maxime wird nur unter der empirischen – und deshalb ungewissen – Bedingung gültig sein, daß der Gegenstand wirklich Lust verschaffen (d. h. die Begierde befriedigen) wird.
(B): »Da ... (die) Empfänglichkeit einer Lust oder Unlust ... nur empirisch erkannt ... sein kann«, wird es einer solchen Maxime »an objektiver Nothwendigkeit, die *a priori* erkannt werden muß«, mangeln. Sie kann also kein Gesetz sein.[11] Das Kernstück beider Argumente ist die Aussage, daß eine theoretische Behauptung, die sich auf eine Begierde bezieht und in einer praktischen Behauptung gemacht wird, nicht zu einem praktischen Gesetz führen kann, da die theoretische Behauptung nicht objektiv (d. h. universell und notwendig) gültig ist – d. h. es ist kein theoretisches Gesetz.[12] Wäre die Kausalität jedoch auf seelische Zustände anzuwenden, sollten theoretische Gesetze der verlangten Art im Prinzip möglich sein. Durch die Anwendung der schematisierten Kategorie der Kausalität auf Begierden, Lustgefühle usw. sollte man objektive, universell gültige Gesetze aufstellen können, die die Arten von Objekten bestimmen würden, die bestimmte Begierden befriedigen müßten. Ebenso müßten Gesetze möglich sein, die festlegten, unter welchen besonderen Bedingungen Menschen für Lust oder bestimmte Begierden empfänglich wären, wie man ja auch nach Kant solche Gesetze hinsichtlich physikalischer Erscheinungen aufstellen kann. Liegt der Grund dafür, daß Kant diese Möglichkeit leugnet, nicht vielleicht darin, daß die kausale Rede von Begierden usw. nur »analogische Bedeutung« hat und daß sie nicht wirklich der Rede über Kräfte gleicht, die Bewegungsveränderungen verursachen?
Anschließend definiert Kant ausführlich – und das ist vielleicht noch wichtiger – Affekte und Leidenschaften – die sogenannten Triebfedern des Handelns –, indem er auf die praktische Vernunft

11 Praktische Vernunft, S. 21 f. Vgl. auch L. W. Beck, *Commentary on Kant's Critique of Practical Reason*, Chicago 1960, S. 94 ff.

12 Es ließe sich sagen, daß Maximen einfach deshalb keine Gesetze sein können, weil sie sich auf irgendeinen Gegenstand der Begierde beziehen und ihre Anwendbarkeit deshalb von dem Umstand abhängig ist, daß die Begierde vorhanden ist. Doch die Tatsache, daß ein Gesetz sich nicht auf etwas anwenden läßt, was ganz irrelevant ist, spricht noch nicht gegen die Objektivität (d. h. die Notwendigkeit und universelle Gültigkeit) des Gesetzes.

Bezug nimmt. Affekte sind vorübergehende Gefühle, Leidenschaften sind zur Gewohnheit gewordene Begierden (Neigungen), doch ihr gemeinsames Merkmal ist, daß sie blind und unvernünftig sind, weil sie in der Regel die praktische Überlegung ausschließen (Anthro., S. 251 ff., 260, 265). Da die Art und Weise, in der eine Billardkugel durch mechanische Kräfte bewegt wird, weder als blind noch als weitsichtig, weder als unvernünftig noch als klug beschrieben werden kann, kann die Art und Weise, in der wir durch Leidenschaften zum Handeln bewegt werden, nicht tatsächlich der der Billardkugeln gleichen. Kant erkennt dies ausdrücklich an, wenn er sagt:

Leidenschaft setzt immer eine Maxime des Subjects voraus, nach einem von der Neigung ihm vorgeschriebenen Zwecke zu handeln. Sie ist also jeder Zeit mit der Vernunft desselben verbunden, und bloßen Thieren kann man keine Leidenschaften beilegen, sowenig wie reinen Vernunftwesen (Anthro., S. 266).

Trotz der quasi-kausalen Sprache verbindet Kant also Gefühle und Begierden nicht als bloß mechanische Antriebe mit dem Handeln, sondern tut dies über den Willen, den er mit der praktischen Vernunft gleichsetzt. Für Kant bedeutet »Interesse ... eine *Triebfeder* des Willens ..., so fern sie *durch Vernunft vorgestellt* wird« (Praktische Vernunft, S. 79). Interessen lassen sich in Regeln ausdrücken, »daher sagt man nur von einem vernünftigen Wesen, daß es woran ein Interesse nehme, vernunftlose Geschöpfe fühlen nur sinnliche Antriebe«.[12a] »Ein jedes Ding in der Natur wirkt nach Gesetzen.« Doch »nur ein vernünftiges Wesen hat das Vermögen, *nach der Vorstellung* der Gesetze ... zu handeln«, und verfügt deshalb über einen Willen (Grundlegung, S. 412). Der Wille ist eine Beziehung zwischen dem Verstand und dem Begehrungsvermögen. Kant sagt: »Der reine Verstand (der in solchem Falle Vernunft heißt) ist durch die bloße Vorstellung eines Gesetzes praktisch« (Praktische Vernunft, S. 55). Denn der Wille wird nicht unmittelbar durch ein Objekt bestimmt, sondern ist »ein Vermögen ..., sich eine Regel der Vernunft zur Bewegursache einer Handlung ... zu machen« (Praktische Vernunft, S. 60).

12 a Grundlegung zur Metaphysik der Sitten, Akad.-Ausgabe, Bd. 4, Berlin 1911, S. 459. Fortan zitiert als »Grundlegung«.

Entscheidend ist hier der Umstand, daß Kant den Willen mit der Fähigkeit gleichsetzt, nach einer Regel oder Maxime zu handeln. Unvernünftige Wesen können, da sie keinen Willen haben, nur Begierden empfinden, die sie zwingen, sich zu bewegen. Deshalb ist die Analogie zu den Anstößen, die eine Billardkugel vorwärts treibt, durchaus angebracht. Vernünftige Wesen dagegen können Interesse an etwas nehmen, können dieses Interesse in Regeln bringen und diesen Regeln folgen – sie können von der »bloßen Vorstellung« einer Regel aus handeln. Die Vernunft ist praktisch, wenn sie entscheidet, was angesichts der Situation, der sich der Handelnde gegenüber sieht, und angesichts all seiner Neigungen, Begierden usw. getan werden *sollte*. Der Wille, der die praktische Vernunft ist, ist nicht ein seelischer Anstoß, der uns in Bewegung setzt, sondern arbeitet anhand einer Regel der Vernunft – d. h. eine Handlung ist gewollt, wenn sie intentional vorgenommen wird, mit einem Zweck vor Augen und im Wissen, was und warum es getan wird. Da solche Handlungen von der Regelvorstellung des Handelnden geleitet werden können, kann das Verhalten vernünftiger Wesen anders als das Verhalten von Maschinen oder (nach Kants Auffassung) von Tieren, blind oder vorausschauend, dumm oder intelligent sein. Obgleich sich Kant in diesem Zusammenhang manchmal einer kausalen Sprache bedient – z. B. »der Wille ist eine Art von Causalität lebender Wesen, sofern sie vernünftig sind« (Grundlegung, S. 446; auch S. 459) –, wirkt sich die hier gemeinte Kausalität nur über die »Regelvorstellung« des Handelnden aus. Sicherlich versucht Kant, sich hier von der quasi-kausalen Psychologie seiner Zeit zu distanzieren und eine ganz andere Konzeption dessen zu entwikkeln, was es heißt, eine Handlung zu wollen. Wenn er hier von ›Ursache‹ spricht, ist das nicht – wie bei Hume – ein antezedentes (seelisches) Ereignis, noch ist es eine Verstandeskategorie, die die Ereignisfolge in eine theoretische Ordnung bringt. Wenn hier von ›Ursache‹ gesprochen wird, so dann nur in dem praktischen Sinne, in dem ein handelndes Subjekt bewirken kann, daß etwas geschieht. Es ist auch nicht überraschend, daß Kant den Ausdruck ›Ursache‹ in dieser Weise verwendet, da er ihm eine Vielfalt von Bedeutung verleiht. Er spricht sogar von einer »Causalität«, die »aus *Freiheit*« entsteht (A 532–B 560).

Während Kant behauptet, des Menschen Willkür habe »einen empirischen Charakter, der die (empirische) Ursache aller seiner Handlungen ist« (A 552–B 580), unterscheidet er scharf zwischen einer Willkür, die der »Nötigung durch Antriebe der Sinnlichkeit« unterliegt (*arbitrium brutum*) und der »*Freiheit im praktischen Verstande* . . ., [die] die Unabhängigkeit der Willkür von der *Nöthigung* durch Antriebe der Sinnlichkeit« ist (A 534–B 562). Im ersten Falle, z. B. wenn wir von Wut oder Furcht übermannt werden, handeln wir nicht wirklich. Im zweiten Falle (*arbitrium liberum*) beruht unser Handeln auf einer Regel. Wir werden nicht »genötigt«, sondern handeln mehr oder weniger intelligent und an irgendeinem Interesse ausgerichtet. Solche »praktische Freiheit kann durch Erfahrung bewiesen werden« (A 802–B 830), insofern wir anscheinend tatsächlich handeln und nicht dazu getrieben sind –, zumindest scheint es uns so, daß nichts uns dazu zwingt, uns so zu verhalten, wie wir es tun, wenn wir nach irgendeinem Grundsatz handeln. Und dies trifft selbst dann zu, wenn die Regel, nach der wir handeln, ein hypothetischer Imperativ ist, der die Befriedigung irgendeiner Begierde betrifft. Für Kant gibt es einen grundsätzlichen Unterschied zwischen solchem regelgeleiteten Verhalten und Fällen, wo wir, wie Billardkugeln, eher Gegenstand fremden Handelns zu sein, als selbst zu handeln scheinen.

Doch da die Psychologie, die Kant von seiner Zeit übernimmt, von Begierden in quasi-kausalen Termini spricht, neigt auch er noch dazu, eine gewisse Analogie zwischen den beiden Fällen zu sehen, wenn die Regel, der wir folgen, ein hypothetischer Imperativ ist. Obgleich sich der *arbitrium liberum* vom *arbitrium brutum* insofern unterscheidet, als dort die Vernunft leitet, was hier blinder Impuls ist, wird die Triebfeder, die den Willen bestimmt, doch von den »sinnlichen Anreizen« geliefert, »die mich zum *Wollen* antreiben« (A 548–576). Der Wille ist frei von unmittelbarer, sinnlicher Nötigung, doch die Wahl der Maxime, die das Handeln leitet, ist eine Funktion der Begierde. Wenn man nun von einer quasi-kausalen Psychologie beeinflußt ist, wird man zu der Vermutung neigen, die durch einen hypothetischen Imperativ geleiteten Handlungen würden indirekt hervorgerufen. Es mag einem dann sogar scheinen, als ob der einzige eindeutige Fall des

Handelns derjenige ist, in dem die Regel, nach der ich handle, ein Gesetz ist, das ich mir selbst als vernünftigem Wesen gebe. Nur dann wird die Handlung ›autonom‹ sein, etwas, das der Handelnde wirklich tut, ohne in irgendeiner Weise ›heteronom‹ dazu veranlaßt zu sein. Wenn Kant im Kontext seiner Moralphilosophie die Autonomie der Heteronomie gegenüberstellt[13], läßt seine Ausdrucksweise häufig vermuten, als ob im zweiten Falle die Begierde etwas sei, das uns zumindest indirekt dazu ›triebe‹, so zu handeln, wie wir es tun. Doch selbst wenn jemand sagt, daß, unabhängig davon, wie die Dinge mir erscheinen mögen, es mein Wunsch nach Geld sei, der mich in einer bestimmten Weise handeln läßt, würde mich dies als handelndes Subjekt noch nicht in Frage stellen. Dabei darf man die Begierde nicht als seelischen Zustand verstehen, der die Bewegungen meines Körpers verursacht, sondern als Bedingung, die bestimmt, daß ich nach der hypothetischen Maxime handle, nach der ich tatsächlich handle. Nach dieser Auffassung würde ich zwar nicht frei handeln, aber ich würde handeln. Und genauso scheint Kant die Situation im Falle des *arbitrium liberum* zu verstehen. Kant hat die Behauptung, daß Begierden normalerweise oder immer ausreichten, um zu bestimmen, was ein Mensch tut, von seinen Zeitgenossen übernommen, und man mag zu ihr stehen, wie man will, doch erkennt Kant zumindest an, daß ein Mensch wirklich handelt, wenn er etwas tut, weil er etwas begehrt. Denn selbst wenn er einem hypothetischen Imperativ folgt, der auf die Befriedigung einer Begierde zielt, und selbst wenn er angesichts seines Charakters und der Situation nicht anders hätte handeln können, bleibt die Tatsache, daß er nicht einem Gegenstand gleicht, der angestoßen wird, sondern daß er sein Verhalten nach seiner »Regelvorstellung« leitet. Wenn Kant von den »bewegenden Ursachen« der

13 Dort beschränkt Kant den *arbitrium liberum* auf »die Freiheit eines Bratenwenders . . ., der auch, wenn er einmal aufgezogen worden, von selbst seine Bewegungen verrichtet«. Diese Freiheit ist der Moralität, wie Kant sie versteht, nicht angemessen. Besonders bemerkenswert ist der Umstand, daß Kant hier in einem Zusammenhang, in dem er die Freiheit in die Nähe eines bloßen »Mechanismus« rückt, von einer »psychologischen« Kausalität spricht, die »durch Vorstellungen . . . Handlung« hervorbringt. Vgl. Praktische Vernunft, S. 96 f.

Handlungen spricht (A 550–B 578), hat »Ursache« nur eine »analogische Bedeutung«. Wie ich bereits dargelegt habe, erkennt er nämlich, daß man die Erklärung von Handlungen durch »Vorstellungen« (d. h. Begierde, Lust usw.) dem kausalen Modell der Mechanik nicht assimilieren kann.

IV

Diese Deutung mag sich wie andere nicht in jeder Hinsicht mit dem decken, was Kant sagt.[14] Aber sie rückt einen besonderen Aspekt seines Denkens in den Blick. Er erkennt, daß unsere Handlungen wie unsere Gedanken nicht nur eine Folge passiv verursachter Ereignisse sind. Sie lassen sich also anhand des Mo-

14 Dies gilt besonders für manches, was er in B 152–59 über den inneren Sinn sagt (vgl. auch Ewing, a. a. O., S. 131 ff.). Kant hegt die Auffassung, daß die Selbsterkenntnis wie jede andere Erkenntnis von Phänomenen ausgehen müsse. Deshalb ist also eine rationale Psychologie auszuschließen. Doch auch dann muß Kant die Selbsterkenntnis immer noch erklären. In diesem Zusammenhange spricht er davon, daß der innere Sinn die Erkenntnis des empirischen Selbst in einer Weise liefere, die der Erkenntnis der empirischen Objekte durch den äußeren Sinn zu entsprechen scheine. Obgleich manches, was er in diesem Zusammenhang vorbringt, darauf schließen läßt, daß der Verstand ähnlich wie im Falle des äußeren Sinnes eine Synthese des Mannigfaltigen des inneren Sinnes leistet, bleibt anzumerken, daß die Kommentatoren große Schwierigkeiten haben, eindeutig zu klären, was Kant unter dem inneren Sinn versteht. Kant hegt dazu noch die Auffassung, daß die bloße Erfahrung keine ausreichende Grundlage (wissenschaftlicher) Erkenntnis sei. Die empirische Physik ist als Wissenschaft möglich, weil die rationale Physik uns sagt, was wir a priori über irgendein mögliches Objekt des äußeren Sinnes erkennen können. Aber da eine rationale Psychologie unmöglich ist, kann eine empirische Psychologie – so stellt Kant eindeutig und immer wieder fest – keine eigentliche Wissenschaft sein. Das legt sicher nahe, daß, wenn Kant im obigen Zusammenhange von Selbsterkenntnis spricht, er keine Erkenntnis im eigentlichen Sinne des Wortes meint. Kommentatoren, die die Auffassung vertreten, die Kategorien sollten auch auf innere Zustände als solche angewendet werden, können nach meiner Überzeugung nicht erklären, warum Kant dann der Meinung ist, daß die Psychologie im Unterschied zur Chemie niemals eine eigentliche Wissenschaft werden könne.

dells der Newtonschen Mechanik nicht angemessen verstehen. Viele Autoren haben vor und nach Kant versucht, eine ›wissenschaftliche‹ Erklärung menschlichen Verhaltens zu liefern. Dabei verstanden sie externe Ereignisse oder Situationen als Ursachen interner Ereignisse, die ihrerseits wieder das Körperverhalten verursachten. Die Erklärungen menschlicher ›Reaktionen‹ wurden so nach dem Modell der Naturwissenschaften ausgerichtet, indem »seelische Ereignisse« in die Ursachenfolge interpoliert wurden, die sich von der »Reiz«-Situation bis zu dem von ihr hervorgerufenen Verhalten erstreckt. Dadurch kam es zu einer Umkehrung der Beziehung zwischen Handelndem und Erleidendem, von der unsere gewöhnlichen, teleologischen Erklärungen menschlichen Handelns ausgehen. Denn wenn die Reiz-Situation die entscheidende Ursache der Verhaltensreaktion ist, dann ist sie das eigentliche »Agens«. Sie ruft das Verhalten hervor, die Person ist passiv, folgt nur dem Zwang, wenn sie sich bewegt. Kant dagegen vertritt die Auffassung, daß die Beziehung zwischen inneren Zuständen und äußeren Objekten nicht kausal im Humeschen Sinne sein könne. Sie könne keine Wechselbeziehung zwischen zwei Ereignissen sein, weil das Geistige und das Physische logisch verknüpfte Aspekte ein und derselben Erfahrung seien. Aus dieser Auffassung folgt zugleich, daß die Erklärung menschlichen Handelns sich ihrem Typus nach von den kausalen Erklärungen der Naturwissenschaften unterscheiden müsse.

Um Kants Anregungen weiter zu entwickeln, werde ich deshalb außer acht lassen, was er von der Vermögenspsychologie übernahm. Im folgenden werde ich deshalb weniger Kant interpretieren, als vielmehr extrapolieren, was sich in seinem Denken über das Wesen der Psychologie abzeichnet.[15] Wir wollen diese Einschränkung im Gedächtnis behalten. Nehmen wir nun an, ich

15 Ich sage nicht, dies sei die *einzige* Art, Kant zu lesen. Kant hat hier meiner Meinung nach versucht, sich radikal von der quasi-mechanischen Psychologie seiner Zeit zu distanzieren. Doch da der Inhalt seiner Psychologie großenteils von den Autoren seiner Zeit stammt, die sich seelische Zustände als ursächlich mit Körperzuständen verknüpft vorstellten, wird es nicht schwer sein, in Kants Werk Textstellen zu finden, die meiner Lesart zu widersprechen scheinen. Deshalb erhebe ich für die folgenden Ausführungen lediglich den Anspruch, daß es möglich sei, die Richtung des Kantschen Denkens auf diese

sehe mich unerwartet einer Schlange gegenüber. Nach Kants Auffassung muß man sagen, daß die Schlange nicht die externe Ursache solcher inneren Zustände wie meiner Furcht, meines Wunsches zu entkommen usw. seien. Vielmehr ist die Unterscheidung zwischen der im Raume ausgedehnten Schlange, die »außen« ist, und der Furcht oder dem Wunsch zu entkommen, die »in der Seele« sind, abhängig von der Art und Weise, in der wir äußere und innere Erfahrung identifizieren und jenen Gegenständen im Raum, diese uns selbst in der Zeit zuschreiben. Wenn wir also Kants Behauptung, »daß nicht die Bewegung der Materie in uns Vorstellung wirke«, auf unsere affektiven und willensmäßigen Zustände ausdehnen, dann fallen unsere Emotionen und Wünsche nicht in die Kategorie der Dinge, die durch äußere Vorgänge verursacht werden. Veränderungen in der Pulsfrequenz, der Atmung usw. – die ohne mein Zutun geschehen –, sind externe Ereignisse, die zweifellos kausale Antezedenzien in meinem Gehirn haben, die ihrerseits von Ereignissen herrühren, die die von der Schlange kommenden Lichtstrahlen in meinem Auge hervorgerufen haben usw. Doch damit werden nur eine Reihe äußerer Ereignisse aufgezählt, die notwendige Bedingungen meiner inneren Zustände sind – ohne sie hätte ich keine Furcht. Meine Furcht jedoch oder mein Wunsch zu entkommen, gehören nicht zu diesen äußeren Ereignissen und können folglich nicht von ihnen verursacht sein. Meine Furcht steht vielmehr zu ihrem Gegenstand, der Schlange, in derselben Beziehung, in der auch meine ›Vorstellung‹ von der Schlange zur im Raume ausgedehnten Schlange steht, die ich wahrnehme. Dies sind einander ergänzende Aspekte einer Erfahrung. So gesehen hat die Denkrichtung Kants große Ähnlichkeit mit der Auffassung, die kürzlich von A. I. Melden, A. Kenny und anderen überzeugend vorgebracht wurde – nämlich, daß die Verknüpfung zwischen Emotionen, Wünschen usw. einerseits und ihren Gegenständen andererseits mehr als kontingent sei, weil jene nicht ohne Verweis auf diese charakterisiert werden könnten. Es gibt also eine Art be-

Art zu verstehen, und daß eine solche Auffassung Kants seine Einsichten mit Fragen in der philosophischen Psychologie verknüpft, die gegenwärtig heftig diskutiert werden.

grifflicher Beziehung zwischen Emotionen oder Begierden und ihren Gegenständen.[16]

Wenn ich sage, daß ich weglief, weil ich vor der Schlange Angst hatte, oder weil ich ihr zu entkommen suchte, werden diese Bedingungen nach der genannten Auffassung ebenfalls nicht als interne Ereignisse verstanden, die Humesche Ursachen solchen externen Verhaltens sein können. Natürlich würde ich nicht laufen können, wenn meine Beine gelähmt wären usw. Es muß also eine Reihe äußerer Umstände geben, die notwendige Bedingungen meiner Bewegungen sind, ebenso wie die normale Funktion verschiedener Körpermechanismen eine notwendige Bedingung dafür ist, daß ich sehen kann. Doch der Wille, die Absicht oder der Wunsch zu laufen, gehört nicht zu diesen äußeren Ereignissen und fällt folglich nicht in die Kategorie der Dinge, die ursächlich auf äußere Ereignisse bezogen werden können. Mit anderen Worten, sie sind keine cartesischen seelischen Geschehnisse, die Körperereignisse verursachen können oder von ihnen verursacht werden können. Die psychischen und physischen Aspekte meines Laufens – dessen, was ich tue, wenn ich meine Beine bewege (d. h. mein Bewegen) und ihre Bewegung – befinden sich als Subjekt und Objekt der Erfahrung in einer Wechselbeziehung zueinander. Wenn Kant also von dem Willen als einer »Art von Causalität lebender Wesen, so fern sie vernünftig sind«, spricht (Grundlegung, S. 446) sollte »Kausalität« besser als »Handlungsfähigkeit« gelesen werden. Denn »Wollen« ist nach Kants Auffassung unser Vermögen, »nach der Vorstellung der Gesetze zu handeln«. Das kommt der Anschauung zumindest nahe, daß Menschen als Handelnde ihre Glieder unmittelbar bewegen können, ohne daß sie zuerst irgend etwas anderes tun müßten – d. h. daß sie wollen, beabsichtigen oder wünschen müßten, sie zu bewegen. Da nach dieser Interpretation die genannten seelischen Regungen nicht als logisch unabhängig von den korrespondierenden Handlungen betrachtet werden können, darf man die Kantsche Auffassung in die Nähe jener psychologischen Theorien unserer Tage rücken, in denen vom »Isomorphismus von Erfahrung und

16 Vgl. A. I. Melden, *Free Action*, London 1961; und A. Kenny, Action, *Emotion and Will*, London 1963.

Handeln«[17] die Rede ist. Eine ähnliche Ansicht äußern auch die Philosophen, die meinen, es gäbe eine begriffliche Verknüpfung zwischen Intentionen, Wünschen oder Willensregungen auf der einen Seite und Handlungen auf der anderen Seite. Sie meinen, sie dürften jene nicht als Humesche Ursachen dieser ansehen, sondern müßten »wieder begreifen, daß ein Mensch ein handelndes Subjekt ist.«[18]

Nach dieser Auffassung unterscheidet sich das Unterfangen, das Verhalten von Menschen zu erklären, erheblich von dem Versuch, die Bewegungen von Billardkugeln zu erklären. Denn wenn wir z. B. sagen, daß ein Mensch weglief, weil er Angst vor einer Schlange hatte oder ihr zu entkommen suchte, beschreiben wir keine inneren (seelischen) Ereignisse, die äußeren (körperlichen) Ereignissen ursächlich vorangehen. Unsere Aussage betrifft vielmehr die »Regelvorstellung«, nach der der Handelnde sein Tun ausrichtet. Da Regeln festlegen, was sein soll, nicht was ist, lassen sie sich nicht auf Ereignisse anwenden, es sei denn in jener abgeleiteten Weise, in der wissenschaftliche Gesetze oder Prinzipien sich als Regeln betrachten lassen, die die Gemeinschaft der Wissenschaften ihren Untersuchungen zugrunde legt.[19] Nur Han-

17 D. T. Campbell, »Social Attitudes and Other Acquired Behavioral Dispositions«, in: S. Koch (Hrsg.), *Psychology: A Study of Science*, Bd. VI, New York 1963, S. 130 ff. Campbell übernimmt diesen Ausdruck von S. Asch, *Social Psychology* (S. 159). »Isomorphismus« wird offensichtlich in etwas lässiger, nicht-technischer Weise verwendet. Ähnlich spricht G. Murphy von »der Einheit von Wahrnehmung und Handeln«. *Personality*, New York 1947, S. 357 ff. Bei M. Sherif findet sich der Ausdruck von »der Einheit von Wahrnehmung und Verhalten«. *Outline of Social Psychology*, (New York, überarbeitete Auflage von 1956, S. 72).

18 A. I. Melden, a. a. O., S. 133. Ähnliches wurde unter anderem von R. S. Peters vorgebracht (*The Concept of Motivation*), von R. Taylor (*Action and Purpose*) und von G. A. N. Vesey (*The Embodied Mind*, London 1965). Bemerkenswert ist dabei, daß Vesey seine Auffassungen ausdrücklich an Kant anschließt (S. 43 ff. und S. 109).

19 Wenn Kant von der Kausalität als einer notwendigen Folge »in Übereinstimmung mit einer Regel« spricht, wird diese Regel nicht von den Ereignissen, sondern von uns in der Ordnung der Ereignisse befolgt. In diesem Zusammenhang vgl. auch meinen Artikel in: *Philosophy of Science*, 1966 (dt.: in diesem Band).

delnde können Regeln folgen. Selbst wenn der Charakter des Menschen und die Umstände hinreichen, um zu bestimmen, was er tut, bliebe sein Verhalten das eines Handelnden, wenn man sinnvollerweise sagen darf, daß er durch seine Vorstellung der Regeln bestimmt wurde. Wenn wir sein Verhalten anhand dieser Regelvorstellung erklären, nehmen wir nicht den Standpunkt des Theoretikers ein, der das Vorkommen bestimmter Ereignisse dadurch erklärt, daß er die – physischen oder psychischen antezedenten Ereignisse angibt, die sie verursacht haben. Wir nehmen vielmehr den Standpunkt eines Handelnden ein, der sich das Verhalten eines anderen verständlich macht, indem er es in einen praktischen, sozialen Kontext stellt und dadurch den entscheidenden Gesichtspunkt der Handlung erkennt, den Zweck, den der Handelnde bei seinem Tun verfolgte. Wir erklären die Handlung also im Hinblick auf das, was Kant des Menschen »Charakter« nennt, verstanden als »Denkungsart«. Denn Charakter in diesem Sinne »bedeutet diejenige Eigenschaft des Willens, nach welcher das Subject sich selbst an bestimmte praktische Principien bindet, die er sich durch seine eigene Vernunft unabänderlich vorgeschrieben hat« (Anthro., S. 292). Wenn wir den Charakter eines Menschen kennen, wissen wir, was wir von ihm zu erwarten haben, »nicht etwa von seinem Instinct, sondern von seinem Willen« (Anthro., S. 285). Das heißt, wir kennen die Prinzipien, nach denen er handelt – ob diese gültig oder falsch sind, ist hier irrelevant (Anthro., S. 292). Auf ihrer Grundlage können wir vorhersagen, was er in verschiedenen Situationen tun wird. Wir können solches menschliche Verhalten teleologisch, anhand der »Regelvorstellung« des Handelnden, erklären, indem wir deutlich machen, warum diese Person, angesichts der Regeln, nach denen sie handelt, das, was sie tat, als das Angemessene der Sachlage ansah.[20]

Hier ist von Bedeutung, daß sich die meisten ausgesprochen psychologischen Auffassungen Kants in seiner *Anthropologie in*

20 Einige Versuche, das Wesen solcher Erklärungen zu umreißen und sie gegen mögliche Einwände zu verteidigen, finden sich in meinen Artikeln in: *Philosophy and Phenomenological Research*, 22, Nr. 4, 1963; *The Psychological Review*, 71, Nr. 3, 1964, und *Philosophy of Science*, 3, Nr. 1, 1966.

pragmatischer Hinsicht finden. Den Zweck dieser Untersuchung kennzeichnet er selbst so, daß sie nicht feststellen solle, »was die *Natur* aus den Menschen macht«, sondern »was *er* als freihandelndes Wesen aus sich selber macht, oder machen kann und soll« (Anthro., S. 119; vgl. auch S. 285, 292). Entscheidend für die Entwicklung einer solchen Wissenschaft sind nach Kant Reisen, Weltgeschichte, Biographien, Romane usw. (Anthro., S. 120 f.). Dabei wird auf die Selbstbeobachtung innerer Zustände kein so großer Wert gelegt. Sie wird häufig für irreführend erklärt (Anthro., S. 133, 143, 161 f. und *passim*). Sie kann sogar gefährlich sein, da sie zu Verwirrung und selbst Geisteskrankheit führt (Anthro., S. 132 ff.). Wie Brett scharfsinnig bemerkt, ist Kants *Anthropologie* »der eigentliche Beginn der ›Psychologie ohne Seele‹ «.[21] Den Grund dafür vermute ich in der Erkenntnis Kants, daß das Verstehen menschlichen Handelns nicht davon abhängt, daß man introspektiv jene inneren Vorgänge entdeckt, die unseren äußeren Bewegungen kausal antezedent sind, sondern davon, daß man die »Regelvorstellung« versteht, an der der Handelnde sein Tun ausrichtet. Dieses Verständnis erlangt man nicht dadurch, daß man sich nach innen wendet und nach privaten Zuständen sucht, sondern in erster Linie dadurch, daß man sich nach außen dem öffentlichen Bereich zuwendet, in dem die Menschen sich mit anderen auseinandersetzen und sich mit den Geschäften der Welt befassen. Denn in dieser öffentlichen, sozialen Welt werden wir menschlichen Handelns gewahr. Es erscheint uns dort nicht als komplizierte Folge von Körperbewegungen, sondern als Kommen und Gehen, Kaufen und Verkaufen, Lesen oder Schreiben usw. Wir können solche Handlungen »pragmatisch« als Regelverständnis der Menschen erklären. Diese Erklärungen unterscheiden sich ihrem Typus nach jedoch von den »theoretischen« Erklärungen der Naturwissenschaften und lassen sich nur auf Handelnde, niemals aber auf Ereignisse anwenden.

Ich habe gesagt, daß in Kants Denken die cartesische Konzeption der Beziehung zwischen Seele und Körper der Ansicht Platz macht, daß sie in einer inneren Beziehung zueinander stehen. Der Versuch, menschliches Verhalten der Newtonschen Mechanik ge-

21 Brett's *History of Psychology*, hrsg. von R. S. Peters, London 1962, S. 538.

mäß zu erklären, macht »pragmatischen« Verhaltenserklärungen Platz, die sich an der Regelvorstellung des Handelnden ausrichten. Diese Erklärungen geben anhand der Ziele eines Menschen Aufschluß über das, was er tut. Da Verhaltenserklärungen in der zweckorientierten Sprache praktischen menschlichen Tuns teleologisch und normativ sind, wird die Psychologie (so verstanden) für Kant zu einer anthropologischen Wissenschaft. Die anthropologischen Wissenschaften werden nun als völlig verschieden von den Naturwissenschaften verstanden. Denn das Verhalten – das, was ein Mensch tut, im Gegensatz zu dem, was geschieht, wenn er handelt – kann nicht anhand von Begriffen erklärt werden, die in die Naturwissenschaften gehören (d. h. in die Wissenschaften, die sich mit dem »Körper« als einem Objekt des äußeren Sinnes beschäftigen), ohne daß man die Dinge miteinander verwechselt, die in verschiedene Kategorien gehören.

Durch diese Lesart gewinnt Kant Bedeutung für viele Schlüsselthemen der zeitgenössischen philosophischen Psychologie. Autoren dieser Tradition haben sich manchmal auf Aristoteles berufen[22], obgleich Kant sich dazu viel eher anbieten würde. Denn Aristoteles meinte, zweckorientierte Erklärungen seien stets am Platze, selbst wenn es um das Verhalten unbelebter Körper ginge. Die »mechanische Philosophie« des 17. Jahrhunderts war insofern ganz im Recht, als sie die teleologischen Erklärungen der aristotelischen Physik angriff. Daraus folgt allerdings nicht, daß nur mechanische Erklärungen »wissenschaftlich« sein könnten und daß der »Anthropomorphismus« in den Wissenschaften vom Menschen nichts zu suchen habe. Die Auffassung, daß es einen unauflöslichen logischen Unterschied zwischen den anthropologischen und den Naturwissenschaften gäbe, ist nach meiner Meinung eine der interessantesten Folgerungen, die Kant unserer Zeit zu bieten hat.

22 Vgl. z. B. D. W. Hamlyn, *Behavior*, wieder abgedruckt in: Chappell (Hrsg.), *Philosophy of Mind*, New York 1962; und R. S. Peters, *The Concept of Motivation*, London 1958, S. 157. Soweit mir bekannt, ist der einzige zeitgenössische Autor auf dem Gebiet der philosophischen Psychologie, der seine Auffassung ausdrücklich auf Kant zurückführt, G. A. M. Vesey (a. a. O.), obgleich auch Strawson (in: *Individuals*) unter dem Einfluß Kants zu stehen scheint.

Wundt und die begrifflichen Grundlagen der Psychologie
(1970)

Als Philosophen psychologische Begriffe einer Analyse unterzogen, übten sie ernstzunehmende Kritik an Verhaltenstheorien, die von Experimentalpsychologen entwickelt worden waren. Man hat sich aber kaum mit dem historischen Kontext beschäftigt, der die Psychologen bestimmte, ihre Probleme in diese besonderen Begriffe zu fassen. Nach den Historikern, die sich mit unserem Gegenstand beschäftigten, ist Wilhelm Wundt als »der ›Begründer‹ der Experimentalpsychologie« anzusehen.[1] Obwohl Wundt einen Lehrstuhl für Philosophie innehatte, schuf er das erste psychologische Laboratorium (1879). Er betonte die Notwendigkeit von Experimenten und zog viele Studenten zu sich, die später bedeutende Psychologen wurden. Natürlich bewirkte Wundt »durch seine Definition der Psychologie, daß die Selbstbeobachtung zur damaligen Zeit die vorherrschende Methode im psychologischen Laboratorium wurde«.[2] Als es aber nicht gelang, mit Hilfe der experimentellen Selbstbeobachtung interessante und verläßliche Ergebnisse zu erzielen, begannen andere, das Verhalten experimentellen Studien zu unterziehen. So setzten sie die von Wundt begründete wissenschaftliche Tradition fort.

Diese Darstellungsweise vernachlässigt den begrifflichen Hintergrund jener »Definition der Psychologie« von Wundt und die grundsätzlichen Fragen, die mit ihr zusammenhängen. Im folgenden möchte ich Wundts Psychologiekonzeption in ihrem historischen Kontext untersuchen. Ich hoffe, dadurch einige Punkte

1 E. G. Boring, *History of Experimental Psychology* (2. Aufl., New York, 1950, S. 316). Titchener nannte Wundt den Begründer nicht nur der Experimentalpsychologie, sondern der Psychologie schlechthin (»W. Wundt«, in: *Am. Journ. of Psychology*, 22, 1921, S. 177). Ähnliche Auffassungen haben die meisten Autoren zum Ausdruck gebracht, die sich mit der Geschichte der Psychologie befaßt haben.

2 Boring, a. a. O., S. 328.

erhellen zu können, die nicht nur von historischem Interesse sind, sondern auch Aufschluß über die augenblickliche Situation der Psychologie geben.

Psychophysischer Materialismus

In der zweiten Hälfte des 19. Jahrhunderts erzwangen die Fortschritte in den Naturwissenschaften eine Revision der herkömmlichen Auffassung, nach der sich die Psychologie als die »Wissenschaft von der Seele« ebenso von der Physiologie (der »Wissenschaft vom Leben«) wie von der Physik unterscheide, weil sie sich mit anderen Phänomenen befasse. Johannes Müller war zwar noch Vitalist, doch 1845 konnten einige seiner Schüler, zu denen DuBois-Reymond, Brücke und Helmholtz gehörten, aufgrund neuer physiologischer Erkenntnisse einen Angriff auf den Vitalismus führen, der zeigen sollte, daß »keine anderen Kräfte im Organismus wirkten als die gewöhnlichen physikalischen und chemischen«.[3] Dieses Programm der *Berliner Physikalischen Gesellschaft* wurde entscheidend durch Helmholtz vorangebracht, der, als er das Gesetz von der Erhaltung der Energie (1847) aufstellte, die Auffassung vertrat, dieses Prinzip gelte auch für lebende Organismen.[4] Wenn sich die Physiologie aber solcherart in den Horizont der theoretischen Physik einordnen läßt, kann man sich dann nicht die gesamte physische Welt, die belebte wie die unbelebte, als ein geschlossenes materielles System vorstellen, dessen Energie konstant ist? In diesem Fall scheint jeder Versuch, irgendein Verhalten auf seelische Ursachen zurückzuführen, gegen

3 Estelle DuBois-Reymond, *Zwei Große Naturforscher des 19. Jahrhunderts: Ein Briefwechsel zwischen Emil DuBois-Reymond und Karl Ludwig*, Leipzig 1937, S. 19.

4 Siehe H. von Helmholtz, »Über die Wechselwirkung der Naturkräfte« (1854), in: Populäre wissenschaftliche Vorträge, 2 Bde., Leipzig 1865/71 (Titel später: Vorträge und Reden); engl. "The Interaction of Natural Forces", später in: *Popular Scientific Lectures*, New York 1962, S. 81–84; und L. Koenigsberger, Hermann von Helmholtz, 3 Bde., Berlin 1902/03; engl. *Helmholtz*, New York 1965, S. 31 ff.

das Prinzip von der Erhaltung der Energie zu verstoßen. Denn damit würde ja zugleich gesagt, daß die Seele die Anordnung eines materiellen Systems verändert. Sie würde Arbeit verrichten und dem System Energie zuführen, ohne daß es an einer anderen Stelle im System zu einer entsprechenden Abnahme käme.
So gelangten Ende des 19. Jahrhunderts einige Denker zum Begriff einer »geschlossenen Naturkausalität«.[5] Andere meinten, daß es nicht genüge, wenn Physiologen verhältnismäßig einfache Fälle organischen Verhaltens in physikalischen Begriffen erklären könnten. Eine vernünftige Methodologie verlange, daß man versuche, auch komplexere Verhaltensweisen physikalisch zu erklären, statt sie einer nicht physischen Seele zuzuschreiben. Während die Evolutionstheorie der Auffassung ein Ende bereitet, nach der dem Menschengeschlecht die Seele auf wundersamem Wege zuteil würde, will die wissenschaftliche Beschäftigung mit dem Menschen die Auffassung, eine individuelle Seele interveniere auf wundersame Weise in einem individuellen Leib, durch natürliche, das heißt physikalische Erklärungen ersetzen. Wundt bringt sicherlich die Ende des 19. Jahrhunderts in der Wissenschaft vorherrschende Auffassung zum Ausdruck, wenn er sagt, daß das

> Prinzip der geschlossenen Naturkausalität ... für die Physiologie die Forderung enthält, daß die endgültige Erklärung irgendeines physischen Lebensvorganges erst da vorliegt, wo derselbe ganz und gar aus anderen physischen Vorgängen innerhalb oder außerhalb des Organismus abgeleitet ist.[6]

5 Vgl. z. B.: E. B. Titchener, *An Outline of Psychology*, New York 1902, S. 361 f.
6 W. Wundt, *Logik*, 3. Auflage, Band III, Leipzig 1908, S. 257. Ich werde im Text folgende Abkürzungen für Wundts Schriften verwenden: »Log.« für *Logik*; »GPP« für *Grundzüge der physiologischen Psychologie*, 6. Aufl., Bd. III, Leipzig 1908–1911; »GP« für *Grundriß der Psychologie*, Leipzig 1896; »Ps. C.« für »Über psychische Causalität und das Princip des psychophysischen Parallelismus«, in: *Philosophische Studien*, X, 1894; »Def. Ps.« für »Über die Definition der Psychologie«, in: *Philosophische Studien*, XII, 1896; »S.« für »Selbstbeobachtung und innere Wahrnehmung«, in: *Philosophische Studien*, IV, 1888; »Au.« für »Über Ausfrageexperimente und über die Methoden zur Psychologie des Denkens«, in: *Psychologische Studien*, III, 1907.

Aber wenn die Naturwissenschaft im Prinzip alle Lebensphänomene als physische Vorkommnisse innerhalb und außerhalb des Organismus erklären kann, was bleibt dann dem Psychologen zu erklären übrig? Wenn bei der Untersuchung organischer Phänomene kein Platz für den Geist bleibt, womit befaßt man sich dann, wenn man geistige Phänomene untersucht?
Darauf gibt Ernst Mach eine ganz sachliche Antwort:

> Eine Farbe ist ein physikalisches Objekt, sobald wir z. B. auf ihre Abhängigkeit von der beleuchtenden Lichtquelle (anderen Farben, Wärmen, Räumen usw.) achten. Achten wir aber auf ihre Abhängigkeit von der Netzhaut (den Elementen K L M ...), so ist sie ein psychologisches Objekt, eine Empfindung. Nicht der Stoff, sondern die Untersuchungsrichtung ist in beiden Gebieten verschieden.[7]

Die Aussage, daß die Naturwissenschaft sich mit den physikalischen Aspekten befaßt, heißt, daß sie zum Beispiel eine Farbe in ihrer Beziehung zu anderen Phänomenen untersucht, ohne sich auf einen wahrnehmenden Organismus zu beziehen. Die Aussage, daß die Psychologie sich mit den geistigen Aspekten befaßt, heißt, daß sie zum Beispiel eine Farbe in ihrer Beziehung zum Organismus untersucht, der sie wahrnimmt. Doch es gibt keine besondere Wissenschaft von den geistigen Phänomenen, die sich prinzipiell von der Naturwissenschaft unterscheidet. Denn die Erklärung psychologischer Phänomene – zum Beispiel die Farbe, die ich sehe – ist physiologisch, und die Physiologie ist eine Naturwissenschaft. Mach verdeutlicht seine Auffassung, wenn er sagt, daß die »physiologische Psychologie zur Physik im weitesten Sinne des Wortes eine ähnliche Beziehung unterhält wie die Chemie zur Physik im engsten Sinne des Wortes«.[8] Viele Psychologen machten sich Machs Auffassung zu eigen, so auch Titchener, der meinte, daß die Physik es mit Erfahrung zu tun habe, die als »unabhängig« zu betrachten sei, während die Psychologie es mit Erfahrung zu tun habe, »die als abhängig vom biologischen Individuum oder dem zentralen Nervensystem zu betrachten

7 E. Mach, *Die Analyse der Empfindungen und das Verhältnis des Physischen zum Psychischen*, Jena[7] 1918, S. 14.
8 E. Mach,

ist«.[9] Während Titchener zwar daran festhält, daß die Psychologie eine »Geisteswissenschaft« sei, weil »der Gegenstand der Psychologie der Geist ..., der unmittelbare Gegenstand der psychologischen Untersuchung stets das Bewußtsein« ist[10], stellt er doch fest, daß die Selbstbeobachtung psychologische Phänomene nur beschreiben kann. Ihre Erklärung müsse im Nervensystem gefunden werden. Anders als die »parallelen« seelischen Prozesse ist dieses Teil des »vollständigen und in sich zusammenhängenden« Systems unabhängiger Erfahrung.[11] Titchener sagt dazu:

> Die Beziehung auf den Körper fügt auch nicht ein Jota zu den Tatsachen der Psychologie, der Gesamtheit der Selbstbeobachtungen, hinzu; sie ist uns nur ein Erklärungsprinzip für die Psychologie ..., die Psychologie erklärt, indem sie die von ihr beobachteten seelischen Vorgänge auf die entsprechenden Nervenprozesse bezieht.[12]

Obwohl Titchener im allgemeinen als »Wundtianer«[13] angesehen wird, weist Wundt die oben dargelegte Auffassung von der Psychologie mit Nachdruck zurück. Seine schärfsten Polemiken[14] richten sich gegen den »psychophysischen Materialismus« – seine Bezeichnung für die Ansicht, daß psychologische Phänomene

9 E. B. Titchener, *Systematic Psychology*, New York 1929, S. 134. Ähnliche Auffassungen wurden von O. Külpe, *Grundriß der Psychologie*, 1893, S. 6, H. Münsterberg u. a. vertreten.

10 E. B. Titchener, Lehrbuch der Psychologie 1. Teil (übers. von O. Klemm), Leipzig 1910, S. 19.

11 Ebd., S. 39.

12 Ebd., S. 40 f.

13 E. G. Boring, a. a. O., S. 410. G. Murphy sagt, Titchener sei »der geistige Nachfolger von Wundt« (*Historical Introduction to Modern Psychology*, überarbeitete Auflage, 1964, S. 21) und F. S. Keller begründete die Tatsache, daß er auf eine Erörterung Wundts verzichtet, damit, daß Titcheners »System dem Wundts sehr ähnlich war – und weit leichter wiederzugeben ist« (*The Definition of Psychology*, 1937, S. 19). Diese Situation ist wahrscheinlich darauf zurückzuführen, daß die meisten amerikanischen Psychologen Wundt über Titchener kennenlernten.

14 Vgl. Ps. C., S. 47–75, wo Wundt unter anderem Münsterberg, Mach, Ziehen und die James-Lange-Theorie angreift und sich über Psychologen mokiert, die alle Probleme dadurch lösen, daß sie sich auf Reflexe und natürliche Zuchtwahl berufen (S. 64).

mit physiologischen Prozessen erklärt werden könnten (Def. Ps., 11, 30). Er sagt:

Darum liegt die Hauptgefahr für den Fortschritt unserer Wissenschaft gegenwärtig ... in dieser materialistischen Pseudowissenschaft, die ihre die Psychologie zerstörende Tendenz hinreichend durch die Behauptung kennzeichnet, daß die psychologische Interpretation des geistigen Lebens zu dem geistigen Leben selbst, wie es in Geschichte und Gesellschaft wirksam sei, überhaupt keine Beziehung habe (GPP I, 9).

Für Wundt ist die Psychologie die grundlegende Disziplin der Geisteswissenschaften, die sich mit »dem Menschen als wollendem und denkendem Subjekt« beschäftigen (Log. III, 8, 17 ff.). »Daß vollends eine solche in hypothetische Gehirnmechanik verwandelte Psychologie auf die Aufgabe, den Geisteswissenschaften als Grundlage zu dienen, ein für allemal verzichten muß, ist ohne weiteres einleuchtend.« (Gr. Ps., 21.) Die Physiologie kann nach Wundts Auffassung keine geistigen Phänomene erklären,

auch wenn uns der Zusammenhang der Gehirnvorgänge so klar vor Augen stünde wie der Mechanismus einer Taschenuhr ... die Psychologie [weist] ... bei jedem ihrer Probleme eigenartige psychische Verbindungsprozesse nach ..., die mit parallel gehenden physischen Beziehungen und Verbindungen unvergleichbar bleiben ... (GPP III, 754).

Psychische Kausalität

Wundt nennt die »eigentümliche Verbindung« zwischen geistigen Phänomenen »psychische Kausalität«. Er vertritt die Auffassung, daß sie »von ihr (der physischen Causalität) nicht minder verschieden sein muß, wie der in der Psychologie festgehaltene Standpunkt ... von dem für die Naturwissenschaft geltenden ...« (Gr. Ps., 374). Die beiden unterscheiden sich hinsichtlich ihrer Standpunkte, weil »die Naturwissenschaft ... die Eigenschaften und wechselseitigen Beziehungen der Objekte zu bestimmen« sucht (Def. Ps., 11), während die Psychologie sich mit dem »Tatbestand der unmittelbaren auf das wahrnehmende Subjekt selbst bezogenen Erfahrung« beschäftigt (GPP III, 731). Dieser Unterschied der Standpunkte wird uns im nächsten Abschnitt eingehender beschäftigen. Hier wollen wir festhalten, daß sich die Psychologie nach Wundt insoweit mit der Erfahrung beschäftigt, als sie nicht von dem biologischen Individuum, das selbst Objekt ist[15], sondern von dem Subjekt abhängt – nämlich von demjenigen, »das die Erfahrungen macht, de[m] erkennenden und handelnden« (Def. Ps., 15). Wundt ist der Auffassung, daß die Verbindungsweise zwischen den Elementen der »unmittelbaren Erfahrung« des Subjekts gänzlich von der Verbindungsweise zwischen den objektiven Ereignissen verschieden sei, die Gegenstand der Naturwissenschaften seien. Es »wird uns keine Verbindung physischer Vorgänge über die Art der Verbindung psychischer Elemente« je etwas lehren (Ps. C., 43, 53). Die Annahme, Wundt »habe sich die Chemie zum Modell genommen«, um seelische Phänomene zu verstehen, und habe die Verbindung psychologischer Elemente zu größeren Komplexen in Analogie zur Verbindung der Atome in der Chemie verstanden[16], muß folglich zurückgewiesen werden. Obgleich die Rede von Wundts »Seelenchemie« bei Psychologiehistorikern häufig anzutreffen ist, ist sie irreführend, denn Wundt meint, daß die Verbindung zwischen psychologischen Elementen von ganz anderer Art als die kausalen Wechselbeziehungen zwischen Objekten seien, ob es sich nun um Billardkugeln oder Atome handle (GPP III, 732, 753 f.). Er schreibt:

Der Hauptgrund aber, warum es auf geistigem Gebiet Galilei'sche oder Keplersche Gesetze nicht gibt und niemals geben wird, liegt nicht in der ungeheuren Verwickelung der Bedingungen des geistigen Lebens an sich, wie gewöhnlich angenommen wird, sondern in seiner qualitativ abweichenden Beschaffenheit und in der in Folge dessen völlig abweichenden Natur der Causalprobleme (Ps. C., 97 f.).

15 Da das Nervensystem Objekt der Naturwissenschaften ist, meint Wundt, daß eine Untersuchung »der physiologischen Fundierung der psychischen Vorgänge immer nur eine naturwissenschaftliche, keine psychologische Aufgabe«, sei. *System der Philosophie*, Leipzig 1889, S. 583.

16 E. G. Boring, »A History of Introspection«, in: *Psychologist at Large*, New York 1961, S. 215. In seiner *History of Experimental Psychology* sagt Boring, daß »Wundts Seelenchemie sich nicht sehr von der John Stuart Mills unterscheidet« (a. a. O., S. 336). Man vergleiche auch R. J. Herrnstein und

Worin besteht dann die Besonderheit psychischer Kausalität? Drei verwandte Themen ziehen sich durch Wundts Gedankenführung.[17]

(1) Für die Naturwissenschaften sind Ursache und Wirkung separate Erfahrungen, *»disjecta membra«*, so daß die Verbindung zwischen z. B. dem Aufprall einer Billardkugel und der Bewegung der anderen »erst aus der begrifflichen Verknüpfung und Verarbeitung der Erfahrungen« entsteht (Ps. C., S. 109). Da die Naturwissenschaft alles ausschließt, was vom wahrnehmenden Subjekt abhängt, bleiben ihr lediglich Humesche Ereignisse, die in keinerlei Verbindung zueinander stehen. Um beobachtete Regelmäßigkeiten zu erklären, muß die Naturwissenschaft deshalb Atome, Schwingungen usw. postulieren (GPP III, 679 f., 247 f.). Solche hypothetischen Konstrukte sind erforderlich, um das Verhalten von Objekten zu erklären, zwischen denen sich keine Verbindungen wahrnehmen lassen. ». . . so besitzen auch alle einzelnen Causalerklärungen der Naturwissenschaft schließlich stets einen begrifflichen Charakter.« (Log, II, 2, 259.)

Wundt sagt jedoch:

> Dagegen ist die Entstehung einer Sinneswahrnehmung aus ihren einfachen sinnlichen Elementen, eines Willensactes aus seinen Motiven eine causale Verbindung, für die wir auf begrifflichem Wege Bindeglieder gar nicht erst zu suchen brauchen, weil wir diese Inhalte selbst in dem Zusammenhang unserer inneren Vorgänge als causal verbunden unmittelbar anschaulich auffassen (Ps. C., 109).

Um Wundts Ausführungen zur Wahrnehmung zu verstehen, muß man sich daran beteiligen, daß er sie wie Helmholtz als eine

E. G. Boring, *A Sourcebook in the History of Psychology*, Cambridge (Mass.) 1965, S. 400. Wundt selbst weist nachdrücklich darauf hin, daß psychologische Elemente sich grundsätzlich von den Atomen der Naturwissenschaften unterscheiden (GPP I, S. 417 f.).

17 Wundt stellt die »Prinzipien der psychischen Causalität« anhand der »reinen Actualität«, »schöpferischen Synthese«, »beziehenden Analyse«, »Heterogonie der Zwecke« und »Kontraste« dar (Ps. C, 101 ff., GPP III, 755 ff., Log. II, 2, 260 ff.). Ich glaube aber, seine Ausführungen lassen sich besser anhand der oben erörterten Themen verstehen, als im veralteten philosophischen Idiom, in dem er sie darlegt.

psychische Aktivität auffaßt, die einfache Elemente zu raumzeitlichen Vorstellungen verbindet.[18] Er behauptet, daß Wahrnehmung als psychische Aktivität sich nicht durch physische Phänomene erklären lasse. Zwar sind physische Vorgänge notwendiger Bestandteil der Wahrnehmung, sie erklären sie aber nicht (Ps. C., S. 114, 118). Will der Psychologe die Wahrnehmung erklären, muß er zeigen, wie einfache Sinneselemente in einer Wahrnehmungsvielfalt vereinigt werden. Dazu bedarf es keiner »begrifflichen Verbindungen«, denn Empfindungen werden durch einen »Bewußtseinsakt« zur Wahrnehmung (Ps. C., 114, 83). Die Verbindung zwischen psychischen Elementen ist also nicht eine Frage der Theorie, sondern »unmittelbare Bewußtseinstatsache« (Ps. C., 108) Die Wahrnehmung – so sagt Wundt – ist eine »schöpferische Synthese«, sie ist »mehr als die bloße Summe ihrer Elemente«, in die sie sich zerlegen läßt. Sie offenbart damit jene Züge psychischer Kausalität, die noch deutlicher bei den »höheren apperzeptiven Funktionen« ins Auge fallen, wie beim logischen Denken oder künstlerischen Schaffen (Ps. C., 113 f., GPP III, 755 ff.).

Wundt sagt in der Sprache des 19. Jahrhunderts, daß Wahrnehmen wie Denken etwas sei, was ich tue – es kann nicht als eine bloße Ereignisfolge verstanden werden. Die Erklärung menschlicher Aktivitäten (»psychischer Causalität«) unterscheide sich in ihrer Form von der Ereigniserklärung (»physischer Causalität«). Während die Naturwissenschaft Ereignisse erklärt, ist die Psy-

18 Grob gesagt, besteht die Theorie darin, daß die Wahrnehmung nicht nur von dem sensorischen Muster abhängt, das unmittelbar vom externen Stimulus geschaffen wird, sondern auch so etwas wie ein auf vergangene Erfahrungen gegründetes Urteil einbezieht. Was wir sehen, die raumzeitliche Vorstellung des Objekts, hängt von einer »Schlußfolgerung« ab, die wir anhand vergangener Erfahrung aus dem gegebenen sensorischen Muster gewinnen. Da sich dieser Prozeß aber – nach den Worten von Helmholtz – »von einer Schlußfolgerung im gewöhnlichen Sinne des Wortes (unterscheidet), ... (weil) eine Schlußfolgerung ein Akt bewußten Denkens ist«, spricht Helmholtz von »psychischen Akten alltäglicher Wahrnehmung als unbewußten Schlußfolgerungen«; vgl. »Concerning Perception in General« (1867), in: W. Dennis (Hrsg.), *Readings in the History of Psychology*, New York 1948, S. 214 ff., besonders S. 217.

chologie mit der Erklärung von Aktivitäten befaßt.[19] Selbst Vorstellungen sind für die Psychologie »Vorstellungsakte« (Def. Ps., 36; Ps. C., 101 f.) und das *Wollen* ist »der centrale Gemütsvorgang ..., in welchem alle anderen ihm teils verwandten teils eng verbundenen subjektiven Prozesse zu einem klareren Ausdruck ihrer eigenen Natur ... gelangen ...« (Log. II, 2, 165).

Das Wollen ist also die paradigmatische psychische Erscheinung. Deshalb nennt Wundt seine Psychologie »voluntaristisch« (Def. Ps., 51 ff.). »Die Erklärung eines Willensactes anhand seiner Motive« unterscheidet sich von der ein Ereignis betreffenden »begrifflichen« Erklärung in den Naturwissenschaften.

Da physische Ereignisse *»disjecta membra«* sind, meint Wundt, unsere Erkenntnis, daß E_1 E_2 verursache und nicht nur auf dieses folge, erkläre sich aus der unabänderlichen Regelmäßigkeit ihres Vorkommens. Unsere einzige Möglichkeit, diese Ereignisse miteinander zu verknüpfen, sei begrifflicher Art – bestehe darin, Theorien zu entwickeln, durch die die scheinbar separaten Ereignisse wirklich miteinander verknüpft würden. Wir können also nicht wirklich erkennen, daß Wasser Eisen rosten läßt, sondern nur beobachten, daß diese Ereignisse regelmäßig aufeinander folgen. Die Verbindung der beiden separaten Ereignisse läßt sich nur anhand der chemischen Theorie verstehen. Dagegen erkennt man den Grund für eine Handlung – z. B. eine Beleidigung als den Grund für Ärger oder die Tatsache, daß man sitzengelassen wurde, als Grund für den Wunsch nach Rache – nicht deshalb, weil man eine regelmäßige Verbindung der beiden fraglichen Phänomene beobachtet. Es sind keine Theorien vonnöten, um zu erkennen, daß eine Verbindung zwischen ihnen besteht.[20] Dieser

19 Wundt nennt dies das »Prinzip der reinen Actualität«; vgl. Ps. C. 101 ff. und Log. II/2, S. 260 ff.

20 Natürlich stellt man Behauptungen wie »er wurde böse, weil Jones ihn beleidigte« auf, indem man sich an Vermutungen hinsichtlich der Überzeugungen, Ziele usw. des Handelnden orientiert. Da diese in Frage gestellt werden können, kann auch in Zweifel gezogen werden, ob er z. B. böse wurde, weil Jones ihn beleidigte, oder ob das andere Gründe hatte. Doch – wie ich schon in einem anderen Zusammenhange ausgeführt habe (Psychology and Explanations of Human Behavior, in: *Philos. and Phenom. Research*, XXIII, 1963) – gilt dieser Zweifel den Fakten und nicht der »Verbindung«

Unterschied ist fundamental, und doch haben Psychologen ihn übersehen –, so sagt Wundt –, weil sie irrtümlicherweise einen naturalistischen Standpunkt auf den Bereich der Seele »übertragen und hoffen, sie könnten dort« Galileische oder Keplersche Gesetze aufstellen – Herbarts »Vorstellungsmechanismus« und »psychophysischer Materialismus« sind Beispiele dafür (Ps. C., 96 ff., Log. II, 2, 161 f.).

(2) Die psychische Kausalität unterscheidet sich von der physischen auch dadurch, daß die Erklärung »der psychischen Vorgänge überall von *Werthbestimmungen* durchsetzt ist«, während Werte in der Kausalanalyse der Naturwissenschaften keine Rolle spielen (Ps. C., 98, 24, 80). »Es gibt«, sagt Wundt, »kein psychisches Gebilde irgendwelcher Art, das sich ihnen (den Werten) entzieht« (Log. II, 2, 273). Wertbestimmungen aus der Psychologie auszublenden, ist »ein handgreiflicher logischer Fehler« (Def. Ps. 32 f., Gr. Ps. 373 f.).

Wundt vermerkt hier, daß selbst die Beschreibung einfacher sensorischer Qualitäten – z. B. süß und sauer, hell und dunkel usw. – nicht wertneutral ist. Und wenn wir Aktivitäten des Menschen beschreiben, bewegen wir uns gewöhnlich in einer normativen Dimension. Wahrnehmen heißt wahrheitsgetreu auszumachen, was man vor Augen hat. Schließen heißt, richtige Schlüsse aus den Prämissen ziehen, Erinnern heißt, zutreffende Gedächtnisaussagen machen. Das trifft aber nicht nur auf solche Erkenntnisleistungen zu. Die Aussage, daß jemand »einen Brief schreibt«, »ein Auto kauft«, »eine Last hebt« usw. bedeutet nicht nur, daß bestimmte Bewegungen vorgenommen werden, sondern daß jemand Bewegungen macht, die der Erreichung irgendeines Zwekkes »angemessen« sind oder einem Standard oder einer Konvention genügen. Solche Handlungen können im Unterschied zu bloßen Ereignissen klug oder dumm sein. Außerdem erklären wir solche Aktivitäten gewöhnlich durch Motive wie Mißgunst, Ehrgeiz usw. oder anhand dessen, was der Handelnde durch sein Tun zu erreichen oder zu vermeiden sucht. Die Erklärungen teilen

zwischen ihnen. Und darauf will Wundt meiner Meinung nach hinaus, wenn er behauptet, daß sich die psychische Kausalität von der physischen unterscheide, weil jene keine »Verbindung begrifflicher Elemente« brauche.

uns etwas über die moralischen Erwägungen mit, die dem Handeln zugrunde liegen.

(3) Schließlich unterscheidet sich die psychische Kausalität von der physischen. Denn »erst die Bildung von Geisteserzeugnissen, die auf ein bewußtes zweckthätiges Handeln zurückweisen, bei denen also eine Wahl zwischen verschiedenen möglichen Motiven stattfindet, fordert die eigentliche Zweckbetrachtung heraus« (Ps. C., 117). Wundt lehnt zwar die »Zwecke« ab, auf die sich die Vitalisten in der Biologie berufen (GPP III, 662 ff.), ist aber der Auffassung, daß die Psychologen sich auf bewußte Zwecke beziehen können, um die »Willenshandlungen« von Menschen zu erklären (GPP III, 721 ff., 732 f., 765 f.). »Denn die psychologische Erklärung«, sagt Wundt, »besteht überall nur darin, daß man aufzeigt, wie ... unser handelndes Ich ... alle Formen des geistigen Geschehens schließlich zu einheitlichen Zwecken verwerthet« (Log. II, 2, 245).

Kurz, Geschichte und »Geisteswissenschaften« erklären – ebenso wie der gesunde Menschenverstand – menschliches Verhalten anhand von Zielen, Werten usw. Solche Erklärungen sind von ganz anderer Art als die Erklärungen der Naturwissenschaft. Physiologische Prozesse mögen allem Verhalten »parallel« gehen, doch ist die Aufgabe der Psychologie nicht darin zu sehen, das »Seelenleben als solches wie es sich in Geschichte und Gesellschaft findet« zu erklären, sondern sie hat sich mit Erscheinungen zu befassen, die die »Geisteswissenschaften« und nicht die Physiologie angehen. Schließlich gibt es »keine Objekte, die wir Körper, neben anderen, die wir Geister nennen« (GPP III, 742). Deshalb läßt sich die Psychologie auch nicht als die »Wissenschaft von der Seele« definieren (Gr. Ps., 1). Die Psychologie ist nach Wundts Auffassung mit Erscheinungen befaßt, die sich von den physischen durch drei verwandte Merkmale unterscheiden: »Die geistige Welt dagegen ist die Welt der Werte ... das Reich der Zwekke ... (und) des Willens« (Log. II/2, 16 ff.). Zweckgerichtetes Handeln hat einen normativen Aspekt und ist das Erkennungsmerkmal jener geistigen Phänomene, die die Psychologie erklären muß. Die »besondere Verbindungsweise« zwischen diesen Phänomenen macht es unmöglich, die Psychologie auf die Physiologie zurückzuführen (Ps. C., 95 f.).

Wundt muß die Auffassung, daß geistige Phänomene sich nicht durch die Physiologie erklären lassen, mit seiner Überzeugung in Einklang bringen, daß jeder organische Prozeß sich im Prinzip durch »andere physische Prozesse innerhalb oder außerhalb des Mechanismus« erklären lasse. Dazu beruft er sich auf die verschiedenen »Gesichtspunkte«, von denen aus Psychologie und Naturwissenschaft die Erfahrung untersuchen. Letztere betrachtet »die *Objekte* der Erfahrung in ihrer von dem Subject unabhängig gedachten Beschaffenheit«, während die Psychologie die »Erfahrung in ihren Beziehungen zum Subject und in den ihr von diesem unmittelbar beigelegten Eigenschaften« untersucht (Gr. Ps. III; Def. Ps. 11). Da der Physiologe von allen subjektiven Elementen absieht, begreift er menschliches Handeln als »eine geordnete Summe von Muskelkontraktionen, durch sie erzeugte Skelettbewegungen« usw. Diese lassen sich ohne Rekurs auf Willensregungen oder andere psychische Phänomene erklären (GPP III, 728, 744). Doch wenn uns der Physiologe alles mitgeteilt hat, was er weiß, haben wir menschliches Handeln immer noch nicht verstanden. Das liegt nicht daran, daß der Physiologe irgend etwas übersehen hätte, was in seinen Gegenstandsbereich gehörte, sondern daß wir einen anderen Standpunkt einnehmen müssen, um unseren Gegenstand zu erforschen. Der Agent selbst kann nämlich seine Bewußtseinsinhalte beschreiben, wie sie ihm als wahrnehmendem und handelndem Subjekt gegenwärtig werden. Jeder Mensch besitzt einen einzigartigen Zugang zu seinem Verhalten. Niemand anders verfügt über diese Möglichkeit. Er kann sein Handeln von diesem subjektiven Standpunkt aus beschreiben, während andere es nur so beschreiben können, als gehe es um die Bewegungsfolge eines Objektes. Der Psychologe nimmt nun – nach der Überzeugung von Wundt – den Standpunkt der subjektiven Erfahrung ein und sieht deshalb menschliches Handeln als

... aufeinander folgende Bewegungsvorstellungen, zusammen mit Gefühlen, Empfindungen und den der Handlung als Motive vorausgehenden Zielvorstellungen, lauter Bestandteile, die unmittelbare Bewußtseinsinhalte sind. Da diese Inhalte ihrerseits wieder ein in sich zusammenhängendes Ganzes ...

bilden, so ergibt sich hier ein rein psychischer Causalzusammenhang, der, gleich dem rein physiologischen, ein homogener ist (GPP III, 731).

Vom physiologischen Standpunkt aus ist menschliches Handeln ein physisches Phänomen, eine Folge von Vorgängen in Nerven und Muskeln, die anhand von Theorien erklärt werden müssen. Vom psychologischen Standpunkt aus ist menschliches Verhalten jedoch eine geistige Tätigkeit, die das Subjekt ausführt. Aufgabe des Psychologen ist es, die »(körperlichen) Bewegungsvorstellungen« in Hinsicht auf die »Ziele« zu erklären, die ihre »Motive« sind. Hier aber handelt es sich um eine psychische und nicht um eine physische Kausalität. Im Prinzip kann der Psychologe wie der Physiologe eine vollständige Erklärung der Handlung geben, doch wird sich die psychologische von der physiologischen Erklärung grundsätzlich unterscheiden, weil sie das Handeln von einem ganz anderen, wenn auch den der Physiologie ergänzenden Standpunkt aus betrachtet. Die Beziehung zwischen den beiden Standpunkten bringt das Prinzip des »psychophysischen Parallelismus« zum Ausdruck, das besagt, daß physische und psychologische Prozesse zwar »einander parallel gehen« können, sie aber »weder identisch noch ineinander transformierbar (sind), denn sie sind an sich unvergleichbar« (GPP III, 746). Von einer psychophysischen Kausalität kann also nicht die Rede sein (Log. II/2, 170, 254 ff.). Die Vorstellung, das Physische verursache das Geistige oder umgekehrt, bringt diese unterschiedlichen und unvergleichbaren Standpunkte durcheinander.
Mit dieser Formel von den »beiden Standpunkten« hofft Wundt allen Tatsachen Rechnung zu tragen. Den Erklärungsmöglichkeiten der Physiologie werden keine Grenzen gesetzt, aber die Psychologie läßt sich auch nicht auf die Physiologie zurückführen. Denn die Naturwissenschaft hat

die ganze allumfassende Erfahrungswelt rein vom Standpunkt der Objekte aus, die Psychologie hat dieselbe Erfahrungswelt nur vom Standpunkt des wahrnehmenden, fühlenden und wollenden Subjektes aus zum Gegenstand. (GPP III, 244).

Die Psychologie ist »konkret« und »anschaulich«, weil sie sich mit der unmittelbaren Erfahrung beschäftigt, d. h. mit »jenen

Erscheinungen ... die unser eigenes Bewußtsein uns darbietet« (GPP I, 1; Gr. Ps. 3 ff.). Die Naturwissenschaft ist »abstrakt« und »begrifflich«, weil sie ihre Gegenstände dadurch in den Blick bekommt, daß sie von allen »subjektiven« Erfahrungselementen abstrahiert. Die Naturwissenschaft hat es also mit »mittelbarer Erfahrung« zu tun (Def. Ps., 23 f.). Dieser Unterschied schließt die Möglichkeit eines Konfliktes zwischen ihnen aus. Das »Postulat einer geschlossenen Naturcausalität« wird erhalten, da sich sagen läßt, physische Erscheinungen hätten immer physische Ursachen; trotzdem lassen sich geistige Erscheinungen nur anhand der psychischen Kausalität verstehen (Ps. C., 89). Die schwierige Frage nach der Körper-Seele-Beziehung kann beiseite gelassen werden, weil sie die beiden verschiedenen Standpunkte unzulässig zusammenbringt. Doch diese Formel setzt das Geistige mit dem Privaten gleich. Die physischen Verhaltensaspekte kann jedermann beobachten, während die geistigen Aspekte jedem Menschen nur bei sich selbst zugänglich sind. Handeln, wie es sich dem Blick anderer darbietet, besteht nur aus einer Bewegungsfolge, die die Naturwissenschaften erklären, während Psychologie erst ins Spiel kommt, wenn wir den Standpunkt des Subjekts einnehmen, das seine »unmittelbare Erfahrung« auf dem Wege der Selbstbeobachtung erfaßt. Obgleich Wundt den cartesischen Seelenbegriff, demzufolge sie eine nichtmaterielle Substanz ist, ablehnt (GPP III, 86), behält er einen wesentlichen Zug des Cartesianismus bei: Die Dichotomie zwischen der »Unmittelbarkeit« des Bewußtseins auf der einen Seite und dem nur erschlossenen (»vermittelten«) Charakter der Außenwelt auf der anderen Seite. Die Formel von den »beiden Standpunkten« folgt jener philosophischen Tradition, derzufolge das Geistige ein »inneres« Reich ist, das erkenntnistheoretisch und psychologisch der »äußeren« physischen Welt vorausgeht.[21] Wenn aber die unmittelbare Erfahrung privater Natur ist, wenn der Mensch ihrer nur an sich selbst habhaft werden kann, wie kann sie dann Gegenstand einer (öffentlichen) Wissenschaft der Psychologie sein?

21 Die wichtige Ausnahme von dieser Tradition ist Kant. Man vgl. meinen Artikel »Kant and the Possibility of a Science of Psychology«, in: *The Monist*, LI, Oktober 1967 (dt.: in diesem Band).

Wundts Antwort lautet: durch »Experimente«. Er nennt seinen Ansatz zur Erforschung psychischer Phänomene »physiologische Psychologie«, weil er davon überzeugt ist, die Psychologie müsse experimentelle Methoden wie die Physiologie verwenden (GPP I, 2 f.). Er meint: »Als experimentelle Wissenschaft erstrebt... die physiologische Psychologie eine Reform der psychologischen Forschung, die der Umwälzung, welche die Einführung des Experimentes in dem naturwissenschaftlichen Denken verursachte,... vielleicht überlegen ist.« (GPP, I, 4.) Während sich in den Naturwissenschaften nämlich Beobachtungen anstellen lassen, ohne daß sie von Experimenten begleitet sein müssen, ist dies in der Psychologie unmöglich (Ps. C., 97 f., 122). Wissenschaftliche Beobachtung ist nämlich »die planmäßige Richtung der Aufmerksamkeit auf die Erscheinungen« (Log. II, 2, 170), der Versuch aber, unsere psychischen Tätigkeiten zu beobachten, verändert sie (GPP I, 25 f.). Kant hat der Psychologie aufgrund dieses Argumentes die Möglichkeit abgesprochen, je eine Wissenschaft werden zu können.[22] Wundt stimmt dem insofern zu, als auch er der Meinung ist, daß es sich bei der »Selbstbeobachtung« der älteren empirischen Psychologie nicht um eine wissenschaftliche Beobachtung psychischer Erscheinungen handle (Log. II, 2, 170). Dies sei nur möglich, wenn wir »objektive« Experimente verwendeten, »um psychische Vorgänge nach Willkür hervorzubringen, zu wiederholen oder in genau vorausbestimmter Weise abzuändern,« (Log. II, 2, 173).

Wundt verwendet die experimentellen Methoden, die von Forschern wie Helmholtz und anderen in dem Bereich der Sinnesphysiologie entwickelt wurden, in der Hoffnung, die Erforschung der unmittelbaren Erfahrung in den Stand einer Wissenschaft heben zu können. Wenn der Physiologe den Bericht der Versuchsperson über Veränderungen in seinem Bewußtsein dazu verwenden kann, die physischen Bedingungen zum Beispiel der

22 I. Kant, *Metaphysische Anfangsgründe der Naturwissenschaft*, Akademie-Ausgabe, Bd. IV, S. 471. Wundt bezieht sich ausdrücklich auf Kants Argument (s. GPP I, S. 40; Log. II, 2, 172).

Farbwahrnehmung zu untersuchen, warum soll der Psychologe dann den Prozeß nicht umkehren und kontrollierte Veränderungen der physischen Bedingungen dazu verwenden können, die Bewußtseinsvorgänge zu erzeugen und willkürlich abzuändern, die er untersuchen möchte? Alle experimentellen Methoden – so sagt Wundt – sind psychophysisch. Je nach ihrem Zweck »wird man also dort das Experiment ein physiologisches, hier ein psychologisches nennen« (GPP I, 28). Unsere psychischen Prozesse verschieben und verändern sich, wenn wir sie in ihrer Ausführung festhalten wollen. Verwenden wir jedoch experimentelle Kontrollen, um psychische Erscheinungen »willkürlich zu schaffen ... zu wiederholen oder zu verändern«, wird die psychologische Beobachtung der naturwissenschaftlichen Beobachtung gleichen. Nur ein Unterschied bleibt:

Der Naturforscher kann zu seinem Object beliebig zurückkehren ... Der Psychologe aber kann zu einem unter bestimmten Bedingungen beobachteten inneren Vorgang nur zurückkehren, wenn er künstlich die nämlichen Bedingungen wiederherstellt, also mit Hülfe der experimentellen Methode (Log. II, 2, 176).

Lassen sich geeignete Experimente durchführen[23], können Zweifel an den Tatsachen unseres psychischen Lebens nach Wundt dadurch ausgeräumt werden, daß wir das Experiment wiederholen und seine Ergebnisse noch einmal mit größerer Sorgfalt betrachten (Ps. C., 98 f.).
Der Gegenstand der Beobachtung muß sich jedoch in psycholo-

23 Wundt ist sich darüber klar, daß experimentelle Methoden auf Umstände beschränkt sind, in denen sich mit physischen Reizen psychische Prozesse induzieren lassen. Beispiele dafür sind Wahrnehmung und Empfindung (»Eindrucksmethode«) oder psychische Vorgänge, die von Körpersymptomen begleitet sind, wie z. B. Affekte und Willensvorgänge (»Ausdrucksmethode«). Beide Methoden lassen sich auch kombinieren. Die experimentellen Methoden sind also auf die Untersuchung relativ einfacher psychischer Vorgänge beschränkt. Die Erforschung komplexer Erscheinungen, vor allen Dingen solcher, die mit »Sprache, Mythus und Sitte« verbunden sind, ist nach Wundt grundsätzlich historisch und gehört der »Völkerpsychologie« an. Es handelt sich also um sozialpsychologische und nicht um experimentalpsychologische Fragestellungen (GPP I, 5 f., 23 ff.; Log. II, 2, 178 ff.).

gischen und naturwissenschaftlichen Experimenten unterscheiden. Wir nehmen zwar gewöhnlich Objekte wahr, doch die Beschreibung der Objekte ist Aufgabe der Naturwissenschaft. Die Psychologie beschäftigt sich mit der Erfahrung des Subjekts. Was betrachten wir dann? Die Antwort lautet, daß die von uns wahrgenommenen Objekte »begriffliche« Konstruktionen sind, die aus einer »unmittelbaren« Erfahrung gewonnen wurden. »Unmittelbar« meint hier der Entstehung nach und erkenntnistheoretisch früher. Aufgrund von Lernen und Assoziationsprozessen sind wir uns im Normalfall unserer unmittelbaren Erfahrung nicht mehr bewußt. Statt dessen nehmen wir Objekte wahr. Das bedeutet jedoch nur, wie Wundt meint, daß psychologische Beobachter wie Beobachter in der Naturwissenschaft einer besonderen Ausbildung unterzogen werden müssen, um auf die richtigen Dinge achten zu können (Log. II, 2, 175 f.).

Aber wenn der Psychologe eine unmittelbare Erfahrung beschreibt, die ihm nur allein zugänglich ist, wie können dann andere seine Beschreibung überprüfen? Wie kann er sie auch nur selbst überprüfen, da doch die unmittelbare Erfahrung unbeständig und das Gedächtnis unzuverlässig ist? Wenn ich ein Insekt oder ein Mineral beschreibe, kann ich meine Beschreibung dadurch überprüfen, daß ich andere zum Vergleich heranziehe oder daß ich meinen Gegenstand noch einmal betrachte. Ich kann mir sein Aussehen ins Gedächtnis rufen, und ich kann mein Gedächtnis dadurch überprüfen, daß ich den Gegenstand noch einmal betrachte, eine Fotografie ansehe usf. Auf diese Weise überprüfen wir in der Regel unsere Beschreibungen und sorgen so dafür, daß sie genauer werden. Genau das aber ist mir nicht möglich, wenn ich meine subjektive Erfahrung beschreibe. Wundt trägt dieser Schwierigkeit Rechnung und sagt:

> Wenn der rein subjectiven d. h. aller objectiven Hülfsmittel entbehrenden Selbstbeobachtung je einmal ein ebenmerklicher Unterschied zufällig begegnen sollte, so würde sie damit gar nichts anfangen können, ja sie würde nicht einmal im Stande sein, ihn mit Sicherheit als solchen nachzuweisen, viel weniger ihn mit anderen ähnlichen Unterschieden zu vergleichen (S. 302).

Er meint aber, diese Schwierigkeit lasse sich durch die Verwendung von Experimenten überwinden, weil diese »den Vorgang selbst mit allen den Bedingungen zurückruf[en], unter denen er stattgefunden hat« (S. 302). Da innere Vorgänge sich experimentell erinnern lassen, kann ich sie erneut ins Auge fassen, und das ist auch anderen Beobachtern möglich. Titchener, der hinsichtlich der Selbstbeobachtung die gleiche Auffassung vertritt wie Wundt, sagt explizit, daß die Selbstbeobachtung zwar nur auf das eigene Bewußtsein angewendet werden könne, daß die Verwendung von Experimenten es aber ermögliche, »die Bedingungen so anzuordnen, daß man andere als Zeugen für die durch Selbstbeobachtung ermittelten Fakten beibringen könne«.[24]

Wundt ist der Auffassung, daß nur das Subjekt in der Lage sei, seine psychischen Erscheinungen zu beschreiben. Niemand anders könne durch Beobachtung eine Aussage darüber machen, was im Geist des Subjektes vorgehe. Insofern aber psychische und physische Prozesse »parallel« zueinander verliefen, könne man Experimente verwenden, um psychische Prozesse zu »wiederholen«. Dadurch ist es möglich, sie ebenso zu beobachten und zu beschreiben, wie sich Objekte der Außenwelt beobachten und beschreiben lassen. Titchener sagt:

Ein neu entdecktes Insekt oder ein seltenes Mineral läßt sich in eine Schachtel packen. Ein Forscher kann es einem anderen in einem fernen Lande zuschikken. Der Psychologe kann sein Bewußtsein niemals in ähnlicher Weise einem Kollegen verfügbar machen. Der Unterschied ist aber nicht von großer Tragweite: er betrifft nicht die Natur und Funktion des Experimentes selbst.[25]

Die Unfähigkeit anderer, meinen psychischen Prozessen beizuwohnen, wird als Tatsache hingenommen, die durch die besondere Natur des Forschungsgegenstandes bedingt ist. Aufgabe des Experimentes ist es, den Gegenstand anderen und mir selbst auch zu anderen Zeitpunkten zugänglich zu machen, damit meine Beschreibungen psychischer Erscheinungen sich korrigieren, ergänzen und bestätigen lassen.

Doch wenn Forscher sich gegenseitig ihre Beschreibung bestätigen sollen, müssen sie dieselbe Sache beschreiben. Wie können wir wissen, daß sie das tun? Wie sollen wir wissen, ob wir durch

24 E. B. Titchener, *Outline*, S. 41 f.
25 Ebend., S. 42 f.

die Wiederholung der gleichen externen Bedingungen den gleichen psychischen Prozeß »reproduziert« haben? Ganz sicher nicht läßt sich sagen, daß zwei Beobachter den gleichen inneren Prozeß beschreiben, wenn sie unter gleichen Bedingungen dasselbe Objekt der Außenwelt betrachten, weil sie dies gar nicht beschreiben sollen. Beschrieben sie es, würden sie jenen Fehler begehen, den Verfechter der Methode der Selbstbeobachtung »den Reizfehler« genannt haben.[26] Wundt kann externe Bedingungen nicht zum Kriterium der Identifikation innerer Prozesse erklären, weil wir dann identische innere Phänomene zwei Menschen zuordnen dürften. Damit wäre die Vorstellung aufgehoben, daß das Geistige nur dem Subjekt selbst zugänglich sei – eine Vorstellung, auf die sich die ganze Unterscheidung zwischen Psychologie und Physiologie gründet. Wenn aber die äußeren Umstände nicht entscheidend sein können, was sollen wir dann tun, wenn zwei Beobachter ihre innere Erfahrung unter den gleichen Experimentalbedingungen unterschiedlich beschreiben? Wie können wir entscheiden, welche der beiden Beschreibungen richtig ist? Ein Insekt oder Mineral kann »in eine Schachtel gepackt« werden, es läßt sich unabhängig von den Beschreibungen seiner Beobachter identifizieren, und verschiedene Beschreibungen lassen sich an ihm überprüfen. Die Tatsache, daß dies bei unseren inneren Prozessen nicht möglich ist, ist nicht – wie Titchener behauptet – »ein unbedeutender Unterschied«. Bedeutet sie doch, daß wir es hier mit zwei verschiedenen »Beschreibungen« zu tun haben, und daß sich nichts anbietet, anhand dessen sie überprüft werden könnten. Es hilft nichts, die »Beobachter« anzuweisen, ihre Beobachtung zu wiederholen, weil wir ihnen nicht genau sagen können, was sie betrachten sollen. Wir können sie nicht auf besondere Merkmale aufmerksam machen, die der eine oder der andere möglicherweise übersehen hat, wie wir es im Falle des Insektes tun könnten.

Es gibt einfach keine Möglichkeit festzulegen, was in diesen Experimenten beobachtet und beschrieben werden soll. Auf objektive Merkmale der Außenwelt können wir uns nicht beziehen. Was der Beobachter über seine inneren Prozesse aussagt, ist als

26 E. B. Titchener, *Lehrbuch*, S. 202 f., 218, 522.

»Beschreibung« anzusehen, die vielleicht zutrifft, vielleicht aber auch nicht. Sie kann also nicht dazu verwendet werden, solche Merkmale festzulegen. Was sonst bietet sich an? Es ist kein anderer Weg zur Identifizierung innerer Prozesse denkbar als der Verweis auf die begleitenden äußeren Umstände und/oder die Aussage der Person selbst. Da diese beiden Möglichkeiten auszuschließen sind, bleibt kein Weg, die »Beschreibung« zu bestätigen. Es läßt sich nicht festlegen, was beschrieben werden soll. Experimente haben zu nichts geführt, weil es einfach keine Kriterien gibt, anhand derer sich entscheiden ließe, ob solche »Beschreibungen« zutreffen oder nicht.

Wundt ließ sich wie die meisten Autoren seiner Zeit von der Analogie zur wissenschaftlichen Beobachtung täuschen. Er nahm an, daß das Subjekt, wenn es Aussagen über seine psychischen Prozesse mache, etwas beschreibe, das es im Gegensatz zu einer anderen Person beobachten könne.[27] Er versuchte diesen schwer

27 Deshalb tut Wundt »unbewußte« psychische Prozesse als »mystische Metaphysik« ab. »Da das ›Unbewußte‹ nicht der unmittelbaren Erfahrung angehört, so kann es auch kein Gegenstand der Psychologie sein« (Def. Ps., 34 f.). Wenn wir z. B. mit Wundt annehmen, daß ein Wunsch eine unmittelbare Erfahrung sei, die jeder von uns an sich selbst machen könne, während andere bestenfalls beobachten könnten, wie wir diesen Wunsch durch das, was wir sagen und tun, »ausdrücken«, dann kann es so etwas wie einen »unbewußten Wunsch« nicht geben. Ein Wunsch, der nicht »unmittelbare Erfahrung« der Person ist, die ihn verspürt, verflüchtigt sich zu mystischer Nichtigkeit. Welche Macht dieses Verständnis psychischer Phänomene zu Wundts Zeiten gehabt hat, zeigt sich an der Tatsache, daß Freud von gleichen Annahmen ausging und sich deshalb gezwungen sah, seine Auffassung vom Unbewußten in irreführenden Wendungen darzustellen. So sagt Freud, daß jeder von uns zwar seine eigenen Bewußtseinszustände selber beobachten könne. Aber »daß auch ein anderer Mensch ein Bewußtsein hat, ist ein Schluß, der per analogiam auf Grund der wahrnehmbaren Äußerungen und Handlungen dieses anderen gezogen wird«. Er fügt hinzu: »Die Psychoanalyse fordert nun nichts anderes, als daß dieses Schlußverfahren auch gegen die eigene Person gewendet werde« (»Das Unbewußte«, in: *Gesammelte Schriften*, Bd. 5, Leipzig etc. 1924, S. 483 f.). Natürlich ist die Vorstellung befremdend, daß wir unsere eigenen Gefühle und Wünsche durch ein »Schlußverfahren« erkennen sollen. Das gilt aber genauso für die Vorstellung, daß wir die »bewußten« Gefühle und Wünsche anderer auf eine solche Weise erkennen. Wenn man die

faßlichen inneren Bereich der öffentlichen Forschung zugänglich zu machen. Das sollte das Experiment leisten, das zum Ziel hatte, »die zu beobachtenden psychischen Vorgänge in gewissem Sinn zu objektivieren, indem es dieselben ... zu Gegenständen selbständiger Beobachtung zu machen sucht« (Au., 307). Doch dieses Programm barg schon im Ansatz ein Mißverständnis. Es gibt nämlich keine Möglichkeit, psychische Erscheinungen in »Gegenstände selbständiger Beobachtung« zu verwandeln, weil meine Aussage über irgendwelche Vorgänge in meinem Inneren nicht etwas »beschreibt«, was ich durch Beobachtung entdecken kann. Im Normalfall kann ich mitteilen, was ich denke, fühle, mir vorstelle usw. Da brauche ich nichts zu ermitteln. Bezweifelt man, was ich sage, wird damit nicht zum Ausdruck gebracht, daß ich einen Beobachtungsfehler gemacht habe, sondern daß ich lüge – möglicherweise auch vor mir selbst. Der Grund dafür, daß ein anderer in der Regel nicht berichtigen kann, was ich über meine psychischen Prozesse mitteile, während er durchaus korrigieren kann, was ich über physische Objekte sage, liegt nicht darin, daß meine psychischen Prozesse ihm unzugänglich sind, sondern daß sie keine »Gegenstände unabhängiger Beobachtung« sind – sie lassen sich nicht von den äußeren Umständen, und dem, was ich über sie mitteile, trennen. Dafür haben uns Wittgenstein, Malcom und andere die Augen geöffnet.[28] Natürlich ist möglich, daß ich manchmal nicht genau weiß, was ich fühle, ob z. B. Ärger oder Eifersucht, oder ob es sich bei dem, was ich denke, mir vorstelle oder empfinde, um X oder Y handelt. Doch solche Zweifel kann ich nur dadurch beheben, daß ich noch sorgfältiger auf die beglei-

cartesische Gleichsetzung des Geistigen mit einer von uns allen unmittelbar zu beobachtenden inneren Erfahrung ablehnt, räumt man viele der Schwierigkeiten aus, die man hat, wenn man versucht, die Rede von den unbewußten psychischen Zuständen als eine Erweiterung der Rede von den bewußten seelischen Zuständen zu verstehen. Sie lassen sich auf dieselbe Weise erklären. In diesem Zusammenhang vgl. meinen Artikel »Psychology and Explanations of Human Behavior«, a. a. O.

28 Siehe Wittgenstein, »Philosophische Untersuchungen«, in: *Schriften*, Bd. I, Frankfurt a. M. 1960, und den Kommentar N. Malcoms dazu, ebenso wie den Aufsatz »Knowledge of Other Minds« desselben Autors, beide abgedruckt in: Malcom, *Knowledge and Certainty*, Englewood Cliffs 1963.

tenden äußeren Umstände und Verhaltensweisen achte, da es keinen Weg gibt, die inneren Erscheinungsweisen als »unabhängige Gegenstände« zu identifizieren. Wenn wir sie von den äußeren Umständen und verbalen Äußerungen trennen, mit denen sie normalerweise verknüpft sind, werden sie unzugänglich. Sie lassen sich eben nicht »in eine Schachtel packen«. Es gibt keinen anderen Weg, sie auszumachen. Ohne diese äußeren Bedingungen verlieren psychologische Termini, die sich auf innere Phänomene beziehen, sogar jede (öffentliche) Bedeutung. Es besteht keine Möglichkeit, irgend jemanden die Bedeutung von »grün« oder »aufgeregt« zu vermitteln, ohne sich auf die Empfindungen, das Gefühl, die Umstände und die Verhaltensweisen (einschließlich intelligenten Sprachverhaltens) zu beziehen, mit denen sie in der Regel verknüpft sind. Jemand, der diese öffentliche Sprache gelernt hat, kann natürlich seine Gedanken, Absichten, Gefühle usw. häufig für sich behalten. Wenn er uns nicht mitteilt, was »in seiner Seele« vorgeht, haben wir vielleicht keine Möglichkeit, es herauszufinden. Doch seine inneren Prozesse sind für ihn keine »Gegenstände unabhängiger Beobachtung«, ebenso wenig wie für mich.

In der doppelten Absicht, die Psychologie von der Physiologie unabhängig und sie zugleich mit ihr kompatibel zu machen, setzt Wundt das Geistige mit »subjektiver Erfahrung« gleich. Physische Objekte, Körperverhalten, alles, was öffentlich zugänglich ist, fällt damit in den Gegenstandsbereich der Naturwissenschaft, wird aus dem der Psychologie ausgeschieden. Dieser cartesische Ausgangspunkt zerreißt den Zusammenhang zwischen inneren Prozessen einerseits und äußeren Umständen und Verhaltensweisen andererseits. Wir werden aufgefordert, uns der experimentellen Selbstbeobachtung zu bedienen, um diese mentalen Prozesse zu beschreiben. Doch da weder äußere Umstände noch sprachliche Äußerungen als Kriterium zu ihrer Erfassung verwendet werden, lassen sie sich nicht identifizieren. Und was sich nicht identifizieren läßt, läßt sich auch nicht untersuchen.

Es ist keine Überraschung, daß die Selbstbeobachtungsexperimente zu scharfen Auseinandersetzungen führten. Niemand wußte sie beizulegen, weil es keine Kriterien für ihre Schlichtung gab. In den achtziger Jahren des letzten Jahrhunderts vertraten James und Lange die Auffassung, daß eine Emotion ein Bündel von Empfindungen sei, die von körperlichen Veränderungen herrührten, während Wundt und andere meinten, es müsse noch etwas anderes im Bewußtsein gegenwärtig sein.[29] In den neunziger Jahren entspann sich die Kontroverse über Reaktionszeiten.[30] Ihren Höhepunkt erreichte die Auseinandersetzung aber, als die Würzburger 1901 behaupteten, in ihren Selbstbeobachtungsexperimenten unanschauliche Gedanken, eine »Bewußtseinslage« ohne sensorische Inhalte, beobachtet zu haben, »determinierende Tendenzen«, die unbewußt wirkten.[31] Wundt warf den Würzburgern vor, sie führten keine wirklichen Experimente durch. Doch, wie Humphrey gezeigt hat, »läßt sich Wundts Kritik ganz allgemein auf das Selbstbeobachtungsverfahren beziehen ... tatsächlich klagt er auch das Selbstbeobachtungsverfahren an, das er selbst praktiziert.«[32] 1910 war die Untersuchung psychischer Phänomene überhaupt in Mißkredit geraten, weil die Forscher sich einfach nicht über die Fakten einigen konnten, »die uns unser eigenes Bewußtsein darbietet«. In dieser Situation (1913) war Watsons Eingeständnis, er wisse nichts über das Bewußtsein und die Tatsache, daß er dem »Reich des Geistes« absprach, »experimenteller Forschung offenzustehen«[33], eine befreiende Tat. Das Verhalten schien den Forschern im Unterschied zum Be-

29 Siehe Ps. C., S. 63 ff., ebenso wie Wundt, »Zur Lehre von den Gemütsbewegungen«, in: *Philosophische Studien*, VI, 1890, S. 349 ff.

30 Einige Versuchsleiter stellten fest, daß die »sensorische« Reaktionszeit länger als die »muskuläre« Reaktionszeit ist, andere ermittelten, daß es sich genau umgekehrt verhält. Siehe Boring, *History*, S. 413 und 554 f.

31 Eine brauchbare Darstellung der Würzburger Experimente findet sich in G. Humphrey, *Thinking*, New York 1963, Kapitel II u. III.

32 G. Humphrey, a. a. O., S. 115, 106.

33 J. B. Watson, »Psychology as the Behaviorist Views it«, in: *Psychological Review*, XX, 1913, S. 175.

wußtsein (der »unmittelbaren Erfahrung«) die Möglichkeit zu bieten, Übereinstimmungen zu erzielen. Doch – wie Lashley meinte – ist auch ein rein »methodologischer Behaviorismus« nicht die Lösung, weil »er den Behavioristen mit Scheuklappen versieht. Eine ganze Welt von Phänomenen wird ausgeschlossen, von denen man einst annahm, sie seien das eigentliche Reich der Psychologie«.[34] Um zu zeigen, daß der Behaviorismus im Prinzip »alle menschlichen Aktivitäten erklären« könne, vertrat Lashley wie Watson in seinen späteren Schriften die Auffassung, daß »die angeblich besonderen Bewußtseinsdaten gar nicht vorhanden sind. Erklärt man das Verhalten des physiologischen Organismus, bleibt kein rein psychischer Rest. Geist ist Verhalten und sonst nichts.«[35] In der anschließenden Auseinandersetzung ging es um die Frage, ob sich die Psychologie – wie Wundt behauptete – mit psychischen Phänomenen zu beschäftigen habe oder ob sie das Verhalten untersuchen solle, das dem Blick aller offenliegt. Daraus wurde schließlich die Frage, ob etwas »unberücksichtigt bliebe«, wenn man nur das Verhalten untersuche.

Die differenzierteste Antwort auf diese Frage gibt Tolman, der vorbringt, die Selbstbeobachtung könne uns nichts mitteilen, »was nicht – zumindest theoretisch – durch andere gröbere Verhaltensweisen übermittelt werden kann«.[36] Der Selbstbeobachter könne z. B. lediglich Farbempfindungen beschreiben. Daraus erführen wir »nicht mehr, als wenn wir ihn statt dessen Marken unterschiedlicher Farbe sortieren lassen«.[37] Wenn wir z. B. einem Marsbewohner begegnen würden, brauchten wir nur die entsprechenden »Experimente mit der Diskriminations-Box« anzustellen und würden alles entdecken, »was sich zu der Farbpyramide der Marsbewohner sagen läßt«.[38]

Tolman behauptet nicht, daß Geist Verhalten sei »und nichts

34 K. S. Lashley, »The Behavioristic Interpretation of Consciousness, I u. II, in: *Psychological Review*, XXX, 1923, S. 239.

35 Ebd., S. 240; man vergleiche auch seine Vorschläge zur Konstruktion einer »bewußten Maschine«, ebend. S. 329 f.

36 E. C. Tolman, *Purposive Behavior in Animals and Men*, Berkeley, 1932, S. 244.

37 Ebd., S. 246.

38 Ebd., S. 249.

sonst«. Auch wenn alle Verhaltensdispositionen, die an Empfindungen, Vorstellungen, Affekten usw. beteiligt sind, aufgelistet werden, ist es nach Tolmans Auffassung durchaus möglich, daß noch etwas übrig bleibt – ein »bloßes Gefühl«. Doch ist er der Auffassung, daß

Selbstbeobachtung ebensowenig wie das Umherlaufen in der Diskriminations-Box etwas über ›bloße Gefühle‹ mitteilen kann ... ›bloße Gefühle‹ – wenn es sie überhaupt gibt – sind nicht faßbar. Nur Diskriminationserwartungen (discriminanda-expectations) sind faßbar.[39]

Tolmans Argumente aus dem Jahre 1932 haben Ähnlichkeit mit denen des späten Wittgenstein. Selbstbeobachtung beruht auf Sprache. Aber die Bedeutung von z. B. Farbbezeichnungen kann ich anderen nur mitteilen, indem ich mich auf Objekte der Außenwelt beziehe. Was ich anderen also über mein Rotempfinden mitteilen kann, kann ich ihnen auch vermitteln, indem ich entsprechende Diskriminationen zwischen Objekten vornehme. »Wenn irgendwelche ›bloßen Gefühle‹ mit solchen Unterscheidungserwartungen verknüpft sind, sind sie per definitionem ›privat‹ und können nicht Gegenstand einer wissenschaftlichen Beschäftigung werden.«[40] Wird die normale Verknüpfung zwischen psychischen Phänomenen einerseits und äußeren Umständen und Verhaltensweisen andererseits unterbrochen, werden sie zu privaten »bloßen Gefühlen«, die sich nicht mehr mitteilen lassen: Es besteht keine Möglichkeit, sie in einer öffentlichen Sprache zu erfassen. Die Psychologie kann diese »bloßen Gefühle« ruhigen Gewissens außer acht lassen, da sie sich jedem Zugriff entziehen – wie Tolman bezüglich der Farbenblindheit zeigt. »Die ›Farbgefühle‹ eines anderen mögen meinen genau entsprechen. Doch das wird keiner von uns herausfinden, unter der Voraussetzung, seine Diskriminationen stimmen mit meinen überein.«[41] Wenn die Aussage, »vielleicht sehen rote Gegenstände eigentlich grün für dich aus«, etwas ähnliches wie die Aussage bedeutet, »vielleicht sehen rote Gegenstände eigentlich für dich ebenso aus wie grüne

39 Ebd., S. 251.
40 Ebd., S. 253.
41 Ebd., S. 252.

Gegenstände«, läßt sich die Frage durch Diskriminationsexperimente klären. Wenn wir aber fragen, ob sich deine »bloßen Gefühle« systematisch von meinen unterscheiden, obwohl unsere Diskriminationen identisch sind, läßt sich keine Antwort geben. Doch dieser Unterschied ist völlig unbedeutend, da er auf unser Verhalten – einschließlich dessen, was wir sagen – ohne jeden Einfluß bleibt. Was mit diesen »bloßen Gefühlen« anzufangen sei, ist eine Frage, die Tolman den Philosophen überläßt. Doch sicherlich können sie auch nicht mehr damit anfangen als er. »Wovon man nicht sprechen kann, darüber muß man schweigen.«[42]

Ohne Zweifel würde »der Einschluß des ›Geistes‹ nichts zur wissenschaftlichen Psychologie hinzufügen«[43], wenn das Geistige mit dem Privaten identisch wäre. Tolman setzt diese Identität als Selbstverständlichkeit voraus – er spricht z. B. vom »Privaten oder Mentalistischen«[44] – und viele Autoren sehen die Frage noch in diesen Begriffen.

Blanchard meint nach wie vor, »daß es so etwas wie Bewußtsein *gibt*«. Wie Wundt vertritt er die Überzeugung, daß »die neue Wissenschaft von der Seele«, indem sie das Bewußtsein außer acht lasse, »das ganze Reich des Geistes, über das die Geisteswissenschaften einst verfügten, als überlebte Einbildung ausklammere«.[45] Darauf erwidert Skinner, daß »das Benennen einer Farbe der Farbwahrnehmung selbst nicht näher komme als das Drükken einer farbigen Taste.«[46] Die Psychologie könne also nur das Verhalten untersuchen. Doch wenn man sich nur mit dem Verhalten beschäftigen kann und wenn Verhalten aus den Bewegungen eines physischen Organismus besteht, dann läßt es sich physiologisch erklären. Deshalb meinen einige Psychologen immer noch – und darin stimmen sie mit Mach überein –, daß »alle

42 L. Wittgenstein, »Tractatus logico-philosophicus«, in: *Schriften*, Bd. I, Frankfurt 1960, S. 83.

43 Lashley, a. a. O., S. 352.

44 Tolman, a. a. O., S. 256, vgl. auch S. 3 ff. und *passim*.

45 B. Blanchard, »The Problem of Consciousness – A Debate«, in: *Philosophical and Phenomenological Research*, XXVII, 1967, S. 318, 336.

46 B. F. Skinner, »The Problem of Consciousness – A Debate«, *Philosophical and Phenomenological Research*, XXVII, 1967, S. 328.

Verhaltenserklärungen im Prinzip auf die Sprache der Neurophysiologie zurückgeführt werden könnten.«[47]

Da physiologische Verhaltenserklärungen »zu dem geistigen Leben selbst, wie es in Geschichte und Gesellschaft wirksam« sei, überhaupt keine Beziehung habe, meinte Wundt, daß sich der Gesichtspunkt des Psychologen von dem des Physiologen unterscheiden müsse. Doch die Gleichsetzung des psychologischen Standpunktes mit der »subjektiven Erfahrung« des Handelnden führte in eine Falle. Die cartesische Gleichsetzung des Geistigen mit dem Privaten akzeptieren und dann seine wissenschaftliche Erforschung verlangen heißt, das Unmögliche wollen. Wundts brauchbare Einsicht, daß ein Unterschied zwischen der Psychologie als einer zur »Geisteswissenschaft« gehörenden Wissenschaft und der Physiologie bestehe, ist in seiner Erörterung der psychischen Kausalität nachzulesen. Denn es besteht ein Unterschied zwischen den Handlungserklärungen, die Historiker und Gesellschaftswissenschaftler anhand der Ziele und Wertvorstellungen eines Menschen geben, und den physiologischen Erklärungen anhand der Ereignisse, die sich im Nervensystem des handelnden Subjekts abspielen. Es ist ein Unterschied der »Gesichtspunkte«, obwohl sich Wundt über die Besonderheit dieses Unterschiedes nicht im klaren war.

Wundt wußte, daß sich Erklärungen menschlicher Tätigkeiten grundsätzlich von Erklärungen physischer Ereignisse unterscheiden, weil jene Werte und Zwecke einbeziehen. Ihm entging jedoch, daß der normative Aspekt solcher Erklärungen mit der Tatsache zusammenhängt, daß die fraglichen Tätigkeiten Unterweisung und Lernen erfordern. Wenn jemand in der Lage ist, Objekte wahrzunehmen, hat er eine Fertigkeit erworben, in der er unterwiesen werden mußte. Er hat gelernt, die Dinge in Übereinstimmung mit gesellschaftlich anerkannten Normen zu klassifizieren. Wenn wir also sagen, er nähme ein bestimmtes Objekt wahr, beschreiben wir nicht nur ein bloßes Vorkommen, sondern bescheinigen seinem Handeln auch, daß es bestimmten Normen genügt. In ähnlicher Weise bedeutet die Aussage, daß jemand

47 M. B. Turner, *Philosophy and the Science of Behavior*, New York 1967, S. 335 ff.; siehe insbesondere S. 348 ff.

einen Brief schreibt, ein Auto fährt, nach Hause geht usw. nicht nur, daß er seinen Körper in einer gewissen Weise bewegt, sondern die Feststellung, daß er bestimmte Bewegungen in einem komplexen sozialen Umfeld ausführt, das seinem Handeln gewisse Regeln vorgibt. Wir können nicht ohne Einschränkung davon sprechen, daß ein Mensch diese Tätigkeiten ausführt, wenn er nicht in gewissem Umfange versteht, was er tut, wenn er nicht bereit ist, bestimmte Gesichtspunkte als »relevant« für sein Ziel anzusehen, wenn er nicht bestimmte »geeignete« Richtungen einschlägt usw. Solche Handlungen können im Unterschied zu Bewegungen intelligent oder dumm sein, weil in ihnen erlernte Fertigkeiten ausgeführt werden. Dabei bedeutet »Lernen« etwas anderes als »Konditionieren«.

Wenn z. B. ein Lidschlag konditioniert wird, wächst die Wahrscheinlichkeit dieser Bewegung. Deshalb kann man aber nicht von Unterweisung sprechen. Man lernt nicht die Einzelheiten der Bewegung. Tatsächlich tut man überhaupt nichts. Das Kind lernt nicht, seine Zunge oder Beine zu bewegen. Was könnte es auch tun, um sie zu bewegen? Sobald es sie aber bewegen kann, kann man ihm das Sprechen und bestimmte Körperbewegungen beibringen. Dadurch ist es in der Lage, bestimmte Ziele zu erreichen (z. B. einen Ball nach vorn zu treten) und dabei bestimmten Regeln zu genügen (z. B. denen des Fußballs) usw. Das setzt Unterweisung und Lernen im kognitiven Sinne voraus. Wer gelernt hat, einen Ball so zu treten, daß er sich dorthin bewegt, wohin er ihn haben möchte, oder wer eine Sprache erlernt hat, kann »richtige« und »falsche« Vorgehensweisen bei der Tätigkeit unterscheiden, der er nachgeht. Er hat gelernt, seine Verhaltensweisen seiner Kenntnis der Umstände so anzupassen, daß sie »angemessen« erscheinen. Das ist etwas gänzlich anderes als Konditionierung, die die Vorkommenswahrscheinlichkeit bestimmter Bewegungen unter bestimmten Umständen vergrößert. Sie setzt aber keine Kenntnis dieser Umstände beim Urheber der Bewegung voraus. Die ursprünglich zufälligen Bewegungen des Kindes werden durch einen Konditionierungsprozeß koordiniert, der sich ursächlich auf das Verhalten auswirkt. Wenn die Bewegungskoordination weit genug gediehen ist, kann man dem Kind bestimmte Handlungen beibringen, wie den Ball zu halten, ihn vorwärts zu treten usw. Von solchen Handlungen sagen wir dann z. B., daß es den Ball in die Hände nahm, weil es nicht wußte, daß es damit gegen die Regeln verstößt, oder daß es ihn in eine bestimmte Richtung spielte, weil es dachte, sein Freund befinde sich dort usw. Damit verweisen wir aber nicht auf den kausalen Zusammenhang. Solche Äußerungen erklären vielleicht eine Handlung, sie nennen aber nicht die Ursache einer Bewegung. Wenn wir Tätigkeiten erklären, deren Ausführung Menschen erlernt haben, orientieren wir uns also nicht an Erklärungen, die konditionierte Körperbewegungen betreffen, sondern an einem Bezugssystem normativer Konzepte. Selbst die Emotionen werden in dieses Bezugssystem eingeordnet, da sie gewöhnlich auf einer Wertung des Objektes oder der Situation beruhen, denen sie gelten. Zweifellos können Emotionen wie Handlungen »irrational« sein, aber nur deshalb, weil der Mensch gewöhnlich Gründe für seine Emotionen wie für seine Handlungen hat. Selbst wer blind vor Wut ist, ist nicht mit jemandem zu vergleichen, der an einer organischen Verletzung leidet, da solche Leidenschaften Wertungen gehorchen.

Ein bewußt Handelnder ist die Voraussetzung dieser Aktivitäten. Sie können nur von jemandem ausgeführt werden, der gelernt hat, gewisse Gesichtspunkte als relevant zu erkennen, gewisse Bewegungen als geeignet usw. und der deshalb Auskunft darüber geben kann, was er tut und warum er es tut. Bei geeigneter Unterweisung wird ein Tier, das den Gebrauch von Begriffen erlernen kann, zum bewußt Handelnden. Es ist dann in der Lage, geeignete Bewegungen auszuführen, und kann diese auch mit verwandten Bewegungen verknüpfen, um bestimmte Ziele zu erreichen oder bestimmten Normen zu genügen. Natürlich können viele Handlungen zur Routine werden. Der Urheber führt sie dann gewohnheitsmäßig aus, ohne über das, was er tut, nachzudenken. Doch selbst in solchen Fällen könnte er, wenn man ihn dazu aufforderte, erklären, warum seine augenblickliche Handlungsweise (z. B. das Herunterschalten in einen niedrigeren Gang) das ist, was »man« unter solchen Umständen tun muß.

Da solche Tätigkeiten unvermeidlich einen normativen Aspekt besitzen, kann uns keine physiologische Erklärung – wie Wundt entschieden vertritt – zu einem vollständigen Verständnis dieser

Tätigkeiten verhelfen. Doch der Fehler Wundts und anderer Selbstbeobachter lag darin, diesen geistigen Bereich der »Werte ... des Zweckes ... und des Willens« in einer schwerlich faßbaren inneren Welt zu lokalisieren, die in keiner wesentlichen Verbindung zu äußeren Phänomenen steht. Titchener z. B. meinte, daß »Sprache, Religion, Gesetz und Sitte« ein Beweis dafür seien, daß »die Individuen, aus denen sich die Gesellschaft zusammensetzt, eine Seele besitzen, und daß diese in allen von derselben Art ist.«[48] Sprache und Gesellschaft werden also nicht als die öffentliche Schule angesehen, in der Menschen jene Tätigkeiten erlernen, aufgrund derer wir ihnen einen Geist zuschreiben, sondern als die bloß äußerlichen Manifestationen geistiger Erscheinungen, die sich in der unzugänglichen Privatheit des einzelnen Geistes entfalten.

Der Behaviorismus lehnte diese unhaltbare Auffassung ab, beging aber dann den Fehler, anzunehmen, eine physiologische Erklärung der Körperbewegungen sei dasselbe wie eine Erklärung menschlichen Handelns. So meinte Lashley, daß »der Behaviorist daran interessiert ist, die Ursprünge menschlichen Handelns zu entdecken: Wie löst das Individuum ... seine Probleme, wie werden soziale Konventionen erworben, woher kommen seine Interessen, Vorurteile, Strebungen«. Um diese Fragen zu beantworten, müsse er jedoch »die betreffenden menschlichen Tätigkeiten in ihre Verhaltenskomponenten zerlegen ... (und) diese anhand der zugrundeliegenden physiologischen Mechanismen benennen.«[49] Dadurch jedoch bleiben nicht nur »bloße Gefühle« außer acht, sondern auch jene von dem jeweiligen sozialen Umfeld bedingten kontextuellen Verhaltenszüge, anhand derer wir Handlungen erkennen. Denn die molekularen »Komponenten«, in die die Behavioristen molare Handlungen zu zerlegen suchten, waren keine Teilakte – ihnen wären immer noch jene kognitiven und zielstrebigen Züge eigen gewesen, die man eliminieren wollte –, sondern »Muskelzuckungen, die bloßen Bewegungen als Bewegungen, aus denen sie bestehen«.[50] Diese Bewegungen sind jedoch keine

48 E. B. Titchener, *Lehrbuch*, S. 26.

49 K. S. Lashley, a. a. O., S. 348 f.

50 Der Satz stammt von Tolman (a. a. O., S. 8). Auf ihn geht ja auch die

Handlungen: obwohl meine Muskeln sich bewegen, wenn ich Auto fahre, bewege ich sie nicht, und wenn ich versuchen würde, sie zu bewegen, würde dies interferieren mit dem, was ich tue (Autofahren). Keine Beschreibung solcher molekularen Bewegung kann der Beschreibung eines molaren Aktes äquivalent sein, da die gleiche Bewegungsfolge ganz verschiedene Akte aufbauen kann: z. B. das Ausstellen eines Schecks und eine Unterschriftsfälschung. Umgekehrt kann der gleiche Akt (z. B. der Kauf einer Konservendose) auf sehr verschiedenen Bewegungsfolgen beruhen. Wir können das Zusammenspiel zwischen dem Schläger in der Hand eines Menschen und einem Ball noch so detailliert beschreiben, man würde anhand unserer Beschreibung doch nicht zwischen Aufschlag und Aufschlagüben unterscheiden können.

Man sollte sich auch klarmachen, daß ein komplexer Akt nicht anhand der Teilakte identifiziert werden kann. Wer ein Auto kauft, geht normalerweise in eine Autohandlung, prüft das Auto, zahlt oder unterzeichnet einen Kaufvertrag usw. Es besteht aber keine Möglichkeit, all die kleinen Dinge festzulegen, die er dabei tun muß (z. B. gehen, bestimmte Dinge in bestimmter Weise handhaben usw.), sowenig sich die Bewegungen festlegen lassen, die beim Autokauf erforderlich sind. Die unabsehbare Vielfalt molekularer Akte wird durch eine praktische Gedankenarbeit, die beim Handlungsträger vorausgesetzt wird, zu jenem komplexen Akt zusammengefügt, den wir – z. B. als Autokauf – erkennen. Wer ein Auto kauft, macht viele verschiedene Dinge, weil sie angesichts der Überzeugungen, Strategien, Konventionen usw., denen er folgt, als »erforderlich« oder »angemessen« für die betreffende Aufgabe erscheinen. Irgendein molekularer Akt (z. B. das Gehen) kann eine Komponente des komplexen (molaren)

Unterscheidung zwischen molarem und molekularem Verhalten zurück. Tolman vertrat nachdrücklich die Auffassung, das molare Verhalten bei Tieren wie bei Menschen sei kognitiv und zielstrebig. Nach seiner Auffassung sind jedoch »Zweck« und »Kognition« auf objektive Verhaltenszüge zu beziehen, die ein Beobachter feststellen kann, ohne auf die Beurteilung der Situation durch den Agenten rekurrieren zu müssen (siehe a. a. O., Kapitel I, besonders S. 13). Doch hier geht es mir eigentlich nicht um Tolmans zielstrebigen Behaviorismus.

Aktes des Autokaufs sein (d. h. die Person wird zum Autogeschäft gehen statt einfach zugeben oder vorzugeben, zum Autogeschäft zu gehen). Jedes Verhaltensteilchen kann nämlich entweder ein Akt, z. B. das Betätigen der Bremsen, oder eine zufällige Bewegung des Beins sein, die durch eine unerklärliche neurologische Störung hervorgerufen wird. Worum es sich im Einzelfall handelt, hängt von den Gesichtspunkten ab, die der Handelnde als »relevant« angesichts dessen anerkennt, was er gerade tut, und von den Akten, die er zu diesem Zwecke noch ausführen will. Im Unterschied zu Bewegungen können Handlungen nicht unter ausschließlich physischen Gesichtspunkten näher bezeichnet werden, weil wir ein Verhalten nur als diesen oder jenen Akt erkennen können, wenn wir es auf die Normen beziehen, anhand derer die Menschen es erlernt haben. Wir müssen das fragliche Verhalten auf die Aspekte beziehen, die der Handelnde als »relevant« für das erachtet, was er tut, und auf die anderen Bewegungen und Gegenbewegungen, die er unter verschiedenen Umständen für »angemessen«, »notwendig«, »zulässig« usw. hält.[51]
Angesichts unseres sozialen Trainings sehen wir Menschen normalerweise verschiedene, mehr oder weniger komplexe Handlungen ausführen. Ebenso wie wir erkennen können, wie spät es ist, können wir sehen, daß der Mann zu Mittag ißt, oder daß das Mädchen einen Lippenstift kauft. Natürlich lassen sich Umstände vorstellen, die in uns Zweifel daran erwecken würden, ob wir das wirklich gesehen haben. Doch ebenso wie der Physiker nicht seinen normalen Aufgaben gerecht werden könnte, wenn er – nicht nur in ungewöhnlichen, sondern auch in normalen Situationen – gezwungen wäre zu vergessen, was er weiß, und Farbflecke und Bewegungen statt der Überhitzung einer Anode beobachtete, würden wir unseren alltäglichen Aufgaben in einer sozialen Welt nicht gerecht werden können, wenn wir gezwungen wären, unser Hintergrundwissen über menschliche Ziele, Regeln, Konventionen usw. zu vergessen, und versuchten, Bewegungen statt Handlungen zu beobachten. Was wir normalerweise beobachten, sind keine »Muskelzuckungen, die bloßen Bewegungen als Be-

51 Siehe N. R. Hansons Erörterung wissenschaftlicher Beobachtung in: *Patterns of Discovery*, Cambridge 1958, Kapitel I.

wegungen«, noch nicht einmal Teilakte wie »das Heben eines Apfels zum Munde, Kauen« usw., sondern das, was der Mensch tut – daß er z. B. zu Mittag ißt.

Hier wie überall bestimmen Vorwissen und die Natur unserer Interessen die Art und Weise, in der wir die Phänomene sehen und beschreiben, die uns begegnen. Sie bilden den festen Hintergrund, gegen den sich bestimmte Merkmale einer Situation als überraschend abheben, und sie bestimmen den Erklärungstyp, der angemessen ist. (Denken wir an die unterschiedlichen »Standpunkte«, von denen aus z. B. ein Kraftfahrer, ein Polizist, ein Tiefbauingenieur, jemand, der an die Vorsehung glaubt usw. einen Verkehrsunfall erklären würde.) Im Falle menschlicher Tätigkeiten sind unsere Interessen geprägt von dem Wissen, daß man den Menschen beigebracht hat, diese Akte so auszuführen, daß sie mit zahlreichen Regeln, Konventionen usw. übereinstimmen, die über die »angemessene« Handlungsweise in verschiedenen Situationen Aufschluß geben. Deshalb sind wir überrascht, wenn wir nicht verstehen, warum jemand tut, was er tut. Wie kann er dies unter den gegebenen Umständen für »richtig« halten? Angemessen werden solche Fragen dadurch beantwortet, daß man zeigt, wie der Handelnde die Situation begriff, und warum er angesichts seiner Überzeugungen, Werte, Ziele, Strategien usw. die Dinge, die er tat, als »richtig« ansah. Wir erklären die Handlung also dadurch, daß wir das »Kalkül« rekonstruieren, den Verlauf des praktischen Denkens, auf das der Handelnde sich beziehen würde, würden wir ihn bitten, sein Handeln selbst zu erklären. Damit macht man jedoch etwas grundsätzlich anderes, als wenn man das Vorkommen eines Ereignisses erklärt. Denn die Handlung, die erklärt werden soll, wird mit den Erwägungen, die sie erklären, durch Regeln, Maximen oder andere normative Prinzipien »verbunden«, die der Handelnde übernommen hat.[52]

Die Aussagen, daß ein Mann ein Auto kaufte, um seine Freunde zu beeindrucken, daß eine Beleidigung ihn ärgerlich stimmte

52 Eine eingehendere Erörterung der Natur solcher Erklärungen findet sich in meinem Artikel »Pragmatic Aspects of Explanation«, in: *Philosophy of Science,* XXXIII, 1966 (dt.: in diesem Band); und »Personal Constructs, Pules and the Logic of Clinical Activity«, in: *Psychological Review* LXXI, 1964. (Anm. 53 S. 81)

oder daß eine Frau Rache suchte, weil sie sitzengelassen worden war, sind Erklärungen, die sich von naturwissenschaftlichen Erklärungen unterscheiden. Deshalb hat Wundt so nachdrücklich die Auffassung vertreten, psychische Kausalität unterscheide sich von der physischen.

Wenn wir menschliche Tätigkeiten in »Verhaltenskomponenten« zerlegen, z. B. in die Anpassung der Fingerstreckmuskeln, Beugung des linken Beins usw., haben wir es nur noch insoweit mit erkennbaren menschlichen Tätigkeiten zu tun, als diese Äußerungen noch etwas beschreiben, was ein Mensch – z. B. im Sprechzimmer eines Arztes – tun könnte. Ohne jede Verbindung zu einem sozialen Kontext, in dem sie auf normative Konzepte bezogen werden könnten, werden Handlungen zu bloßen Bewegungen. Im Prinzip liegt kein Grund vor, warum diese Bewegungen nicht »anhand der zugrundeliegenden physiologischen Mechanismen« erklärt werden könnten. Allerdings dürften die Mechanismen, die den Bewegungen in solchem erlernten menschlichen Verhalten zugrundeliegen, weitaus komplexer sein als diejenigen, die einfache S-R-Situationen erklären.[53] Doch selbst wenn die Neurophysiologie soweit gelangen sollte, diese Erklärungen liefern zu können, werden sie sich sehr von den Erklärungen unterscheiden, die wir für das Handeln von Menschen angeben können, wenn wir die gesellschaftlichen und geschichtlichen Umstände einbeziehen, mit denen sie zu tun haben.

Deshalb hatte Wundt recht, als er meinte, daß der Physiologie zwar in dem, was sie erklären könne, keine Grenzen gesetzt seien, daß aber »die Wissenschaft von der Seele« Verhalten von einem anderen Gesichtspunkt aus erkläre. Der Unterschied ist jedoch nicht der zwischen subjektiver, privater Erfahrung auf der einen Seite und objektiven und öffentlichen Gegebenheiten auf der anderen. Vielmehr geht es einerseits darum, Handeln vor einem sozialen Hintergrund von Normen und Konventionen zu erkennen und zu erklären, anhand derer menschliche Wesen sich nach bestimmten Regeln zu richten lernen, und auf der anderen

53 Zu diesem Punkt vgl. S. Toulmin, »Reasons and Causes«, in: Borger, R. und Cioffi, F. (Hrsg.), *Explanation in the Behavioral Sciences,* Cambridge 1968

Seite darum, Bewegungen vor dem Hintergrund einer naturwissenschaftlichen Theorie zu erkennen und zu erklären. Es muß nur Klarheit darüber herrschen, daß die Menschen zwar gewöhnlich ihre Werte, Überzeugungen, Zwecke usw. für sich behalten, daß diese deshalb aber nicht im privaten Bereich zu lokalisieren sind, zu dem jeder im Prinzip nur allein Zugang hat, sondern eine öffentliche soziale Welt voraussetzen. Die cartesische Gleichsetzung des Geistigen mit dem Privaten ist durch eine Konzeption zu ersetzen, die den Geist als Produkt eines Lernprozesses begreift, der die Teilnahme an regelgeleiteten Aktivitäten gestattet. Es dürfte kein Zweifel daran bestehen, daß einer empirischen Untersuchung menschlichen Verhaltens von diesem »mentalistischen« Gesichtspunkt aus nichts im Wege steht. Natürlich kann man verstehen, daß die Psychologen sich nach ihren traumatischen Erfahrungen mit der Selbstbeobachtung angestrengt bemühten, menschliches Verhalten im Rahmen ihres S-R-Bezugssystems zu erklären, das »seine Benutzer dazu zwingt, alles unter dem Gesichtspunkt manipulierbarer experimenteller Variablen und beobachtbarer Reaktionen zu sehen.«[54] Doch nach mehr als fünfzig Jahren scheint es der Psychologie endlich zu gelingen, »ihre Furcht vor der Erforschung und der Suche nach der »Seele« zu überwinden.«[55] Heute geben wir zu, daß »die Hoffnung, eine Reaktion ließe sich wie eine Bewegung im Raum behandeln, ... unser Verständnis vom Verhalten nicht weit vorangebracht hat.«[56] »Die Erforschung der Bewußtheit in Beziehung zu anderem Verhalten ist eine Voraussetzung für die Entwicklung einer

54 H. Kendler, Learning«, in: *Annual Review of Psychology*, 1959, S. 78.

55 D. Krech, Einführung zum Neudruck von Tolmans *Purposive Behavior*, New York, 1967, S. 15.

56 E. R. Guthrie, »Association by Contiguity«, in: S. Koch (Hrsg.), *Psychology: A Study of Science*, Bd. II, New York 1959, S. 165. Guthries Haltung ähnelt der vieler anderer Autoren, die Beiträge zu diesem Sammelband beisteuerten. Der Herausgeber erwähnt auch diesen »wichtigen und durchgehenden Trend der Aufsätze« und meint, daß »Erfahrung und überhaupt die Phänomene und Verwicklungen menschlichen Lebens als Matrix der Problem- und Hypothesenbildung verwendet wurden ... und dies weit unmittelbarer und weniger mit Rechtfertigungen durchsetzt als gewöhnlich.« S. Koch, »Epilogue«, in: S. Koch (Hrsg.), a. a. O., Bd. III, S. 766 f.

angemessenen Theorie menschlichen Lernens.«[57] Die Tatsache, daß sich Psychologen heute sehr für »Bewußtheit«, »bewußte, willensmäßige Kontrolle«, »Erwartung × Werttheorie«[58] usw. interessieren, läßt vermuten, daß die Psychologie im Begriff ist, sich wieder der Untersuchung der »Seele« zuzuwenden. An diesem Wendepunkt ist es wichtig zu verstehen, von welchem begrifflichen Voraussetzungen aus die Psychologie einst versuchte, sich als »Wissenschaft von der Seele« zu etablieren. Wir sollten uns klarmachen, daß sich keine »Galileischen und Keplerschen Gesetze für den Bereich des Geistes« aufstellen lassen, da die psychische Kausalität von der physischen verschieden ist.

57 Ch. D. Spiegelberger and L. D. DeNike, »Descriptive Behaviorism Versus Cognitive Theory«, in: *Psychological Review,* LXXIII, 1966, S. 306.
58 Vgl. z. B. C. Eriksen (Hrsg.), *Behavior and Awareness* (1962); C. P. Dulany, »Awareness, Rules and Propositional Control: A Confrontation with S-R Behavior Theory«, in: D. Horton and T. Dixon (Hrsg.), *Verbal Behavior and S-R Theory* (1967); J. W. Atkinson, *Introduction to Motivation* (1964), Kapitel 10, usw.

Zum Verständnis neurotischen Verhaltens: Vom »Mechanismus« zur »Intentionalität« (1974)

I

Unser Verständnis reiche so weit wie unser Anthropomorphismus. Es ist etwas überraschend festzustellen, daß Freud dies auf einem Treffen der Wiener Psychoanalytischen Vereinigung 1907 sagte (Nunberg und Federn [Hrsg.], 1976, I, S. 129). Sicherlich gibt es noch viele weitere Anhaltspunkte in Freuds klinischen Schriften dafür, daß sich das psychoanalytische Verständnis im alltäglichen Bezugssystem intentionalistischer, zweckbezogener Begriffe bewegt, mit denen wir uns über Personen verständigen. Doch spricht auch vieles, besonders in der Metapsychologie dafür, daß er versucht, die Neurose mit Modellen zu begreifen, die aus den Naturwissenschaften stammen. Zudem haben Psychoanalytiker gelegentlich an Begriffen wie Ich, Es und Über-Ich Kritik geübt, weil sie zu anthropomorph seien; sie bringen vor, daß solche Begriffe zwar metaphorische Beschreibungen klinischer Fakten liefern könnten, »daß Freud aber die Physiologie zum Vorbild genommen hat« und daß die Art und Weise, wie er die »Metaphern verwendet, nicht über die Natur der Begriffe und ihre Funktion in der Psychoanalyse als Wissenschaft hinwegtäuschen sollte« (Hartmann, Kris und Loewenstein, 1946, S. 15–17). Einige Philosophen haben die psychoanalytische Theorie in ähnlicher Weise kommentiert. Sie neigen jedoch eher dazu, ihren wissenschaftlichen Status in Zweifel zu ziehen, als ihn zu verteidigen (z. B. Nagel, 1959). Andere beziehen unter dem Einfluß Wittgensteins eine abweichende Position. So zieht MacIntyre eine scharfe Trennungslinie zwischen der deskriptiven und der erklärenden Verwendung des »Unbewußten«. Er sagt: » . . . Freuds Leistung beruht zu einem wesentlichen Teil nicht auf seinen Erklärungen für abnormes Verhalten, sondern auf einer neuartigen Beschreibung derartiger Verhaltensweisen.« (1961, S. 94). Natürlich wollte Freud anhand des Unbewußten und des verwandten

Begriffs der Verdrängung erklären, wie sich psychoneurotische Symptome aus Erfahrungen der Kindheit herleiten. Doch wenn diese Konzepte irgend etwas erklären sollen, müssen sie theoretische Konstrukte sein, deren »Erklärungsfunktion« von der Theorie genauer gekennzeichnet wird. In dieser Weise geben nämlich wissenschaftliche Theorien in der Physik oder in der Physiologie Aufschluß über ihre Konstrukte. Da Freud dies nicht erreicht, schließt MacIntyre,

daß Freud, soweit er den Begriff des Unbewußten zur Erklärung gebraucht, nicht einmal klarstellt, wie der Begriff zu rechtfertigen wäre, geschweige denn ihn rechtfertigt. Gewiß, er gibt uns kausale Erklärungen; aber diese können (und müssen augenscheinlich) auf eigenen Füßen stehen, ohne sich auf jenen Begriff zu beziehen. Gewiß, er hat eine wohlbegründete Konzeption der unbewußten seelischen Vorgänge; aber sie dient ihm zur Beschreibung des Verhaltens, nicht zu dessen Erklärung (a. a. O., S. 107).

Das heißt, kausale Beziehungen zwischen frühkindlichen Ereignissen und Zügen oder Störungen des Erwachsenen lassen sich also ohne Rückgriff auf das Unbewußte formulieren. Zwar »beschreibt« Freud das Verhalten als abhängig von unbewußten Zielsetzungen, doch damit rechtfertigt er das Unbewußte noch nicht als »eine theoretische, nicht zu beobachtende Entität, die eingeführt wurde, um eine Reihe sonst unerklärlicher Erscheinungen zu erklären und zueinander in Beziehung zu bringen« (a. a. O., S. 106). Ihre Erklärungsfunktion wird nicht näher gekennzeichnet. Während Hartmann, Kris und Loewenstein Freuds »anthropomorphe«, d. h. intentionalistische Beschreibungen nur als dramatische Metaphern verstehen, liegt für MacIntyre der ganze Wert des Freudschen Werkes in aufschlußreichen »neuartigen Beschreibungen«, dank derer wir eine unbewußte Zielsetzung oder Intention in Handlungen entdecken, die bar aller Zielsetzung oder Intention zu sein schienen. Hartmann, Kris und Loewenstein sind der Auffassung, daß sich Freuds Theorie leicht ihrer anthropomorphen Züge entkleiden ließe – zum Beispiel schlagen sie vor, man solle nicht wie Freud davon reden, daß das Über-Ich das Ich »billige« oder »mißbillige«, sondern in »strengerer Redeweise« von verringerter oder gesteigerter »Spannung zwischen den beiden psychischen Organisationen« sprechen (1946, S. 16).

MacIntyre würde vermutlich dagegenhalten, daß die vorgeschlagene Umschreibung auf ein anthropomorphes Verständnis von »Spannung« spekuliere (wenn man zum Beispiel an die Erfahrung des Selbsthasses denke). Deshalb sei es nicht mit dem theoretischen Konstrukt der »Spannung« in der Physik zu vergleichen. Aber beide Seiten – und hier gelangen wir an einen entscheidenden Punkt – sind sich darin einig: Wenn Freud mit Verdrängung und Unbewußtem die Herkunft der neurotischen Symptome aus der Kindheit erklärt, dann darf sich die logische Form seiner Erklärungen nicht von denen der Naturwissenschaften unterscheiden. Ohne Schwierigkeiten lassen sich Textstellen nachweisen, wo Freud die Ätiologie der Neurose in Begriffe eines biologischen Modells faßt, in dem die Verdrängung so etwas wie ein theoretisches Konstrukt ist. Nun stand die akademische Psychologie der Zeit unter dem Einfluß Wundts, der die Auffassung vertrat, das Unbewußte habe nichts in der Psychologie verloren, weil die Seele mit dem identisch sei, dessen wir uns unmittelbar bewußt seien (s. Mischel, 1970). Hier fielen Freuds Erkenntnisse auf keinen fruchtbaren Boden. Wie sollte auch ein Mediziner, der bei Brücke, einem der führenden Vertreter der eingefleischt antivitalistischen Physiologieschule Helmholtz' (s. Amacher, 1965), Neurologie studiert hatte und der in seiner nervenärztlichen Praxis Patienten behandelte, die ohne Zweifel Leiden hatten, die »Krankheiten« seiner »Patienten« verstehen, ohne Zuflucht zu biologischen Denkweisen zu nehmen. Freuds geistige Herkunft und seine medizinische Ausbildung lieferten ihm keine geeigneten begrifflichen Voraussetzungen, um zwischen dem Verständnis von normalen oder neurotischen Personen und dem physikalischer oder biologischer Prozesse zu unterscheiden.

Nicht nur Philosophen wie MacIntyre, sondern ebenso Neobehavioristische Vertreter der Verhaltensmodifikation (z. B. Ullmann und Krasner, 1969) und einige Psychiater (z. B. Szasz, 1962) haben sich bei der Kritik, der sie Freud unterzogen, vor allem an dieses »medizinische Modell« gehalten. Bei einer etwas wohlwollenden Lektüre Freuds lassen sich jedoch gute Gründe dafür finden, diesem Modell nicht zuviel Bedeutung zuzumessen. Immerhin begann die Psychoanalyse mit der Erkenntnis, daß »l'hystérie se comporte ... comme si l'anatomie n'existait pas, ou comme si elle n'en avait nulle connaissance« (1893, I, S. 169)[1], das heißt, die hysterische Lähmung orientiert sich an den laienhaften anatomischen Vorstellungen. »Elle prend les organes dans le sens vulgaire, populaire du nom qu' ils portent« (ebd.), ohne die Anatomie des Nervensystems zu berücksichtigen. Da die hysterischen Symptome also zumindest teilweise in den Vorstellungen des Hysterikers wurzeln, unterscheidet sich die Hysterie grundlegend von einer organischen Erkrankung.

Diesen Umstand nannte Freud später den »Sinn« neurotischer Symptome. Er schreibt: »Eines Tages machte man die Entdekkung, daß die Leidenssymptome gewisser Nervöser einen Sinn haben. Daraufhin wurde das psychoanalytische Heilverfahren begründet« (1916, XI, S. 79). Wenn aber neurotische Symptome einen Sinn haben, kann unsere Vorstellung von solchen Symptomen nicht der Konzeption gleichen, die wir von organischen Symptomen haben. Dies wird klar, wenn Freud vorbringt, seine Erklärung der Fehlleistungen als »psychische Akte«, die »durch die Interferenz zweier Absichten entstehen« (ebd., S. 54), habe neue

> ... Phänomene für die Psychologie erobert, die ihr früher nicht zugerechnet wurden. Verweilen wir noch einen Moment bei der Behauptung, die Fehlleistungen seien »psychische Akte«. Enthält sie mehr als unsere sonstige Aussage, sie hätten einen Sinn? Ich denke nicht ... alles, was man am Seelenleben beobachten kann, wird man gelegentlich als seelisches Phänomen bezeichnen. Es wird bald darauf ankommen, ob die einzelne seelische Äußerung direkt aus körperlichen, organischen, materiellen Einwirkungen hervorgegangen ist, in welchem Falle ihre Untersuchung nicht der Psychologie zufällt, oder ob sie sich zunächst aus anderen seelischen Vorgängen ableitet, hinter denen dann irgendwo die Reihe der organischen Einwirkungen anfängt. Den letzteren Sachverhalt haben wir im Auge, wenn wir eine Erscheinung als einen seelischen Vorgang bezeichnen, und darum ist es zweckmäßiger, unsere Aussage in die Form zu kleiden: Die Erscheinung sei sinnreich, habe einen Sinn. Unter Sinn verstehen wir Bedeutung, Absicht, Tendenz und Stellung in einer Reihe psychischer Zusammenhänge (ebd., S. 55).

1 Wenn nicht anders angegeben, beziehen sich die Literaturangaben auf die *Gesammelten Werke* von Sigmund Freud, wobei die römischen Ziffern den Band bezeichnen.

Eine Fehlleistung kann auf die Tatsache zurückzuführen sein, daß die betreffende Person ermüdet ist. Wir können sagen, die Fehlleistung bedeutet (d. h. sei ein Zeichen dafür oder ein Hinweis darauf), daß die Person müde war. Ein solcher Fehler wäre aber im oben genannten Sinne völlig bedeutungslos. Unter einer Freudschen Fehlleistung ist vielmehr zu verstehen, daß die Person selbst etwas meinte, oder intendierte, als sie die Fehlleistung beging. Natürlich beabsichtigte sie nicht, die Fehlleistung zu begehen – eine absichtliche Fehlleistung ist keine wirkliche Fehlleistung –, sondern eher, daß die Fehlleistung aus der »Interferenz zweier Absichten« entsteht. Wenn der Privatdozent seine Zuhörer auffordert, auf das Wohl des Chefs *aufzustoßen*, statt *anzustoßen* (ebd., S. 42), können wir (wenn er seinen Chef wirklich mißachtet usw.) seine Fehlleistung unter der Perspektive anderer »psychischer Akte« verstehen, die »Bedeutung, Signifikanz, Absicht« haben. Sie läßt sich damit ganz unabhängig von den zugrunde liegenden neurophysiologischen Prozessen psychologisch erklären. Ein Ereignis als Freudsche Fehlleistung einordnen heißt, es in einen neuen Begriffsrahmen rücken. Wir können nicht länger meinen, es stoße der Person zufällig zu, da es aus ihren Absichten erwächst. Ebenso ist die Rede von der Bedeutung neurotischer Symptome gleichbedeutend mit der Aussage, daß wir sie anhand dessen verstehen können, was die Person selbst beabsichtigt oder meint. Deshalb ist ein anderes Begriffssystem erforderlich, um die Beschaffenheit solcher Symptome zu erfassen. Zur Illustration wollen wir eine der Zwangsideen betrachten, unter denen Paul Lorenz (der »Rattenmann«) litt. Eines Tages in der Sommerfrische bemerkte er, er sei zu dick, »er müsse abmagern«. Er fühlte den Zwang, sich einer nahezu selbstmörderischen Abmagerungskur aus Gymnastik und Diät zu unterziehen. Er fand aber keine Erklärung für dieses »unsinnige Zwangshandeln«, bis ihm während der Analyse einfiel, daß das von ihm geliebte Mädchen sich dort in Begleitung eines englischen Vetters aufgehalten hatte, auf den er eifersüchtig war. »Der Vetter hieß Richard und wurde ... Dick genannt. Diesen Dick wollte er nun umbringen, er war auf ihn viel eifersüchtiger und wütender, als er sich eingestehen konnte und darum legte er sich zur Selbstbestrafung die Pein jener Abmagerungskur auf« (1909, VII). Hätte man

Lorenz damals gefragt, warum er in der Augusthitze einen Berg hinaufstürme, würde er natürlich geantwortet haben, daß er abmagern wolle. Er beabsichtigte (bewußt), sein Fett (Dick) loszuwerden. Seine mörderische Wut auf seinen Rivalen war aus seinem Bewußtsein verdrängt worden und durch das zwanghafte Bedürfnis abzumagern ersetzt worden. Auch die selbstbestrafende Funktion dieses Handelns ist unbewußt. Wollen wir jedoch sein Zwangshandeln verstehen, müssen wir nach Freud verstehen, daß Lorenz unbewußt beabsichtigte, sich Dicks zu entledigen und sich selbst zu bestrafen.
Natürlich konnte ihn die Abmagerungskur nicht wirklich von Dick befreien. Vertritt man aber die Auffassung, daß Freud keine intentionalistischen Erklärungen gegeben haben könne, weil das fragliche Handeln nicht leisten könne, was beabsichtigt sei (s. Alexander, 1962), vergißt man unter anderem, daß ein Symptom eine »Kompromißbildung« ist. Wie gewisse Erscheinungsformen der Fehlleistung sind auch die Symptome eine Äußerung interferierender Absichten (s. IV). Wir können nicht guten Gewissens behaupten, der Dozent habe beabsichtigt, die Fehlleistung zu begehen, oder Lorenz habe beabsichtigt, sich Dicks zu entledigen. Doch die Befreiung vom Fett (Dick) stellt – so behauptet Freud – einen Kompromiß zwischen diesen auch weiterhin unbewußten Absichten dar. Deshalb haben neurotische Symptome, anders als organische Symptome, einen »Sinn« und lassen sich psychologisch anhand ihres Ortes in einem »kontinuierlichen, psychischen Kontext« erklären. Keinesfalls greift das Argument, solches Verhalten könne in gewöhnlichem Sinne nicht die Äußerung eines entsprechenden Wunsches sein, weil die Verbindung zwischen Wunsch und Verhalten auf »an den Haaren herbeigezogen psychoanalytischen Verknüpfungen« beruhe (Shope, 1967, S. 432). Die Verbindung zwischen Wunsch und Handlung wird vielmehr immer durch Annahmen hergestellt. Ob irgend etwas die Äußerung eines bestimmten Wunsches ist oder nicht, hängt also davon ab, was die Person annimmt. Lorenz Assoziation von »dick« mit »Dick« zeigt an, daß die Abmagerung diese (unbewußte) Bedeutung für ihn besaß. Folglich läßt sich das Bemühen, dünner zu werden, partiell als eine Äußerung seines Wunsches verstehen, Dick loszuwerden. Freud erwähnt auch den

Fall eines französischen Patienten, der einen Bruder namens Richard hatte. Hier hatte die Assoziation zwischen »Richard« (französisch für »Reicher«) und dem zwanghaften Grübeln des Patienten, wie er sich seines Reichtums entledigen könne, eine analoge Bedeutung wie die Abmagerungskur von Lorenz (1909, VII, S. 411).
In diesem Zusammenhang kommt Freud darauf zu sprechen, wie Neurotiker Namen und Wörter verwenden, um eine »Verknüpfung zwischen den unbewußten Gedanken (Regungen, Phantasien) und den Symptomen« herzustellen (ebd., Anm.). Dieser Gesichtspunkt ist wichtig, weil er zeigt, wie die Symptome von den Vorstellungen abhängen, denen der Neurotiker sie zuordnet. Die Abmagerungskur von Lorenz ist ein neurotisches Symptom, das insofern »Sinn« hat, als diese Handlung für ihn eine andere Bedeutung annimmt. Sie wird mit einem (unbewußten) Gedanken verknüpft, so daß er mit ihr (unbewußt) mehr beabsichtigt. Er konnte dieses Symptom nicht von den (unbewußten) Vorstellungen trennen, kraft derer sich sein zwanghaftes Hungern als eine Äußerung seiner (unbewußten) Wünsche verstehen läßt. Die Auffassung jedoch, daß neurotische Symptome eine solche Bedeutung haben, besagt, daß wir sie in unserem gewöhnlichen, intentionalistischen Begriffssystem erfassen.
Man kann dies aus der Perspektive von Harrés »ethogenem« Ansatz sehen und sagen, daß neurotische Symptome soziale Verhaltensweisen sind, die infolge kognitiver Prozesse zustande kommen, selbst wenn es sich dabei um (dynamisch) unbewußte Prozesse handelt. Und dies wiederum gibt zu der Annahme Anlaß, daß das medizinische Modell in der Tat nicht geeignet ist, uns die Ätiologie der Neurose verstehen zu lassen. Welchen Begriff sollen wir uns dann von der Neurose machen? Sicherlich wäre es nicht richtig, wenn wir mit Szasz sagten, daß zum Beispiel die Hysterie ein Spiel sei, das »kennzeichnenderweise auf Herrschaft und interpersonale Kontrolle (Steuerung) ab[-zielt]. Die zu diesem Zwecke angewandten typischen Strategien sind das Ausüben von Zwang durch Behindertsein und Krankheit. Trügerische Eröffnungszüge unterschiedlichster Art, besonders aber Lügen, spielen dabei ebenfalls eine große Rolle« (1975, S. 275). Das klingt so, als sei neurotisches Verhalten eine bewußte Täuschung. Der

Unterschied zwischen Täuschung und Selbsttäuschung wird verwischt. Damit wird die Tatsache unterschlagen, daß neurotisches Verhalten typischerweise inflexibel, selbstzerstörerisch ist und sich der eigenen Kontrolle entzieht. Wenn der Neurotiker »ein Spiel spielt«, weiß er nichts davon und kann es auch nicht wissen, wenn ihm nicht besondere Hilfe zuteil wird. In gewissem Sinne ist er das Opfer eines selbstzerstörerischen »Spiels«, aus dem er sich nicht befreien kann. Dies ist eines der Dinge, die Freud mit Hilfe des Unbewußten zu erklären versuchte.

Ein angemessenes Modell müßte beiden Aspekten gerecht werden. In ihm müßte der dynamisch unbewußte und unfreiwillige Charakter neurotischen Verhaltens ebenso vertreten sein wie die nicht nur biologische, sondern vor allem soziale und kognitive Natur neurotischer Symptome. Der wichtige Unterschied zwischen neurotischem und normalem Sozialverhalten liegt natürlich darin, daß der Neurotiker sein eigenes Verhalten weder erklären noch kontrollieren kann. Wenn es uns also gelingen soll, Freud anhand des »ethogenen« Ansatzes von Harré zu verstehen, müssen wir erklären, warum die Person im Falle neurotischen Verhaltens, anders als im Falle anderer »enigmatischer« Vorfälle, nicht zur bewußten Kontrolle dessen, was sie tut, in der Lage ist (denn sie weigert sich ja nicht einfach, es zu tun). Vieles von dem, was Freud über »Abwehrmechanismen« und das Unbewußte geschrieben hat, zielte darauf, die Frage zu klären. In diesem Zusammenhang versuchte Freud auch von den intentionalistischen, zweckorientierten Konzepten fortzukommen, die seine klinischen Schriften charakterisieren. Statt dessen wandte er sich quasinaturwissenschaftlichen Konzepten zu, in denen ein »ökonomischer« und »topographischer« Standpunkt erscheint.

Lassen sich die psychoanalytischen Konzepte der Abwehr, der Verdrängung und des Unbewußten zur Erklärung dieser klinischen Fakten mit intentionalistischen, zweckorientierten Begriffen rekonstruieren, die der gleichen Kategorie angehören wie jene, auf denen die »Neubeschreibung« neurotischen Verhaltens als unbewußt motiviert beruht? Können wir Verdrängung und Unbewußtes als Konzepte auffassen, deren »Erklärungsfunktion« von dem Begriffsrahmen abhängt, in dem menschliches Handeln normalerweise gesehen wird, von einem Begriffsrahmen, in dem neurotische Symptome »Bedeutung« haben, und dabei auf die Analogie zu theoretischen Konstrukten der Naturwissenschaft verzichten? Im folgenden möchte ich Freuds Darstellung von Konflikt und Abwehr daraufhin untersuchen, ob sie uns eine Antwort auf diese Fragen gestattet.

II

In einem Rückblick auf die Entwicklung seiner Theorien sagt Freud, daß »der Übergang zur Psychoanalyse« erfolgte, als er im Gegensatz zu Breuer erkannte, daß »eine Vorstellung dann pathogen wird, wenn ihr Inhalt den herrschenden Tendenzen des Seelenlebens widerstrebt, so daß sie die ›Abwehr‹ des Individuums hervorruft« ([6]1923, XIII, S. 213 f.). Ursprünglich verwendete Freud das Konzept »Abwehr«, um einen intentionalen Unterdrückungsakt zu bezeichnen, der einen anscheinend unlösbaren Konflikt vermeiden soll. Wir hören, daß »die Person beschloß, sie (eine unverträgliche Vorstellung) zu vergessen, weil sie sich nicht die Kraft zutraute, den Widerspruch ... zu lösen«. Freud berichtet von den Bemühungen seiner Patienten »zur Abwehr, ihrer Absicht, die Sache ›fortzuschieben‹, nicht an sie zu denken, sie zu unterdrücken« (1894, I, S. 61). Zwei Jahre später zeigt sich, daß es keine bewußte Absicht zur Unterdrückung geben muß. Freud sagt jetzt, daß »Symptome ... durch den psychischen Mechanismus der (unbewußten) *Abwehr*, d. h. bei dem Versuche, eine unverträgliche Vorstellung zu verdrängen«, entstünden (1896, I, S. 379). Während Freud nun zwar nicht mehr der Meinung war, die Person sei sich der Verdrängung bewußt, hielt er die Verdrängung immer noch für eine aktive und durch Abwehr motivierte Unterdrückung einer Erinnerung. Da es sich nicht um eine bewußte Unterdrückung handelt, wählt er den Terminus technicus »Verdrängung«, den er vermutlich durch die Vermittlung seines Lehrers Meynert aus Herbarts »Vorstellungsmechanik« übernommen hat. (Vgl. Dorer 1932; Standard Editon, Bd. II, Einf. d. Hrsg., S. XXII). Freud erklärt jetzt die Ätiologie der »Abwehrneurose« wie folgt: wenn sich Schuld oder Scham mit

der Erinnerung an einen sexuellen Vorfall in der frühen Kindheit verknüpfen, wehrt sich die Person dagegen, indem sie diese Erinnerung verdrängt. Es beginnt eine Periode »der scheinbaren Gesundheit, eigentlich der gelungenen Abwehr«. Der Krankheitsbeginn ist die *»Wiederkehr der verdrängten Erinnerungen«* – also das Mißglücken der Abwehr. Doch scheitert das Individuum nur teilweise, da die Symptome den Platz der »pathogenen Erinnerungen« einnehmen. Dies geschieht in Form von *»Kompromiß*-bildungen zwischen den verdrängten und verdrängenden Vorstellungen« (1896, I, S. 387). Die Psychoneurosen entstehen also aus einem traumatischen Erlebnis (z. B. einer sexuellen Verführung) in der Kindheit. Freud macht »die Abwehr zum Kernpunkt im psychischen Mechanismus der ... Neurosen« (ebd., S. 379 f.).
Obgleich Freud Herbart folgt und von einem »psychischen Mechanismus« spricht, wird deutlich, daß das Konzept der Verdrängung oder Abwehr ursprünglich in einem ausgesprochen intentionalistischen Zusammenhange eingeführt wurde, um den (unbewußten) Versuch der Person zu beschreiben, sich gegen eine Erinnerung zu wehren (»sie abzuwehren«), die mit der reifen Persönlichkeit in Konflikt gerät. In diesem Entwicklungsstadium des Freudschen Denkens leitet sich die Bedeutung des Konzeptes der »unbewußten« Verdrängung aus der Bedeutung der (bewußten) Unterdrückung ab. Der Grund dafür, daß eine Person bestimmte Vorstellungen verdrängt, gleicht dem Grund, aus dem sie einen Widerspruch unterdrückt (sich absichtlich weigert, an ihn zu denken), wenn »sie sich nicht die Kraft zutraut«, ihn zu lösen.

Dieses Verständnis der Verdrängung änderte sich 1897, als Freud die Theorie von der frühkindlichen Verführung aufgab (Freud 1887–1902, Brief 69) und sie durch den Begriff einer normalen infantilen Sexualität ersetzte (ebd., Briefe 71, 75). Die Tatsache, daß viele Neurotiker keine wirkliche Verführung in ihrer Kindheit erlebt haben, schien zu beweisen, daß die theoretische Bedeutung der interpersonellen Beziehungen des Kindes nicht so groß wie angenommen war. Freud wandte nun sein Augenmerk auf die instinktmäßigen Triebe und ihre Entwicklung. Er entwarf das Modell einer sexuellen Entwicklung, in der die Verdrängung nicht mehr abnormes Ergebnis interpersoneller Erfahrung in der

Kindheit ist, sondern der Normalfall der Triebentwicklung auf dem Wege zur sexuellen Reife. Das neue Verständnis der Verdrängung sieht wie folgt aus:

Infolge dieses verspäteten Eintreffens der sekundären Vorgänge bleibt der Kern unseres Wesens, aus unbewußten Wunschregungen bestehend, unfaßbar und unhemmbar für das Vorbewußte ... diese unbewußten Wünsche stellen für alle späteren seelischen Bestrebungen einen Zwang dar ... Unter diesen aus dem Infantilen stammenden, unzerstörbaren und unhemmbaren Wunschregungen befinden sich nun auch solche, deren Erfüllungen in das Verhältnis des Widerspruchs zu den Zielvorstellungen des sekundären Denkens getreten sind. Die Erfüllung dieser Wünsche würde nicht mehr einen Lust-, sondern einen Unlustaffekt hervorrufen *und ebendiese Affektverwandlung macht das Wesen dessen aus, was wir als ›Verdrängung‹ bezeichnen* ... Dieselben [infantilen Wünsche und Erinnerungen] werden sich selbst überlassen, ›verdrängt‹ und somit wird das Vorhandensein eines infantilen, dem *Vbw* von Anfang an entzogenen Erinnerungsschatzes zur Vorbedingung der Verdrängung (1900, II/III, S. 609 f.).

Verdrängung scheint kein Abwehrakt mehr zu sein, sondern vielmehr etwas, das jedem im Laufe der Entwicklung zustößt. Infantile »Wunschregungen« (Triebkomponenten) werden im Laufe der normalen sexuellen Entwicklung überwunden, ihre Befriedigung in einer späteren Entwicklungsphase wäre nicht mehr lustvoll. Damit kommen wir zum Kernpunkt der Verdrängung. An sich ist die Verdrängung nämlich nicht pathologisch, das ist nur die »zu weit gehende« Verdrängung: »die Neurose führte sich auf eine zu weit gehende Verdrängung der libidinösen Strebungen zurück« (1906, V, S. 156).
Eine ähnliche Auffassung der Verdrängung wird in den metapsychologischen Aufsätzen erkennbar. Dort unterscheidet Freud zwischen »Urverdrängung«, einer ersten »Phase der Verdrängung, die darin besteht, daß ... eine *Fixierung*« stattfindet (d. h. eine Triebkomponente wird zurückgelassen und auf diese Weise vom Bewußtsein und weiterer Entwicklung ausgeschlossen). Das »Nachdrängen« auf der zweiten »Stufe der Verdrängung, ... [der] *eigentlichen Verdrängung*, betrifft psychische Abkömmlinge der verdrängten Repräsentanz« (1915, X, S. 250). Die Verdrängung erfaßt Vorstellungen, die die »psychische Repräsentanz« eines Triebs sind, der in einer frühkindlichen Phase »fixiert« wurde.

Wenn das Verdrängte anschließend zurückkehrt, wird eine »Affektverwandlung« und Symptombildung stattfinden. Das Triebkonzept selbst wird explizit in Analogie zum »Begriff des Reizes und ... [des] Reflexschemas« eingeführt (1915b, X, S. 211). Triebe sind Reize, die innerhalb des Organismus entstehen, so daß sie nicht durch einen Fluchtreflex vermieden werden können. Doch die Aufgabe des Nervensystems ist es, sich ihrer zu entledigen oder sie auf ein Minimum zu reduzieren (ebd., S. 211 ff.). Freuds Triebkonzeption ist zu diesem Zeitpunkt weit eher biologisch als psychologisch. Er stellt sich Triebe als Kräfte oder Energien innerhalb des Organismus vor, die sich nicht unbedingt auf Objekte richten: »Das Objekt ... ist das variabelste am Triebe, nicht ursprünglich mit ihm verknüpft« (ebd., S. 226). Ähnlich wird die Angst als Umsetzung der Triebenergie angesehen, die von der Verdrängung herrührt (1915, X, S. 258). Affekte sind Energieladungen, die der dem Trieb repräsentierenden Vorstellung anhaften. Freud geht dort näher auf die »Schicksale« ein, die solche Vorstellungen und der zu ihnen gehörende »Affektbetrag« erfahren können (1915, X, S. 255; 1915b, 1915c, *passim*).

In der Metapsychologie versucht Freud, seine klinischen Erkenntnisse über die Verdrängung in verschiedenen Neurosen zu formulieren. Dabei bedient er sich der Terminologie von »Besetzung« und »Gegenbesetzung« (d. h. Energiebesetzung und ihre Entziehung). Gegenstand dieser Vorgänge sind Vorstellungen »an der Grenze der Systeme *Ubw* und *Vbw* (*Bw*)« (vgl. 1915, X, S. 257 ff., 1915c, X, S. 279 ff.). Statt von Abwehr ist jetzt die Rede von Triebschicksalen; Vorstellungen scheinen keine Bedeutung mehr zu haben, sondern sind zu Entitäten geworden – »psychischer Repräsentanz« somatischer Triebe, »welche vom Trieb her mit einem bestimmten Betrag von psychischer Energie ... besetzt ist« (1915, X, S. 254 f.).

Diese Entitäten werden durch den Austausch von Energie von einer Region (von einem »System«) der Topik in die andere gedrängt.

Freud hat seinen frühen, unveröffentlichten Ansatz spekulativer Neurophysiologie (1895) aufgegeben. Jetzt sagt er, daß »unsere psychische Topik ... *vorläufig* nichts mit der Anatomie zu tun« hat (1915c, X, S. 273). Nachdem Freud die Verdrängung also in eine Theorie eingebettet hatte, die die Entwicklung der Triebe und Neurose von einer »zu weit gehenden Verdrängung« der Libido abhängig machte, versuchte er die begriffliche Fassung der Verdrängung in Analogie zu biologischen Prozessen zu bringen. Triebe haben somatische Ursprünge – es sind »die somatischen Vorgänge, in denen das Wesen der Sexualität zu suchen ist« (1906, V, S. 156). Entsprechend war Freud nun der Meinung, »das Wesen dieser Erkrankungen liege in Störungen der Sexualvorgänge ... in den Psychoneurosen [können wir] ... die psychischen Wirkungen der Störungen im Sexualstoffwechsel erkennen« (ebd., S. 158).

Die Kommentatoren haben festgestellt, daß nun »›Abwehr‹ aus dem Sprachgebrauch Freuds ausschied und ›Verdrängung‹ im Grunde genommen der einzige Ausdruck wurde, mit dem er ... die verschiedenen Abwehrmechanismen bezeichnete« (Madison, 1961, S. 29). Der Grund ist sicherlich darin zu sehen, daß »Abwehr«, ein psychologisches Konzept, das an Gefahr oder Konflikt denken läßt – 1894 schrieb Freud: »Konflikt deckt sich mit meinem Gesichtspunkt der Abwehr« (1887–1902, S. 95) – nicht mehr angemessen war. In diesem biologischen Modell der sexuellen Entwicklung verdrängt das Kind nicht aus irgendeinem (bewußten oder unbewußten) Motiv, sondern die Verdrängung stößt dem Kind zu. Infantile Triebkomponenten werden verdrängt, indem sie »sich selbst überlassen bleiben«, während der Organismus sich zur genitalen Reife hin entwickelt. Sie sind das »Verdrängte« (vgl. Brenner, 1957, S. 26 ff.). Es gibt auch keinen Grund für eine spätere Verdrängung, da es sich einfach um ein »Nachdrängen« handelt, das durch irgendwelche Dinge herbeigeführt wird, die mit dem ursprünglich Verdrängten assoziiert sind (1915c, X, S. 279 ff.). Während die Abwehr in Reaktion auf irgendeine Gefahr oder einen Konflikt von der Person vorgenommen wird – wenn auch nicht bewußt – so ist die Verdrängung das Werk eines quasi-biologischen Mechanismus. Die Vorstellung, daß die Neurose in der psychologischen Reaktion auf einen hoffnungslosen Konflikt verwurzelt ist, in den andere Personen verwickelt sind, scheint der Auffassung Platz gemacht zu haben, daß sie die psychische Auswirkung einer zu weit gehenden Verdrängung ist, eine Störung des Sexualstoffwechsels. Freud selbst beschreibt die Veränderung, die seine Auffassung von der Äthiologie der Psychoneurosen durchgemacht hat, wenn er sagt:

Sonst sind an die Stelle akzidenteller Einflüsse konstitutionelle Momente, für die rein psychologisch gemeinte Abwehr ist die organische »Sexualverdrängung« eingetreten (1906, V, S. 157).

Entspricht dies Modell den klinischen Fakten? Die Überzeugungskraft der Psychoanalyse rührte von dem Umstand her, daß das praktische Interesse sich darauf richtete, verdrängte frühkindliche Regungen zu entdecken. Weniger Aufmerksamkeit schenkte sie dem Ich, das die Verdrängung vornimmt. Diese Regungen schienen der reifen Person nicht nur völlig fremd zu sein, sie vertrugen sich auch nicht mit ihrem zielstrebigen, rationalen Verhalten. Sie konnte diese Störungen durch Selbstbeobachtung oder ähnliche Maßnahmen weder beherrschen noch verstehen. Betrachten wir ein weiteres Symptom des Paul Lorenz, den Zwang, bei nächtlichen Studien seine Arbeit zu unterbrechen, die Vordertür zu öffnen und sich zu entblößen. Freud sagt:

Dies tolle Treiben wird unter der Voraussetzung verständlich, daß er sich so benahm, als ob er den Besuch des Vaters um die Geisterstunde erwartete ... Nun sollte er Freude an ihm haben, wenn er als Geist wiederkam und ihn beim Studieren traf. An dem anderen Teile seines Tuns konnte der Vater aber unmöglich Freude haben; damit trotzte er ihm also und brachte so in einer unverstandenen Zwangshandlung die beiden Seiten seines Verhältnisses zum Vater nebeneinander zum Ausdrucke ...« (1909, VII, S. 425 f.).

Dies hört sich an, als könnten wir das Ritual als Ausdruck seines Wunsches verstehen, seinem Vater zu gefallen und ihm zu trotzen – nur war sein Vater seit neun Jahren tot. Das Ritual kann also den Wunsch nur ausdrücken, wenn Lorenz der Meinung war, sein Vater könne noch Zeuge des ganzen werden! Tatsächlich war Lorenz achtzehn Monate lang nicht in der Lage, sich den Tod seines Vaters einzugestehen. Als er es schließlich tat, wurde er ganz ungewöhnlich abergläubisch. »Von da an fügte er seinem Gedankengebäude die Fortsetzung ins Jenseits an« (a. a. O., S. 399). Freud interpretiert dies »als eine Kompensation für diese Todeswünsche gegen den Vater ... Sie ... sollte ... den Tod des Vaters wieder aufheben (a. a. O., S. 452). Dadurch, daß Lorenz sein Ritual absolvierte, »bewies« er, daß sein Vater noch in gewisser Weise lebte – wie hätte er ihm sonst eine Freude machen und/oder ihm trotzen können? Und er mußte sich an diesen »Glauben« klammern, weil er sich als Kind verzweifelt gewünscht hatte, der Vater möge tot sein. Die Unvernunft im Denken und Verhalten von Lorenz, die Fremdheit dieser kindlichen Regungen und die Unfähigkeit des Neurotikers, das eigene Verhalten zu verstehen und zu beherrschen – all dies unterscheidet sich entschieden von kognitiv vermitteltem Sozialverhalten, das sich anhand einer zielgerichteten, intentionalistischen Sprache verstehen läßt. Vielleicht sind dies eben »die psychischen Wirkungen der Störungen im Sexualstoffwechsel«.

Sicherlich ist das keine Lösung. Wie kommt Freud zu einer Hypothese, die Lorenzens Symptome erklärt? Er analysiert, was Lorenz über sein Leben sagt, hört seinen freien Assoziationen zu und sucht nach einer Hypothese, die einige Aspekte seines gegenwärtigen Verhaltens anhand dessen erklären können, was er möglicherweise als Kind gefühlt oder geglaubt hat. Zu Anfang seiner Analyse sagt Lorenz zum Beispiel, daß er sich im Alter von sechs Jahren gewünscht habe, Mädchen nackt zu sehen. »Ich hatte aber bei diesen Wünschen ein *unheimliches Gefühl*... z. B. *mein Vater würde sterben*« (a. a. O., S. 387). Freud stellt sich selbst die Frage: »Was soll es heißen, daß der Vater sterben muß, wenn im Kinde jener lüsterne Wunsch rege wird?« (a. a. O., S. 389.) Freud wagte die Konstruktion, »er [Lorenz] habe als Kind im Alter von sechs Jahren irgendeine sexuelle Missetat im Zusammenhange mit der Onanie begangen und sei dafür vom Vater empfindlich gezüchtigt worden« (a. a. O., S. 426). So rekonstruiert Freud anhand dessen, was Lorenz *sagt* (und manchmal auch nicht sagt), die Beziehung zum Vater sowie die Einstellungen, Ängste und Überzeugungen aus der Kindheit. Diese stellen möglicherweise den verdrängten Konflikt dar, der in seinen Symptomen »wiederkehrt«. Dieses »Szenario« wird bestätigt, als es Lorenz gelingt, diese Erklärung anzuerkennen, und zwar nicht als eine, die sich aus Freuds Theorie ergibt, sondern als eine, die er nun selbst für sein Verhalten zu geben geneigt ist. (Zum Verfahren der Szenarien und Erklärungen vgl. Harré). (1974)

Die klinische Methode Freuds beruht also darauf, daß der »Sinn«

der Symptome anhand der Liebe, des Hasses, der Schuld und der anderen Motive verstanden wird, die die Beziehung zwischen Menschen bestimmen. Solche intentionalistischen Konzepte lassen sich jedoch nicht in einem im Wesen biologischen Modell der Triebentwicklung unterbringen, in dem die Triebe durch ihre somatischen Quellen definiert werden – d. h. durch »erogene Zonen« und nicht anhand intentionaler Objekte – und die Triebschicksale als Energieaustausch begriffen werden. Freud hat niemals die Tatsache aus dem Auge verloren, daß neurotische Symptome einen »Sinn« haben. Dies bedeutet, daß sie nicht nur »psychische Wirkungen« von Störungen im Sexualstoffwechsel sein können.

Sie müssen eine psychologische Erklärung haben. Die Spannung im Denken Freuds zeigt sich, wenn er in einem Atemzuge über »Kräfte« und »zielstrebige Tendenzen« spricht. So sind psychologische Erscheinungen »als Anzeichen eines Kräftespiels in der Seele [zu] begreifen, als Äußerung von zielstrebigen Tendenzen, die zusammen oder gegeneinander arbeiten« (1916, XI, S. 62). Während dieser Zeit orientierte sich Freuds Verdrängungskonzept an zwei verschiedenen Modellen: »Die Verdrängung kann wohl richtig als die Zwischenstufe zwischen dem Abwehrreflex und der Verurteilung beschrieben werden« (1905, VI, S. 199). Es wird nicht deutlich, wie wir dies zu verstehen haben (vgl. Peters, 1958, S. 92 ff.).

Doch war das noch nicht Freuds letztes Wort zu diesem Gegenstand. Als die »topographische« Darstellung (Bb, Vbw, Ubw) 1923 durch die »strukturelle« Darstellung (Ich, Es, Über-Ich) ersetzt wurde, nahm Freud auch Veränderungen an den Konzepten der Verdrängung und Angst vor. Die neue Beschreibung wurde fortgesetzt in *Hemmung, Symptom und Angst* (1926). Später meinte Freud zur Angst:

> Wir haben dabei zwei Dinge neu erfahren, erstens, daß die Angst die Verdrängung macht, nicht, wie wir meinten, umgekehrt, und [zweitens] daß eine gefürchtete Triebsituation im Grunde auf eine äußere Gefahrsituation zurückgeht (1933, XV, S. 95 f.).

Früher stellte Freud sich neurotische Angst als Libidoumsetzung vor. Deshalb unterschied er sie streng von »der Realangst ...,

welche durchweg eine Reaktion auf Gefahr ist« (1917, XI, S. 416 ff.). Jetzt werden die beiden Erscheinungsformen der Angst jedoch in engem Zusammenhang gesehen, weil die Angst des Neurotikers vor seinen eigenen Triebregungen auf eine reale Gefahrensituation zurückgeht. Beispielsweise wird nun der Fall des kleinen Hans (1909b, VII) neu interpretiert. Seine neurotische Furcht, von einem Pferd gebissen zu werden, wird zurückgeführt auf »eine Realangst, Angst vor einer wirklich drohenden oder als real beurteilten Gefahr« (1926, XIV, S. 137). Das Kind war also (natürlich zu Unrecht) davon überzeugt, daß ihm die Gefahr drohte, für seine Regungen kastriert zu werden. Deshalb erschienen sie ihm als Gefahren und wurden unterdrückt (a. a. O., S. 176; 1933, XV, S. 93 ff.).
Nach dieser Darstellung unterscheidet sich »die Angst der Tierphobien ... von der Realangst« nur dadurch, »daß der Inhalt der Angst unbewußt bleibt und nur in einer Entstellung bewußt wird« (1926, XIV, S. 157). Wenn Freud zuvor sagte: »Ich meine nur, Angst bezieht sich auf den Zustand und sieht vom Objekt ab« (1917, XI, S. 410), meint er nun: »Die Angst hat eine unverkennbare Beziehung zur *Erwartung*; sie ist Angst *vor* etwas« (1926, XIV, S. 197). Angst hat also ein intentionales Objekt, auch wenn die Person entweder nicht in der Lage ist zu sagen, wovor sie Angst hat oder z. B. sagt, sie habe vor einem Pferd Angst, obwohl ihre Angst in Wirklichkeit von etwas ganz anderem herrührt. Da sich die Angst nun im wesentlichen auf die Objekte in der sozialen Welt des Kindes richtet, und da Freud jetzt anerkennt, daß »die Angst die Verdrängung macht«, wird sie zum Motiv, die Regungen abzuwehren, deren Ausdruck unter den gegebenen Umständen gefährlich wäre (bzw. von dem Kind für gefährlich gehalten wird). Tatsächlich ist Freud zu seiner frühen »rein psychologischen« Auffassung der Verdrängung und Abwehr zurückgekehrt. Die sozialen Realitäten der Situation des Kindes gewinnen wieder zentrale theoretische Bedeutung, da sie der reale, äußere Grund der Angst sind, die zu der Verdrängung führt. Den Trieben kommt immer noch eine Schlüsselrolle zu. Doch werden sie jetzt auf die soziale Situation des Kindes bezogen: Der Konflikt, der zur Neurose des kleinen Hans führte, beruhte nicht auf einer inkompatiblen Erinnerung, sondern auf

einem Konflikt zwischen den Ansprüchen seiner sich entwikkelnden Triebe (der Liebe zur Mutter) und seinem Verständnis der interpersonellen Situation, in der sie sich befriedigen lassen konnten (der Furcht vor dem Vater, den er ebenfalls liebte).

Kein Wunder, daß Freud sagte: »Im Zusammenhange der Äußerungen über das Angstproblem habe ich einen Begriff wieder aufgenommen, dessen ich mich zu Anfang meiner Studien vor dreißig Jahren ausschließlich bedient und den ich späterhin fallengelassen hatte. Ich meine den des Abwehrvorgangs« (1926, XIV, S. 195 f). Der strukturelle Gesichtspunkt setzt das Ich nicht mehr mit Bewußtsein gleich, sondern räumt ein, daß es Abwehrvorkehrungen treffen kann, die (dynamisch) unbewußt sind. Freuds Aufmerksamkeit wendet sich also wieder von den verdrängten Trieben dem Ich zu, das die Verdrängung vornimmt. Die passive Erklärung »organischer Sexualverdrängung« wird fallengelassen. Statt dessen setzt sich die Vorstellung durch, daß das Ich in Reaktion auf die Angst, die ein Gefahrensignal ist, die Abwehrvorgänge aktiv einleitet. Sobald der Säugling erfahren hat, daß er, wenn seine Mutter abwesend ist, hilflos von seinen Bedürfnisspannungen (z. B. Hunger) überwältigt wird, wird die Abwesenheit der Mutter zu der Gefahr, die er fürchtet. Dies »schließt gleichzeitig den Übergang von der automatisch ungewollten Neuentstehung der Angst zu ihrer beabsichtigten Reproduktion als Signal der Gefahr ein« (a. a. O., S. 168). Angst wird nun zu einem Signal, das das Ich vor einer zu erwartenden Gefahr warnt, gegen die es sich wehren muß (a. a. O., S. 194 f., 199 f). Verschiedene Gefahren charakterisieren verschiedene Entwicklungsphasen. So signalisiert Angst später die Gefahr, die vom Vater ausgeht (Kastrationsangst) und dann die Gefahr, die vom Über-Ich ausgeht (a. a. O., S. 165 ff.).

Obgleich Signalangst immer Ursprung »späterer Verdrängungen« ist, sagt Freud, daß »die ersten und ursprünglichen [Verdrängungen] ... direkt ... aus traumatischen Momenten« entstehen, so daß es »eine zweifache Herkunft der Angst« gibt – sie kann eine automatische Reaktion auf eine übermäßige Stimulation sein oder ein Gefahrensignal (1933, XV, S. 101). Um diese Beschreibung auf einen Nenner zu bringen, sagt Freud, daß automatische Angst sich immer »nach dem Geburtsvorbild« richte (ebd.), es handle sich um »die dem Geburtstrauma analoge Situation« (vgl. 1926, XIV, S. 172). Die Psychoanalytiker sind sich immer noch nicht ganz einig, ob man den Begriff der »automatischen Angst« beibehalten soll, eine Frage, die teilweise davon abhängt, wie man die »traumatischen« Neurosen (d. h. jene, deren Ursache gegenwärtig ist) zu verstehen hat (vgl. Rangell, 1955). Für unseren Zweck genügt es jedoch, daß Freud – unabhängig davon, wie die Ätiologie der traumatischen Neurosen beschaffen sein mag – die Auffassung vertrat, Signalangst sei für die »Psychoneurosen charakteristisch« (1926, XIV, S. 171). Er meinte auch, daß selbst die »Verdrängungen, [die] in früher Kindheit [geschehen], ... primitive Abwehrmaßregeln des unreifen schwachen Ichs« sind (1937, XVI, S. 71). Freuds endgültige Auffassung scheint also gewesen zu sein, daß die ursprüngliche wie die spätere Verdrängung eine (unbewußte) Tätigkeit des Ichs sei. Der alte Begriff der Abwehr ist »die allgemeine Bezeichnung für alle die Techniken ..., deren sich das Ich in seinen eventuell zur Neurose führenden Konflikten bedient, während Verdrängung der Name einer bestimmten solchen Abwehrmethode bleibt« (1926, XIV, S. 196).

III

Die Abwehr ist nach Freud also eine Technik, die dazu dient, jene Triebbedürfnisse vom Bewußtsein fernzuhalten, die Angst hervorrufen, weil ihr Ausdruck tatsächlich (oder nach Überzeugung der Person) zu einem gefährlichen Konflikt führen würde. Dann dürfte es keine Schwierigkeiten bereiten, die »Erklärungsrolle« dieses Konzepts zu verstehen. Warum verschob der kleine Hans, der seine Mutter liebte, seine Furcht vor dem Vater auf Pferde? Weil er auch seinen Vater liebte und die Verschiebung »die Erledigung des Ambivalenzkonflikts« gestattet (1926, XIV, S. 131). Oder nehmen wir den Fall des Agoraphoben, der seine Angst vor sexueller Versuchung auf den Aufenthalt auf der Straße verschiebt: »Sein Gewinn dabei ist offenbar, daß er meint, sich so besser schützen zu können« (1933, XV, S. 91). Der kleine Hans konnte seinen Vater schwerlich meiden. Bei Pferden war das aber möglich, wenn er im Hause blieb (vgl. 1926, XIV, S. 156).

Wie das Verständnis neurotischer Angst nun von unserem Verständnis der Realangst in einer Gefahrensituation abhängt, so beruht das Verständnis der neurotischen Abwehr darauf, daß wir die Techniken verstehen, die zum Selbstschutz benutzt werden können. Wenn wir erklären, was jemand tut, indem wir sagen, was sein Ziel ist und welche Techniken er verwendet, um es zu erreichen, beziehen wir uns damit nicht auf irgendwelche theoretischen Konstrukte. Wir gehen auch nicht von einem »Mechanismus« aus, der unabhängig von ihm selbst das Verhalten hervorbringt. Sicherlich aber können wir verstehen, wodurch bestimmte Verhaltensweisen zustande kommen, wenn wir sie in ein Muster intentionaler Aktivitäten einbinden können, die sich auf ein bestimmtes Ziel richten.

Natürlich wird man einwenden, daß ich über die neurotische Abwehr spreche, als ob es sich um die bewußte Anwendung mehr oder weniger intelligenter Techniken handle. Doch der kleine Hans verschob seine Angst nicht bewußt, er tat (bewußt) überhaupt nichts. Nur hatte er Angst vor Pferden. Zweifellos ist sich der Neurotiker weder bewußt, daß er von Abwehren Gebrauch macht, noch kann er sich diesen Umstand durch Selbstbeobachtung oder Ähnliches bewußt machen. Bemerkenswert ist aber, daß sich Freud nun selbst auf normale psychologische Prozesse bezieht, um die Wirkungsweise der neurotischen »Abwehrtechniken« zu erläutern. In der neuen Fassung der Verdrängung als Reaktion auf Signalangst bemerkt das Ich, daß die Befriedigung eines Triebanspruchs gefährlich wäre. Er muß also »irgendwie unterdrückt, aufgehoben, ohnmächtig gemacht werden ... Dann hilft sich das Ich durch eine Technik, die im Grunde mit der des normalen Denkens identisch ist« (1933, XV, S. 96). Freud fügt hinzu:

Zunächst das Zugeständnis, daß ich versucht habe, in die Sprache unseres normalen Denkens zu übersetzen, was in Wirklichkeit ein gewiß nicht bewußter oder vorbewußter Vorgang zwischen Energiebeträgen an einem unvorstellbaren Substrat sein muß. Aber das ist kein starker Einwand; man kann es ja nicht anders machen (ebd.).

Der entscheidende Gesichtspunkt Freuds mag darin bestehen, daß wir zwar nicht wissen, was in dem »unvorstellbaren Substrat« vorgeht, Neurotiker aber trotzdem Personen sind und nicht irgendwelche Geschöpfe, die uns völlig fremd sind. Deshalb können wir Analogien zu normalen psychologischen Prozessen verwenden, um das Abnorme zu verstehen. Das Verhalten des Neurotikers ist nicht rational, aber es ist komplex genug organisiert, um auf eigene Weise »sinnvoll« zu sein. Deshalb werden die Konzepte, die verwendet werden, um normales, zielstrebiges und intentionales Verhalten zu verstehen, auch für das Verständnis neurotischen Verhaltens *relevant*[2] (zur »internen Konsistenz« und »externen Effizienz« des Verhaltens vgl. Toulmin, 1974).

Um dies besser zu verstehen, müssen wir die Isolierungstechnik betrachten, einen »Abwehrmechanismus«, der für die Zwangsneurose typisch ist. Paul Lorenz hatte das »unheimliche Gefühl« nicht vergessen, die Angst, sein Vater würde sterben, wenn er den Wunsch verspürte, Mädchen nackt zu sehen. Er erinnerte sich auch, daß er, als er älter wurde, dachte, Mädchen würden freundlicher zu ihm sein, wenn sein Vater sterben würde. Doch meinte er, dies seien irrelevante Gedanken, von denen er rein zufällig heimgesucht werde (vgl. 1909, VII, S. 402, S. 439 ff). Der störende Gedanke ist so »von seinem Affekt entblößt und seine assoziativen Beziehungen sind unterdrückt oder zerbrochen, so daß e[r] wie isoliert dasteht« (1926, XIV, S. 151). Dazu führt Freud aus, daß »einen Vorwand für dies Verfahren der Neurose . . . der normale Vorgang der Konzentration« gibt (ebd.). Alles gerichtete Denken beruht also darauf, daß die Aufmerksamkeit konzentriert und alles nicht dazu Gehörige ausgeschlossen wird, so daß

2 Obgleich Freud seine energetischen Auffassungen niemals aufgegeben hat, sagte er, daß seine neue »Auffassung der Angst als eines . . . Signals . . . von diesem ökonomischen Zwange unabhängig macht« (1926, XIV, S. 170 f). »Die Frage, aus welchem Stoff die Angst gemacht wird, hat an Interesse verloren« (1933, XV, S. 92). Es läßt sich sogar viel von dem, was er energetisch formuliert, leicht in intentionale Ausdrücke bringen, so z. B. die »die Technik der Gegenbesetzung bei den Phobien, deren Interesse sich darauf konzentriert, sich immer weiter von der . . . gefürchteten Wahrnehmung zu entfernen« (1926, XIV, S. 191).

»das Ich normalerweise eine große Isolierungsarbeit ... zu leisten« hat (ebd.). Soweit nun Lorenz betroffen ist, richtet er seine Aufmerksamkeit lediglich auf das, was er für relevant hält. Diese Konzentration ist jedoch ein »Vorwand« dafür, intentional jene Beziehungen auszuschließen, die er nicht zu sehen wünscht. Dadurch blockt er die Angst ab, die ihn überwältigen würde, wenn er sich bewußt machen müßte, daß er seinen Vater haßt. Auf diese Weise bringt Lorenz es fertig, daß seine »Aggressionen dem Ich nicht als ein Impuls, sondern ... als ein bloßer ›Gedankeninhalt‹ [erscheint], der einen kalt lassen sollte« (a. a. O., S. 147). Doch Lorenz ist sich nicht der Tatsache bewußt, daß er hier etwas absichtlich isoliert, um sich vor diesem Konflikt zu schützen. Er würde also nicht sagen, daß er irgend etwas tut – aus seiner Sicht stoßen ihm bestimmte Dinge zu, in bestimmten Situationen huschen ihm Gedanken über seines Vaters Tod durch den Kopf, aber sie haben keine Bedeutung. Daran mag Freud gedacht haben, als er gesagt hat: »Das Tun versteht es so häufig, sich als ein passives Erleben zu maskieren« (1916, XV, S. 52).

Es ist ein wesentliches Merkmal der Abwehrmaßnahmen des Neurotikers, daß er sie vor sich geheimhalten muß. Der Grund liegt in seiner Situation, die immer einen grundsätzlichen Konflikt aufweist. Obgleich er sich gegen einen Es-Impuls wehrt, weil sein Ausdruck – so scheint es ihm zumindest – Gefahr heraufbeschwören würde, verlangt es ihn doch auch danach, diesen Impuls zu befriedigen. Wenn dieser Konflikt ihn zum »Zugeständnis ... [seiner] Hilflosigkeit gegen sie« führt (1926, XIV, S. 199), versucht er ihn zu vermeiden, anstatt ihn zu lösen. Möglicherweise wird er nicht alles aus seinem Bewußtsein ausschließen, was ihn an diesen Konflikt erinnern könnte, doch wird er sich zumindest selbst daran hindern, sich die Bedeutung der erinnerten inkompatiblen Elemente bewußt zu machen. Also nicht nur in der Verdrängung, sondern auch in anderen neurotischen Abwehren wird der Konflikt durch irgendeine Veränderung des Bewußtseins »abgewehrt«. Deswegen besitzt die Verdrängung paradigmatische Bedeutung für Freud und deshalb kennzeichnet er andere Abwehren manchmal als »Surrogate« der Verdrängung (a. a. O., S. 149).

Doch der Neurotiker muß, um einen Konflikt dadurch abzuwehren, daß er inkompatible Elemente oder ihre Bedeutung dem Bewußtsein fernhält, sich selbst darin hindern, sich diese Tatsache bewußt zu machen. Die Verschiebung von einem Objekt auf das andere kann den kleinen Hans nur dann dazu befähigen, sich vor dem Bewußtsein seines Konfliktes zu bewahren, wenn er die Verschiebung intentional, aber unbewußt vornimmt. Er verfährt so, um sich selbst über seine wahren Gefühle gegenüber seinem Vater hinwegzutäuschen, ist sich aber nicht bewußt, daß er es tut. Freud sagt, daß in der Zwangsneurose »der eigentliche Wortlaut der aggressiven Triebregung dem Ich überhaupt nicht bekannt [ist] ... [doch] das Über-Ich benimmt sich so ..., als wäre ihm ... [der] richtige Wortlaut ... bekannt« (a. a. O., S. 146 f). Ihm wird es dabei nicht darauf ankommen, daß wir die Person als Homunculus verstehen, vielmehr der Neurotiker den Konflikt dadurch vermieden hat, daß er sich selbst täuscht: Sein Mangel an Bewußtsein ist motiviert. Er hat eine inkompatible Regung, die er in einem gewissen Sinne als die seine erkennt, aus seinem Bewußtsein ausgeschlossen. Das kann ihm nur gelingen, wenn er das Verfahren, das er intentional verwendet, um sich zu täuschen, nicht in sein Bewußtsein dringen läßt.

Die Verbindung zwischen Selbsttäuschung und psychoanalytischen Phänomenen ist einigen Philosophen nicht verborgen geblieben. Wenn Fingarette (1969) den Menschen beschreibt, der sich selbst täuscht und der eine »Politik des Nicht-Aussprechens« wählt, um sich seine »Bindung in der Welt« nicht einzugestehen, präsentiert er diesen Typus unter anderen Dingen als eine Auslegung der Freudschen Theorie. Die Politik des Verschweigens, die Weigerung, die eigene Situation auszusprechen, kann uns vielleicht darüber Auskunft geben, wie die Selbsttäuschung im Falle der Verdrängung funktioniert – z. B. wie der Hysteriker es fertig bringt, »daß der Wahrnehmungsinhalt erregender Erlebnisse ... vergessen und von der Reproduktion im Gedächtnis ausgeschlossen wird« (Freud, 1926, XIV, S. 196). Doch es gibt noch andere »Abwehrmechanismen«. Hamlyn (1971) hat darauf hingewiesen, wieviele Wege die Selbsttäuschung einschlagen kann. Er erklärt, daß, was »völlig vernünftig« erscheint, unter Umständen »auf einem Abblocken natürlicher menschlicher Gefühle beruht«. Es wird zu einem Mittel, das die »Person benutzt, um sich gegen ihre wahre Natur zu schützen«. Diese Erklärung bezieht er auf das, was Freud über »Isolierung« sagt (1971, S. 50 f). Ich vermute, daß viele normale kognitive Prozesse »einen Vorwand für Verfahren der Neurose« liefern, wie Freud es ausdrückt. Verschiedene »Abwehrmechanismen« lassen sich also als intentionale, aber unbewußte Nutzung verschiedener Denk- und Wahrnehmungsweisen verstehen, die dem Zweck dienen, das Selbst gegen die Angst vor einem unerträglichen Konflikt zu schützen. Deshalb wird der Konflikt dem Bewußtsein ferngehalten. So versuchen die Neurotiker, ihre Ängste zu bewältigen, indem sie sich über die tatsächlichen Gefühle täuschen, die sie anderen gegenüber hegen. Unterschiedliche neurotische Abwehrmaßnahmen sind unterschiedliche normale Erkenntnisweisen, die durch die unbewußten Abwehrziele verzerrt wurden.

Dazu wollen wir eine Abwehr ganz anderer Art betrachten, die »Projektion«. In Verbindung mit dem Fall Schreber sagt Freud, daß in der Paranoia »dem Satze ›ich (ein Mann) liebe ihn‹« der Verfolgungswahn widerspricht, der erklärt: »Ich liebe ihn nicht – ich hasse ihn ja.« Doch »dieser Widerspruch, der im Unbewußten nicht anders lauten könnte« (sic!), würde nicht als Abwehr dienen können, wenn er in dieser Form bewußt würde. Deshalb verwandelt er sich »durch Projektion in . . .: Er haßt (verfolgt) mich, was mich dann berechtigen wird, ihn zu hassen« (1911, VIII, S. 290). Paranoia ist also eine Art Abwehr gegen Homosexualität, die durch Projektion eine innere Gefahr durch eine äußere ersetzt. Wie läßt sich aber der Verfolgungswahn, der den Paranoiker befällt, intentionalistisch verstehen? Wird der Wahn von dem Paranoiker getan oder hervorgebracht? Freud sagt, daß Paranoiker zwar »nach außen auf andere hin [projizieren], was sie im eigenen Inneren nicht wahrnehmen wollen . . ., aber sie projizieren sozusagen nicht ins Blaue hinaus, nicht dorthin, wo sich nichts ähnliches findet« (1922, XIII, S. 199). Vielmehr »verwerten [sie] . . . die kleinsten Anzeichen, die ihnen diese anderen, Fremden geben« (ebd.) Die Beziehungen des Paranoikers zu Männern »standen offenbar unter dem Zeichen des Mißtrauens; mit seinem starken Intellekt wußte er diese Einstellung zu rationalisieren und verstand es so einzurichten, daß er von Bekannten und Freunden betrogen und ausgebeutet wurde« (a. a. O., S. 201).

Der Paranoiker schließt »Wahrnehmungsinhalte« durchaus nicht dadurch aus, daß er es prinzipiell vermeidet, die Dinge auszusprechen, sondern sucht das Verhalten anderer nach Hinweisen ab, die ihm bestätigen können, was er »unbewußt« in ihm zu entdecken wünscht. In Übereinstimmung mit den (unbewußten) Zielen seiner Abwehr ist er ständig auf der Suche nach Anzeichen für versteckte Motive und Intentionen. Das unbewußte Vorurteil, das seine Wahrnehmung verformt, gestattet ihm, Dinge im Verhalten anderer zu entdecken, die sich in dieser Weise deuten lassen. (Wäre es Schreber schwergefallen, irgendeine »Bestätigung« seines Verdachtes zu entdecken, daß der Arzt einen »Seelenmord« an ihm zu begehen versuchte?) So bringt es die Paranoia zustande, daß »das treibende unbewußte Gefühl ... als Folgerung aus einer äußeren Wahrnehmung« erscheint (1911, VIII, S. 299). Indem der Paranoiker das Verhalten anderer intentional, aber unbewußt in dieser systematisch verzerrten Weise deutet, kann er sich selbst über die Intentionen anderer und über seine eigenen Gefühle täuschen. Die Wahrnehmung der Motive und Intentionen wird systematisch verzerrt durch die unbewußte Zielsetzung, in ihnen eine Feindschaft zu entdecken, die es möglich macht, die Liebe, die man für sie empfindet, aus dem Bewußtsein auszuschließen. Diese Wahrnehmung wird also zum wesentlichen Element des »Mechanismus« der Projektion als Abwehr gegen die Homosexualität.
Natürlich ist sich der Neurotiker nicht bewußt, daß er von irgendeiner Technik Gebrauch macht. So versteht er die unglückseligen Konsequenzen seines Tuns als Dinge, die ihm unerklärlicherweise zustoßen. Doch die Person urteilt nicht allein über das, was sie tut, genausowenig wie sie allein über ihre Einstellungen und Gefühle urteilt. Selbst wenn z. B. Lorenz ernsthaft irgendeine Feindseligkeit gegenüber seinem Vater leugnet, kann der Psychoanalytiker unter Umständen an dem, was Lorenz sagt und tut – ebenso wie an dem, was er nicht tut, z. B. an »Brüchen« seiner Assoziationen, an der Abneigung, offensichtliche Schlüsse zu ziehen usw. –, diese Feindseligkeit erkennen. Das Verfahren unterscheidet sich im Prinzip nicht von dem, anhand dessen wir häufig die bewußte Feindseligkeit von jemand anderem erkennen, selbst wenn er uns nicht mitteilt, wie seine Gefühle ausse-

hen. Dadurch ist der Psychoanalytiker vielleicht in der Lage, Lorenzens nächtliches Ritual als den Versuch zu deuten, unter anderem dem Vater zu trotzen. So wird Lorenzens unbewußte Feindseligkeit als ein Motiv herangezogen, das zu erklären hilft, worauf er hinaus will. Da die Wundtsche Gleichsetzung des Geistigen mit dem, dessen wir uns unmittelbar bewußt sind, nun durch zahlreiche Argumente widerlegt ist, würde wohl kaum jemand etwas dagegen einzuwenden haben, wenn wir irgend jemandem Einstellungen zuschreiben, auch wenn er sie in ehrlicher Überzeugung abstreitet.

Nur die Tatsache, daß Lorenz seine eigenen Gefühle und Intentionen in einer Weise erkennen kann, die anderen nicht offensteht, stellt unter Umständen noch eine Schwierigkeit dar. Diese liegt darin, daß die Interpretationen des Analytikers Lorenz zwar helfen, zu entdecken, welche Absichten er verfolgte, als er sein Ritual ausführte, daß es ihm aber so vorkommen wird, als erführe er von seinen eigenen Intentionen so, wie man normalerweise etwas über die Intentionen anderer erfährt. Normalerweise »finde« ich nämlich nicht »heraus«, daß ich z. B. beabsichtige, die Tür zu öffnen. Andere mögen das zwar anhand verschiedener Anzeichen herausfinden und mögen recht haben oder auch nicht, mir diese Intention zuzuschreiben. Wenn ich dann sage, daß ich beabsichtige, die Tür zu öffnen, ist, wenn ich nicht lüge, auf das, was ich sage, gewöhnlich Verlaß. Deshalb mag es schwer sein, einzusehen, wie sich eine Person ihrer eigenen Intentionen nicht bewußt sein soll. Doch während es normalerweise Lorenzens Sache ist zu sagen, ob er beabsichtigt, die Tür zu öffnen oder nicht, trifft das vielleicht nicht auf die weiterreichenden Intentionen zu, die Lorenz beim Öffnen der Tür verfolgt. Wenn Lorenz z. B. die Tür öffnet, um seinem Vater etwas zu zeigen, was diesen erfreuen wird, während er gleichzeitig seinen Trotz ihm gegenüber zum Ausdruck bringt, dann beabsichtigt er, daß sein Tun in einer bestimmten Weise von seinem Vater aufgenommen wird. Er ist auf bestimmte überdauernde Verhaltensmuster festgelegt, die nicht innerhalb eines bestimmten kurzen Zeitausschnittes betrachtet werden können. Er ist auf bestimmte Reaktionsweisen festgelegt, wenn sich bestimmte Situationen ergeben, und auf bestimmte Erklärungen für das, was er getan hat, wenn er danach gefragt wird oder wenn er über die Gründe seines Verhaltens nachdenken muß. Das kann in einem Kontext stattfinden, der diese Reaktionen und Erklärungen vernünftig erscheinen läßt oder nicht. Entscheidend ist der Umstand, daß Lorenz, wenn er seine eigenen weiterreichenden Intentionen erkennen will und wenn diese einen gewissen Komplexitätsgrad besitzen, urteilen und interpretieren muß. Ein reiches Feld für Voreingenommenheit und Selbsttäuschung. Deshalb sind andere unter Umständen besser als Lorenz in der Lage, die Feindseligkeit zu erkennen, von der er selbst nichts wissen will. Obgleich Lorenz seine eigenen Gefühle in einer Weise erkennen kann, die anderen nicht offensteht, heißt dies nicht, daß er sich nicht über sie täuschen kann oder daß es sinnlos ist, anzunehmen, er könnte – vielleicht mit der Hilfe anderer – herausfinden, welcher Natur seine Gefühle und Intentionen tatsächlich sind.

Wenn andere genug über Lorenz wissen, über seine Denkweise, seine Gefühle und sein Verhalten in unterschiedlichen Kontexten, können sie vielleicht mit Recht sagen, er müsse irgendwie genau wissen, daß er seinen Vater haßt. Sein ehrlich gemeintes Leugnen zeige nur, daß er sich über seine wirklichen Gefühle täusche. Der Begriff der Selbsttäuschung ist schließlich kein theoretisches Konstrukt, das von der Psychoanalyse zuerst eingeführt wurde. Es läßt sich nur schwer vorstellen, daß all diejenigen, die sich bei der Erklärung menschlichen Verhaltens vor und nach Augustinus auf diesen Begriff bezogen haben, Unsinn geredet haben sollten. Wenn wir solche Interpretationen vorbringen, erwarten wir natürlich unter anderem, daß die Person letztlich selbst erkennen und zugeben wird, daß sie die genannten Dinge wirklich empfand oder beabsichtigte. Aber solch Eingeständnis unter idealen Bedingungen, d. h. wenn alle Widerstände überwunden wurden usw., ist Teil dessen, was Psychoanalytiker unter einer »richtigen Interpretation« verstehen.

Die neurotische Abwehr als Selbsttäuschungstechnik verstehen heißt, sie an das Ende eines Kontinuums zu stellen, das mit ganz normalen Fällen beginnt: vom »Standpunkt«, der immer eingenommen wird, wenn es einigermaßen komplexe Situationen zu interpretieren gilt, über die Voreingenommenheit (das »Vorurteil«), das zu Interpretationsfehlern führt, bis hin zur »verblendenden« systematischen Voreingenommenheit der Selbsttäuschung, in der »Fehler« nicht mehr wirklich Fehler sind, weil sie in einer ganz bestimmten Beziehung zu den Tatsachen stehen, die derjenige, der sich selbst täuscht (unbewußt), »abzuwehren« versucht. Dies deckt sich mit folgender Beobachtung Freuds: »Zwischen der Verdrängung und der normal zu nennenden Abwehr der peinlich Unerträglichen ... liegt eine große Reihe von Verhaltensweisen des Ichs von mehr oder weniger deutlich pathologischem Charakter« (1936, XVI, S. 255). Auf die »Urverdrängung« in der frühen Kindheit des Neurotikers folgte das »Nachdrängen« der folgenden Verdrängungen, die immer das Muster seiner Kindheitsverdrängungen nachbilden (vgl. 1937, XVI, S. 71). So durchläuft er verschiedene Stufen der Selbsttäuschung, bis schließlich die fehlende Bewußtheit nur noch durch die Psychotherapie wiedergewonnen werden kann.[3] Entlang des Kontinuums werden die Fragen, die sich zur Bestätigung unbewußter Intentionen ergeben, immer komplexer. Aber wir stoßen nicht plötzlich auf Widersprüchlichkeiten, wenn wir meinen, der Neurotiker verwende absichtlich, aber unbewußt, bestimmte Techniken, seinen Konflikt dem Bewußtsein fernzuhalten.

Wenn, wie Psychoanalytiker behaupten, der Patient in der Analyse seine Abwehren in der Übertragung »wiederholt« (vgl. unten IV), dann ist der Analytiker unter Umständen in der Lage, die Technik zu erkennen, die er unbewußt verwendet, um sich über seine wahren Gefühle zu täuschen. Wie wir ja auch manchmal in der Lage sind, die Technik zu erkennen, die jemand anders bewußt verwendet, selbst wenn er uns nicht mitteilt, worin sie besteht. Angesichts dessen, was Anna Freud die Durchsichtigkeit »des Verdrängungsprozesses bei der rückläufigen Bewegung, bei der Wiederkehr des Verdrängten« nennt (1977, S. 11), kann man im Prinzip mit Recht behaupten, daß der Neurotiker z. B. absichtlich isoliert, selbst wenn ihm nicht bewußt ist, daß er etwas dergleichen tut. Er konzentriert sich lediglich auf das, was rele-

3 Das würde sich mit der Auffassung decken, die einige Experimentalpsychologen aufgrund empirischer Daten vertreten. Danach ist »Verdrängung nur eine sehr gut gelernte oder überlernte Reaktionsunterdrückung« (C. W. Eriksen, 1966, S. 354).

vant ist. Wenn Psychoanalytiker solche Behauptungen machen, müssen wir sorgfältig erläutern, was sie damit sagen. Möglicherweise ist es schwierig, im Einzelfall zu beurteilen, wie berechtigt ihre Behauptungen sind. Grundsätzlich ist es aber kein Widerspruch an sich, dem Neurotiker unbewußte Intentionen zuzuschreiben (vgl. Hamlyn, 1971b).

IV

Ich möchte nun zeigen, daß diese Auffassung neurotischer Abwehr sich mit den klinischen Daten verträgt. Kann sie die Herkunft der Symptome des Erwachsenen aus Kindheitserfahrungen erklären? Nach Freud war »der Krankheitskonflikt im Wesen ein Widerstreit zwischen dem fortwirkenden Willen des Vaters und seiner eigenen verliebten Neigung ... und [hat] sich schon in den Kinderjahren des Kranken ergeben« (1909, VII, S. 422). Nehmen wir an, die Züchtigung, die der Vater Lorenz für ein sexuelles Vergehen zuteil werden ließ, bzw. irgendein anderer Vorfall oder eine Reihe von Vorfällen, denen das Kind diese allgemeine Bedeutung beimaß, habe zu einem hoffnungslosen Konflikt in der Haltung Lorenzens gegenüber seinem Vater geführt. Nehmen wir weiter an, daß er sich z. B. »aus Angst vor der Größe seiner Wut« (a. a. O., S. 427) gegen das Bewußtsein dieses Konfliktes gewehrt habe, indem er sich selbst über seine Wut getäuscht habe, und daß er aus welchem Grunde auch immer (vgl. unten V) dies in erster Linie durch Isolierung getan habe. Diese »Urverdrängung« (im kategoriellen Sinne) führt dann dazu, daß ein Komplex kindlicher Einstellungen und Gefühle, die vom Bewußtsein ausgeschlossen waren, vom nachfolgenden Lernen und der nachfolgenden Entwicklung nicht erfaßt wurden (d. h. eine »Fixierung« ist vollzogen). Nach Freud wird die Abwehr dadurch potentiell neurotisch, daß das Ich, wenn es sich gegen das Es verteidigt, »ihm gleichzeitig auch ein Stück Unabhängigkeit gegeben und auf ein Stück seiner eigenen Souveränität verzichtet« hat (1926, XIV, S. 185). Dies geschieht mit den eigenen Gefühlen oder Wünschen, wenn man versucht, sie dadurch zu bewältigen, daß man sich über ihr wahres Wesen täuscht. Irgend etwas, das assoziativ mit diesem Konflikt verknüpft ist, kann ihn zurückbringen. Es kommt zur Signalangst, gegen die man sich durch eine weitergehende Isolierung schützt (das »Nachdrängen« folgender Verdrängungen). Dann können alle Formen »sekundärer« Abwehrkämpfe folgen, da alles, was sich mit der bewußten Liebe zum Vater nicht verträgt, in irgendeiner Weise »rationalisiert« und verharmlost werden muß.

Diese Abwehren erlauben Lorenz zwar einen relativ angstfreien Zustand, doch das derart gewonnene psychische Gleichgewicht ist nicht stabil. Denn der infantile Konflikt, über den Lorenz sich täuscht, besteht in all den Jahren fort, ohne daß er sich seiner bewußt ist. Er verhält sich also so, »als bestünden die alten Gefahrensituationen noch« (a. a. O., S. 179). Manche Menschen bleiben in den Gefahren, vor denen sie sich fürchten, »infantil«. Freud sagt: »Denn solche Personen heißt man eben Neurotiker« (a. a. O., S. 180). Lorenz hat nicht nur immer noch (unbewußt) Angst vor dem, was sein Vater mit ihm wegen seiner sexuellen Impulse tun könnte (Kastrationsangst), er schließt dies und alles, was damit assoziativ verknüpft ist, aus seinem Bewußtsein aus, indem er sich seiner alten Techniken der Selbsttäuschung bedient. Diese Techniken sind mittlerweile habituell geworden:

Das erstarkte Ich des Erwachsenen fährt fort, sich gegen Gefahren zu verteidigen, die in der Realität nicht mehr bestehen, ja es findet sich gedrängt, jene Situationen der Realität herauszusuchen, die die ursprüngliche Gefahr ungefähr ersetzen können, um sein Festhalten an den gewohnten Reaktionsweisen an ihnen rechtfertigen zu können. Somit wird es leicht verständlich, wie die Abwehrmechanismen durch immer weitergreifende Entfremdung von der Außenwelt und dauernde Schwächung des Ichs den Ausbruch der Neurose vorbereiten und begünstigen (1937, XVI, S. 83).

Wenn es z. B. der intentionalen aber unbewußten Isolierung, die in der Kindheit begonnen wurde, gelingt, das Bewußtsein eines Konfliktes abzuwehren, wird die Isolierungstendenz im Laufe der Jahre »erstarken«, sie wird auf andere Situationen übertragen und automatischer werden, wie jede Gewohnheit, die permanent verstärkt wird. Eine »dauernde Schwächung des Ichs« wird die Folge sein, wenn diese Tendenz ihre Ähnlichkeit mit einer potentiell intelligenten Technik immer mehr einbüßt und immer mehr einer blinden, »mechanischen« Reaktion zu gleichen beginnt. Diese wird durch alles ausgelöst, was deshalb Angst erregt, weil es mit dem Konflikt verknüpft ist, gegen den sich die Person wehrt. Der Preis dieser Angstbewältigung wird eine »immer weiter greifende Entfremdung« von der Realität im sozialen Sinne sein – eine Entfremdung von anderen Personen, deren Charakter und Ziele der Neurotiker mißverstehen wird, weil er sich gegen »Gefahren zu verteidigen [sucht], die ... nicht mehr bestehen« und Entfremdung von sich selbst, von seinen wirklichen Einstellungen und Gefühlen. So ist es möglich, daß die immer weitergehende Einschließung des Neurotikers in seine Selbsttäuschungen »den Ausbruch der Neurose vorbereiten und begünstigen« kann. Eine Situation, die zu dem Konflikt in Beziehung steht, den er gegen sein eigenes Bewußtsein abschirmt – z. B. die Notwendigkeit, sich zu entscheiden, ob er Gisella heiraten soll, die der Vater ablehnt (die »Ursache« der Erkrankung vgl. 1909, VII, S. 420) –, kann dann zur »Wiederkehr des Unterdrückten« mit allen Symptomen der Neurose führen.

Die Ähnlichkeit zwischen der gegenwärtigen mißlichen Lage Lorenzens – das Mädchen, das er liebt, zu heiraten oder seinem Vater zu gehorchen, indem er auf sie verzichtet – und dem infantilen Konflikt, den er seinem Bewußtsein fernhält, führen ihn dazu, jetzt genauso zu reagieren, wie er es damals tat. Dies nennt Freud »den Einfluß des Wiederholungszwanges« (1926, XIV, S. 185). Er agiert also nicht nur seinen alten Liebe-Haß-Konflikt in Beziehung zu Gisella noch einmal, sondern versucht auch den Konflikt dadurch abzuwehren, daß er auf seine alten Selbsttäuschungstechniken zurückkommt. Obwohl er sich beispielsweise seiner Wut gegen Gisella nicht bewußt ist, sieht er sich »gezwungen«, einen Stein von der Straße zu entfernen, weil »ihm die Idee kam, in einigen Stunden werde ihr Wagen ... vielleicht an diesem Stein zu Schaden kommen«. Einige Minuten später sah er sich dann dazu gezwungen, zurückzukehren und den Stein wieder hinzulegen (1909, VII, S. 412). Die Wut, die er abwehrt, führt zu dem (unbewußten) Wunsch, die geliebte Frau möge zu Schaden kommen, deshalb erscheint der Stein als reale Gefahr, vor der er sie zuerst zu beschützen sucht. Dann aber legt er ihn dorthin zurück, wo er unter Umständen den unbewußten Wunsch erfüllen kann, ihr Schaden anzutun. Dies »rationalisiert« er so, daß er die erste Handlung für unsinnig erklärt (a. a. O., S. 414). Es ist jedoch charakteristisch, daß die Elemente isoliert erscheinen, so daß er sich über die weiterreichenden Intentionen, die er bei der Bewegung des Steines verfolgt, nicht bewußt ist. Intentional, aber unbewußt klammert er aus, was er für relevant hält. Es ist ihm gelungen, seine Wut gegen die geliebte Frau im Unbewußten zu halten, obgleich es erklärt, worauf er eigentlich hinaus will. Überdies sind die ambivalenten Gefühle Lorenzens gegenüber Gisella selbst in seinen infantilen Liebe-Haß-Konflikt mit dem Vater verwurzelt (a. a. O., S. 455 ff.).

Die Angst, die sich einstellt, als der Konflikt mit Gisella jenen Konflikt heraufruft, über den er sich selbst täuscht, setzt die Symptombildung in Gang (vgl. 1926, XIV, S. 175). Die Symptome lindern die Angst, indem sie den »gefährlichen« Impuls abwehren. Obgleich also der Impuls, gegen den sich das Ich wehrt, im Symptom zum Ausdruck gelangt, geschieht dies in einer »sicheren« Form, weil das Symptom zugleich das abwehrende Ich ausdrückt. Durch Isolierung, Eingrenzung und ähnliche Maßnahmen wird der Konflikt dem Bewußtsein ferngehalten. Doch werden Lorenzens Versuche, seine Selbsttäuschung fortzusetzen, immer verzweifelter, da das Verdrängte wiederkehrt. Die Art und Weise, wie er die Dinge versteht und wie er auf sie reagiert, löst sich immer mehr von der Wirklichkeit. In zunehmendem Maße wird sein Verhalten eine Funktion der (unbewußten) Abwehrziele und der vergangenen Ereignisse. Da beispielsweise der Tod des Vaters die (unbewußten) Kindheitswünsche erfüllt, gegen ihn gewalttätig zu werden, wird er von »pathologischer Trauer« überwältigt – obgleich er sich ganz charakteristisch täuscht, indem er sich davon überzeugt, seine »Schuld« liege darin, daß er geschlafen habe, als der Vater starb (1909, VII, S. 398 ff.). Er versucht sogar, sich »zu beweisen«, daß der Vater in gewisser Weise noch lebt (denken wir beispielsweise an das nächtliche Ritual, das er »zur Geisterstunde« aufführt.) Sicherlich können wir anhand einer solchen Erklärung die Beziehung zwischen den Kindheitserfahrungen Lorenzens und seinen Erwachsenensymptomen verstehen.

Die intentionalistische Erklärung der Abwehren ermöglicht es uns ferner, den »dynamisch unbewußten« Charakter neurotischen Verhaltens zu verstehen. Es geht nicht nur darum, daß Lorenzen sich seiner Absicht, Gisella Schaden zuzufügen, nicht bewußt ist oder daß er durch seine Rituale seinem Vater trotzt, der sich seinen sexuellen Bedürfnissen entgegenstellt. Die Routinehandlungen, die wir intentional ausführen, wenn wir zum Beispiel Auto fahren, sind normalerweise nicht vom Bewußtsein unserer Intentionen begleitet. Solche »vorbewußten« Intentionen sind hier aber nicht gemeint. Freud hat uns aufgrund dessen, was er in der Psychoanalyse seiner Patienten beobachtet hat, davon überzeugt, daß eine Person etwas tun kann, das in gewisser Weise intentional ist, obgleich sie uns darüber keine Auskunft geben kann – so wie sie z. B. rechts fährt, obgleich sie gänzlich in ein Gespräch vertieft ist. Sie kann etwas intentional tun, selbst wenn sie durch irgend etwas daran gehindert wird, ihre eigene Intention in üblicher Weise, z. B. durch Überlegung oder ähnliches, zu erkennen. So unterscheidet Freud scharf zwischen Intentionen, die dynamisch unbewußt (d. h. in das Unbewußte »gezwungen« wurden), und bloß vorbewußten (»das System Vbw [Bw]«). Dieser Unterschied läßt sich jedoch anhand der unbewußten Intentionen fassen, ohne daß man auf besondere »Mechanismen« rekurrieren müßte. Wenn Abwehren Selbsttäuschungstechniken sind, dann gewinnen Lorenzens Rituale ihre besondere Struktur zum Teil durch das, was er intentional, aber unbewußt unternimmt, um sich seinen Konflikt nicht bewußt zu machen. Der Zwang selbst dient dazu, die Feindseligkeit, die er verzweifelt ausdrückt, aus dem Bewußtsein auszuklammern. Es soll ihm selbst so scheinen können, als hege er in Wirklichkeit keine Feindseligkeit. Die Art und Weise, wie er intentional, aber unbewußt die Isolierung verwendet, erspart es ihm, seine Gefühle und Intentionen zu erkennen. Lorenz kann nicht anhand von Intentionen, deren er sich bewußt ist oder die er sich rasch bewußt machen kann, erklären, was er eigentlich will – er könnte bestenfalls »Rationalisierungen« nennen. Seine Selbsttäuschung besteht darin, daß er jene weiterreichenden Intentionen, die erklären könnten, was er tut, durch Isolierung aus seinem Bewußtsein ausklammert. Deshalb kann er diese Verhaltensweisen schließlich weder verstehen noch beherrschen. Sie sind Zwänge, die ihn überkommen, und nicht Dinge, die er tut. Üblicherweise versteht und beherrscht man sein Verhalten dadurch, daß man sich selbst beobachtet, überlegt, entscheidet, daß es keinen Grund gibt, z. B. die Tür zu öffnen, oder wappnet sich dagegen. Doch solche Maßnahmen sind in unserem Falle nicht zur Hand. Rationale Erwägungen, die sich auf die jeweilige Situation Lorenzens beziehen, richten sich auf die falschen Dinge und können ihn nicht beeinflussen, so wenig wie die Versicherung, es sei kein »Verbrechen« gewesen, daß er sich während der langen Krankheit seines Vaters einmal zum Schlafen gelegt hatte, seine Schuldgefühle lindern.[4]

Doch während Lorenzens Verhalten gemessen an seiner aktuellen Situation sinnlos erscheint, können wir es auch bezogen auf seine Intentionen verstehen, wenn wir es in einen größeren Zusammenhang stellen. Wir müssen seine infantilen Konflikte verstehen und die Techniken einbeziehen, die er (unbewußt) verwendet, um diese Konflikte abzuwehren, indem er sich über seine wahren Gefühle anderen gegenüber täuscht. Wenn wir bedenken, wie wirkungslos und unangemessen diese Techniken sind, um seine Probleme wirklich zu lösen, dürfen wir sicherlich sagen, daß er sich irrational verhält. Es gibt keinen stichhaltigen Grund für sein Tun. Doch nur ein potentiell rationales Wesen ist einer solchen Irrationalität fähig. Und unabhängig davon, wie betrügerisch und sinnlos diese Abwehrkämpfe auch von außen, von einem objektiven Standpunkt aus sein mögen, so haben sie doch »Sinn«. Von ihm aus gesehen sind sie schlüssig; so, wie sie ihn an dem hoffnungslosen Konflikt vorbeisteuern, sind sie kalkuliert. »Vernunft wird Unsinn« ließe sich in bezug auf das Verhalten sagen, das sie darstellen. Freud selbst verwendet dieses Faust-Zitat in einem ähnlichen Zusammenhang (1937, XVI, S. 83).

Diese Darstellung der Abwehr ermöglicht uns auch zu erklären, was in der Psychotherapie geschieht. Hier nimmt der Wiederholungszwang, die »Erinnerungsweise« des Neurotikers, die Gestalt einer Übertragungsneurose an – »die Übertragung ist selbst

4 Selbst wenn solche rationalen Erwägungen nicht in die falsche Richtung gehen würden, blieben sie doch wirkungslos, da »Einsicht« ohne »Durcharbeiten« nicht genug ist (vgl. unten).

nur ein Stück Wiederholung« (1914, X, S. 130). Nicht nur, daß der Patient gegenüber dem Analytiker erneut jenen Konflikt agiert, der sich auf die entscheidende Figur seiner Kindheit bezieht, sondern er wiederholt auch seine alten Techniken und schützt durch die Selbsttäuschung sein Bewußtsein vor dem Konflikt: »Der Analysierte [wiederholt] diese Reaktionsweisen auch während der analytischen Arbeit ... [er führt sie] uns gleichsam vor Augen« (1937, XVI, S. 83). Der Analytiker muß dann nicht nur die Triebregungen bewußt machen, über die sich der Patient selbst täuscht (»Inhaltsinterpretationen«), sondern auch die Manöver, die er unbewußt verwendet, um sich zu täuschen (»Abwehrinterpretationen«). »Das Ich hat es schwer«, sich Vorstellungen oder Regungen zu stellen, »deren Vermeidung es sich bisher zur Vorschrift gemacht hatte« (1926, XIV, S. 191). Deshalb leistet die Person dieser Bewußtmachung Widerstand. Da die Selbsttäuschung darauf beruht, daß die Person sich die zu diesem Zwecke verwendeten Techniken nicht bewußt macht (vgl. oben III), leistet sie auch der Bewußtmachung dieser Abwehrmechanismen Widerstand. Das prekäre Gleichgewicht, das erreicht worden ist, hängt nämlich von diesen Selbsttäuschungen ab: »So kommt es, daß die Abwehrmechanismen gegen einstige Gefahren in der Kur als *Widerstände* gegen die Heilung wiederkehren ... die Heilung selbst vom Ich wie eine neue Gefahr behandelt wird« (1937, XVI, S. 84). Wenn diese Widerstände überwunden werden können, wird dem Neurotiker bewußt, wie sinnlos und unangebracht es ist, daß er sich durch Selbsttäuschung zu schützen versucht. Er kann dann damit anfangen, seine Situation auf realistischere Weise zu bewältigen.

Wie wird dies erreicht? Interpretationen machen bewußt, was unbewußt war, indem sie die Bedeutung des Verhaltens des Patienten ans Licht bringen. Es wird expliziert, was er unbewußt abzuwehren beabsichtigte (Inhalt), ebenso die Art und Weise, in der er ihn abzuwehren versuchte (Abwehr). Diese Interpretationen könnten nicht die Rolle in der Psychotherapie spielen, die sie tatsächlich innehaben, wenn der Analytiker z. B. Lorenzens Ritual, das zum Teil auf unbewußte Feindseligkeit zurückgeht, nicht ganz so erklären würde, als handle es sich um bewußte Feindseligkeit – d. h. der Analytiker liefert eine ganz normale

Motiverklärung, die das Tun einer Person anhand dessen beschreibt, was sie beabsichtigt. Die »Einsicht« des Analysanden kann einfach dem Verständnis einer »dritten Person« nicht gleichkommen, das ihr Verhalten anhand der psychoanalytischen Theorie klärt. Andererseits wird es auch nicht dem Verständnis einer Person gleichen, die nicht in der Lage ist, von einer Aufgabe auf die andere umzuschalten, wenn man ihr mitteilt, daß sie unter einer bestimmten Art von Hirnschädigung leidet und daß Menschen, die darunter leiden, zu solchem Umschalten niemals in der Lage sind (vgl. Goldstein und Scherer, 1941). Das Ziel der Interpretation besteht nämlich darin, daß der Neurotiker in etwa folgendes begreift:

Diese Sache (dieser Trick, diese Erfahrung, diese Abwehr, diese Niederlage) stößt dir wiederholt zu; sie scheint vor allem dir zuzustoßen. Du scheinst etwas damit zu tun haben, daß sie passiert. Vielleicht *geschieht* sie nicht nur, möglicherweise tust du sie in Wirklichkeit. Du hast sie schon vorher getan. Vielleicht strebst du einen verborgenen Zweck mit ihr an, einen Zweck, der einst seine Aufgabe erfüllte, es jetzt aber nicht mehr tut (Menninger, 1958, S. 136 f.).

Es wird also versucht, die Verantwortung auf die Person zu übertragen – dem Patienten zu helfen, »in immer höherem Maße ›hinter‹ den eigenen Worten und Handlungen zu stehen, sie zu meinen« (Kaiser, 1955, S. 211). Das kann nur der Fall sein, wenn die Interpretationen des Analytikers es dem Neurotiker ermöglichen einzusehen, was er tatsächlich beabsichtigte, als er das Ritual aufführte, wenn ihm dies auch nicht bewußt war. Die unbewußten Intentionen müssen also bewußten Intentionen in dieser Weise ähneln, wenn die Interpretationen des Analytikers, die bewußt machen, was unbewußt war, die Voraussetzung dazu schaffen sollen, daß die Verdrängung durch »Urteilsverwerfung (Verurteilung)« ersetzt wird (1915, X, S. 248).
Wenn ein Widerstand bewußt gemacht worden ist, so können wir – sagt Freud – »ihm logische Argumente entgegen [setzen]«, doch das reicht nicht, da für das Ich, selbst wenn »es auf den Widerstand verzichtet«, noch die »anstrengende Bemühung... des ›Durcharbeitens‹« folgen muß (1926, XIV, S. 191 f.). »Einsicht« kann nicht ausreichen, um das Verhalten des Neurotikers zu ver-

ändern, wie es auch nicht ausreicht, wenn man jemandem mitteilt, sein Aufschlag beim Tennis sei falsch, um seine Spielweise zu verändern. Solches Umlernen erfordert auch Anstrengung, Übung, Korrektur und ähnliches. Einerseits läßt sich die Psychotherapie durchaus mit anderen Lernweisen vergleichen, andererseits gibt es aber auch entscheidende Unterschiede. Vielleicht vergleicht Freud die Therapie deshalb mit »einer Art von *Nacherziehung* des Neurotikers, es [das Überich] kann Mißgriffe korrigieren, die sich die Eltern in ihrer Erziehung zu Schulden kommen ließen«. Und doch warnt er den Analytiker davor, »Lehrer, Vorbild und Ideal für andere zu werden« (1940, XVII, S. 101). Selbst abgesehen von der Tatsache, daß der Neurotiker aufgrund seiner Abwehrhaltung nicht zur Veränderung motiviert ist, ist auch das, was er lernen muß, nicht ein relativ isoliertes Verhaltensmuster, sondern bedeutet, daß er seine gesamte Persönlichkeit umstrukturieren muß. Es muß also in vielen Kontexten und auf vielen Ebenen durchgearbeitet werden (vgl. Kris, 1956). In enger Beziehung dazu steht die Tatsache, daß die Selbsttäuschung des Neurotikers seine Beziehungen zu den bedeutsamen Figuren seiner Kindheit verzerrt haben. Er hat die Tendenz, anderen Menschen, die in den Umkreis seines neurotischen Konfliktes eintreten, als Geister dieser Kindheitsfiguren wahrzunehmen. Unfähig, offene und auf Gegenseitigkeit beruhende Beziehungen zu wichtigen Personen in seinem Leben aufzunehmen, wird er durch seine defensiven Selbsttäuschungen daran gehindert, die Intentionen zu verstehen, die sie ihm gegenüber hegen, und sie als die Personen wahrzunehmen, die sie wirklich sind. (Zur Verbindung von persönlichen Beziehungen und zum Verständnis anderer vgl. Hamlyn). Das muß der Neurotiker jetzt »lernen«, während er seine Einsichten mit dem Therapeuten durcharbeitet.

Die Übertragung, die die Psychoanalytiker für das Herzstück ihres therapeutischen Verfahrens halten (vgl. Sandler u. a., 1970, S. 667), bietet eine einzigartige Gelegenheit dazu. Strachey spricht von »dem neurotischen Teufelskreis«. Er meint damit die Art und Weise, in der Neurotiker dazu neigen, neue Personen, denen sie begegnen, in »Phantasieobjekte« zu verwandeln, die Neuauflagen der »archaischen Objekte« ihrer Vergangenheit sind. Er kann dann zu ihnen dieselben Beziehungen aufnehmen, die seine Kindheit bestimmten, und erlebt, daß seine Erwartungen ihnen gegenüber »bestätigt« werden. »Das pathologische Hindernis, das einer Weiterentwicklung des neurotischen Individuums im Wege steht, gleicht einem Teufelskreis« (1969, S. 280). Der Kreis wird durch »mutative Interpretationen« der Übertragungsbeziehung durchbrochen. Diese Interpretationen sind insofern »mutativ«, als sich das Patienten-Ich durch sie »des Gegensatzes zwischen dem aggressiven Charakter seiner Gefühle und der wirklichen Natur des Analytikers bewußt wird, der sich nicht wie die »guten« oder »schlechten« archaischen Objekte des Patienten benimmt« (a. a. O., S. 283). Heißt das nicht, daß die Art und Weise, wie der Analytiker die Übertragung handhabt, den Neurotiker dazu befähigt, aus dem festgelegten Muster defensiver Selbsttäuschungen in seiner Beziehung zu anderen Personen auszubrechen? Um zu erklären, was sich in der Psychotherapie ereignet, nehmen die Analytiker nicht auf das medizinische Modell Bezug, sondern auf die Vorstellung, daß »es die Aufgabe des Analytikers ist, den Patienten von seinem Hang zu archaischen Beziehungen zu befreien« (Kaiser, 1955, S. 206 f.) oder auf die Art und Weise, in der die neue »Objektbeziehung«, die sich in der Übertragung zwischen Patient und Analytiker entwickelt, zum Ursprung »gesünderer Objektbeziehungen« wird (Loewald, 1960).

Unser Verständnis von der Wirksamkeit der Psychotherapie hängt also von intentionalistischen Begriffen ab: »Widerstand«, »Interpretation«, »Einsicht«, »Durcharbeiten« zu neuen »persönlichen Beziehungen.« Wenn wir in der oben gezeigten Weise intentionalistisch erklären, wie die Abwehr des Konflikts zur Neurose führt, erhalten wir ein Bezugssystem, das die therapeutische Wirkung der Psychoanalyse verständlich macht. Dagegen läßt sich nur schwer vorstellen, wie dies anhand von Begriffen einer ganz anderen Art (z. B. von »Mechanismus« und »Besetzung«) möglich sein soll.

V

Aber warum sollte Lorenz seinen Konflikt durch Isolierung statt z. B. durch Verdrängung abwehren? Wenn Abwehren sich als normale kognitive Techniken verstehen lassen, die durch das unbewußte Ziel verzerrt wurden, vom Bewußtsein einen angsterzeugenden Impuls fernzuhalten, dann dürfen wir erwarten, daß die »Wahl« der Abwehr auf die für die verschiedenen Personen charakteristischen Denk- und Wahrnehmungsweisen bezogen sind. Psychologen haben damit begonnen, die »typischen Wahrnehmungs-, Gedächtnis- und Denkstrategien« zu erforschen, deren sich die Menschen bedienen (vgl. Klein 1958). Es liegt mittlerweile beträchtliche empirische Evidenz vor, die zeigt, daß es »stabile individuelle Präferenzen zur Wahrnehmungsorganisation und begrifflichen Kategorisierung gibt« (Kagan u. a., 1963, S. 74). Normale Menschen unterscheiden sich also hinsichtlich ihres »kognitiven Stils«. Manche sind z. B. »feldabhängig« und neigen dazu, ihre Erfahrung relativ undifferenziert, global und unscharf zu organisieren, während andere »feldunabhängig« sind. Ihr Erleben ist im allgemeinen sehr differenziert, zentriert und strukturiert (Witkin u. a., 1962). Diese Unterschiede zeigen sich schon beim Kinde in verschiedenen Entwicklungsstadien. Während die Entwicklung ganz allgemein einen Zuwachs an analytischer Wahrnehmung und kognitiver Differenzierung mit sich bringt, bleibt die Tendenz zu einer größeren oder geringen Differenzierung während der Entwicklung des Kindes stabil. So wie ich die Abwehr hier interpretiert habe, würde die Wahl der jeweiligen Form mit diesen Unterschieden der kognitiven Stile zusammenhängen.

David Shapiro hat in *Neurotic Styles* (1965) bereits einen Schritt in diese Richtung getan. Er geht davon aus, daß sich die »Wahl der Neurose« nicht nur anhand einer Theorie der Libidoentwicklung erklären lasse. Denn selbst wenn der »Inhalt« eines Symptoms von der Fixierung eines Triebes an eine bestimmte Entwicklungsphase bestimmt wird, hängt doch die »Form« des Symptoms von dem Abwehrmechanismus ab, den das Ich gegen den Trieb anwendet. Um die Form zu erklären, die die Symptome annehmen (z. B. warum Lorenzens Fixierung auf die ödipale

Phase zu zwangsneurotischen Symptomen führte, während es in einem anderen Fall unter Umständen zu einem anderen Syndrom geführt hätte), schlägt Shapiro vor, »sich die Denkstile als Matrix vorzustellen, die den verschiedenen Zügen, Symptomen und Abwehrmechanismen ihre Form gibt« (1965, S. 2). Nach Shapiros Auffassung veranstaltet der Zwangsneurotiker »seine Rituale nicht nur wegen des Gleichgewichtes zwischen Triebkräften und triebfeindlichen Kräften, sondern auch weil er unter Zwängen steht, d. h. weil ihm bestimmte relativ stabile Denk- und Kognitionsweisen eigen sind« (a. a. O., S. 17). Das Buch liefert eine detaillierte klinische Beschreibung von vier »Funktionsweisen ..., die für verschieden pathologische Erscheinungsformen typisch sind« (a. a. O., S. 3): den zwangsneurotischen, den paranoiden, den hysterischen und den impulsiven »Stil«.

Shapiro nennt die Kognitionsweisen hysterischer Menschen »impressionistisch«. Ihre Fähigkeit zu »präziser Aufmerksamkeit und Konzentration« ist beschränkt. Was sie sehen und erinnern, ist nicht genau definiert und detailliert. Sie leben eher in einer Welt der »Romantik und Phantasie« als in der solider Fakten. Da das Selbstkonzept des Hysterikers genauso impressionistisch ist, fehlt ihm das »Empfinden für Substanz und Eindeutigkeit der eigenen Person«. Sein Verhalten kommt anderen häufig theatralisch vor. Wenn er auch nicht wirklich Theater spielt, so richtet er sich in seinen Reaktionen doch weitgehend nach seinen vagen und fließenden Eindrücken von der Situation, der er sich gegenüber sieht. So sind weder seine emotionalen Ausbrüche noch seine anderen Verhaltensweisen »an einem wirklichen und tiefen Interesse, an einer langen Vorgeschichte oder einem überdauernden Zweck festgemacht« (a. a. O., S. 121). Das flattrige emotionale Leben des Hysterikers entspricht also seinen impressionistischen Kognitionen. Der hysterische Stil erwächst aus dem »relativen Mangel an komplexer kognitiver Integration« (a. a. O., S. 130). Dadurch können jähe Launen und flüchtige Eindrücke seine Kognitionen, Affekte oder Verhaltensweisen für den Augenblick beherrschen.

Zwangsneurotische Persönlichkeiten dagegen konzentrieren sich typischerweise rigid und ohne Blick für den Zusammenhang auf »technische Einzelheiten«. Dadurch kommt es zwar zu einer sehr

detaillierten Wahrnehmung und einem hervorragenden Gedächtnis für das, worauf sie sich konzentrieren, doch »hat die intellektuelle Rigidität des Zwangsneurotikers ... einen Zug ›aktiver Unaufmerksamkeit‹ gegenüber jedem externen Einfluß oder jeder neuen Vorstellung« (a. a. O., S. 30). Diese rigide Kognitionsweise wird von einer rigiden Selbstkontrolle begleitet. Solche Menschen gehen gerne in technischen, relativ routinebestimmten Aufgaben auf, wo das, was man von ihnen verlangt, einer bestimmten Rolle entspricht. Sie werden ängstlich, wenn sie in Situationen geraten, die neu sind und eine Entscheidung von ihnen verlangen. Da dieser Stil Reaktionen hervorbringt, die nicht so sehr von dem abhängen, was die Person wirklich denkt, wünscht oder fühlt, sondern von dem, was »sich gehört«, vermeidet sie, was sie nicht in dieser Weise erledigen kann. Dadurch »tritt in diesem Funktionsstil der Teil des Lebens, der nicht der Arbeit gewidmet ist, in den Hintergrund und wird erheblich eingeschränkt« (a. a. O., S. 43). Der Stil fördert »Ritualverhalten«, bei dem von außen bestimmt wird, was zu tun ist. Das ritualistische Interesse gilt »Indikatoren oder technischen Zeichen« statt substantieller Realität (a. a. O., S. 50).
Wenn der Mangel an kognitiver Integration beim Hysteriker den Anschein erweckt, als »spiele er um des Vergnügens willen« statt »um Geld« (a. a. O., S. 121), macht der Zwangsneurotiker den Eindruck, als versuche er alles durch rigide und übertriebene Integration zu kontrollieren, so daß es sich in ein vorgegebenes Muster »fügt«. Den paranoiden und den impulsiven Stil beschreibt Shapiro als »psychologisch primitivere« Variationen der beiden anderen Stile (vgl. a. a. O., S. 107, 136, 142, 150). Alle Stile sind »neurotisch«, weil sie bewirken, daß »bestimmte Klassen subjektiver Erfahrung und mentalen Inhalts vom Bewußtsein ausgeschlossen werden« (a. a. O., S. 196). Der Stil ist der »Aspekt neurotischen Funktionierens«, der die Erscheinungsform der Symptome erklärt. Verschiedene Abwehren sind Manifestationen des »Wirkens des jeweiligen Stils und der besonderen Spannungsbedingungen« (a. a. O., S. 194).
Aber entwickeln Neurotiker wirklich spezielle kognitive Stile, die sich ihrem Wesen nach von den Stilen unterscheiden, die von normalen Menschen entwickelt wurden? Oder beschreibt Shapi-

ro, was geschieht, wenn normale Kognitionsstile, die auf intelligente Weise zur Anpassung benutzt werden können, defensiv zur Selbsttäuschung verwendet werden? Die Beziehung zwischen normaler Anpassung und neurotischer Abwehr ist zu einem immer schwierigeren Problem für die psychoanalytische Theorie geworden. Dies liegt am wiedererwachten Interesse für die Ich-Psychologie, die sich aus den in den zwanziger Jahren entstandenen Schriften Freuds entwickelt hat. Als Freuds Interesse noch den Trieben galt, wurden die Ich-Aktivitäten als bewußte Reaktionen angesehen, die eher Angelegenheit der akademischen Psychologie (Wundt) als der Psychoanalyse waren. Dadurch hatte er es leicht, sich die Abwehren als quasi-biologische »Gegenkräfte« vorzustellen, die sich gegen die Triebkräfte richteten. Als er aber die strukturelle Position bezog und sich mit den (unbewußten) Aktivitäten des abwehrenden Ichs beschäftigte, begann er – wie wir gesehen haben – die Ähnlichkeiten zwischen der Abwehr gegen interne (triebhafte) und externe Gefahren zu betonen. Seine Aufmerksamkeit verlagerte sich von der Spekulation über die Wirkung mysteriöser intrapsychischer Mechanismen auf die Frage, wovor der Neurotiker Angst hat und was er tut, um die Gefahr, die er fürchtet, zu bewältigen – ob er sich dieses Tuns nun bewußt ist oder nicht.

Anna Freud hat diese Gedanken weiterverfolgt. Sie meint, daß alle Abwehrmechanismen ihr Gegenstück in Versuchen des Ichs hätten, mit der äußeren Gefahr fertig zu werden. Sie entwickelten sich zusammen mit diesen Bewältigungstechniken, während das kindliche Ich seine Waffen den besonderen Erfordernissen anpasse. Ferner spielten dieselben Mechanismen (z. B. Introjektion und Projektion), die sich in neurotischen Symptomen auswirkten, eine wesentliche Rolle in der normalen Ich- und Über-Ich-Entwicklung. Danach aber ist es – wie Anna Freud sagt – irreführend, weiterhin »zwischen Abwehr und Anpassung zu unterscheiden. Man sollte die verwendeten Ich-Mechanismen nicht als entweder pathologisch oder normal bezeichnen« (1965, S. 177). Entscheidend ist nicht, *welche* Mechanismen verwendet werden, sondern *wie* sie verwendet werden. Psychoanalytiker schlagen vor, »die neurotischen Abwehrmechanismen als pathologisch übertriebene oder verzerrte Regulierungs- und Anpassungsmechanismen zu sehen, die an sich zur normalen Entwicklung gehören« (Lampl-de Groot, 1957, S. 117). Als die American Psychoanalytic Association ein Symposium über die »Abwehrorganisation des Ichs« einberief, fand die Vorstellung großen Anklang, daß

es die funktionale Relevanz ist, die darüber entscheidet, ob eine Abwehr normal oder anormal ist. Dient sie vor allem dem Konflikt oder entspricht sie der Entwicklungsphase, ist sie der Realität angemessen und vor allen Dingen im Dienste der gesunden Anpassung? (Pumpian-Mindlin, 1967, S. 160.)

Obgleich manche Analytiker sich »Abwehrmechanismen« noch als »Konstrukte ... theoretische Abstraktionen [vorstellen], die eine bestimmte Arbeitsweise des Geistes beschreiben« (Wallerstein, 1967, S. 135 f.), hat die Entwicklung der Ich-Psychologie viele andere zu der Erkenntnis geführt, daß »wir die Merkmale unbewußter Mechanismen in gewissem Ausmaße im Bild dieser bewußten Abwehrreaktionen wiederfinden« (Loewenstein, 1967, S. 408). Danach liegt der Unterschied zwischen pathologischer und normaler Abwehr in der »Unangemessenheit der Abwehren hinsichtlich der realen Situation« (a. a. O., S. 798).
Warum sollen wir dann aber neurotische Abwehren nicht als Versuche zur Konfliktbewältigung verstehen, die sich von der normalen Problemlösung nicht deshalb unterscheiden, weil sie auf nicht-kognitiven Mechanismen beruhen, sondern weil die Person sich über die wirkliche Natur ihres Konfliktes oder Problems täuscht? Setzen wir den Fall, daß die neurotische Abwehr sich von der intelligenten Anpassung nicht aufgrund ihres Ursprungs oder ihrer Ziele, sondern nur hinsichtlich ihres Ergebnisses unterscheidet – »die Prozesse, die zu einer Neurose führen, sind *adaptiv gemeint* ... wenn ihr Ergebnis auch nicht *Anpassung* ist« (Loewenstein, 1967, S. 800). Ist es dann nicht irreführend, von den Abwehren immer noch als »Mechanismen« zu reden? Sollten sie nicht als kognitiv strukturierte Techniken (wie Piagets Schemata) betrachtet werden, die sich nur dann nicht adaptiv auswirken, wenn sie benutzt werden, um das Bewußtsein von einem Konflikt abzuwehren? Waelder berichtet, daß Anna Freud, als diese Frage aufgeworfen wurde, »meinte, ›Mechanismen‹ sei ein angemessener Ausdruck, weil die Abwehren automatisch und stereotyp seien« (Pumpian-Mindlin, 1967, S. 152). Dies kann aber

heißen, daß irgendein Verhaltensmuster unabhängig von den Gedanken und Intentionen einer Person ausgelöst würde, wie es sich in den Spekulationen Freuds über die Beziehung zwischen der Verdrängung und der Physiologie des Reflexschemas abzeichnet. Oder es kann heißen, daß die Person sich nicht dafür entscheidet, so zu reagieren, wie sie es tut, daß ihr Verhalten nicht aus rationalen Erwägungen erwachsen und von ihnen nicht unmittelbar beeinflußt werden könnte, daß ihre Reaktionen auf die Erfordernisse der realen Situation nicht abgestimmt werden könnten.

Die Auffassung von der Abwehr, die ich vorgeschlagen habe, würde sicherlich die Tatsache, daß das Verhalten des Neurotikers »automatisch und stereotyp« ist, im zweiten Sinn erklären. Der Rekurs auf den Begriff der Abwehr wird tatsächlich zu einer motivationalen Erklärung, in der es um die Erklärung der kognitiven Mißgriffe des Neurotikers geht – um seine Unfähigkeit, das eigene Verhalten zu verstehen und zu beherrschen (um den »dynamisch unbewußten« Charakter dieses Verhaltens), um seine Unfähigkeit, seine Situation so zu sehen, wie sie ist, sich auf sie in einer »der Realität angemessenen« Weise einzustellen, um seine Tendenz, in der Entwicklung zurückliegende (»phasenunangemessene«) Bewältigungstechniken zu »wiederholen«. Diese Erklärung orientiert sich an seiner unbewußten Intention, einen Konflikt »abzuwehren«, der in seiner Kindheit verwurzelt ist, wenn das Bewußtsein dieses Konfliktes ihm übermäßige Angst einflößen würde.

In dieser Weise gesehen, hätte sich die Ätiologie der Neurose nicht mit den Triebschicksalen zu beschäftigen, sondern mit dem Schicksal, das die kognitive Entwicklung im Sinne Piagets unter dem Einfluß von Ängsten erleiden kann, die für verschiedene Entwicklungsstadien charakteristisch sind. Damit das Kind Dinge wahrnimmt, die ihm Angst machen (z. B. der Unterschied zwischen den Geschlechtern), muß das Kind bereits die Fähigkeit erworben haben, die Dinge in einer bestimmten Weise wahrzunehmen und zu kategorisieren. Um die Realität in der Phantasie »leugnen« oder um im Spiel eine »Umkehrung« der realen Situation schaffen zu können, muß es bereits eine gewisse Fähigkeit des Vorstellens und Handelns erworben haben. (Vgl. zur Erklärung dieser infantilen Abwehren A. Freud, 1977, Kapitel sechs und sieben.) Das Fortschreiten von solchen primitiven Abwehren zu komplizierteren wie »Sublimierung«, »Rationalisierung« oder »altruistische Abtretung«[5], verlangt nicht nur immer komplexere Fähigkeiten, sondern auch immer komplexere interpersonelle Beziehungen, die es erforderlich machen, die Erwartungen und den Druck anderer zu berücksichtigen und das eigene Verhalten und die eigenen Ziele zu rechtfertigen, und dies nicht nur ihnen gegenüber, sondern auch sich selbst gegenüber. Entscheidend ist, daß die Auffassung, die Abwehr entstehe aus der Reaktion auf Angst, zu der Freud schließlich gelangte, kognitive Strukturen als logische Voraussetzung hat. Wie sollte es auch Signalangst ohne die Fähigkeit der Erinnerung und der Antizipation geben? Wie kann es Verdrängung geben, wenn die Person nicht zuvor über Wahrnehmungsdiskrimination und Gedächtnis verfügt? Wie kann es Projektion und Introjektion geben, ohne die Fähigkeit, zwischen dem Selbst und der Welt zu unterscheiden? Wie kann es Sublimierung geben, bevor nicht ein gewisses Verständnis sozialer Werte vorliegt? Oder wie soll man sich Rationalisierung ohne eine weitgehend entwickelte Fähigkeit zum Rechtfertigungsdenken vorstellen? Wenn die verschiedenen Abwehren von bereits entwickelten kognitiven Strukturen Gebrauch machen müssen, dann darf man mit Recht Freuds frühere Auffassung (1908) auf den Kopf stellen, nach der die Kognitions- und Reaktions-Stile, die den Charakter einer Person ausmachen, sich aus nicht-kognitiven Abwehrmechanismen herausbilden, die gegen die Triebe gerichtet sind. Statt dessen darf man sagen, daß die Wahl der Abwehr von den kognitiven Strukturen und Stilen abhängt, die das Kind bereits entwickelt hat.[6]

5 Sie werden von Anna Freud genannt. Dazu zählt sie noch »Identifizierung mit dem Angreifer« zu den Abwehrmechanismen des Ichs (vgl. 1977, Kapitel 9 und 10). Eine neuere Klassifizierung der Abwehren (Valerstein und Bibring 1961) weist 45 Nennungen auf, darunter z. B. »Askese«, »Unterwürfigkeit« und »Identifizierung mit dem geliebten Objekt«; Laughlins (1970) Lehrbuch führt 22 »Hauptabwehren« auf (darunter »Kompensierung« und »Restitution«) und 26 »sekundäre Abwehren« (darunter »Sühne« und »rückwirkende Abwertung«).

6 Alle weitergehenden Fragen ergeben sich hier aus dem Ursprung der ko-

Selbst Psychoanalytiker machen kein Geheimnis daraus, daß Freud »viele widersprüchliche Dinge gesagt hat... [und] zum Beleg für viele verschiedene Vorstellungen zitiert werden kann« (Loewald, 1960, S. 32). Ich bilde mir zwar nicht ein, daß meine Analyse der Abwehr mit allem übereinstimmen kann, was Freud zu diesem Gegenstand jemals gesagt hat, doch denke ich, daß sie eine plausible Lesart der Richtung darstellt, die sein Denken eingeschlagen hat. Freud begann seine Forschung vor einem intellektuellen Hintergrund, der ihm die Annahme nahelegte, das wissenschaftliche Verständnis der Person verlange, daß man sie als komplexe biologische Struktur auffasse, deren Verhalten durch eine Vielzahl physiologisch-chemischer Mechanismen hervorgebracht werde. Doch kam er rasch zu anderen Erkenntnissen, als er seine klinische Praxis begann und dort die ersten Einsichten gewann. Vor allem entdeckte er, daß Symptome wie andere Phänomene, von denen er anfänglich meinte, sie hätten Ursachen, aber keinen Sinn, durchaus sinnvoll sind, weil sie intentional, aber unbewußt von der Person hervorgebracht werden. Freud mußte die Person jetzt als denkendes, soziales Wesen begreifen, das intentional innerhalb einer Matrix persönlicher Beziehungen zu anderen agiert. Freud begann diese Spannung in den zwanziger Jahren aufzulösen, nachdem er eingesehen hatte, daß die Aktivitäten des Ichs unbewußt sein können, daß auch sie – und nicht nur die unterdrückten Triebe, auf die er sich zuvor konzentriert hatte – in den Bereich der Psychoanalyse gehören. Fortan behandelte er die sogenannten »Abwehrmechanismen« als Techniken, die der Neurotiker unbewußt verwendet, um das Bewußtsein von einem angsterzeugenden Konflikt abzuwehren, der auf in der Kindheit nicht bewältigte Triebregungen zurückgeht. Er vertrat die Auffassung, daß diese Techniken durch eine Analogie zu ver-

gnitiven Stile und der Beziehung dieser Stile, die die Wahrnehmung einer Situation prägen, zu den dramaturgischen Ausführungsstilen (vgl. Harré, 1974), die die Darstellung des Selbst gegenüber anderen bestimmen. Können unterschiedliche »Entwicklungsverläufe« (vgl. A. Freud, 1963) zu unterschiedlichen kognitiven und dramaturgischen Stilen führen? Kann die gleiche Person unterschiedliche Abwehren, ebenso wie »personae« in verschiedenen Bereichen ihrer Strebungen und interpersonellen Beziehungen entwickeln? Doch diese und ähnliche Fragen sprengen den Rahmen dieses Artikels.

stehen seien, aber nicht durch Analogie zu den physiologischen Prozessen, sondern zum normalen zielstrebigen und intentionalen Verhalten. Vielleicht hat Freud auch deshalb gesagt, daß »die Trieblehre ... sozusagen unsere Mythologie« ist (1933, XV, S. 101).

Ich habe zu zeigen versucht, daß das Wesen der Abwehr, der dynamisch unbewußte Charakter neurotischen Verhaltens, die Ätiologie der Neurose und die therapeutische Wirkung der Psychoanalyse alle in jenem Bezugssystem intentionalistischer Begriffe verständlich werden, das unser Verständnis von Menschen leitet. Eine solche entmythologisierte, aber sicherlich anthromorphe Lesart Freuds deckt sich ebenso mit der zeitgenössischen psychoanalytischen Ich-Psychologie wie mit dem allgemeinen Ansatz zum Verständnis von Menschen, der in den meisten Aufsätzen dieses Bandes (Mischel, 1974) vertreten wird.

Literatur

Alexander, P., ›Rational Behavior and Psychoanalytic Explanation‹, *Mind*, lxxi, 1962.

Amacher, P., ›Freud's Neurological Education and its Influence on Psychoanalytic Theory‹, *Psychological Issues*, Vol. IV, No. 4, International Universities Press, Inc., New York, 1965.

Brenner, C. ›The Nature and Development of the Concept of Repression in Freud's Writings‹, in *The Psychoanalytic Study of the Child*, Vol. XII, International Universities Press, Inc., 1957.

Dorer, M., *Historische Grundlagen der Psychoanalyse*, Felix Meiner, Leipzig, 1932.

Eriksen, C. W., ›Cognitive Responses to Internally Cued Anxiety‹, in Charles D. Spielberger (editor), *Anxiety and Behavior*, Academic Press, New York, and London, 1966.

Fingarette, H., *Self Deception*, Humanities Press, New York, 1969.

Freud, A., *Das Ich und die Abwehrmechanismen*, 1936, 9. Aufl., München 1977

Freud, S., *Aus den Anfängen der Psychoanalyse, Briefe an Wilhelm Fließ, Abhandlungen und Notizen aus den Jahren 1887–1902*, London 1950.

–, »Quelques considérations pour une étude comparative des paralyses motri-

ces organiques et hystériques«, in: *Gesammelte Werke* (1893), Bd. 1–17, London 1940–52, Bd. 18, Frankfurt a. M. 1968, Bd. 1.
–, (und J. Breuer), *Studien über Hysterie* (1895), *G. W.*, Bd. 1.
–, »Die Abwehr-Neuropsychosen« (1894), *G. W.*, Bd. 1.
–, »Entwurf einer Psychologie«, in: S. Freud, *Aus den Anfängen der Psychoanalyse*, a. a. O.
–, »Weitere Bemerkungen über die Abwehr-Neuropsychosen«, *G. W.*, Bd. 1.
–, *Die Traumdeutung* (1900), *G. W.*, Bd. 2/3.
–, *Der Witz und seine Beziehung zum Unbewußten* (1905), *G. W.*, Bd. 6.
–, »Meine Ansichten über die Rolle der Sexualität in der Ätiologie der Neurosen« (1906), *G. W.*, Bd. 5.
–, »Charakter und Analerotik« (1908), *G. W.*, Bd. 7.
–, »Bemerkungen über einen Fall von Zwangsneurose« (1909), *G. W.*, Bd. 7.
–, »Analyse der Phobie eines fünfjährigen Knaben« (1909 b), *G. W.*, Bd. 7.
–, »Psychoanalytische Bemerkungen über einen autobiographisch beschriebenen Fall von Paranoia (Dementia paranoides)« (1911), *G. W.*, Bd. 8.
–, »Weitere Ratschläge zur Technik der Psychoanalyse: II. Erinnern, Wiederholen und Durcharbeiten« (1914), *G. W.*, Bd. 10.
–, »Die Verdrängung« (1915), *G. W.*, Bd. 10.
–, »Triebe und Triebschicksale« (1915 b), *G. W.*, Bd. 10.
–, »Das Unbewußte« (1915 c), *G. W.*, Bd. 10.
–, *Vorlesungen zur Einführung in die Psychoanalyse* (1916–17), *G. W.*, Bd. 11.
–, »Psychoanalyse« (1923 b), G. W., Bd. 13.
–, *Hemmung, Symptom und Angst* (1926), *G. W.*, Bd. 14.
–, *Neue Folge der Vorlesungen zur Einführung in die Psychoanalyse* (1933), *G. W.*, Bd. 15.
–, »Eine Erinnerungsstörung auf der Akropolis« (1936), *G. W.*, Bd. 16.
–, »Die endliche und die unendliche Analyse« (1937), *G. W.*, Bd. 1.
–, *Abriß der Psychoanalyse* (1940), *G. W.*, Bd. 17.
Goldstein, K. and Scheerer, M., ›Abstract and Concrete Behavoir; An Experimental Study with Special Tests‹, *Psychological Monographs*, LIII, No. 2, 1941.
Ilamlyn, D. W., ›Self-Deception‹, *Proceedings of the Aristotelian Society*, Sup. Vol. XLV, 1971.
– ›Unconscious Intentions‹, *Philosophy*, XLVI, 1971b.
Hartman, Kris and Loewenstein, ›Comments on the Formation of Psychic Structure‹, *The Psychoanalytic Study of the Child*, Vol. II, International Universities Press, Inc., New York, 1946.
Kagan, J., Moss, H. A. and Sigel, I. E., ›Psychological Significance of Styles of Conceptualization‹, in J. C. Wright and J. Kagan (editors), *Basic Cognitive Processes in Children, Monagraphs of the Society for Research in Child Development*, Vol. 28, No. 2, 1963.

Kaiser, H., ›The Problem of Responsibility in Psychotherapy‹, *Psychiatry*, Vol. 18, 1955.
Klein, George S., ›Cognitive Control and Motivation‹ in Gardner Lindzey (editor), *Assessment of Human Motives*, Grove Press Inc., New York, 1958.
Kris, E., ›The Recovery of Childhood Memories in Psychoanalysis‹ in *The Psychanalytic-Study of the Child*, Vol. XI, International Universities Press, Inc., New York, 1956.
Lampl-de Groot, J., ›On Defense and Development: Normal and Pathological‹ in *The Psychoanalytic Study of the Child*, Vol. XII, International Universities Press, Inc., New York, 1957.
Laughlin, H. P., *The Ego and Its Defenses*, Appleton-Century-Crofts, New York, 1970.
Loewald, H. W., ›On the Therapeutic Action of Psycho-Analysis‹, *International Journal of Psychoanalysis*, 41, 1960.
Lowenstein, R., ›Defensive Organization and Autonomous Ego Functions‹, *Journal of the American Psychoanalytic Association*, Vol. 15, 1967.
MacIntyre, A. C., *The Unconscious: A Conceptual Analysis*, Humanities Press, New York, 1958; dt.: *Das Unbewußte. Eine Begriffsanalyse*, Frankfurt 1968.
Madison, P., *Freud's Concept of Repression and Defense, Its Theoretical and Observational Language*, University of Minnesota Press, Minneapolis, 1961.
Menninger, K., *Theory of Psychoanalytic Technique*, Basic Books, Inc., New York, 1958.
Mischel, T., ›Wundt and the Conceptual Foundations of Psychology‹, *Philosophy and Phenomenological Research*, Vol. XXXI, 1970; dt.: in diesem Band.
– (Hrsg.), *Understanding other Persons*, Basil Blackwell, Oxford 1974.
Nagel, E., ›Methodological Issues in Psychoanalytic Theory‹ in Sidney Hook (editor), *Psychoanalysis: Scientific Method and Philosophy*, Grove Press, Inc., New York, 1959.
Nunberg, H. and Federn, E. (editors), *Minutes of the Vienna Psychoanalytic Society, Vol. I, 1906–1908*, International Universities Press, Inc., New York, 1962; dt.: *Protokolle der Wiener Psychoanalytischen Vereinigung*, Band I, 1906–1908, Frankfurt 1977.
Peters, R. S., *The Concept of Motivation*, Humanities Press, New York, 1958.
Pumpian-Mindlin, E., ›Panel Report B: Defense Organization of the Ego and Psychoanalytic Technique‹, *Journal of the American Psychoanalytic Association*, Vol. 15, 1967.
Rangell, L., ›On the Psychoanalytic Theory of Anxiety: A Statement of a Unitary Theory‹, *Journal of the American Psychoanalytic Association*, Vol. 3, 1955.
Sandler, J., Dare, C. and Holder, A., ›Basic Psychoanalytic Concepts: III, Transference‹, *British Journal of Psychiatry*, Vol. 116, 1970.

Shapiro, D., *Neurotic Styles,* Basic Books, Inc., New York and London, 1965.
Shope, R. K., ›The Psychoanalytic Theories of Wish-Fulfillment and Meaning‹, *Inquiry,* Vol. 10, 1967.
Strachey, J., ›The Nature of the Therapeutic Action of Psychoanalysis‹, *International Journal of Psycho-Analysis,* Vol. 50, No. 275, 1969 (Reprinted from *Int. J. Psychoanalysis,* Vol. 15, 1934).
Szasz, T. S., *The Myth of Mental Illness,* Martin Secker and Warburg, Ltd., London, 1962; dt.: *Geisteskrankheit – ein moderner Mythos?*
Ullmann, L. P. and Krasner, L., *A Psychological Approach to Abnormal Behavior,* Prentice-Hall, Inc., 1969.
Valerstein, A. F. and Bibring, E., ›Glossary of Defenses‹ in *The Psychoanalytic Study of the Child,* Vol. XVI, International Universities Press, Inc., New York, 1961.
Wallerstein, R. S., ›Panel Report A: Development and Metapsychology of the Defense Organization of the Ego‹, *Journal of the American Psychoanalytic Association,* Vol. 15, 1967.
Witkin, Dyk, Faterson, Goodenough and Karp, *Psychological Differentiation; Studies of Development,* John Wiley and Sons, Inc., New York, 1962.

Psychologische Erklärungen und ihre Schicksale
(1975)

Die Problematik psychologischer Erklärungen

Worin liegt das Wesen einer chemischen oder einer mechanischen Erklärung? Diese und ähnliche Fragen können wir dadurch beantworten, daß wir untersuchen, in welcher Weise die Konzepte und die theoretischen Formulierungen der Chemie oder Mechanik von Wissenschaftlern verwendet werden, um chemische oder mechanische Erscheinungen zu erklären. Doch können wir auf diese Art keine Klarheit über die Beschaffenheit psychologischer Erklärungen gewinnen. Ein bedeutender Psychologe erklärt dies so:

Psychologen sind sich nicht darüber einig, was die von ihnen zusammengetragenen Fakten belegen. Das heißt nicht, daß sie nur über das Gebäude, das sie zu errichten wünschen, unterschiedlicher Meinung sind. Sie sind sich noch nicht einmal darüber schlüssig, was ein Gebäude ist. Sie sind sich also nicht nur über die Erklärung ihrer Ergebnisse uneinig, sondern auch darüber, wie eine solche Erklärung aussehen müßte. Folglich genügt es nicht, eine Theorie zu entwickeln, die die Fakten erklärt, sondern es ist darüber hinaus notwendig, eine Theorie zu entwickeln, die den Typus der entwickelten Theorie rechtfertigt (Deutsch, 1960, S. 1).

Vielleicht sollten wir nicht allzu überrascht sein, daß es hinsichtlich der grundlegenden Konzepte, die für psychologische Erklärungen in Frage kommen, an Einigkeit fehlt. Denn – wie oft zu hören ist – ist die Psychologie eine junge Wissenschaft, und Wissenschaft beginnt nie mit

klaren und scharf definierten Grundbegriffen ... In Wirklichkeit beginnt keine Wissenschaft mit solchen Definitionen, auch die exaktesten nicht. Der richtige Anfang der wissenschaftlichen Tätigkeit besteht vielmehr in der Beschreibung von Erscheinungen, die dann weiterhin gruppiert, angeordnet und in Zusammenhänge eingetragen werden. Schon bei der Beschreibung kann man es nicht vermeiden, gewisse abstrakte Ideen auf das Material anzuwenden, die man irgendwoher, gewiß nicht aus der neuen Erfahrung allein, herbeiholt. ...

Man verständigt sich über ihre Bedeutung durch den wiederholten Hinweis auf das Erfahrungsmaterial, dem sie entnommen scheinen, das aber in Wirklichkeit ihnen unterworfen wird. Sie haben also streng genommen den Charakter von Konventionen, wobei aber alles darauf ankommt, daß sie doch nicht willkürlich gewählt werden, sondern durch bedeutsame Beziehungen zum empirischen Stoffe bestimmt sind ... Erst nach gründlicherer Erforschung des betreffenden Erscheinungsgebietes kann man auch dessen wissenschaftliche Grundbegriffe schärfer erfassen ... (Freud, 1915, S. 210 f.).

Doch dieser Abschnitt, mit dessen Hilfe Freud den »vorläufig noch ziemlich dunklen Grundbegriff« des Triebs einführt, erschien 1915; Deutschs Buch wurde 1960 veröffentlicht. Und wie sich an dem Thema erkennen läßt, das für das Nebraska-Symposium dieses Jahres gewählt wurde, nimmt die Uneinigkeit über grundsätzliche Fragen der Psychologie eher zu als ab. Die Teilnehmer dieses Symposiums betreiben Metapsychologie, sie legen Theorien vor, um den Theorietypus zu rechtfertigen, den die Psychologie ihrer Meinung nach entwickeln sollte.
Einerseits sagt Deutsch in gewisser Hinsicht zu Recht, daß trotz der Uneinigkeit über die Frage, was als psychologische Erklärung anzuerkennen sei, »einwandfreie Befunde in großem Umfange zusammengetragen worden seien, und daß die Datenmenge täglich anwachse« (1960, S. 1), andererseits ist aber anzumerken, daß es sich nicht wirklich um »Befunde« handelt, sondern um eine Menge Informationen sehr unterschiedlicher Art, deren Bedeutung beileibe nicht klar ist. Infolge einer grundsätzlichen Uneinigkeit über die Natur psychologischer Erklärungen herrscht Ungewißheit über die Frage, was Befunde sind, welche Arten von Daten bei welchen Arten von Beschreibungen *relevant* für die psychologische Wissenschaft sind. Die Ungewißheit spiegelt sich in den fast völlig inhaltsleeren Definitionen der Psychologielehrbücher, wenn diese ihren Gegenstand als »das Verhalten von Organismen« beschreiben. Damit versäumen sie nicht nur, ihren Gegenstand von dem der Tierphysiologie oder der Ethologie abzuheben, sie unterscheiden ihn, da Menschen ja Organismen sind, noch nicht einmal vom Gegenstand der Soziologie, Linguistik, Wirtschaftswissenschaft, Rechtswissenschaft oder Geschichte. Noch einmal sei zugegeben, daß in den ersten Entwick-

lungsstadien einer Wissenschaft mit Ungewißheiten hinsichtlich ihres Gegenstandes zu rechnen ist. Erst nach der Entwicklung der Newtonschen Mechanik hatte man eine Grundlage für die Behauptung, daß trotz der vielen »oberflächlichen« Unterschiede zwischen z. B. Äpfeln, Billardkugeln, Satelliten oder Gezeiten einige ihrer Verhaltensweisen übereinstimmend als Bewegungen bezeichnet werden können, die man anhand der Prinzipien der Mechanik erklären kann. Sobald die Mechanik als Wissenschaft entwickelt worden war, wurde der Umstand, daß ein bestimmtes Phänomen sich nicht anhand ihrer Konzepte und Prinzipien erklären ließ, ein Anlaß anzunehmen, daß das fragliche Phänomen nicht »rein mechanisch« sei. Folglich suchte man seine Erklärung teilweise bei anderen Wissenschaften.

Die Frage, was als psychologisches Phänomen anzuerkennen sei, ist nicht unabhängig von der Frage, was als psychologische Erklärung anzuerkennen sei. Die Psychologie kann ihren Gegenstand nur dann sinnvoll eingrenzen, wenn sie aussagefähige Erklärungskonzepte finden kann, Konzepte, die »nicht willkürlich gewählt werden, sondern durch bedeutsame Beziehungen zum empirischen Stoff bestimmt sind«. Die Anwendung dieser Konzepte in »gründlicherer Erforschung des betreffenden Erscheinungsgebietes« muß zeigen, daß sie uns ermöglichen, das Gebiet in theoretisch relevanter und erfolgversprechender Weise zu strukturieren – so daß wir mit einiger Zuversicht sagen können, sie seien »dessen wissenschaftliche Grundbegriffe«. Dann sind wir in der Lage, jene theoretisch relevanten Ähnlichkeiten zwischen den Erscheinungen zu erkennen, kraft derer sie »psychologische Erscheinungen« sind, die eben von dieser und nicht von irgendeiner anderen Wissenschaft erklärt werden müssen. Angesichts der Ungewißheit über den Gegenstand der Psychologie, die auf die mangelnde Übereinstimmung hinsichtlich der begrifflichen Grundlage psychologischer Erklärungen zurückzuführen ist, dürfte es nicht allzu sehr überraschen, daß in einer kürzlich erschienenen Ausgabe des *American Psychologist* ein Artikel zu finden war, der den Titel trug *What Psychology is About* (Hebb, 1974). Man kann sich wohl kaum einen anerkannten Physiker vorstellen, der für seine Fachkollegen einen Artikel mit dem Titel *Womit sich die Physik befaßt* schreibt.

Nun rechnet man zwar in den Anfangsstadien einer Wissenschaft mit dieser Ungewißheit über die grundsätzlichen Fragen, doch ist die Psychologie so jung auch wieder nicht. Abgesehen von den metapsychologischen Schriften Freuds aus dem Jahre 1915 gab es 1913 Watsons behavioristische »Revolution«, Wundts Begründung der »Experimentalpsychologie« im Jahre 1879, Herbarts Versuch von 1824, aus der Psychologie eine mathematische Wissenschaft zu machen – und diese Genealogie ließe sich leicht fortsetzen. Wenn wir den eingeführten Geschichtsbüchern Glauben schenken und 1879 als das Jahr ansetzen wollen, in dem die Psychologie sich als unabhängige Wissenschaft etablierte, wird klar, daß die Psychologie im Vergleich zu dem rasch anwachsenden theoretischen Fortschritt anderer Wissenschaften in einem Zeitraum von hundert Jahren kein Schnellentwickler ist. Vielleicht gibt es noch eine andere Erklärung für die begrifflichen Unklarheiten, die die Entwicklung der wissenschaftlichen Psychologie gehemmt haben. Vielleicht ist die Entwicklung eines geeigneten Bezugssystems von Erklärungskonzepten dadurch verzögert worden, daß die Theoretiker des Gebiets ihren Gegenstandsbereich abhängig gemacht haben von Ideen, »die man irgendwoher, gewiß nicht aus der neuen Erfahrung allein, herholte« – insbesondere von philosophischen Vorstellungen über die Beschaffenheit der Seele, des Mechanismus, der Wissenschaft und so fort.

Studien zur Geschichte der Naturwissenschaften haben gezeigt, daß auch ihre Entwicklung häufig Auseinandersetzungen aufwies. Dabei ging es um die Frage, welche Konzepte, Methoden und Erklärungsweisen für bestimmte empirische Forschungsprogramme angemessen seien und ob der Forschungsgegenstand besser in dieser oder in jener Weise definiert werden sollte. Diese Studien haben gezeigt, daß solche Grundsatzentscheidungen für die empirische Forschung nicht etwa durch Beobachtung und Experiment unzweideutig entschieden werden, sondern eine Wahl darstellen. Die tatsächlich getroffene Wahl kann von großer Bedeutung für die Gestalt sein, die die Wissenschaft dann tatsächlich annimmt. Unterschiedliche Einstellungen zu solchen Grundsatzfragen führen zu unterschiedlichen Forschungsprogrammen und zu unterschiedlichen Theorien (vgl. z. B. Hanson, 1958;

Kuhn, 1962; Toulmin, 1961). Am Ende wird der Erfolg oder Mißerfolg eines Forschungsprogrammes, das bestimmte Begriffe und Methoden verwendet, zeigen, ob die Entscheidungen richtig oder falsch waren. Doch solche definitiven Gesichtspunkte stehen Wissenschaftlern, die mit einem empirischen Forschungsprogramm erst beginnen wollen, noch nicht zur Verfügung. Am Anfang geht es um die Frage, ob der eine Ansatz *plausibler* als der andere ist. Zu diesem Zeitpunkt lassen sich »philosophische« Erwägungen anstellen – in dem harmlosen Sinn, daß Begriffsanalysen und -debatten verwendet werden müssen, um Uneinigkeiten zu klären. Diese Fragen können nicht einfach durch eine weitere Betrachtung der Fakten oder ein paar zusätzliche Experimente gelöst werden.

Nun sollte man eigentlich erwarten, daß Entscheidungen dieser Art eine noch entscheidendere Rolle in der Entwicklung der wissenschaftlichen Psychologie gespielt haben. Denn insofern sich die Psychologie mit der Erforschung komplexen menschlichen Verhaltens befaßt, hat sie es mit den Verhaltensweisen bewußter, sprachbefähigter Lebewesen zu tun, die ihr eigenes Verhalten erläutern können. Zweifellos sind die Begriffe, die Menschen benutzen, um physikalische Phänomene zu kennzeichnen, aus ihrer Kultur genommen. Aber es ist sinnvoll anzunehmen, daß die tatsächliche Beschaffenheit physikalischer Phänomene nicht von den Begriffen abhängt, die wir zu ihrer Charakterisierung besitzen. Demgegenüber scheint eine weit engere Beziehung zwischen den Begriffen zu bestehen, die wir besitzen, und den Absichten, Emotionen, Motiven, Gedanken und Wahrnehmungen, die wir haben können. Zumindest einige unserer psychischen Zustände und Prozesse sind anscheinend wesentlich von unserem Begriffsvermögen abhängig. Dieses Merkmal unterscheidet solche psychischen Phänomene radikal von den physikalischen.

Betrachten wir beispielsweise die Emotionen. Schon der Versuch, emotionale Phänomene zu beschreiben, wirft besondere Probleme auf.[1] Ein Psychologe, der an der Untersuchung der Emotio-

1 Diese Probleme werden möglicherweise in den Hintergrund gedrängt, wenn sich Psychologen, die die Emotionen untersuchen wollen, beispielsweise auf die Furcht bei Ratten konzentrieren. Denn es stellt keine Schwierigkeit

nen interessiert ist, neigt unter Umständen zunächst dazu, sie als Zustände des Organismus vorzustellen. Doch selbst wenn bestimmte physiologische oder »Gefühlszustände« – wie es in Wirklichkeit durchaus nicht der Fall ist – nur vorkommen würden, wenn eine bestimmte Emotion vorkommt, würde man deshalb immer noch irgendein unabhängiges Verfahren brauchen, um die Emotionen zu identifizieren, bevor man zeigen könnte, daß eben dieser Zustand im Organismus vorkommt, wenn die Emotion vorliegt. Ebensowenig kommen wir weiter, wenn wir die Emotionen anhand bestimmter Verhaltensweisen identifizieren wollen, denn es ist ganz und gar nicht klar, was ein Mensch tut – sofern er überhaupt etwas tut –, wenn er beispielsweise Schuld empfindet. Alles scheint von der Person abzuhängen, den Umständen und davon, worüber sie Schuld empfindet. Das führt natürlich zu einem weiteren entscheidenden Problem: Schuld empfinden heißt normalerweise, über etwas Schuld empfinden. Emotionen richten sich also in einer Weise, die physikalische Prozesse nicht kennen, auf Gegenstände. In physikalischen Zuständen geht es um nichts in dem Sinne, in dem es bei der Schuld darum geht, daß man etwas getan hat, das falsch ist oder als falsch gilt. Eine Analyse unserer normalen Auffassung von Emotionen zeigt, daß wir sie anhand der Auffassung von Objekten, Handlungen oder Situationen identifizieren, mit denen Emotionen typischerweise verknüpft sind (vgl. Peters, 1969). Schuld ist beispielsweise mit dem Urteil verknüpft, daß jemand nicht das getan hat, was richtig ist. Wir unterscheiden diese Emotion von der verwandten, aber verschiedenen der Scham dadurch, daß diese auf der negativen Bewertung irgendeines Aspektes der eigenen Person beruht. Man schämt sich, wenn man es in irgendeiner

dar, eine Laborsituation zu schaffen, in der eine Ratte, die im Laboratorium aufgewachsen ist, Verhaltensweisen an den Tag legt, die Psychologen übereinstimmend als Furcht erkennen können. Sobald wir aber die kontrollierten Laborumwelten verlassen und uns mit dem Verhalten von Tieren in natürlicher Umgebung beschäftigen und sobald wir uns nicht mehr mit der sehr begrenzten Zahl der Emotionen bei niederen Tieren, sondern mit denen bei höheren beschäftigen, besonders mit dem weiten emotionalen Spektrum, das dem Menschen eigen ist, gewinnen die Probleme, von denen ich spreche, zentrale Bedeutung.

Weise versäumt hat oder glaubt, man habe es versäumt, der Mensch zu sein, der man sein sollte oder der man zu sein wünscht. Deshalb kann ein Mensch auch Schuld oder Scham empfinden, wenn kein wirklicher Anlaß dafür besteht. Folglich können Emotionen im Unterschied zu physikalischen Zuständen als vernünftig oder unvernünftig, gerechtfertigt oder ungerechtfertigt bewertet und beurteilt werden. Wenn ferner unser normales Verfahren, Emotionen zu erkennen, richtig ist, folgt daraus, daß den Emotionen ein unabtrennbar kognitives Element innewohnt. Wir können dann eine Emotion nicht vernünftigerweise jemandem zuschreiben, dem der Begriffsapparat fehlt, um jene Wertung vorzunehmen, mit der die Emotion verknüpft ist. Von einem Wesen, das nicht versteht, was es heißt, Unrecht zu tun oder zu haben, können wir nicht sagen, es empfinde Schuld oder Scham.

Diese Anmerkungen sind gewiß äußerst skizzenhaft. Ich werde später eingehender erörtern, in welcher Weise wir gewöhnlich psychologische Zustände und Prozesse begrifflich erfassen. Im Moment möchte ich die Aufmerksamkeit nur darauf lenken, daß beispielsweise die Tatsache, daß wir jemandem eine Emotion zuschreiben, zugleich bedeutet, daß wir voraussetzen, er habe bestimmte Überzeugungen und Wünsche, er fälle bestimmte Urteile und nehme bestimmte Wertungen vor. Sie alle können gemessen an seiner augenblicklichen Situation vernünftig sein oder nicht. Wenn wir also einer Person einen psychologischen Zustand oder Prozeß zuschreiben, schreiben wir ihm zwangsläufig auch andere relevante psychologische Zustände und Prozesse zu. Wir nehmen an, daß dieser Mensch Subjekt ist, verschiedene Dinge wahrnimmt, glaubt, wünscht und beabsichtigt, und dies auf Weisen, die miteinander verknüpft sind – manchmal sehr eigentümlich und verdreht. Folglich wird das Verhalten von Personen, wie wir es normalerweise verstehen, auf Weisen beschrieben, die sich radikal von den Beschreibungen unterscheiden, die wir benutzen, um das Verhalten rein physischer Dinge zu beschreiben. Anders gesagt, da anscheinend der Gegenstand der Humanpsychologie zumindest auf den ersten Blick bewußtes Subjekt ist, das erläutern kann, was es tut, hat es die Psychologie mit Verhaltensweisen zu tun, die nur Wesen möglich sind, die Begriffe verwenden.

Ihre Verhaltensweisen scheinen durch jene begrifflichen Unterscheidungen geprägt zu werden, zu denen sie fähig sind, und durch ihre subjektive Perspektive der Welt gegenüber, die sie auf diese Weise entwickeln können. Und es versteht sich ganz gewiß nicht a priori, daß solche »Verhaltensweisen« dem Verhalten unbelebter Objekte oder niederer Tiere gleichen müssen.

Folglich muß viel mehr Raum für Unstimmigkeiten in der Psychologie bleiben: Man muß sich darüber auseinandersetzen, in welcher Weise der Forschungsgegenstand definiert werden soll, welche Methoden und Erklärungskonzepte zu wählen sind und welche Bedingungen die Psychologie erfüllen muß, wenn sie eine wirkliche Wissenschaft sein soll. Unter diesen Umständen wäre es überraschend, wenn die Annahmen über die Natur der Seele und die Natur der Wissenschaft, die von der Philosophie entliehen wurden, nicht einen tiefen Einfluß auf die Theoretiker ausgeübt hätten, die nach den begrifflichen Grundlagen psychologischer Erklärungen suchten. Fragen nach der »Definition« der Psychologie, den geeigneten Methoden und den allgemeinen Bedingungen, denen die Psychologie genügen muß, wenn sie eine Wissenschaft sein will, wurden im 19. Jahrhundert, als die Psychologie versuchte, eine empirische Wissenschaft zu werden, auch tatsächlich heiß diskutiert. Nach dem behavioristischen Zwischenspiel, während dem die meisten Psychologen glaubten, die grundlegenden Fragen seien geklärt, scheint jetzt abermals eine Situation angebrochen zu sein, in der sich die Psychologen nicht darüber einig sind, welche Grundsatzentscheidungen eine vernünftige Basis für eine erfolgversprechende empirische Erforschung komplexen menschlichen Verhaltens liefern können.

So mag es nützlich sein, einige der Schicksale zu betrachten, die psychologische Erklärungen unter dem Einfluß philosophischer Annahmen über die Beschaffenheit eines Geistes, eines Mechanismus, einer Wissenschaft erlitten haben. Wir wollen versuchen, einige der grundlegenden Merkmale und Funktionen psychologischer Erklärungen von Annahmen zu lösen, die von außen an sie herangetragen wurden und mit denen sie häufig verknüpft geblieben sind. Vielleicht erhalten wir dann eine Grundlage, um den Wert der Metatheorien einzuschätzen, die heute von Psychologen entwickelt werden, um unter den konkurrierenden Arten psychologischer Erklärungen diejenige zu rechtfertigen, für die sie sich entschieden haben. In erster Linie möchte ich mich mit den Fragen beschäftigen, über die sich augenblicklich radikale Behavioristen und kognitive Psychologen auseinandersetzen, doch muß ich mit einigen historischen Erwägungen beginnen, weil sich diese gegenwärtigen Kontroversen nur vor ihrem geschichtlichen Hintergrund richtig verstehen lassen.

Historische Wurzeln philosophischer Fragen

Psychologische Erklärungen und ontologische Überzeugungen: Descartes und Hobbes

Wie das Kind damit beginnt, sich unbelebte Objekte nach dem Vorbild des Menschen vorzustellen (Piaget, 1926), versuchten die frühen Ansätze zu einem rationalen Naturverständnis so etwas wie eine psychologische Erklärung allen Verhaltens zu liefern. Nehmen wir z. B. die aristotelische Analyse der Naturprozesse anhand ihrer vier Ursachen – sie entsprechen grob den folgenden vier Fragen: Woraus ist es gemacht? Zu was (für einer Sache) ist es gemacht? Wodurch ist es gemacht? Zu welchem Zweck ist es gemacht? Wir können dies als den Versuch begreifen, jene Art von Analyse, die uns ermöglicht zu verstehen, was von einem Handwerker planvoll angefertigt wurde, als Modell des Verständnisses aller Naturprozesse zu begreifen. Dies soll nicht heißen, daß das griechische Denken kindlich war, sondern daß es sehr natürlich ist zu versuchen, die Grundannahmen, anhand derer wir das Verständnis unserer eigenen Person und unserer Mitmenschen strukturieren, auf das Verständnis aller Phänomene auszudehnen. Doch wie plausibel es anfangs auch immer gewesen sein mag, die Natur so anthropomorph zu verstehen, war der Erfolg des Verfahrens doch recht begrenzt. Als dagegen mit der Entwicklung der galileischen Physik ganz andere Grundannahmen für die wissenschaftliche Forschung akzeptiert wurden, er-

zielte diese Wissenschaft rasch zunehmende theoretische Fortschritte.
Der augenfällige Erfolg der wissenschaftlichen Revolution ließ den Versuch plausibel erscheinen, die Grundannahmen der Mechanik auf die Untersuchung anderer Gebiete auszudehnen. Theoretiker versuchten bald, das Verhalten lebender Organismen mechanisch zu erklären. Daß Galileis »neue Methode« nicht nur auf die Bewegung unbelebter Gegenstände, sondern auch auf organische Prozesse angewendet werden konnte, zeigte sein Zeitgenosse Harvey. Descartes meinte, alles tierische Verhalten lasse sich vollständig aus der Wirkung verschiedener Körpermechanismen erklären. Selbst gewisse menschliche Verhaltensweisen – beispielsweise, wenn man die Hand vor einer Flamme zurückzieht oder auch die blinde Flucht, wenn man von Furcht überwältigt wird – ließen sich nach Descartes (1649) sehr einleuchtend als Reaktionen vorstellen, die durch physische Reize verursacht würden. Diese lösten die verschiedenen Körpermechanismen aus.
Doch nicht alle menschlichen Verhaltensweisen sind von dieser Art. Wenn Menschen »aus Erkenntnis handeln« oder wenn sie »verschiedene Wörter zu einer Rede zusammenfügen, durch die sie ihre Gedanken ausdrücken« (1637, S. 629 f.), dann läßt sich nach Descartes keineswegs anhand physischer Mechanismen erklären, was sie tun. Mechanismen sind schließlich (oder waren es vielmehr zu Descartes' Tagen) Gebilde aus Zahnrädern, Federn, Hebeln und dergleichen. Um jedoch zu erklären, was Menschen tun, wenn sie »aus Erkenntnis handeln« nimmt man auf ihre Überzeugungen, Ziele und Wünsche Bezug, auf die Regeln oder Normen, denen sie folgen usw. Solche »Erwägungen«, die intelligentes Handeln so leiten, daß es die Ziele des handelnden Subjekts erreicht, scheinen »Dinge« von ganz anderer Art als die physischen Ereignisse und Strukturen zu sein, von denen die Wirkungsweise der Mechanismen abhängt. Ferner sind wir uns durch Selbstbeobachtung unserer Gedanken, Ziele usw. bewußt. Schließlich dürften wir wohl alle hinsichtlich der eigenen Person der unerschütterlichen Überzeugung sein, daß wir wirklich über Gedanken und ähnliche Regungen verfügen. Obgleich Descartes es im Laufe seines systematischen Zweifelns fertigbringt, Gründe hervorzubringen, die ihn selbst an der Existenz seines eigenen

Körpers zweifeln lassen, bleibt ihm eins, woran zu zweifeln ihm unmöglich ist, nämlich daß er ein »denkendes Etwas« ist (1641, S. 463).

Fragen über die Beschaffenheit und die Bedeutung psychologischer Erklärungen waren aus diesem Grunde für die Theoretiker des 17. Jahrhunderts verknüpft mit der ontologischen Frage: welcher Art ist der Mensch? Diejenigen, die sich ihn wie Descartes nicht einfach als Mechanismus vorstellen konnten, weil sie sich nicht erklären konnten, wie unser intelligentes, von uns selbst begonnenes Handeln und unser Denken, dessen wir introspektiv gewahr werden, durch die Wirkung von Körpermechanismen hervorgebracht werden sollen, vertraten die Auffassung, der Mensch könne nicht nur ein materielles Ding sein, sondern müsse auch ein nichtmaterielles, denkendes Wesen sein. Neben dem Körper müsse er auch eine Seele haben. Die Möglichkeit dezidiert psychologischer Erklärungen, die sich ihrer Art nach von mechanischen Erklärungen in den Naturwissenschaften unterschieden, wurde also von der Existenz einer nichtmateriellen Seele abhängig gemacht.

Denker dagegen, die wie Hobbes (1641) die Vorstellung immaterieller Seelen, die auf materielle Körper einwirken, nicht akzeptieren konnten, kamen zu dem Schluß, daß der Mensch nur ein materielles System sein könne. Die Erklärung seines Verhaltens müsse deshalb dieselbe Form annehmen wie die mechanistischen Erklärungen in der Physik. Handeln kann nach Hobbes als ausschließliche Bewegungsübertragung verstanden werden. Der Handelnde ist lediglich ein Körper, der einen anderen Körper in Bewegung setzt, weil er seinerseits bewegt wird (1655, Kap. 10). Hobbes wollte all jenes Handeln, das wir scheinbar in Übereinstimmung mit unseren Wünschen, Zielen und Überzeugungen beginnen und steuern, innerhalb eines mechanistischen Bezugssystems erklären, das sich nur an Körperbewegungen und ihren wirkenden Ursachen ausrichtet. Zu diesem Zweck entwarf er eine Theorie, derzufolge unsere »willkürlichen« Handlungen in Wirklichkeit von externen Reizen ausgelöst werden. Diese rufen Bewegungen hervor, die zu den autonomen »vitalen Bewegungen« innerhalb des Organismus in Wechselbeziehung stehen. Die daraus resultierenden inneren Bewegungen werden dann durch verschiedene Körpermechanismen zu Bewegungen des Organismus auf das Reizobjekt hin oder von ihm fort verstärkt. Nach dieser Auffassung sind psychologische Handlungserklärungen anhand von Gedanken, Zielen und ähnlichem – z. B. daß wir in die Küche gehen, um uns ein Brot zu machen – lediglich vorwissenschaftliche Mythen. Denn in Wirklichkeit wird das Verhalten des Menschen nicht durch das erklärt, was er denkt oder beabsichtigt, sondern durch die Art und Weise, wie Bewegungen vom Brot ausgehen und andere Bewegungen erzeugen, die wiederum den Menschen veranlassen, sich auf das Brot zuzubewegen. Es scheint – sagt Hobbes – »als ob wir den Gegenstand zu uns heranziehen, während der Gegenstand vielmehr uns durch örtliche Bewegung heranzieht« (1630, S. 179). Diese Analyse schließt die Möglichkeit spezifisch psychologischer Erklärungen aus, weil es keine immaterielle Seele gibt. So kann kein psychologischer Zustand oder Prozeß Eingang in die ursächliche Verhaltenserklärung finden.[2]

Die Mechanisierung der Seele und der Begriff des Handlungsvermögens: Assoziationspsychologie gegen Kant

Obgleich die Auffassung vom Menschen als Maschine sich bei Autoren wie Holbach und La Mettrie wiederfindet, war die theoretische Hauptströmung im 18. und 19. Jahrhundert eindeutig cartesianisch. Der Mensch – so nahm man an – sei vor allem ein Bewußtseinszentrum, das in irgendeiner Weise an einen materiellen Körper gebunden sei. Nur seelische Zustände können uns unmittelbar gegenwärtig sein, so daß die Seele von Ideen bevölkert ist, zu denen jeweils jeder unmittelbaren und bevorzugten Zugang hat. Diese Ideen stellte man sich als nichtmaterielle Einheiten vor, als die Bezugsobjekte unserer Wörter und die unmittelbaren Objekte unserer Erkenntnis. »Empirizisten« zogen das

2 Zu einer eingehenderen Erörterung der Auffassungen von Descartes und Hobbes hinsichtlich der psychologischen Theorie vgl. Mischel (1969).

cartesianische Bild, das sich die »Rationalisten« von der Seele machten, nicht in Zweifel, unterschieden sich von ihnen aber in erster Linie in Beantwortung der Frage, ob die Seele »angeborene Ideen« enthalte oder ob sie ursprünglich eine »tabula rasa« sei. In diesem Falle würden alle Bewußtseinsinhalte letztlich von Objekten der Außenwelt herrühren, durch welche die Seelenzustände in uns hervorgerufen werden.

Die »Assoziationspsychologie« wurde im Rahmen der empirizistischen Tradition entwickelt, die von Locke und Hume zu den Mills führt. Diese Philosophen waren sicherlich der Meinung, sie seien damit beschäftigt, psychologische Erklärungen zu entwikkeln. Das hieß jedoch lediglich – und es ist wichtig, daß man sich dies klar macht –, daß die Einheiten, deren Verhalten sie zu erklären suchten, seelisch und nicht physisch verstanden wurden. Die *Form* der Erklärungen, die sie zu entwickeln suchten, um die Funktionsweise der Seele zu beschreiben, wurde direkt von der neuen Wissenschaft übernommen. Hume (1739) erklärt ausdrücklich, daß er versuche, »das experimentelle Schlußverfahren« (d. h. Newtons Methode) in die Geisteswissenschaften einzuführen, »um zumindest in gewissem Umfange zu entdecken, durch welche geheimen Triebfedern und Prinzipien die menschliche Seele in ihrer Arbeitsweise bewegt werde« (1748, S. 24). Die Gesetze der Ideenassoziationen sollen die Arbeitsweise der Seele ebenso erklären, wie Newtons Gesetze die Arbeitsweise der Körper: Hier, sagt Hume in Gedanken an Newton, sei »eine Art von *Anziehung*, die in der geistigen Welt – wie man feststellen wird – ebenso außerordentliche Wirkungen zeitigt wie in der natürlichen« (1739, S. 12 f.).

Die psychologischen Erklärungen, die Hume und seine Nachfolger entwarfen, besaßen also die Form quasi-mechanischer Erklärungen, obgleich sie das Verhalten immaterieller Einheiten betrafen. Ideen wurden Entsprechungen materieller Partikel und die Prinzipien der Assoziationen Entsprechungen der Prinzipien der Mechanik. Das Seelenleben wurde vom Standpunkt eines privilegierten Zuschauers »innerer« Bewußtseinserscheinungen aus gesehen. Jeder Gedanke an ein Handlungsvermögen war beseitigt, ebenso wie »verborgene Kräfte« aus der Galileischen Physik beseitigt waren. Die Rede von Seelentätigkeiten, die wir in Gang setzen und ausführen können, wurde dadurch ersetzt, daß man erklärte, wie die »Kräfte« der Assoziation die Ideen durch die Seele bewegen. Herbart (1824) wollte mathematische Gleichungen aus der Dynamik entlehnen, um die Bewegung der Ideen durch das Bewußtsein hindurch darzustellen. Er bekannte sich ausdrücklich zu der Vorstellung, daß die Psychologie eine »Ideenmechanik« sei, wie die Physik eine Körpermechanik sei. Doch lag diese Vorstellung in weniger extremer Form der ganzen Assoziationspsychologie zugrunde.

Descartes hatte die »Handlungen« der Seele, die von ihr ausgelöst und hervorgebracht werden, von den »Leidenschaften« unterschieden, die die Seele überkommen, deren Auftreten in ihr von außen verursacht wird (1649). Er bezieht sich also auf die Seele als ein aktives Prinzip, das die von uns selbst begonnenen intelligenten Handlungen erklärt. Doch werden das Denken und andere geistige Aktivitäten von der Assoziationspsychologie nicht als Handlungen vorgestellt, die auszuführen in unserer Macht steht. Vielmehr erklärt uns der Betrachter das Vorkommen von Gedanken und ähnlichen Erscheinungen als geistige Mechanismen. So kann der Rekurs auf die Seele nicht mehr zwischen Handlungsvermögen und Passivität unterscheiden, zwischen dem, was zu tun in unserer Macht steht, und dem, was uns zustößt und nicht unser Tun ist. Indem die Assoziationspsychologie das cartesianische Bild von der Seele übernahm und zugleich die mechanische Erklärungsweise von den neuen Wissenschaften ausborgte, wurde in ihrer Darstellung die Arbeitsweise der Seele wenig mehr als ein im wesentlichen privater, innerer Spiegel äußerer Kontingenzen. Da die Natur und Ordnung unserer Ideen einfach die Natur und Ordnung äußerer Ereignisse, die auf uns eingewirkt haben, widerspiegeln – Humes »prästabilierte Harmonie zwischen dem Lauf der Natur und der Abfolge unserer Ideen« (1748, S. 67) –, bleibt kein Platz für irgendein inneres Ordnen oder Lenken des Verhaltens. Da die Seele also überhaupt nichts erklärte, hatten die Behavioristen es leicht, sie (oder vielmehr diese Version von der Natur mentaler Prozesse) ganz beiseite zu lassen und die Assoziationspsychologie durch eine Theorie über die Assoziation von Reizen und Reaktionen zu ersetzen. Die Entwicklung der S-R-Verhaltenstheorie war – wie Hull selbst deutlich gemacht hat –

»eine angemessene und ganz natürliche Evolution des englischen Assoziationismus« (1934, S. 382).[3]

Einen ganz anderen Ansatz zum Verständnis des menschlichen Handlungsvermögens wählt Kant. Nach ihm (1781) müssen wir vor allem erkennen, daß es zwei ganz verschiedene Standpunkte gibt, die wir gegenüber menschlichem Verhalten beziehen können. Keiner dieser Standpunkte kann widerlegt werden. Deshalb muß in einer angemessenen Auffassung vom menschlichen Verhalten Platz für beide sein. Ein Standpunkt ist der der theoretischen Wissenschaften wie der Physik. Was immer wir sonst noch über Menschen sagen können, ganz sicher sind sie materielle Organisationen. Als solche müssen sich die Gesetze der Physik, der Chemie usw. auf sie anwenden lassen. Was immer wir sonst noch über menschliche Handlungen sagen können, sie sind – zumindest wenn wir über sichtbare Handlungen sprechen – Ereignisse in Zeit und Raum und so aller Wahrscheinlichkeit nach durch andere Ereignisse in Zeit und Raum verursacht. So lassen sich Handlungen nach Kant als physische Phänomene betrachten, deren Erklärung sich in anderen physischen Phänomenen des Gehirns und des Nervensystems finden lassen müssen. Die Möglichkeit einer neurophysiologischen Erklärung allen menschlichen Verhaltens ist der Standpunkt, der einer Wissenschaft wie der Physik implizit ist.

Ein ganz anderer, aber genauso notwendiger Standpunkt ist der des handelnden Subjekts, das sich vor die Wahl gestellt sieht, überlegt, Entscheidungen trifft und entsprechend zu handeln sucht. Von zentraler Bedeutung für die Analyse, der Kant diesen Standpunkt unterzieht, ist die Annahme, daß menschliche Wesen einen Begriff dessen haben, was sie wünschen und was sie tun sollten, um zu bekommen, was sie wünschen. Ihre Vorstellungen – die Bedeutung, die Situationen und Verhaltensweisen dadurch für sie annehmen, daß sie sie in bestimmter Weise begreifen – können ihre Handlungen beeinflussen. Vernünftige Wesen haben

3 Zu einer eingehenderen Erörterung der begrifflichen Fragen in der Entwicklung der englischen Assoziationspsychologie vgl. Mischel (1966a). Zur Beziehung zwischen Assoziationspsychologie und Behaviorismus vgl. Mischel (1969, S. 26 ff.).

»ein Vermögen ..., sich eine Regel der Vernunft zur Bewegungsursache einer Handlung ... zu machen« (Kant, 1788, S. 60). Sie haben die Fähigkeit, Pläne zu machen, Strategien zu entwickeln oder Regeln zu entwerfen, und sie können diesen Regeln folgen. Sie haben das Vermögen, nach der »bloßen Vorstellung« einer Regel zu handeln. »Ein jedes Ding der Natur wirkt nach Gesetzen«, sagt Kant, doch nur ein vernünftiges Wesen »hat das Vermögen, *nach der Vorstellung* der Gesetze ... zu handeln« und folglich einen Willen zu haben (1785, S. 412).

So gesehen ist die Behauptung, Menschen seien handelnde Subjekte, nicht eine cartesianische Behauptung hinsichtlich der Rolle, die der Selbstbeobachtung zugängliche innere Zustände als kausale Antezedenzien unserer äußeren Körperbewegungen spielen, sondern die Behauptung, daß wir die Macht haben, in Übereinstimmung mit unseren Vorstellungen zu handeln. So hängt, was wir tun, zumindest teilweise, von der Art und Weise ab, wie wir unsere Situation verstehen. Wir können die Vorstellung, daß wir handelnde Subjekte sind, nicht aufgeben, weil sie von zentraler Bedeutung ist, wenn wir verstehen wollen, was es heißt, ein Mensch zu sein, der am praktischen Leben teilnehmen kann. Doch ich kann mich auch von einem ganz und gar äußerlichen Standpunkt als Gegenstand in der Natur betrachten. Die Auffassung, daß mein Verhalten dann durch andere Ereignisse in der Natur verursacht wird, ist von entscheidender Bedeutung für unsere Vorstellung von der Naturwissenschaft.

In unserem Zusammenhang ist wichtig, daß Kant die Gültigkeit beider Standpunkte erkannt hat und daß sein Ansatz uns ermöglicht, Annahmen über die besonderen Merkmale psychologischer Erklärungen von Annahmen über die Existenz einer immateriellen Seele zu trennen. Denn nach diesem Ansatz gehen die besonderen Merkmale psychologischer Erklärungen auf die Tatsache zurück, daß wir bei solchen Erklärungen den Standpunkt der Handelnden einnehmen. Wenn wir das Verhalten von diesem Standpunkt aus darstellen, bedienen sich unsere Beschreibungen und Erklärungen jener Begriffe, die handelnde Subjekte in ihrem Umgang mit anderen verwenden. In diesem Zusammenhang beschreiben wir Verhaltensweisen als Handlungen, indem wir Auskunft über das Ziel geben, das der Handelnde unserer Meinung nach bei seinem Tun anstrebt. Wir versuchen sein Tun anhand seiner Vorstellung von den Dingen zu erklären – indem wir aus seinen Überzeugungen und Wünschen, seinen Regeln oder Maximen diejenigen heraussuchen, denen er folgt. Dadurch wird sein Ziel und die Art und Weise, in der er es zu erreichen sucht, für andere handelnde Subjekte verständlich. Natürlich werden solche Beschreibungen und Erklärungen von ganz anderer Art sein als diejenigen, die uns Naturwissenschaftler geben, wenn sie das Verhalten ganz vom Standpunkt des Zuschauers darstellen. Sie werden jene Begriffe verwenden, mit denen man verschiedene Arten von materiellen Prozessen und ihre Ursachen bezeichnet. Entscheidend ist jedoch, daß psychologische und physische Verhaltensbeschreibungen sich nicht deshalb voneinander unterscheiden, weil sie die Wirkungsweise ontologisch unterschiedlicher Substanzen beschreiben, sondern weil sie verschiedene Arten von Fragen beantworten und aus unterschiedlichen Interessen gespeist werden. Insofern beschäftigen sie sich mit demselben Verhalten von »verschiedenen Standpunkten« aus.

Die Naturwissenschaften setzen menschliche Verhaltensweisen mit physischen Ereignissen gleich und suchen in anderen physischen Ereignissen ihre Ursachen. Die Psychologie unterscheidet sich von den Naturwissenschaften nicht, weil sie sich mit der Seele statt mit dem Körper beschäftigt, sondern weil sie sich mit der Frage befaßt, wie es kommt, daß Menschen (und vielleicht – obgleich Kant dies geleugnet haben würde – auch höhere Tiere) eine Vorstellung von ihrer Stellung in der Welt erwerben, und wie es kommt, daß diese Vorstellung die Entstehung ihres Verhaltens beeinflußt. Diese Vorstellung kann den Gegebenheiten entsprechen oder nicht. Die Naturwissenschaften bewegen sich in einem Begriffssystem, in dem kein Platz für handelnde Subjekte und ihre Vorstellung von den Dingen ist. Doch dieser Rekurs ist entscheidend für das Begriffssystem handelnder Subjekte (einschließlich des Naturwissenschaftlers) in ihrem Umgang miteinander. Da keiner der beiden Standpunkte legitimerweise zurückgewiesen werden kann, stellt sich die Frage: Wie können sowohl die psychologischen Erklärungen, die vom Standpunkt des handelnden Subjekts aus gegeben werden, das die Fähigkeit besitzt, in Übereinstimmung mit seinen Vorstellungen (Plänen, Regeln,

Überzeugungen usw.) zu handeln, wie auch die ganz anderen Erklärungen, die die Naturwissenschaft vom selben Verhalten gibt, *zugleich wahr sein?* Die Frage ist nicht, wie es neben dem Körper auch eine Seele geben könne, sondern wie diese verschiedenen Erklärungsweisen, die beide gültig sind, aufeinander bezogen werden können.[4]

Die Kontroverse des 19. Jahrhunderts: Wundts »Experimentalpsychologie« gegen Bretanos »intentionalistische« Psychologie

Kant hatte – vermutlich weil er sich durch seine Gleichsetzung der Wissenschaft mit der Newtonschen Physik veranlaßt sah, der Psychologie die Möglichkeit abzusprechen, jemals »eine eigentlich so zu nennende Wissenschaft« zu werden (vgl. Mischel, 1967) – wenig Einfluß auf die Art und Weise, in der Wundt die Psychologie als Experimentalwissenschaft zu begründen suchte. Sicherlich machte Wundt den Standpunkt des Subjekts zum Dreh- und Angelpunkt seiner Psychologie. Doch ging seine Vorstellung, wie man diesen Standpunkt einzunehmen habe, eher auf Descartes als auf Kant zurück. Kant bezieht den Standpunkt des handelnden Subjekts auf unsere Fähigkeit, nach Regeln und Plänen zu handeln, auf unsere Fähigkeit, zielstrebig und intentional in Übereinstimmung mit den Bedeutungen zu handeln, die die Dinge für uns gewinnen, wenn wir am praktischen Leben teilnehmen, das öffentlich und sozial ist. Wundt, Titchener und andere Vertreter der Methode der Selbstbeobachtung verbanden den Standpunkt des Subjekts mit Descartes' Vorstellung von der Seele als dem Bewußtseinszentrum, das allein der Selbstbeobachtung zugänglich ist. Angesichts des Entwicklungsstandes, den die Physiologie Mitte des 19. Jahrhunderts erreicht hatte, verwarf Wundt natürlich Descartes Vorstellung, es gäbe vom Körper unabhängige seelische Substanzen. Statt dessen übernahm er den

4 Eingehender wird Kants Auffassung von der Psychologie und ihrer Beziehung zu anderen Wissenschaften erörtert in Mischel (1967).

»psycho-physischen Parallelismus«, eine Theorie, derzufolge physische Prozesse den uns bewußten, psychischen, »parallel laufen«. Doch der entscheidende Gesichtspunkt ist der, daß Wundt und seine Nachfolger die Auffassung Descartes teilten, die psychologischen Phänomene seien bewußte Zustände oder Prozesse, zu denen jeder von uns durch die Selbstbeobachtung bevorrechtigten Zugang habe. Jedenfalls ließen sie sich auf keinen Fall von »außen« verfolgen.[5] Wirklich war diese cartesianische Auffassung von dem, was ein »psychisches Phänomen« sei, die Grundlage für Wundts »Definition der Psychologie«. In dieser versuchte er zu zeigen, daß zwar alle organischen Prozesse im Prinzip durch die Physik und Chemie erklärt werden könnten, daß aber immer noch Raum für die Psychologie als Experimentalwissenschaft bleibe, die ihren eigenen Gegenstandsbereich und ihre eigenen Verfahren habe. Wundts Definition, die für etwa 50 Jahre von der experimentellen introspektiven Psychologie anerkannt wurde, legte fest, daß die Psychologie die Erfahrungswelt von innen her, »vom Standpunkt des wahrnehmenden, fühlenden und wollenden Subjektes« zu erfassen habe, während die Physiologie und andere Naturwissenschaften die Erfahrung von außen, »vom Standpunkt der Objekte aus« untersuchen müßten (Wundt 1908–1911, Bd. 3, S. 744). Was die Physiologie erklären kann, ist unbegrenzt, da sie unsere gesamte äußere Erfahrungswelt zu ihrem Gegenstandsbereich nehmen kann; trotzdem bleibt Raum für die Psychologie, weil sie allein den Standpunkt des erfahrenden Subjekts einnimmt, jenes Bewußtseinszentrums, das allein Vorstellungen, Gefühle und ähnliches kennt. So verstand man psychologische Erklärungen als den Versuch, geistige Phänomene, die sich allein dem Bewußtsein des Subjekts darbieten, in ihre einzelnen Elemente zu zerlegen und die Gesetze zu entdecken, von denen sie geleitet werden. Die Doktrin des psychophysischen Parallelismus hatte der Psychologie den Maßstab zur Verwendung experimenteller Methoden zu liefern. Da geistige Phä-

5 Titchener drückt das so aus: »Lebensfunktionen können von außen betrachtet werden, dann haben wir den Gegenstandsbereich der Physiologie, oder sie können von innen betrachtet werden, dann haben wir den Gegenstandsbereich der Psychologie« (1929, S. 14).

nomene immer parallel zu physischen verlaufen, könnte man – so meinte Wundt – bestimmte Laboratoriumsverfahren, die das Vorkommen bestimmter physischer Prozesse regulieren, dazu verwenden, das Vorkommen der »parallelen« geistigen Prozesse zu regulieren. So sollte die Psychologie eine Wissenschaft werden, die Laboratoriumsexperimente verwendet, »um psychische Vorgänge nach Willkür hervorzubringen, zu wiederholen oder in genau vorausbestimmter Weise abzuändern« (Wundt, 1895, II/2, S. 173). Damit verband sich die Vorstellung, es sei durch Psychologen möglich, geistige Zustände und Prozesse ebenso »objektiv« zu beschreiben und zu analysieren, wie Naturwissenschaftler physische Zustände und Prozesse mittels wiederholter Beobachtung oder kontrollierter Versuchsbedingungen beschreiben und analysieren.[6] Doch diese cartesianische Definition des Gegenstandsbereiches der Psychologie, die die Selbstbeobachtung zu ihrer unentbehrlichen Methode machte – »das unmittelbare Objekt psychologischer Untersuchung«, sagt Titchener, »ist immer ein Bewußtsein« (1916, S. 19) – durchtrennten alle begrifflichen Verbindungen zwischen »inneren« geistigen Zuständen und »äußeren« Umständen und Verhaltensweisen. Jede objektive Beschreibung dieser äußeren Umstände mußte definitionsgemäß aus dem Zuständigkeitsbereich der Psychologie herausfallen und anderen Wissenschaften überlassen bleiben. Dadurch gab es nichts, anhand dessen man die »Beschreibungen« innerer Zustände und Prozesse hätte überprüfen können, die die Versuchspersonen in den von introspektiven Psychologen durchgeführten Experimenten lieferten. Es gab kein Verfahren, kraft dessen man diese cartesianischen »inneren« Phänomene wirklich hätte identifizieren können, und keine Möglichkeit, eine objektive, psychologische Wissenschaft zu entwickeln. Die philosophischen Annahmen über die Beschaffenheit psychischer Phänomene, auf de-

6 Titchener bringt das bei der Darlegung Wundts wieder sehr klar zum Ausdruck: »Die Ergebnisse der inneren Beobachtung sind am sichersten, wenn die Mittel der externen Beobachtung, die Verfahren der Physiologie, in den Dienst der Psychologie gestellt werden ... [Wundts] vorrangiges Ziel war es in allen Fällen, die Erscheinungen des Geistes zu beschreiben, wie der Physiologe die Erscheinungen des lebenden Körpers beschreibt. Er wollte festhalten, was sich dort beobachtbar vor seinen Augen abspielte« (1929, S. 19).

nen das Forschungsprogramm der introspektiven Psychologie beruhte, machten ihr Scheitern unvermeidlich.[7]
Eine ganz andere Beschreibung geistiger Phänomene hat Brentano 1874 vorgeschlagen. In diesem Jahr erschien übrigens auch die erste Auflage von Wundts *Physiologischer Psychologie*. Bei Brentano heißt es:

> Jedes psychische Phänomen ist durch das charakterisiert, was die Scholastiker des Mittelalters die intentionale (auch wohl mentale) Inexistenz eines Gegenstandes genannt haben, und was wir ... die Beziehung auf einen Inhalt, die Richtung auf ein Objekt ... oder die immanente Gegenständlichkeit nennen würden ... In der Vorstellung ist etwas vorgestellt, in dem Urteile ist etwas anerkannt oder verworfen, in der Liebe geliebt, in dem Hasse gehaßt, in dem Begehren begehrt usw. ... Diese intentionale Inexistenz ist den psychischen Phänomenen ausschließlich eigentümlich. Kein physisches Phänomen zeigt etwas Ähnliches (Bd. I, S. 124 f.).

Leider hält sich Brentano an den recht unklaren scholastischen Begriff der »intentionalen Inexistenz« – die Frage, wie er eigentlich zu verstehen sei, wurde damals zu einem Streitfall[8] und ist heute noch kontrovers.[9] Doch in unserem Zusammenhang läßt sich Brentanos Satz in Beziehung zur Auffassung Kants setzen, der – wie gezeigt – der Auffassung ist, Handelnde und Betrachter beschrieben das Verhalten von zwei verschiedenen Standpunkten aus. Denn die intentionalistische »Akt-Psychologie« Brentanos

7 Zu einer eingehenden Erörterung dieser Fragen vgl. Mischel (1970).
8 Titchener geht die Arbeiten zahlreicher Theoretiker des 19. Jahrhunderts auf ihre Auffassung von der Beschaffenheit geistiger Phänomene durch. Unter anderen beziehen sich Meinong, Husserl, Münsterberg, Stumpf, Lipps, Messer und Witasek auf Brentanos Kriterium (1929, S. 196–251).
9 Chisholm, der führende zeitgenössische Exponent der Brentanoschen Philosophie, erklärt das Kriterium anhand der unterschiedlichen Wahrheitsbedingungen für »Sätze, die intentional sind«, und für Sätze, die es nicht sind (1957, S. 170). Dabei interpretiert er Brentano und meint, psychische Erfahrungen hätten Gegenstände, die es geben kann oder nicht, während physische Erfahrungen Gegenstände hätten, die existieren müssen. Andere Philosophen haben Gegenbeispiele gezeigt. Daraufhin hat Chisholm versucht, seine Kriterien neu zu fassen (vgl. Chisholm, 1967). Der Übersetzer von Brentanos *Psychologie* hat kürzlich vorgebracht, Chisholm »gäbe einen irreführenden Eindruck von Brentanos tatsächlichen Ansichten« (McAlister, 1974, S. 329).

und seiner Schüler (z. B. Meinong, Stumpf, Lipps, Külpe) sah den Unterschied zwischen psychischen und physischen Phänomenen darin, daß jene immer auf einen Inhalt gerichtet sind und diese auf eine Art inhärent relational, wie es physische Phänomene nicht sind.[10] Doch da physische Phänomene in vielerlei Relationen zueinander treten können – z. B. in räumliche oder zeitliche – kann es nicht einfach die Relationalität sein, die psychische von physischen Phänomenen unterscheidet. Das unterscheidende Merkmal muß vielmehr eine ganz besondere Relation sein, in die nur geistige Phänomene treten können – die Relation, von jemandem intendiert oder gemeint zu sein (vgl. McAlister, 1974). Ein Stock kann dicker als ein anderer oder links von ihm sein, doch ein Stock kann nicht auf einen anderen »gerichtet« (gemeint, intendiert, bezogen) sein wie mein Denken auf einen bestimmten Stock gerichtet ist, oder mein Wunsch nach einem bestimmten Stock sich auf diesen und keinen anderen bezieht.

Das intentionale Objekt meines mentalen Aktes läßt sich nämlich nur als das identifizieren, das durch den Akt intendiert ist. Das, was ich wünsche, wenn ich Bier oder Unsterblichkeit will, woran ich denke, wenn ich an Menschen oder Geister denke, unterscheidet sich. Der Unterschied läßt sich jedoch nur anhand der unterschiedlichen Beschreibungen des Inhalts meines Denkens oder meines Wünschens angeben. Die Besonderheit des Gegenstandes meines Wunsches, Gedankens, Schuldgefühls und ähnlicher Regungen beruht im wesentlichen darauf, wie ich kennzeichne, was ich intendiere. So kann es keine Rolle spielen, ob es wirklich etwas gibt, das die Züge aufweist, die in die Kennzeichnung meines Wunsches, Gedankens oder Schuldgefühls eingegangen sind. Das Kriterium der »intentionalen Inexistenz« scheint also eine Trennungslinie zwischen psychischen und physischen Phänomenen zu ziehen, insofern diese im Gegensatz zu psychischen Phänomenen identifiziert werden können, ohne daß man sich auf das beziehen müßte, was jemand intendiert.

Doch in sehr ähnlicher Weise kennzeichnen wir Handlungen in bezug auf das, was der Handelnde intendiert. »Er sucht nach seiner Brille« ist eine Beschreibung, die eine Handlung anhand

10 Vgl. Titcheners Darstellung der Auffassung Brentanos (1929, S. 12 f.).

der Intention des Handelnden und nicht anhand seiner Körperbewegungen kennzeichnet. Die Zahl der Körperbewegungen, die vorkommen können, wenn man nach seiner Brille sucht, ist unbegrenzt. Doch es spielt keine Rolle, welche von ihnen tatsächlich vorkommen. Das einzige, was – ganz unabhängig von den vorkommenden Körperbewegungen – den Akt des Nach-der-Brille-Suchens identifizieren kann, ist die Intention des Handelnden. Die Bewegungen, die z. B. seine Hand ausführt, sind intentional, weil sie auf seine Intention, nach der Brille zu suchen, bezogen werden können. Was er intendiert, ist, nach seiner Brille zu suchen, nicht seine Hand in dieser oder jener Weise zu bewegen. Er kann seine Hände auf ganz verschiedene Arten bewegen und dabei auch seine Brille zum Vorschein bringen, doch kann man sein Tun nur dann als Nach-der-Brille-Suchen bezeichnen, wenn es das war, was er intendiert hat. Denn er kann ja z. B. auch nach seinen Schlüsseln suchen oder einfach nervös mit den Papieren auf seinem Schreibtisch hantieren und dabei zufällig seine Brille zum Vorschein bringen. In solch einem Fall hat er ganz sicherlich nicht nach seiner Brille gesucht. Ähnlich kann jemand, der nach seiner Brille sucht, zu allen möglichen anderen Ergebnissen kommen. Z. B. kann er einige Papiere von seinem Schreibtisch hinunterwerfen, Luftmoleküle aufrühren usw. Wir können aber nicht ohne Einschränkung sagen, daß dies sein Tun ist. Seine Handlung ist bei der Beschreibung »er sucht nach seiner Brille« intentional, nicht aber bei der Beschreibung »er warf einige Papiere von seinem Schreibtisch« (vgl. Anscombe, 1957). Handlungen (die Dinge, die eine Person tut) im Gegensatz zu Körperreaktionen (z. B. Reflexen), die in ihr ausgelöst werden können, werden gewöhnlich in Hinblick auf die Intentionen des Handelnden gesehen – in Beziehung zu dem, was er mit seinem Tun beabsichtigte oder was es für ihn bedeutete. Deshalb haben solche körperlichen Handlungen auch das Merkmal der »intentionalen Inexistenz«, mit dem Brentano geistige und physische Phänomene voneinander zu unterscheiden suchte: die Suche nach dem Traumland ist ebenso eine Handlung wie die nach der Brille.

Brentano setzte wie Wundt und die meisten anderen Theoretiker der Zeit voraus, alle Wissenschaft gehe von »Phänomenen« aus, die die Erfahrung liefere. Deshalb sei der Versuch, die Psychologie von anderen Wissenschaften zu unterscheiden, gleichbedeutend mit dem, Kriterien zu bestimmen, kraft derer sich »physische Phänomene«, die Domäne der Naturwissenschaften, von »psychischen Phänomenen«, dem Gegenstandsbereich der Psychologie, abheben lassen. Doch wir sehen jetzt, daß Brentanos Kriterium uns in die Lage versetzen kann, nicht zwei unterschiedliche Arten von Phänomenen zu bezeichnen, sondern zwei unterschiedliche Weisen, sie zu charakterisieren und zu beschreiben. Brentanos wichtige Erkenntnis betrifft nicht den Unterschied zwischen physischen und psychischen Phänomenen als »Dingen« verschiedener Art, sondern den Unterschied zwischen physischen und psychologischen Verhaltensbeschreibungen, ob es sich dabei nun um intentionale Körperakte wie z. B. dem Nach-der-Brille-Suchen oder um »geistige Akte« handelt, z. B. An-etwas-Denken oder Auf-etwas-Hoffen. Psychologische Charakterisierungen setzen immer einen Handelnden voraus. Sie nehmen Bezug auf das, was er meint oder intendiert, sie beschreiben das Verhalten von seinem Standpunkt aus. Und damit sind wir wieder in der Nähe jener so überaus wichtigen Unterscheidung, die Kant zwischen den beiden Möglichkeiten trifft, Verhalten zu beschreiben. Einerseits kann man den Standpunkt der Handelnden in ihren Interaktionen mit anderen Handelnden einnehmen, andererseits den »äußerlichen« Standpunkt der Naturwissenschaften.

In gewisser Weise mag diese Unterscheidung Brentanos in psychische und physische Verhaltenscharakterisierungen noch auf Freud eingewirkt haben. Er befand sich in der schwierigen Lage, Beschreibungen und Erklärungen entwickeln zu müssen, die weder physiologisch noch psychologisch in Wundts Sinne waren, da sie unbewußten seelischen Zuständen und Prozessen galten.[11] Um seinen psychoanalytischen Ansatz von der Physiologie wie von der »Experimentalpsychologie« seiner Zeit zu unterscheiden, führt Freud wiederholt den Umstand an, daß sowohl Träume wie

11 Wundt lehnte »unbewußte« seelische Prozesse als »mystische Metaphysik« ab – »da das ›Unbewußte‹ nicht der unmittelbaren Erfahrung angehört, so kann es auch kein Gegenstand der Psychologie sein« (1896, S. 34 f.). Eine unmittelbare historische Beziehung zwischen Brentano und Freud hat P. Merlan (1945, 1949) angenommen.

Symptome (die natürlich Körperakte sein können) »Sinn haben« (z. B. 1916–17, XI S. 79), wie es zumindest bei manchen Fehlhandlungen und Versprechern der Fall ist – »der Effekt des Versprechens [kann] ... als eine Äußerung von Inhalt und Bedeutung aufgefaßt werden« (1916–17, XI, S. 28). Doch Freud bewegte sich außerhalb der akademischen Psychologie.

Titchener dagegen dachte, es sei Wundt und nicht Brentano gewesen, der der Psychologie den Weg zur Wissenschaftlichkeit gezeigt habe: sicherlich gab Titchener zu, daß »der Intentionalismus genauso unverwüstlich ist wie der gesunde Menschenverstand«, da

> der Intentionspsychologe meint, er werde des Geistes dort habhaft, wo er die Intention finde, und ... wie der Rest der Menschheit, der sich nicht der Psychologie verschrieben hat, stellt er fest, daß von ihr Gebrauch gemacht wird. Er findet sie wirksam in der Auseinandersetzung des Menschen mit der Natur und mit seinem Mitmenschen und im Gespräch des Menschen mit sich selbst (1929, S. 254).

In der Arbeit der Aktpsychologen, die um die Jahrhundertwende die Theorie Brentanos wieder aufnahmen, zeigte sich eine Art »funktionalistischen« Ansatzes. Doch wies Titchener (1929, S. 193–251) Unterschiede in ihren Analysen nach. Er meinte, wenn die Psychologie in die von Wundt vorgezeichnete Richtung ginge,[12]

> kann sie Verfahren verwenden und Ergebnisse erzielen, die nicht vereinzelt und privat, sondern vielmehr der gleichen Ordnung angehören, wie die Verfahren und Ergebnisse der Physik und Biologie. Der Unterschied zu den Akt-Systemen wird so augenfällig sein, ... daß man nicht länger wagen wird, diese als Wissenschaft auszugeben (S. 256).

Wundt hoffte, aus der Psychologie eine Wissenschaft zu machen, die »parallel« zu den Naturwissenschaften ist. Doch die Schwie-

12 Der Graben zwischen Wundt und Brentano war tatsächlich nicht so tief, wie Titchener ihn darstellt. Denn Wundts Bemühen, die »psychische Kausalität« von der physischen zu unterscheiden, beruht auf der Vorstellung, daß psychische Phänomene immer Akte sind (vgl. Mischel, 1970). Doch wurde Wundt in der Darstellung Titcheners Teil der psychologischen Tradition. So spricht Boring in seiner Standardgeschichte von der »Seelenchemie Wundts« (1950, S. 336).

rigkeit mit der intentionalistischen Psychologie sei, so Titchener, daß, »wenn der Intentionalismus wissenschaftlich ist, die Wissenschaft nicht mehr personunabhängig genannt werden kann« (S. 252).

Daran ist durchaus etwas Wahres. Wenn die Daten der Psychologie intentionalistisch werden, kann die Psychologie keine Wissenschaft sein, die den Naturwissenschaften in jeder Hinsicht gleicht. Denn von diesem Standpunkt aus charakterisieren wir Verhalten auf der psychologischen Ebene dadurch, daß wir die Vorstellungen des Handelnden zu Rate ziehen und festlegen, welche Bedeutung die Situation, auf die er reagiert sowie seine Reaktion unter diesem Aspekt besitzen. So gehen seine eigenen Interpretationen in die Definition der untersuchten Phänomene ein. Wenn die psychologische Charakterisierung des Tuns einer Person – im Gegensatz zur materiellen Charakteristik durch ihre Bewegungen – wesentlich von dem abhängt, was sie, bezogen auf eine Situation, der sie eine bestimmte Bedeutung beilegt, zu tun beabsichtigt, dann bezieht die Psychologie Interpretation in einem Maße ein, das für die Naturwissenschaften nicht gilt. Zwar mag die Interpretation in den Naturwissenschaften für die Verfahrensweisen der wissenschaftlichen Gemeinschaft eine Rolle spielen – z. B. kann der Physiker aufgrund seiner Theorie sagen, die Störung in der Umlaufbahn des Planeten bedeute, daß sich eine andere Kraft auswirke –, doch ist die Frage nicht am Platze, was das Verhalten vom Standpunkt des Planeten aus bedeute, was der Planet mit seinem Verhalten beabsichtige. Die Daten der Naturwissenschaften werden ohne Rekurs auf Intentionen oder Standpunkte der untersuchten Phänomene charakterisiert. Hingegen ist die Interpretation des handelnden Subjekts ein unerläßlicher Bestandteil der Daten, die von der Psychologie untersucht werden. Denn diese Daten werden vom Standpunkt des Handelnden aus beschrieben. Insofern kann eine Wissenschaft, deren Daten intentionalistische Verhaltensbeschreibungen sind, nicht »personunabhängig« sein.[13]

13 Dies trifft nicht ganz Titcheners Auffassung, denn er dachte in erster Linie daran, daß die unumgänglichen Interpretationen verschiedene Aktpsychologen zu verschiedenen Aussagen führen müßten: »Es gibt keine Aktpsycholo-

Lassen sich intentionalistische Erklärungen aus der Psychologie ausblenden?

Methodologischer, zweckorientierter und radikaler Behaviorismus

Der Behaviorismus läßt sich als der Versuch verstehen, aus der Psychologie den Standpunkt des Handelnden und die durch ihn bedingte intentionalistische Organisation der Daten auszuklammern. Zu ihrem Leidwesen mußten die Psychologen feststellen, daß Titcheners Behauptung, die introspektive Psychologie »kann Verfahren anwenden und Ergebnisse erzielen, ... die derselben Ordnung« angehören wie die Naturwissenschaften, nicht den Tatsachen entsprach. So einigten sie sich darauf, das Verhalten zum Gegenstand der Psychologie zu machen. Die frühen Behavioristen, wie z. B. Watson, machten sich dasselbe cartesianische Bild vom Geist, und kamen – angesichts dieser Prämisse völlig zu Recht – zu dem Schluß, er könne nicht Gegenstand wissenschaftlicher Untersuchungen sein. Da der Standpunkt des Subjekts, so wie ihn die introspektive Psychologie verstand, noch nicht einmal Daten lieferte, über die die Psychologen Einigkeit erzielen konnten, schien die einzige Alternative darin zu bestehen, die Resultate jener Verhaltensbeobachtungen für die Daten der Psychologie zu erklären, die von einem »objektiven«, d. h. externen Standpunkt vorgenommen werden. Auf diese Weise könne die Psychologie – so meinte man – eine Verhaltenswissenschaft werden, deren Methoden, Begriffe und erklärende Gesetze sich nicht im Prinzip von denen der Naturwissenschaften unterscheiden würden. Natürlich stieß man bei der Definition des Verhaltens auf schwierige Probleme, da es galt, das Verhalten, das die Psychologie untersucht, von dem Verhalten zu unterscheiden, das die Physiologie untersucht, ohne dabei auf mentalistische Ausdrücke zurückzugreifen. Watson beschrieb Verhalten als all jene Bewegungen, die in Reaktion auf Reize vorkommen: »die Reaktion kann auf eine Veränderung der Atmung ... oder des Blutdrucks beschränkt bleiben ... [oder es können] Bewegungen des

gie, sondern nur Psychologien. Legt man den Intentionalismus zugrunde, kann es nur Psychologien geben« (1929, S. 253).

ganzen Körpers, Bewegungen des Arms, des Beins, des Rumpfes oder Kombinationen aller sich bewegenden Teile sein« (1924, S. 14). Damit nahm er jedoch keine Unterscheidung zwischen den Reaktionen vor, die in den Gegenstandsbereich der Psychologie gehören, und denen, mit denen sich die Physiologie zu befassen hat. So wurde der Begriff »Verhalten« bald erstaunlich dehnbar und unscharf. Doch bekümmerte dies die meisten Psychologen nicht so sehr, weil man bei den Laboratoriumsuntersuchungen des Verhaltens niederer Tiere wirkliche Fortschritte erzielte. Zwischen – sagen wir – 1920 und 1950 waren die meisten Psychologen davon überzeugt, solche Untersuchungen tierischen »Lernens« würden die unentbehrlichen Voraussetzungen und Grundlagen jeder Wissenschaft vom menschlichen Verhalten liefern.
Es gab nicht sehr viele Rechtfertigungsgründe für diese Überzeugung. Man setzte einfach voraus, komplexes menschliches Verhalten lasse sich auf Elemente zurückführen, die in exakt der gleichen Form bei niederen Tieren zu finden seien. Alles Lernen lasse sich als Verknüpfung von Reizen und Reaktionen verstehen und könne mit Instrumenten gemessen werden, die offenes Verhalten aufzeichnen oder an Muskeln und Drüsen angebracht sind, um Reize und Reaktionen in naturwissenschaftlichen Größen darzustellen (vgl. Segal u. Lachman, 1972). Die Vorstellung, daß die artspezifische Fähigkeit des Sprachgebrauchs zur Besonderheit der Verhaltensweisen beitragen könnten, die Menschen erwerben und zeigen können, wurde nicht ernsthaft in Erwägung gezogen. Unausgesprochen ging man von der Überzeugung aus, daß die Konzepte und Methoden, die sich in den Laboratoriumsstudien an Tieren als brauchbar erwiesen hatten, auch bei ihrer Anwendung auf Menschen erfolgreich sein müßten. Im Bestreben, ihr Forschungsprogramm zu rechtfertigen, machten sich die Behavioristen ihr Bild vom Menschen nach den Forschungsmethoden, die sie verwendeten.
E. C. Tolman bedauerte den Umstand, daß »Watson in Wirklichkeit mit zwei verschiedenen Verhaltensbegriffen gewirtschaftet hat«, nämlich mit der molekularen Definition anhand »physikalischer und physiologischer Einzelheiten« und der »molaren Verhaltensdefinition« (1932, S. 6). Tolman erkannte deutlich, daß das Verhalten, mit dem sich die Psychologie zu befassen hat, molar

ist und daß »Verhalten als Verhalten, d. h. in seiner molaren Form, zielstrebig und kognitiv *ist*« (S. 12). Doch seine Gleichsetzung des Geistigen mit dem Privaten (S. 3) und die damals vorherrschende Doktrin des »logischen Positivismus« führten ihn zu der Annahme, daß die Bedeutung von Begriffen wie »Zweck« und »Kognition«, wenn sie einen Platz in der wissenschaftlichen Psychologie beanspruchen wollten, operational anhand einer »naturwissenschaftlichen Objektsprache« definiert werden müßte, die keiner Interpretation vom Standpunkt des handelnden Subjekts aus bedürfe.

Da Tolman versuchte – wie er es später ausdrückte – »die mentalistische Psychologie unseres Alltagsverständnisses ... in operationalen, behavioristischen Termini umzuschreiben« (1959, S. 94), bemühte er sich, beide Sichtweisen zugleich zugrunde zu legen. Einerseits mußte unser normales intentionalistisches Handlungsverständnis in Form der Zwecke und Erkenntnisse des Handelnden benutzt werden, um molares Verhalten zu identifizieren: Die »deskriptive Identifizierung eines jeden Verhaltensaktes an sich erfordert deskriptive Feststellungen, [die] Verhaltensweisen anhand von Zielen und Vorgehensweisen anhand von Mitteln identifizieren. [Das impliziert] gefährliche Dinge wie Zwecke und Erkenntnisse ... und doch scheint kein Weg daran vorbeizuführen« (Tolman, 1932, S. 12). Andererseits »sind Zwecke und Erkenntnisse ... definitionsgemäß völlig objektiv« (S. 13). »Wir, die außenstehenden Beobachter, entdecken sie – schließen auf sie oder erfinden sie auch – als Faktoren, die dem Verhalten immanent sind und es bestimmen« (S. 19). Da Zwecke und Erkenntnisse nach Tolman von einem »außenstehenden Beobachter« definiert werden können, der den Standpunkt des handelnden Subjekts unberücksichtigt läßt – d. h., Zwecke und ähnliche Faktoren in einer nicht-intentionalistischen Sprache definiert werden können –, können sie als »intervenierende Variablen« in Kausalketten wirken, die von den »auslösenden Ursachen« (Umweltreize und physiologischen Bedingungen) über innere Determinanten, zu denen »objektiv definierte Zwecke und Erkenntnisse« gehören, zu offenem Verhalten führen (S. 20 f.).

Doch erscheint dieser Versuch hoffnungslos. Man kann keinen »zweckorientierten Behaviorismus« entwickeln, indem man von unserer »mentalistischen Sprache des Alltagsverständnisses« ausgeht, die in der Verwendung intentionalistischer Konzepte wie »Zweck« und »Erkenntnis« den Standpunkt handelnder Subjekte voraussetzt, und sie in eine interpretationsfreie, extensionalistische »materielle Objektsprache« übersetzt, die für den Behaviorismus akzeptabel ist. Die Gründe dafür erkennen wir, wenn wir uns verdeutlichen, welche Verhaltensevidenz dem außenstehenden Beobachter zur Verfügung steht, um den Zweck oder die Überzeugung eines anderen zu »entdecken« oder auf sie zu »schließen«. Die Tatsache, daß uns jemand beispielsweise sagt, er glaube, daß das Glas vor ihm Wasser enthalte, ist ausgezeichnete Evidenz, um ihm diese Überzeugung zuzuschreiben, doch nur, wenn er nicht beabsichtigt, uns durch seine Äußerung zu täuschen. Die Tatsache, daß er es trinkt, wenn er Durst hat, ist eine brauchbare Evidenz, doch nur wenn es sein Ziel war, seinen Durst mit Wasser zu löschen – es wäre keine Evidenz, wenn es beispielsweise seine Intention gewesen wäre, Wein zu trinken. Wie der Umstand, daß man jemandem aufgrund seines Verhaltens Überzeugungen zuschreibt, im wesentlichen von Vermutungen über Ziel und Zweck seines Verhaltens abhängt, so hängt der Umstand, daß man seinem Verhalten Zwecke oder Intentionen zuschreibt, wesentlich von Vermutungen über seine Überzeugungen ab. Wir sehen, daß er ein Glas Wasser trinkt. Dies Verhalten können wir nur deshalb in Beziehung auf sein Zielobjekt als intentionalistisch klassifizieren – wir können nur deshalb behaupten, daß sein Tun »Wassertrinken« ist –, weil wir vermuten, daß er glaubt, die Flüssigkeit im Glas sei Wasser. Wenn er sich nun trotz seines Durstes weigert, das Wasser zu trinken, können wir daraus jedoch nicht schließen, daß es nicht seine Absicht sei, Wasser zu trinken – da er z. B. (fälschlicherweise) glauben kann, das Wasser sei vergiftet. Diese systematischen Wechselbeziehungen zwischen den Zwecken, Überzeugungen und Wünschen des Handelnden ist ein wesentliches Merkmal intentionalistischer Verhaltensbeschreibungen.[14] Darin liegt die Hoffnungslosigkeit

14 Chisholm (1957, Kap. 11) nennt eine Reihe von Argumenten, die zeigen, daß Versuche, eine Verhaltensanalyse auf der Grundlage des »Glaubens« und »Intendierens« zu leisten, in einen circulus vitiosus geraten.

des Versuchs von Tolman, intentionalistische Konzepte anhand extensionaler Verhaltensbeschreibungen zu definieren, die keine Interpretation vom Standpunkt des Handelnden benötigen. Denn die dem außenstehenden Beobachter zugängliche Verhaltensevidenz, aufgrund derer er Zwecke, Überzeugungen und Wünsche zuschreiben kann, ist nur dann brauchbar, wenn »alle anderen Bedingungen gleich sind«. Wenn wir versuchen festzulegen, was gleich sein muß, sind wir allerdings gezwungen, wieder jene intentionalistischen, psychologischen Konzepte einzuführen, die man durch diese operationalen Definitionen in Verhaltensformulierungen auszuklammern vermeinte.
Doch bedeutet dies nicht – das sei nachdrücklich festgestellt –, daß es dem außenstehenden Beobachter immer an schlüssiger Evidenz fehlen muß, um jemandem Zwecke, Überzeugungen und Wünsche zuzuschreiben. Keineswegs kehren wir damit zu jener Konzeption des Psychischen zurück, die die Introspektionisten vertraten, indem sie es ausschließlich als »innerlich« verstanden. Für sie besaß es keine begrifflichen Verbindungen zu »äußeren« Umständen und Verhaltensweisen. Tolman wendete sich gegen diese kartesianische Vorstellung, die die introspektive Psychologie in eine Sackgasse geführt hatte, und meinte, daß sich Zwecke und Erkenntnisse »sehr wohl definieren lassen«; er versuchte »zu zeigen, daß jedem Verhalten bestimmte unmittelbar ›innewohnende‹ Zwecke und Erkenntnisse immanent sind« (1932, S. 19). Er stellte seine Auffassung der McDougalls entgegen, der meinte, daß Zweck »etwas anderes und mehr zu sein scheint, als die Art und Weise, in der es im Verhalten erscheint; es gibt ein ›psychisches‹, ›mentalistisches‹ Etwas hinter solchen objektiven Erscheinungen. Dies läßt sich letztlich nur in der Selbstbeobachtung erkennen« (1932, S. 16). Doch sind dies nicht die einzigen Alternativen. Man kann nämlich im Gegensatz zum Introspektionismus davon ausgehen, daß es zwischen psychologischen Konzepten und Verhaltensdispositionen begriffliche Beziehungen gibt, die sich unter bestimmten Bedingungen manifestieren. Das muß sogar so sein, wenn die psychologischen Konzepte allgemein anerkannte Bedeutungen in unserer Sprache haben sollen. Gleichzeitig läßt sich in Abrede stellen, daß ein Zweck oder eine Erkenntnis unbedingt so transparent sein müssen, daß wir

sie aus »der Art und Weise, in der sie im Verhalten erscheinen«, erkennen und sie in rein extensionalen Ausdrücken umschreiben können müssen. Denn auch wenn sich psychologische Konzepte in Dispositionsbegriffe zerlegen lassen und auf diese Weise begriffliche Beziehungen zu äußeren Umständen und Verhaltensweisen gewinnen, betreffen die fraglichen Dispositionen doch das Handeln, wie es sich aus der Sicht des handelnden Subjekts als angebracht darstellt. Solche Dispositionen werden im Handeln aber nicht sichtbar. Sie verlangen Interpretation und können nicht geliefert werden, ohne daß man auf die Bedeutung rekurriert, die Situationen und Verhaltensweisen für den Handelnden besitzen.

Betrachten wir z. B. die Furcht. Man kann »Furcht vor X« als die Disposition definieren, sich der Vorstellung angemessen zu verhalten, X sei eine Gefahr bestimmter Art. Wir können aber nicht entscheiden, was als »angemessenes Verhalten« zu werten ist, ohne eine ganze Reihe von Dingen über den Handelnden zu wissen. Ohne dieses Wissen können wir aus dem Umstand, daß er beispielsweise X vermeidet, nicht schließen, daß er es absichtlich vermeidet, oder gar, daß er es vermeidet, weil er es als Gefahr ansieht. Doch wenn wir genügend über eine Person, ihr System von Überzeugungen, Zwecken, Bewältigungsstilen und ähnlichem wissen, mag uns ihr Verhalten schlüssige Evidenz für die Behauptung bieten, »sie hat Angst vor X«. Die Evidenz kann sogar so stark werden, daß wir uns über ihre ernst gemeinte Behauptung hinwegsetzen, sie sei sich keiner Furcht vor X bewußt. Ihr Psychotherapeut kann beispielsweise angesichts ausreichender Evidenz die Tatsache, daß die Person diese Furcht leugnet, als »Widerstand« werten. »Furcht vor X« kann also begrifflich mit äußeren Umständen und Verhaltensweisen verknüpft sein und sich doch nicht in extensionalen Ausdrücken definieren lassen, die sich nicht auf die Bedeutung beziehen, die Situationen und Verhaltensweisen für das handelnde Subjekt besitzen, dem wir diese Furcht zuschreiben.

Selbst bei niederen Tieren, deren Verhalten die Komplexität menschlicher Zwecke und Erkenntnisse nicht besitzt, stellt die Analyse Tolmans, daß »die Ratte Futter am Ort L erwartet«, nicht eine Definition des »erwartet« dar, sondern nur eine (gewöhnlich) reliable Testbedingung für die Wahrheit dieses Satzes. Theoretisch lassen sich all die vielen vorstellbaren Bedingungen gar nicht aufzählen, unter denen der Test fehlschlagen kann (vgl. C. Taylor, 1964, S. 79 ff.). Praktisch kann der Versuchsleiter natürlich ausgezeichnete Gründe für die Behauptung haben, daß die Testbedingungen in einem bestimmten Falle gegeben sind. Ähnlich sind wir häufig im Falle des weitaus komplexeren menschlichen Verhaltens aufgrund unseres Hintergrundwissens über die relevanten sozialen Praktiken, Regeln, Rollen und ähnliche Bedingungen in der Lage, die Bedeutung irgendeines Verhaltens aus dem Kontext herauszulesen: Ich kann sehen, daß sie Essen kocht, daß er den gegnerischen Spieler angreift, daß der Zugschaffner die Fahrausweise kontrolliert. Doch selbst in solchen gewöhnlichen Situationen kann uns das, was uns der andere über seine Absichten mitteilt, zu einer Sinnesänderung veranlassen. Wenn wir beispielsweise die Geschichte glauben, er sei ein als Zugschaffner verkleideter Detektiv, werden wir sein Tun neu und anders beschreiben. Und abgesehen von diesen gewöhnlichen läßt sich eine unabsehbare Reihe immer problematischerer Situationen vorstellen, in denen wir sehr viel über die Vorstellungen des anderen wissen und die Bedeutungen kennen müssen, die die Dinge im Lichte dieser Vorstellungen für ihn annehmen. Erst dann können wir entscheiden, wie sein Tun zu bezeichnen ist. Ist er wirklich böse auf seine Frau oder läßt er nur seinen Ärger an ihr aus, während er in Wirklichkeit auf jemand anderen böse ist, oder versucht er, sich in einem Streit mit ihr ins Recht zu setzen? Wenn wir genug über Personen und ihre Verhältnisse wissen, mögen wir unter Umständen genug Anhaltspunkte besitzen, um solche Frage in der einen oder anderen Weise zu beantworten. Wenn er ernsthaft leugnet, sich irgendeines solchen Zweckes bewußt zu sein, werden wir vielleicht sogar behaupten, daß wir uns eingehender mit der Bedeutung befassen müssen, die verschiedene Dinge für ihn haben. Erst dann könne man entscheiden, ob das Ziel, dessen er sich bewußt sei, ihn wirklich motiviere. Doch die Frage lautet nicht, ob wir hinreichende Evidenz für eine intentionalistische Verhaltensbeschreibung gewinnen können – das können wir nämlich. Zu fragen ist vielmehr, ob solche Beschreibungen sich in extensionale übersetzen lassen, die die Frage völlig ausklammern, wie die Dinge vom Standpunkt des Handelnden aus erscheinen. Diese Frage würden die meisten Philosophen heute wohl verneinen. Damit ist dem »zweckorientierten Behaviorismus« Tolmans die Grundlage entzogen.

Skinner setzt mit seinem radikalen Behaviorismus den Versuch früherer Behavioristen fort, die Psychologie zu einer Wissenschaft zu machen, die den Standpunkt des handelnden Subjekts aus den Beschreibungen und Erklärungen des Verhaltens eliminiert. Doch haben radikale Behavioristen eine weit klarere Vorstellung vom Aussehen einer solchen Wissenschaft als sie Behavioristen wie Watson noch hatten. Denn der klassische Behaviorismus hielt sich an das Pawlowsche Konditionierungsmodell. Dort wirkt ein physischer Reiz (das Ertönen der Glocke) auf die Rezeptoren ein, wird mit einem unkonditionierten physischen Reiz (dem Geruch des Futters) assoziiert und ruft in Körperorganen das gleiche Bewegungsmuster (Speichelabsonderung) hervor, das ursprünglich aufgrund des Reflexbogens von dem unkonditionierten Reiz ausgelöst wurde. Eigentlich versuchten die Behavioristen, Handlungen zu untersuchen, das heißt Reaktionen von Organismen auf verschiedene komplexe Situationen. Tatsächlich orientierten sich ihre Untersuchungen an dem Reflexbogenmodell dann so, als gäbe es keinen Unterschied zwischen ihren Untersuchungen und denen der Physiologen, die sich mit Bewegungen beschäftigen, die im Organismus durch physische Reize ausgelöst werden (vgl. Hamlyn, 1970). Der zweckorientierte Behaviorismus Tolmans suchte Kriterien und Parameter, anhand derer sich psychologische von physiologischen Daten abheben ließen. Doch – wie wir gerade gesehen haben – kann man Verhalten nicht auf der einen Seite intentionalistisch anhand von Zwecken und Erkenntnissen identifizieren und auf der anderen Seite den begrifflichen und methodischen Restriktionen genügen, die sich die Behavioristen selbst auferlegt haben.

Das Problem wird jedoch im Paradigma Skinners operanter Konditionierung überwunden. Ein Operant ist keine Bewegung, die durch physische Reize in Drüsen und Muskeln ausgelöst wird. Die Organismen »emittieren« sie einfach. Sie sind Reaktionen auf seiten des Organismus und werden nach ihrer Wirkung als Verhaltensklassen definiert – ein Hebeldrücken ist jedes Verhalten, das den Hebel nach unten bewegt. Folglich befaßt sich die operante Konditionierung mit molaren Verhaltensakten. Trotzdem wird die Grundhaltung des Behaviorismus beibehalten, denn die Operanten werden von einem äußeren Gesichtspunkt aus definiert. Der Versuchsleiter läßt alle Fragen außer acht, die die Bedeutung der Situation aus der Sicht des Organismus betreffen. Obgleich sich durch entsprechende Verstärkungspläne operantes Verhalten unter die Kontrolle eines Diskriminationsreizes bringen läßt, unterscheidet sich die operante Konditionierung deutlich von der klassischen. Denn in der klassischen Konditionierung löst der neue Reiz die Reaktion nur dadurch aus, daß er mit einem unkonditionierten Reiz gepaart wird, der durch einen ursprünglichen Reflexbogen mit der Reaktion verknüpft ist. In der operanten Konditionierung dagegen hängt alles von den *Konsequenzen* ab, die die Emission des Operants hervorruft. Nicht die inhärente Physiologie des Hundes, sondern der Umstand, daß eine Verstärkung erfolgt, wenn er sich auf Befehl hinsetzt, bringen dieses Hinsetzen unter die Kontrolle des Reizes »Sitz!«. Deshalb kann Skinner behaupten, daß »die Unterscheidung zwischen willkürlichem und unwillkürlichem Verhalten ... eine Frage der *Art* von Kontrolle, die ausgeübt wird«, ist (1973, S. 111). Da Operanten von den selbstgeschaffenen Konsequenzen kontrolliert werden, kann Skinner darlegen, wie Verhaltensweisen, die normalerweise als zielstrebige oder intentionale Handlungen bezeichnet werden, im Rahmen seines Paradigmas zu verstehen sind. Er meint, wir könnten individuelle Zwecke so behandeln, wie die Evolutionstheorie phylogenetische Zwecke auffaßte, als sie » ›Besser sehen‹ aus der Zukunft in die Vergangenheit« verlegte. Sie habe gezeigt, daß das Auge sich nicht entwickelt habe, um besser zu sehen, sondern weil auf bestimmte biologische Veränderungen für das Überleben relevante Konsequenzen folgten (Skinner, 1966, S. 13). Ähnlich sagt Skinner:

> Nur eine leichte Abwandlung ist nötig um [Zwecke] dem Rahmen einer Naturwissenschaft einzupassen. Anstatt zu sagen, ein Mensch verhalte sich so wegen der Konsequenzen, die sein Verhalten nach sich *ziehen werden,* sagen wir einfach, er verhalte sich so wegen der Konsequenzen, die ein ähnliches Verhalten in der Vergangenheit nach sich *gezogen hat* (1973, S. 90).

Folglich vertritt Skinner die Auffassung, die Behauptung, »der Behaviorismus ... lasse keinen Raum für menschliche Absicht oder Zielsetzung«, entbehre jeder Grundlage (1978, S. 9); richtig ist vielmehr, daß »das operante Verhalten ... sehr wohl mit der Absicht und dem Zwecke etwas anzufangen« weiß (a. a. O., S. 67).

So weist Skinner auch den »methodologischen Behaviorismus« Watsons und anderer zurück, die »das Bewußtsein, Gefühlszustände und seelischen Empfindungen« übergehen, weil sie sich nicht wissenschaftlich untersuchen ließen. Skinner wendet ein, daß man damit zwar das mentalistische Problem vermeide, es aber nicht löse (1974, S. 9, 20 ff.). »Das Herzstück eines radikalen Behaviorismus« fragt nach Skinner: »Was ist unter der Haut ...?« Damit liefert er »eine andere Darstellung des Seelenlebens« (S. 238). Ein Großteil der Schriften Skinners beschäftigt sich mit dem Versuch, »ein ganzes Spektrum mentalistischer Ausdrücke neu zu deuten« (S. 25): »Ich untersuche Dutzende, wenn nicht Hunderte von Beispielen eines mentalistischen Wortgebrauchs ... viele dieser Ausdrücke ›übersetze ich in Verhalten‹« (S. 27).

Entscheidend für Skinners »Übersetzungen« ist die Vorstellung, daß sich psychische Zustände und Prozesse als Körperempfindungen vorstellen lassen, die insofern privat sind, als nur die Person selbst normalerweise empfinden oder beobachten kann, was »unter ihrer Haut« vor sich geht. Menschen und Tiere sind sich der Stimulation aus ihrer Umwelt ebenso bewußt wie der unter ihrer Haut, da die Evolution sie mit einem angemessenen Nervensystem versorgt hat. Auch eine Person »wird sich eines Sachverhaltes auf andere Weise bewußt, wenn eine Sprachgemeinschaft Kontingenzen arrangiert, unter denen sie nicht nur ein Objekt sieht, sondern sieht, daß sie es sieht. In diesem besonderen Sinn ist das Bewußtsein oder die Kenntnisnahme von etwas ein gesellschaftliches Produkt« (S. 247). In diesem Sinne macht uns auch die Introspektion Körperbedingungen bewußt, die mit Sehen oder Wünschen (S. 63), mit Angst oder Besorgnis (S. 76) oder Glück (S. 84) verknüpft sind. Man kann auch einige der Bedingungen empfinden oder auf andere Weise beobachten, die mit der Wahrscheinlichkeit verknüpft sind, daß man sich in einer bestimmten Weise verhalten wird. Dies ist beispielsweise der Fall,

wenn man »geneigt« ist, sich eher in dieser als in jener Weise zu verhalten. Wer sich des Zwecks seines Handelns bewußt ist, ist ein Mensch, der »sich in einem Zustand fühlt und beobachtet, der durch eine Verstärkung herbeigeführt worden ist« (S. 69), »Nicht jeder Mensch ist sich notwendig der Bedingungen bewußt, die mit ›Beurteilung‹, ›Antizipation‹ und ›Erwartungen‹ verbunden sind« (S. 83). Aber »eine besondere Art von geistigem Stoff wird nicht unterstellt. Eine physikalische Welt erzeugt sowohl physisches Handeln wie auch die physischen Körperzustände, auf die eine Person reagiert, wenn eine Sprachgemeinschaft die notwendigen Kontingenzen bereitstellt« (S. 247). »Der radikale Behaviorismus ... leugnet ... die Möglichkeit ... von Selbstbeobachtung oder Selbsterkenntnis« nicht (S. 24), sondern »interpretiert« die introspektive Erkenntnis als die Beobachtung von Körperzuständen unter der Haut, die mit Verhalten verknüpft sind.
Diese »Übersetzung« mentalistischer Konzepte berechtigt Skinner dazu, die inneren Zustände zu übergehen, auf die die mentalistischen Konzepte innerhalb der wissenschaftlichen Analyse der Verhaltensursachen Bezug nehmen. Denn wenn Wünsche, Zwekke und andere sogenannte »psychische Zustände« wirklich physische Zustände innerhalb unseres eigenen Körpers sind, können sie nicht Verhalten in Gang setzen oder steuern, sondern müssen selbst von anderen physischen Zuständen und Bedingungen verursacht werden. Deshalb meint Skinner:

> Der Einwand gegen innere Zustände besteht nicht darin, daß sie für eine funktionale Analyse nicht relevant sind ... [denn obgleich unsere Kausalkette drei Glieder besitzt: (1) »einen Vorgang, der auf den Organismus von außen einwirkt«, (2) »einen inneren Zustand« und (3) »eine Verhaltensweise« (vgl. S. 40) müssen], falls unsere kausale Kette keine schwache Stelle enthält, also das zweite Glied nicht gesetzmäßig durch das erste oder das dritte nicht durch das zweite determiniert ist, ... das erste und das dritte Glied gesetzmäßig aufeinander bezogen sein (1973, S. 41).

Auch in seinem jüngsten Buch sagt Skinner: »Gegen die Annahme einer Arbeit des Geistes ist nicht einzuwenden, daß sie keiner Überprüfung offensteht, sondern daß sie der Überprüfung wichtigerer Dinge im Wege steht« (1978, 188 f.). Diese inneren Zustände sind für die Verhaltenserklärung ohne Wichtigkeit, weil sie die gleichen Ursachen wie das Verhalten haben, das sie erklären sollen. So sind »Motive und Zwecke ... in den Menschen angesiedelt, während Kontingenzen der Verstärkung in der Umwelt ihren Ort haben. Doch sind Motive und Zwecke ihrerseits bestenfalls Auswirkungen von Verstärkungen« (S. 68) ... »Sein Verhalten ändert sich nicht, weil er Angst hat; es verändert sich aufgrund der aversiven Kontingenzen, die einen Zustand, der als Angst empfunden wird, hervorrufen. Die Veränderung seines Gefühlszustandes und die Änderung seines Verhaltens haben eine gemeinsame Ursache« (S. 74; vgl. auch S. 181 ff.).

Wenn nun »Seelenzustände ... als Nebenprodukte der Kontingenzen, die Verhalten erzeugen, aufgefaßt werden können« (1978, S. 81), wäre es ein Fehler, sie als die Ursachen des Verhaltens anzuführen, das wir zu erklären versuchen. Dies gilt besonders angesichts der Tatsache, daß »die private Welt in unserer Haut weder klar beobachtet noch deutlich gewußt« wird (S. 41). Dies hat seine Ursachen erstens in unseren »eher primitiven Nervensystemen«, das nicht geeignet ist für die Selbstbeobachtung eines »bedeutsamen Teils innerhalb einer Physiologie, die eine zeitliche Lücke« zwischen den externen Bedingungen in der Vergangenheit und dem gegenwärtigen Verhalten füllt (S. 41, 243). Zweitens liegen sie in den Schwierigkeiten, auf die die Sprachgemeinschaft stößt, wenn sie versucht, Kontingenzen zu liefern, angesichts derer die Person auf »private Reize in ihrem Innern reagiert« (S. 41).

Die Selbstbeobachtung mag die Person zwar mit »Hinweisreizen« über das eigene Verhalten versorgen können – in diesem Sinne ist »eine Reizung, die innerhalb des Körpers entsteht, ... für ein Verhalten von großer Bedeutung« (S. 219) –, doch diese »inneren Zustände« sind nicht leicht zu fassen. Außerdem verursachen sie das Verhalten nicht. Wir entziehen vielmehr unsere Aufmerksamkeit den wichtigen Dingen, wenn wir sie auf innere Bedingungen lenken, da externe Umstände im Unterschied zu inneren Zuständen leicht zugänglich sind: »Wir können nicht vorwegnehmen, was jemand tun wird, indem wir unvermittelt seine Gefühle *oder* sein Nervensystem betrachten. Ebensowenig können wir sein Verhalten ändern, indem wir seine Seele *oder* sein Gehirn verändern« (S. 18). Deshalb wendet sich »eine experimentelle Verhaltensanalyse ... unmittelbar den vorausgegangenen Ursachen in der Umwelt zu« (S. 40).

In den »Übersetzungen« und »Interpretationen« mentalistischer Konzepte, die Skinner vornimmt, zeichnet sich eine biologische Version des passiven Organismus der Assoziationspsychologie ab. Nach dieser Vorstellung handeln wir nicht, sondern reagieren immer nur auf äußere Kontingenzen. Scheinbar zukunftsgerichtete Tätigkeiten werden als Verhaltensweisen interpretiert, die unter der Kontrolle vergangener Kontingenzen stehen – »nach einem Streichholz zu suchen, bedeutet, sich in einer Weise suchend zu verhalten, die zuvor dadurch verstärkt worden ist, daß man Streichhölzer gefunden hat« (1978, S. 69). Die Übersetzung verwandelt »Zweck« und »Grund für das Handeln« in »empfundene« Bedingungen »unter der Haut«. Diese werden von den Kontingenzen verursacht, die auch das Verhalten verursachen, das durch »Zweck« und »Grund« erklärt werden soll (S. 147, 251). Das ist gar nicht anders möglich, da die Übernahme des naturwissenschaftlichen Erklärungsrahmens den Standpunkt des handelnden Subjekts ausschließt. Damit entfällt zugleich der Begriffsrahmen, innerhalb dessen wir Handlungen, die von einer Person begonnen und gesteuert werden, von Reaktionen unterscheiden können, die in ihr ausgelöst werden. Skinner sagt: »Ein Selbst, das der Urheber oder Initiator seines Handelns wäre, findet in unserer wissenschaftlichen Theorie keinen Raum« (S. 252 f.).

Wenn Hume wähnte, der Newton unseres Seelenlebens zu sein, scheint Skinner sich einzubilden, er sei der Darwin dieses Gebietes. Um die Entwicklung besser angepaßter Arten zu erklären, haben Biologen lange Zeit den Begriff des Zweckes verwendet. »Erst Darwin entdeckte die selegierende Wirkung der Umwelt. In ähnlicher Weise müßten wir heutzutage die Entwicklungslehre in den Verhaltenswissenschaften durch eine Untersuchung der Selektionsleistungen der Umwelt ergänzen und ersetzen« (S. 81). Skinners theoretische Leistung besteht darin, daß er gezeigt hat, wie Verhalten auf die Einwirkung externer Kontingenzen zurückgehen *könnte,* selbst wenn in der Umwelt keine Ursache vorzuliegen scheint. Im Falle des respondenten (Reflex-) Verhaltens liegt die Ursache – d. h. der auslösende Reiz – offen genug zutage. Ein Operant dagegen wird nicht durch irgendeine bekannte Umweltursache ausgelöst – er wird vom Organismus »emittiert«. »Es ist von zentraler Bedeutung, daß dem Emittieren kein notwendiges kausales Ereignis vorausgeht« (S. 64). Die praktische Leistung Skinners besteht darin, tatsächlich gezeigt zu haben, wie sich die Operanten, die Tauben und ähnliche Tiere in der Skinner-Box emittieren, durch geeignete Verstärkungspläne kontrollieren und formen lassen. Skinner behauptet, wir bezeichneten die Operanten, die Menschen in komplexen, nicht-kontrollierten natürlichen Situationen emittierten, nur deshalb als »willkürlich«, weil die Ursache »einfach nur schwerer auszumachen« ist (S. 66). »Operantes Verhalten wird der Kontrolle der Person zugeschrieben« (S. 50). Das Fehlen augenfälliger Ursachen für solche Verhaltensweisen hat »zu der Erfindung von Auslöseereignissen geführt« (S. 63). »Gefühle treten genau im richtigen Moment auf, um als Ursache eines Verhaltens dienen zu können« (S. 15). Deshalb machen wir sie zu den »inneren Ursachen«, an die wir uns fälschlicherweise halten. Das heißt, uns ist die Verstärkungsgeschichte unbekannt, die die eigentliche Ursache des Empfindens wie des emittierten Verhaltens ist. »Assoziierte Körperzustände werden häufig als Ursachen solcher Veränderungen ... genannt, weil sie introspektiv empfunden und beobachtet werden können. Das Verhalten [wird] irrtümlich den Gefühlen zugeschrieben und nicht den Kontingenzen, die dafür verantwortlich sind, was man fühlt« (S. 70). Daraus erklärt sich nach der Auffassung Skinners, warum wir geneigt sind, zu mentalistischen Pseudoerklärungen wie Zwecken, Intentionen und ähnlichem zu greifen. Doch ebenso wie Darwin gezeigt hat, daß wir die Evolution besser angepaßter Arten anhand vergangener Überlebenskontingenzen erklären können, ohne Zuflucht zum Zweck als zukunftsgerichtetem Ziel nehmen zu müssen, macht Skinner sich anheischig zu zeigen, daß wir das adaptive und zielstrebige Verhalten einzelner Mitglieder einer Art anhand vergangener Verstärkungskontingenzen erklären können, ohne uns des Zweckes (im intentionalistischen Sinne) bedienen zu müssen. »Zwar hat die Umwelt ihren größten Einfluß in der Entwicklung der Arten ausgeübt, aber mit unterschiedlicher Stärke und mit Intensität beeinflußt sie das Leben eines jeden Individuums. Das

Verhalten, das wir zu jedem gegebenen Zeitpunkt beobachten können, stellt eine Verbindung dieser Einflüsse dar« (S. 25). Wie die genetische Ausstattung »das Ergebnis der Kontingenzen des Überlebens« ist, so ist das Verhaltensrepertoire, das der einzelne Organismus erwirbt, das Ergebnis der »Kontingenzen von Verstärkung ..., denen er in seiner Lebenszeit ausgesetzt ist« (S. 234). Wenn es wirklich zutrifft, daß sich komplexe menschliche Verhaltensweisen durch das Paradigma der operanten Konditionierung vorhersagen und erklären lassen, dann müssen wir Skinners Behauptung akzeptieren, daß mentalistische Erklärungen lediglich »Erfindungen« seien (S. 123), daß wir, wollen wir Verhalten erklären, »nach der konstruierenden Umwelt und nicht nach einem konstruierenden Geist suchen« müssen (S. 153). Dann kann auch der Einwand nicht mehr greifen, entscheidend sei nicht der physische Reiz oder die Topographie des Verhaltens, sondern ihre Bedeutung. Der Intentionalist hält sich nämlich an die Bedeutung, die die Dinge vom Standpunkt des Handelnden aus annehmen. Von dort aus stellt er erklärende Beziehungen zwischen aktuellen Situationen und Verhaltensweisen her, wenn solche Beziehungen zwischen Situationen und Verhaltensweisen, anhand ihrer materiellen Merkmale beschrieben, nicht zu existieren scheinen. Angenommen, Skinner hat recht, so treten diese Beziehungen in der experimentellen Verhaltensanalyse zutage, wenn wir untersuchen, welche Verstärkungen der Organismus in der Vergangenheit in ähnlichen Situationen erhalten hat. Die »Bedeutung einer Reaktion« – so sagt Skinner – »liegt ... in ihrer Vorgeschichte ... die Bedeutung [einer Situation liegt] ... nicht in der Umwelt selbst, sondern in der Vorgeschichte der Kontingenzen, in der eine ähnlich strukturierte Umwelt zuvor schon einmal eine Rolle gespielt hat« (S. 105). Wenn eine Ratte zugleich mit dem Aufblitzen eines Lichtes durch Futter verstärkt wird, jedoch mit Wasser, wenn das Licht gleichbleibt, wird sie auf die Lichter unterschiedlich reagieren. Es ließe sich »sagen, daß das aufblitzende Licht Futter ›bedeutet‹, während das gleichbleibende Licht Wasser ›bedeutet‹ « (S. 106). Ähnlich kann das Verhalten zweier Ratten topographisch ununterscheidbar sein. Wenn jedoch die eine für dieses Verhalten mit Futter und die andere mit Wasser verstärkt wurde, dann läßt sich von ihren Reaktionen sagen, daß sie sich hinsichtlich ihrer Bedeutung unterscheiden: »Für die eine Ratte ›bedeutet‹ die Hebelbewegung Futter, für die andere ›bedeutet‹ sie Wasser« (S. 105 f.). Offensichtlich jedoch werden hier die Bedeutungen von Situationen und Verhaltensweisen unterschieden, ohne die Interpretation vom Standpunkt des Handelnden aus einzubeziehen.

Das Verständnis von »Bedeutung« als Ursachengeschichte und nicht als Intentionalität erstreckt sich auch auf den Menschen. Skinner behauptet, daß wir das Verhalten einer Person zwar »in völlig objektiven Begriffen« (d. h. durch eine materielle Objektsprache) beschreiben können, aber ihr Verhalten auch »interpretieren«

> oder »einen Sinn in es hineinlesen« [können], indem wir sagen, sie »suche nach etwas«, oder, genauer noch, »sie suche nach ihrer Brille«. Was wir hinzugefügt haben, ist keine weitere Beschreibung ihres Verhaltens, sondern ein Rückschluß auf einige der Variablen, die für ihr Verhalten verantwortlich sind. Es gibt kein *momentanes* Ziel, keine *momentane* Triebfeder oder einen Zweck und keinen *momentanen* Sinn, die berücksichtigt werden müßten. Das ist sogar dann der Fall, wenn wir sie fragen, was sie denn tue, und wenn sie antwortet: »Ich suche nach meiner Brille«. Dies ist keine zusätzliche Beschreibung ihres Verhaltens, sondern nur ein Hinweis auf die Variablen, deren Funktion ihr Verhalten ist; diese Beschreibung ist gleichwertig mit Äußerungen wie: »Ich habe meine Brille verloren«, »Ich werde mit dem, was ich da tue, aufhören, wenn ich meine Brille finde« oder »Immer, wenn ich es früher getan habe, habe ich meine Brille gefunden«. Diese Übersetzungen mögen unnötig umständlich erscheinen, doch nur deshalb, weil Äußerungen über Zwecke und Ziele Abkürzungen sind (1973, S. 91 f.).

Diese Ausführungen lassen sich leicht ad absurdum führen, wie es Malcolm (1964) macht, da in ihnen die Logik psychologischer Äußerungen in der ersten und in der dritten Person durcheinandergebracht wird. Natürlich übersetzt Skinner damit nicht, was wir normalerweise meinen. Diese Kritik geht jedoch am Kern der Sache vorbei. Da Skinner die Psychologie in den Stand einer Naturwissenschaft heben möchte, muß er ein Verfahren entwikkeln, das ihm die Daten interpretationsfrei liefert. Folglich ist für Skinner die Verschmelzung psychologischer Äußerungen in der ersten und in der dritten Person, die Verschmelzung des Standpunktes des Handelnden mit dem des Beobachters, kein Nachteil, sondern ein Element seines Plans, aus der Psychologie eine Naturwissenschaft zu machen. Skinner versteht die Berichte, die ich über das Verhalten anderer und über mein eigenes Verhalten liefere, nämlich bloß als »Sprachverhalten«. Sie sind lediglich Daten für die Psychologie, Verhaltensweisen, deren Emission anhand vergangener und gegenwärtiger Umweltvariablen und Verstärkungen erklärt werden muß. Keine Art der Äußerung ist eine »Äußerung« oder ein »Bericht« im normalen Sinne. Die Sprache selbst ist für Skinner eine Erscheinung, die die Psychologie ohne Rückgriff auf Bedeutung im intentionalistischen Sinne erklären muß (z. B. 1974, S. 106 ff.).

Die Aussage, Skinners »Analysen« lieferten keine »Übersetzungen« unserer gewöhnlichen mentalistischen Konzepte, ist kein Einwand gegen die Behauptung Skinners, der Behaviorismus habe »von den jüngsten Fortschritten in der experimentellen Verhaltensanalyse profitiert« und sei »jetzt in der Lage, die zentralen Begriffe des mentalistischen Arsenals nacheinander zu analysieren« (1978, S. 42). Wie oben schon erwähnt, scheint es nicht möglich zu sein, intentionalistische Begriffe in eine rein extensionale Sprache zu übersetzen. Doch erkennt Skinner selbst, daß diese Übersetzungen unter Umständen nicht genau sind, daß es für unsere mentalen Konzepte »vielleicht keine genauen Entsprechungen im Bereich des Verhaltens gibt« (S. 27). Wenn Skinners »Interpretationen« gegen die Logik unserer normalen Begriffe verstoßen, ist das nicht so schlimm, da an die Psychologie ebensowenig wie an irgendeine andere Wissenschaft der Anspruch gestellt werden kann, sich auf unsere normalen Begriffe zu beschränken. Wie Skinner völlig zu Recht darlegt, kann der moderne Physiker keine genauen Übersetzungen für die Begriffe »des Äthers, des Phlogistons oder der *vis viva*« liefern. (S. 27 f.). Wenn Skinner zeigen kann, daß seine Auffassung von Konzepten wie »Zweck«, »Bedeutung« und ähnlichem uns gestattet, empirische Gesetze aufzustellen, die sich zur Prognose, Erklärung und Beherrschung menschlichen Verhaltens als wirksamer erweisen als unsere gewöhnlichen mentalistischen Vorstellungen, hat er erreicht, was er sich vorgenommen hat. Er hat dargelegt, wie molare Verhaltensakte sich anhand dieses Paradigmas verstehen lassen. Wenn er ferner zeigen kann, daß unsere Handlungen tatsächlich von Umweltvariablen ebenso kontrolliert werden wie der Hebeldruck der Taube in der Skinner-Box von Reizen und Verstärkungen, dann hat er nichtmentalistische Gesetze entdeckt, die auch für menschliches Handeln gelten. Anhand dieser Gesetze können wir menschliches Verhalten ohne Rückgriff auf Bedeutung und Intentionalität vorhersagen und beherrschen. Damit würden sich die Gesetze der Psychologie nicht von denen der Naturwissenschaften unterscheiden.

Es läßt sich leicht verstehen, warum Skinner der Meinung ist, es sei die einzige Aufgabe der Psychologie, solche Gesetze oder »funktionalen Beziehungen« aufzustellen, warum er behauptet, die Psychologie bedürfe keiner »Theorie« im Sinne einer »Erklärung eines beobachteten Tatbestandes, die sich auf Ereignisse bezieht, die woanders stattgefunden haben, die auf einer anderen Ebene beobachtet wurden, die anders beschrieben und – wenn überhaupt – in anderen Dimensionen gemessen wurden« (1961, S. 39). Für theoretische Verbindungsstücke ist in Skinners Verhaltenswissenschaft kein Raum. Denn jeder Versuch, seine funktionalen Beziehungen zu erklären, muß entweder bei kognitiver Vermittlung oder bei physiologischen Prozessen enden. Nun weist Skinner jene als mentalistische Pseudoerklärung zurück. Sie bringen »Denkprozesse« ins Spiel, die »auf der Ebene des Verhaltens ... konkret genug [sind], aber sie werden zu fragwürdigen Metaphern, wenn sie ins Innere der Menschen verlegt werden« (1978, S. 245). »Ein kognitiver Psychologe kann uns verschiedene Systeme [zum Abruf gespeicherter Gedächtnisdaten] anbieten ... sie sind der Registratur von Bibliotheken, Computern ... entlehnt ... [aber] die Kontingenzen, die einen Organismus betreffen, werden nicht von ihm gespeichert. Sie befinden sich niemals in ihm; sie verändern ihn einfach« (S. 125). Die betreffenden Veränderungen sind physiologischer Natur und lassen sich vermutlich eines Tages erklären. Doch sind sie der Selbstbeobachtung nicht zugänglich. Ihre Untersuchung ist Aufgabe der Physiologie und nicht der Psychologie. In der Zwischenzeit kann der behavioristisch orientierte Psychologe seinem Geschäft nachgehen, ohne sich Sorgen darüber machen zu müssen, was der Physiologe der Zukunft möglicherweise entdecken wird. Denn dies »kann die Gesetze der Verhaltenswissenschaft nicht entkräften,

aber es wird das Bild menschlichen Handelns vervollständigen« (S. 242). Es wird die Lücke im physiologischen Wissen füllen, die gegenwärtig noch zwischen vergangenen Umweltkontingenzen und gegenwärtigen Verhaltensäußerungen bleibt.
Ich denke, daß es Skinner gelungen ist, einen schlüssigen Rahmen für ein mögliches psychologisches Forschungsprogramm zu schaffen. Doch er spricht von »Gesetzen der Verhaltenswissenschaft« und »jüngeren Fortschritten in der experimentellen Verhaltensanalyse«, *als ob* tatsächlich angemessene Gesetze für komplexes menschliches Verhalten aufgestellt worden seien. »Die wissenschaftliche Analyse des Verhaltens« – so behauptet Skinner – »entsetzt den autonomen Menschen seiner Rechte und schreibt die Kontrolle, die er angeblich ausgeübt hat, der Umwelt zu« (1973, S. 210). Doch für diese Behauptung bleibt er uns ganz sicher den Beweis schuldig. Er kann nicht zeigen, daß sich solch eine experimentelle Analyse tatsächlich am komplexen menschlichen Verhalten vornehmen läßt. Allerdings hat er gezeigt, daß sich ein erstaunlicher Teil tierischen Verhaltens in der Skinner-Box und ein sehr begrenztes Maß menschlichen Verhaltens anhand des Paradigmas der operanten Konditionierung vorhersagen und beherrschen lassen. Die Verhaltensmodifikation ist das einzige Gebiet, auf dem man den ernsthaften Versuch gemacht hat, die Grundsätze Skinners auf menschliches Verhalten anzuwenden. Demgegenüber behauptet Skinner, daß »die zahlreichen Experimente von kognitiven Psychologen über die Zugänglichkeit von Erinnerungen ... sich alle« anhand der operanten Konditionierung neu interpretieren ließen (1978, S. 126). Doch selbst wenn dies richtig sein sollte, träfe auch das umgekehrte zu: die kognitiven Psychologen können vorbringen (und tun es auch), daß sich die Geschehnisse, die sich bei der Verhaltensmodifikation ereignen, einer neuen Interpretation in kognitiven Begriffen unterzogen werden müßten (vgl. Breger u. McGaugh, 1965). So stellt – zumindest hinsichtlich menschlichen Verhaltens – die Rede Skinners von den »Fortschritten in der experimentellen Verhaltensanalyse« nicht mehr als ein Versprechen auf die Zukunft dar. Umstritten ist die Frage, ob es eingelöst werden kann.
Wenn wir beispielsweise Skinners *Verbal Behavior* (1957) so wohlmeinend wie möglich beurteilen wollen, dürfen wir es nicht

als Versuch verstehen zu zeigen, daß Sprachverhalten tatsächlich eine Funktion operanter Konditionierung sei, sondern als Versuch zu zeigen, daß seine »Interpretation« des Sprachverhaltens plausibel ist. Chomskys Kritik (1959) weist nach, daß Skinners Grundkonzepte ihre genaue Bedeutung verlieren, wenn sie von tierischen Laborexperimenten auf normales Sprachverhalten übertragen werden. Es wird dann unmöglich, diese Extrapolationen zu falsifizieren. Damit ist Skinner noch nicht wirklich widerlegt, da der Skinnersche Psychologe sich unverdrossen an die methodologische Weisung »Suche weiter nach Erklärungen durch die operante Konditionierung« halten kann. Er kann weiterhin hoffen, das Versprechen auf die Zukunft werde sich eines Tages einlösen lassen. Wenn Chomsky Skinner also auch nicht widerlegt hat, ist das für Wissenschaftler wie MacCorquodale (1970) noch lange kein Grund zum Triumphieren. Der Versuch zu zeigen, daß alles Verhalten eine Funktion operanter Konditionierung ist, *muß* nicht a priori fehlschlagen. Er muß aber auch nicht a priori gelingen. Die Fakten werden darüber entscheiden, ob es uns gelingt, Verhaltensgesetze zu entdecken, wenn wir uns auf interpretationsfreie, von außen beschriebene Daten beschränken. Der Versuchsleiter läßt außer acht, welche Bedeutung das Verhalten vom Standpunkt des Handelnden aus annimmt. Zwischen solchen Operanten einerseits und physikalisch definierten Reizen und Verstärkungen andererseits müssen wir gesetzmäßige Beziehungen entdecken. Obgleich dieses Unterfangen bislang nur minimale Erfolge aufzuweisen hat, spricht nichts gegen seine logische Möglichkeit. Folglich läßt sich durch kein philosophisches Argument beweisen, daß es niemals durchgeführt werden kann.

Skinner selbst scheint diesen Unterschied zwischen Programm und Ergebnissen in Rechnung zu stellen, wenn er »die Wissenschaft vom menschlichen Verhalten« gegen den »Behaviorismus« abhebt, der »die Theorie dieser Wissenschaft« ist (1978, S. 9). Er gesteht selber ein: »Vieles von dem, was ich zu sagen habe, geht über den Bereich gesicherter Fakten hinaus. Ich beschäftige mich eher mit einer allgemeinen Deutung als mit Vorhersage und gesicherten Bestimmungen« (S. 27). Es kann durchaus sein, daß Skinner sich im Laufe seiner wissenschaftlichen Tätigkeit deshalb so sehr um behavioristische »Interpretationen« mentaler Konzepte bemüht hat, weil er sein Programm zu einer überzeugenden Forschungsstrategie machen wollte, die die Grundlage einer Psychologie menschlichen Verhaltens liefern kann. Bestenfalls können die »Interpretationen« Skinners jedoch angeben, welche Form die Erklärung komplexen menschlichen Verhaltens annehmen *könnte*, wenn wir die von ihm angestrebte Verhaltenswissenschaft hätten. Die »Fortschritte in der experimentellen Verhaltensanalyse« müßten die Gestalt unstreitiger positiver Ergebnisse besitzen, die komplexes menschliches Verhalten betreffen. Sie haben sich bisher trotz eines erheblichen Aufwandes an Zeit und Energie nicht gewinnen lassen. So bestehen die Argumente für Skinners Programm im wesentlichen aus Einwänden *gegen* andere Ansätze – aus Einwänden gegen »Mentalismus«, »theoretische Verbindungsglieder«, »kognitive Erklärungen« und gegen ähnliche Annahmen. Die Überzeugungskraft von Skinners Programm für eine Wissenschaft vom menschlichen Verhalten, die ohne intentionalistische Beschreibungen und Erklärungen auskommt, hängt also fast gänzlich von der Frage ab, ob ihm der Beweis gelingt, daß »ganz gleich wie mangelhaft eine behavioristische Darstellung sein mag«, sie dennoch unsere einzige Hoffnung darstellt, da »mentalistische Erklärungen gar nichts erklären« (S. 251). Wenn Skinner nicht den Beweis für seine Behauptungen antreten kann, gibt es kaum einen Anlaß, sein behavioristisches Programm anderen Ansätzen zu einer Wissenschaft vom menschlichen Verhalten vorzuziehen.

Radikal-behavioristische und philosophische Einwände gegen mentalistische Erklärungen

Bevor wir uns den Einwänden Skinners zuwenden, sollten wir daran erinnern, daß sie nicht nur von seiten der Behavioristen vorgebracht werden, sondern auch in ähnlicher Form von einigen Philosophen der Gegenwart. Diese Übereinstimmung ist nicht auf gegenseitigen Einfluß zurückzuführen. Ihr Grund ist vielmehr die Tatsache, daß der Behaviorismus eine Gegenbewegung zur introspektiven Psychologie darstellt und daß die Philosophie des Geistes in der Gegenwart großenteils als Reaktion auf den cartesianischen Dualismus zu verstehen ist. Ryles sehr einflußreiches Buch *Concept of Mind* (1949) sollte »Descartes' Mythos« zerstören. Da man des »Gespenstes in der Maschine« ledig werden wollte, mußte man die Vorstellung aufgeben, daß Psychologen über ganz »besondere Daten verfügen, auf die sie ihre Theorien gründen können«. So mochte Ryle nicht recht daran glauben, daß es eine empirische Wissenschaft mit dem Namen »Psychologie« geben könne (S. 320 ff.). Ähnlich bringt Malcolm (1971) in einem kürzlich veröffentlichten Artikel mit dem Titel »The Myth of Cognitive Processes and Structures« vor, der Rekurs der Psychologen auf solche inneren Prozesse und Strukturen beruhe auf einer Verwechslung. Aus den Äußerungen zahlreicher zeitgenössischer Philosophen ist zu entnehmen, daß sie einerseits die Berechtigung der Physiologie einsehen und andererseits die Berechtigung von alltäglichen wissenschaftlichen Erklärungen anerkennen, daß nach ihrer Auffassung dazwischen aber kein Platz für eine wissenschaftliche Psychologie bleibe. Wie Skinner scheinen sie der Auffassung zu sein, daß die Vorstellung einer Wissenschaft, die sich mit inneren mentalen Prozessen beschäftige, unvereinbare Dinge zusammenbringe.

Welches sind nun die Einwände gegen Theorien, die auf mentale Organisationen, kognitive Prozesse und ähnliche Dinge zurückgreifen? Wie kommt Skinner zu der Aussage: »Mentalistische Erklärungen erklären nichts!«? Zum einen meint er, daß es solche inneren Prozesse schlicht und einfach nicht gäbe: »Das Leben des Geistes und die Welt, in der es gelebt wird, sind Erfindungen. Sie sind nach einer Analogie zu äußerlichem Verhalten erfunden worden, das unter Kontingenzen der Außenwelt auftritt« (S. 120). Der Umstand beispielsweise, daß Menschen materielle Nachbildungen von den Dingen der Außenwelt anfertigen und speichern können und daß »eine derartige Aufzeichnung ... bei zukünftigen Gelegenheiten ein Verhalten hervorrufen [kann], das einer vorausgegangenen Situation angemessen [ist], ... hat zu einer kognitiven Metapher geführt« (S. 124). Psychologen sprachen davon, daß »Erfahrungen im Gedächtnis gespeichert werden, um zu einem späteren Zeitpunkt ... abgerufen oder erinnert und im

Verhalten verwendet werden zu können« (ebd.) »Was ist jedoch«, fragt Skinner, »die geistige Parallele zu physischem Suchen? Wie stellen wir es an, daß wir im Speicher unseres Gedächtnisses etwas finden? ... Wenn wir uns an einen Namen erinnern, brauchen wir nicht nach ihm in unserem Gedächtnis zu suchen; wenn wir uns aber nicht an ihn erinnern, wie sollen wir dann nach ihm suchen?« (S. 125). Malcolm argumentiert ähnlich: häufig kann ich die verschiedensten Dinge anstellen, wenn ich *versuche,* etwas zu erinnern, ohne daß es zu einem »Erinnerungsprozeß« kommt. Wenn ich dagegen gefragt werde, was für einen Roman ich in der letzten Woche gelesen habe, erinnere ich mich an ihn und kann seinen Titel nennen, ohne daß es dazu eines Erinnerungsprozesses bedürfte. Malcolm nimmt an, daß hier nur Dinge durcheinandergebracht werden, wenn ich annehme, daß in meinem Erinnern oder Erkennen »der Prozeß des Erkennens *verborgen* ist« und von Psychologen entdeckt werden müsse (1971, S. 382 f.).
Wenn ich etwas erinnere oder erkenne, so besteht nach Auffassung Malcolms keinerlei Notwendigkeit, Erklärungen anhand »verborgener« (nicht bewußter) psychologischer Prozesse zu »erfinden«. Skinner hält es für überflüssig, Verhaltensweisen wie Erinnern oder Erkennen anhand bewußter oder unbewußter »geistig-seelischer« Prozesse erklären zu wollen. Er meint, solche »höheren geistig-seelischen Prozesse« wie Suchen und ähnliches bereiteten ihm keine Schwierigkeiten, vorausgesetzt, wir sprächen über Verhalten oder auch verdecktes Verhalten. Was Skinner zurückweist, ist »nur die Annahme, daß eine entsprechende Tätigkeit in der mysteriösen Welt des Geistes stattfindet« (S. 251). Wenn Skinner die »seelisch-geistige Tätigkeit« durch »verdecktes Verhalten« ersetzt, scheint das lediglich eine sprachliche Maßnahme zu sein, um der Rede von der »mysteriösen Welt des Geistes« aus dem Wege zu gehen. Es versteht sich nämlich nicht von selbst, daß beispielsweise meine »offene« Suche nach der Aktentasche irgend etwas mit meiner »verdeckten Suche« nach ihr gemeinsam hat – wenn ich mich daran zu erinnern versuche, wo ich sie hingelegt habe, indem ich überlege, wo ich sie zuletzt hatte, wo ich von dort aus hingegangen bin usw. Diese beiden Verhaltensweisen – die »offene« und die »verdeckte« – haben lediglich die gleiche Absicht oder die gleiche Zielsetzung: die Aktentasche

zu lokalisieren. »Zielsetzung« ist natürlich ein intentionalistisches Konzept. Doch davon abgesehen liegt es auf der Hand, daß kognitive Psychologen, wenn sie davon sprechen, daß Information gespeichert und abgerufen wird, weder über (zu beobachtendes) Verhalten noch über psychische Operationen sprechen, die wir bewußt vornehmen. Ihre Theorien sind, ganz unabhängig von der Frage, ob sie von den Tatsachen bestätigt werden oder nicht, ganz sicher *Theorien* über nicht zu beobachtende Prozesse, die vorausgesetzt werden, um einige der Tatsachen zu erklären und zu beobachten, die wir beobachten können, wenn Menschen z. B. ein visuelles Muster erinnern oder erkennen. Der Einwand also, daß wir keine »geistige Parallele zu physischem Suchen« beobachten, daß es unter Umständen keinen bewußten »Erinnerungsprozeß« gibt, greift ebensowenig wie der Einwand, es könne die Elementarteilchen der modernen Physik nicht geben, weil wir sie nicht beobachten können. Natürlich kann man zur Tradition von Descartes und Wundt zurückkehren und behaupten, nicht-bewußte psychische Prozesse seien ein Widerspruch an sich. Doch dürfte uns dies kaum weiterbringen. Denken wir nur an die Arbeit von Freud. (Ich werde im nächsten Abschnitt auf diesen Punkt zurückkommen.)

Ein anderer Einwand, den Skinner häufig vorbringt, besagt, daß die Rede von geistigen Zuständen und Prozessen aus der Verhaltenserklärung ausgeblendet werden könne, weil diese »inneren« Zustände immer aus beobachtetem Verhalten geschlossen würden:

> Wenn wir jemanden verstärken, so vermitteln wir ihm angeblich ein Motiv oder einen Anreiz. Aber in Wirklichkeit folgern wir das Motiv oder den Anreiz erst aus seinem Verhalten. Wir bezeichnen jemanden bereits als hochgradig motiviert, wenn wir lediglich von ihm wissen, daß er sich energisch verhält.« (1978, S. 62). [Kognitive Psychologen behaupten, die Sprache habe invariante Züge, da »das Gehirn eben so verdrahtet« ist. Doch] ein begrifflich strukturiertes Nervensystem kann selbstverständlich nicht zur Erklärung des Verhaltens herangezogen werden, aus dem es erschlossen worden ist (S. 240).

Der Fehler, der hier nach Skinners Auffassung begangen wird, ähnelt dem, den wir machen, wenn wir sagen, eine Flüssigkeit, die – wie wir beobachten – langsam fließt, besitze »Viskosität«. Wir können nicht »erklären«, daß sie langsam »fließe . . ., weil sie zähflüssig sei ... denn man beginnt damit einen Zustand oder eine Qualität, die aus dem Verhalten der Flüssigkeit erschlossen wurde, als Ursache ihres Verhaltens anzusehen« (1978, S. 182). Das wäre jedoch nur dann ein schlüssiges Argument, wenn es keine andere Evidenz für die postulierten »inneren« Zustände oder Prozesse gäbe als jene, die dazu geführt haben, daß man sie postulierte. Wir wissen, daß sich in hoch entwickelten Wissenschaften solche Annahmen als sehr fruchtbar erwiesen haben. Mit ihrer Hilfe ließen sich neue Vorhersagen machen und neue Erklärungen finden. Es läßt sich nicht einsehen, warum es in der Psychologie anders sein sollte.

Nun sagt Skinner, daß »sich eine Verhaltenswissenschaft schließlich mit dem Verhalten in seiner Beziehung zu bestimmten manipulierbaren [das heißt externen] Variablen befassen muß« (1961, S. 61). Das mag richtig sein. Doch die Frage ist, ob Verhalten *einzig und allein* eine Funktion externer Variablen ist, so daß jeder Rekurs auf interne Prozesse überflüssig ist. Skinner sagt: »Wir können schließlich beobachten, daß ein Mensch auf eine gegebene Situation – ›das in den Sinnen unmittelbar Gegebene‹ – deswegen reagiert, weil er Kontingenzen ausgesetzt ist, von denen die gegenwärtige Situation nur einen Teil darstellt. Es gibt keinen Grund zu behaupten, daß er Informationen gespeichert hätte, auf die er jetzt zurückgreifen könne, um das zu interpretieren, was ihm in den Sinnen unmittelbar gegeben sei« (1978, S. 91). Doch ob wir berechtigt sind, dies zu sagen, oder nicht, hängt davon ab, ob wir die Wahrnehmung der Person tatsächlich anhand der vergangenen Kontingenzen erklären können, zu denen auch die gegenwärtige Situation gehört hat.

Eine ähnliche Auffassung wie Skinner, der meint, die Psychologie solle sich an Korrelationen zwischen den Dingen halten, »die wir beobachten können«, vertritt Malcolm hinsichtlich der Bedeutung mentaler Konzepte. Er bringt vor, die Bedeutung mentaler Konzepte müsse von externen Bedingungen und Verhaltensweisen abhängen, da wir nicht in der Lage seien, auf dem Wege der Selbstbeobachtung die Dinge zu bezeichnen, die unsere geistige Welt bevölkern. Er fährt fort, wir müßten einsehen, daß es – ganz im Gegensatz zu dem Bild, das Descartes entwirft – keinen der Selbstbeobachtung zugänglichen inneren Zustand gibt, anhand dessen wir etwas als Erkennen, Erinnerung oder Gedanken identifizieren können. Deshalb müßten wir auch einsehen, daß es kein »Innen« für die Psychologie zu untersuchen gibt. Nach Malcolms Worten müssen die Psychologen einsehen, daß die Besonderheit des Erkennens nicht etwas ist, »das im Inneren vor sich geht«. Dann »werden sie kein Motiv mehr haben, Modelle des Erkennens, des Gedächtnisses, des Denkens, des Problemlösens und anderer ›kognitiver Prozesse‹ zu schaffen« (1971, S. 387). Diese Argumente sind Spielarten der operationalistischen Vorstellung, daß die Bedeutung theoretischer Konzepte in beobachtbaren Bedingungen und Verhaltensweisen niedergelegt werden müssen. Deshalb könne sich die Wissenschaft nur mit empirischen Korrelationen zwischen äußeren Umständen und Verhaltensweisen befassen. Diese Auffassung kann in der Psychologie noch weniger als in der Physik überzeugen. Seit Helmholtz sehen sich die Psychologen beispielsweise durch die Unstimmigkeiten zwischen dem physikalischen Input und dem, was eine Person wahrnimmt, dazu veranlaßt, Erklärungen zu entwickeln, die »innere Prozesse« (z. B. »unbewußte Schlußfolgerungen«) ins Spiel bringen. Nun haben sich Physiker immer theoretischer Konzepte bedient, um sehr wirksame theoretische Erklärungen und Vorhersagen zu entwickeln. Sie haben nie ernsthaft vom Operationalismus Gebrauch gemacht. Doch die Psychologen nahmen ihn sehr ernst, weil es ihnen nicht gelang, solche Theorien zu schaffen. Wenn sich über Atome nicht mehr sagen ließe als die empirischen Korrelationen, in deren Zusammenhang das Konzept ursprünglich eingeführt wurde, würde man natürlich mit Recht sagen können, daß es überflüssig ist, über Atome zu reden, da sich das Konzept durch operationale Definitionen vollständig ersetzen läßt. Die Tatsache, daß es der Psychologie nicht gelungen ist, aussagefähige Theorien zu schaffen, beweist nicht unbedingt, daß alles Verhalten eine Funktion externer Variablen ist, und daß die Psychologie deshalb ohne Theorie auskommen kann. Denn vielleicht zeigt sich darin auch, daß die Voraussetzungen, von denen psychologische Forschungsprogramme ausgegangen sind, den begrifflichen Rahmen stark eingeschränkt haben. Dadurch haben die Psychologen sich selbst daran gehindert, Konzepte einzuführen, die möglicherweise geeigneter gewesen wären, aussagefähige psychologische Theorien über komplexes menschliches Verhalten zu entwickeln.

Skinner behauptet jedenfalls, die Verhaltenswissenschaft komme ohne Theorien über zugrunde liegende »innere« Prozesse aus, da sie zu empirischen Generalisierungen in der Lage sei, die das Verhalten mit externen, es bestimmenden Variablen verknüpften. Doch was er tatsächlich bewiesen hat, ist weit bescheidener. Wenn wir Tauben oder Ratten in eine Skinner-Box sperren, können wir empirische Generalisierungen feststellen, die z. B. die Reaktionshäufigkeit zu den Verstärkungskontingenzen in Beziehung setzt. Skinner vermutet nur, daß dies auch für alle anderen Verhaltensweisen, so auch komplexes menschliches Verhalten, zutreffen *müsse.* Er sagt z. B.:

Menschen verändern sich mit den Kontingenzen der Verstärkung, unter denen sie sich verhalten. Sie speichern diese Kontingenzen nicht ... ebenso wenig haben sie ›Datenstrukturen in ihrem Gedächtnis gespeichert‹ oder eine ›kognitive Karte‹ ... sie sind einfach so verändert worden, daß die Reize, denen sie ausgesetzt gewesen sind, jeweils die besondere Art ihres Wahrnehmungsverhaltens kontrollieren. (S. 99) Bei den Techniken des Erinnerns geht es nicht darum, das Gedächtnis wie ein Lagerhaus zu durchsuchen, sondern um eine Erhöhung der Wahrscheinlichkeit von Reaktionen. (S. 126) ... [Es] wurde behauptet, daß es Regeln und Anweisungen gibt, die die Sprachverwendung beherrschen und denen wir gehorchen, ohne uns dessen bewußt zu sein ... Der Sprachgebrauch aber wurde von Kontingenzen und nicht von Regeln beherrscht, ob diese nun explizit formuliert gewesen sind oder nicht (S. 146).

Man kann Skinner nicht widersprechen, wenn er sagt, »daß es keinen Grund a priori dafür gibt, daß eine vollständige Erklärung ohne Rückgriff auf Prozesse in Systemen von anderer Dimension nicht möglich sein sollte« (1961, S. 67). Man kann nur darauf hinweisen, daß es auch keinen Grund a priori dafür gibt, daß solch eine Erklärung möglich sein sollte.

Skinner weicht allen wesentlichen Punkten aus, wenn er auf den Einwand, der Behaviorismus vernachlässige »welche Bedeutung eine Situation für einen Menschen hat«, antwortet:

Um nun aber solche Fragen zu untersuchen, müssen wir als Behavioristen gerade das Verhalten untersuchen, ohne dabei zu übergehen, wie Menschen ihr eigenes Verhalten beschreiben. Zu diesem Zweck müßten wir die Geschichte ihrer Umwelt und ihrer genetischen Ausstattung in unsere Überlegungen mit einbeziehen (1978, S. 91).

Da die Geschichte der Umwelt und der genetischen Ausstattung eines Menschen alles umfaßt, das (logischerweise) relevant für das Verständnis seines Verhaltens sein könnte, leuchtet diese Aussage natürlich ein. Doch wie läßt sich diese Geschichte untersuchen? Die Frage ist nicht, ob wir anhand des Verhaltens von Menschen (»ohne dabei zu übergehen, wie Menschen ihr eigenes Verhalten beschreiben«) feststellen können, was Situationen ihnen bedeuten, sondern wie wir dieses Verhalten sinnvoll untersuchen können. Können wir es verstehen und vorhersehen, wenn wir versuchen, empirische Generalisierungen zwischen Reizen, Reaktionen und Verstärkungen herzustellen, die wir anhand materieller Definitionen von außen beschreiben? Oder lassen sich gesetzmäßige Beziehungen nur zwischen Reizen und Reaktionen herstellen, deren Bedeutung vom Standpunkt des Handelnden aus bestimmt wurde? Im zweiten Falle müssen wir wissen, wie der Handelnde Information aus der Umwelt auswählt, kodiert, speichert, interpretiert und verwendet. Erst dann können wir gesetzmäßige Beziehungen zwischen Umweltsituationen und Verhaltensreaktionen herstellen. Kein Weg wird an einer Theorie vorbeiführen, die sich auf »Systeme anderer Dimensionen« bezieht. Ferner gründen sich Skinners Argumente für die Ausklammerung theoretischer Konzepte auf seine »Auffassung« von mentalen Konzepten. Danach beziehen sie sich immer auf »empfundene« Zustände oder Ereignisse im Innern der Person. Denn nach dieser Auffassung sind die Inhalte unserer mentalen Konzepte bestenfalls interne Zustände, die zwischen externen Variablen und offenen Verhaltensweisen vermitteln. Da diese internen (»theoretischen«) Zustände ihrerseits eine Funktion externer Variablen sind, können sie – so meint Skinner – in einer funktionalen Analyse außer acht bleiben; es sei an das oben wiedergegebene Zitat erinnert, in dem von der Überflüssigkeit des Zwischenglieds in unserer Kausalkette die Rede ist. (Ganz ähnlich faßte die Assoziationspsychologie – wie weiter oben dargestellt – die Vorgänge »in der Seele« als ein Spiegelbild der ihr von außen auferlegten Kontingenzen auf. So blieb für die Seele kein Raum in der

Erklärung des Verhaltens. Sie wurde überflüssig.) Doch greift dieses Argument aus mindestens zwei Gründen nicht. Erstens, selbst wenn wir bereit sind, Skinners »Interpretation« von der Bedeutung unserer mentalen Konzepte zu akzeptieren, und ihre Inhalte als Ereignisse oder Zustände innerhalb des Körpers verstehen, die Funktionen externer Variablen sind, folgt daraus nicht, daß diese »Vermittler« unbedingt überflüssig sind. Nehmen wir beispielsweise an, daß ein Motiv oder eine Einstellung ständig von irgendeinem inneren Zustand begleitet wird, der eine Funktion externer Variablen ist. Wir können sogar den Fall annehmen, daß wir die externen Variablen gar nicht kennen, deren Funktion dieser Zustand ist. Trotzdem können wir hinreichende Evidenz dafür besitzen, diesen inneren Zustand einem Organismus zuzuschreiben. Die Person kann uns z. B. entsprechende Mitteilungen machen, wir können ihn aus einigen ihrer Verhaltensweisen schließen oder auch neurologische Anhaltspunkte dafür besitzen (vgl. Lacy, 1974, S. 30 ff.).

Zweitens – und dieser Grund ist der wichtigere – gibt es keinen Anlaß, Skinners »Interpretation« von der Bedeutung unserer mentalen Konzepte zu akzeptieren. Wir haben bereits gesehen, daß mentale Konzepte verwendet werden, um Verhalten intentionalistisch zu charakterisieren. Wir bezeichnen, was verschiedene Situationen für den Handelnden bedeuten und was er mit seinem Tun intendiert oder anstrebt. Und es ist beileibe nicht erwiesen, daß »Bedeutung«, »Zielsetzung«, »Intention« und ähnliche Konzepte sich auf *irgendwelche* Zustände oder Ereignisse beziehen, seien sie nun intern oder extern. Solche Konzepte gehören einem ganz anderen Erklärungssystem an, demjenigen nämlich, das Handelnde im Umgang miteinander verwenden. Der Versuch, Zielsetzungen, Bedeutungen u. ä. in Kausalketten einzufügen, indem man sie zu Zwischengliedern einer Ereignisfolge macht, die sich von externen Variablen zu offenen Verhaltensweisen erstreckt, tut der Logik intentionalistischer Erklärungen Gewalt an. Ständig bringt Skinner vor, daß »empfundene« Zustände, Angst zum Beispiel, nicht das Verhalten einer Person verursachen. Nur ist das nicht das Problem. Die Frage lautet nicht, ob »Gefühle« entweder als seelische oder körperliche Zustände Verhalten verursachen, sondern ob wir wissen müssen, *worüber* eine Person Angst oder Schuld empfindet, und ob wir die darauf bezogenen Überzeugungen, Einstellungen und ähnlichen Regungen kennen müssen, um ihr Verhalten zu verstehen und vorherzusagen.

Anders gesagt, intentionalistische Erklärungen, die solche mentalen Konzepte einbeziehen, *setzen* ein handelndes Subjekt *voraus*, das das Vermögen besitzt, im Lichte seiner Vorstellungen zu handeln. Doch Skinner schließt die Möglichkeit solcher Erklärungen aus. Das ist – so meine ich – der entscheidende Grund für seine Behauptung, daß »auch wenn uns eine behavioristische Interpretation des Denkens nicht im vollem Umfang möglich ist, ... mentalistische oder kognitive Erklärungen nichts zu erklären vermögen« (1978, S. 118). Er sagt: »Sowohl der Geist wie das Gehirn sind ihrer Funktionsbeschreibung nach nicht weit von der alten Vorstellung eines Homunculus entfernt« (1978, S. 135). Nach Skinner ist die Informationstheorie in bezug auf individuelles Verhalten »lediglich eine anspruchsvollere Version der Reproduktionstheorie [Abbildtheorie]« (1978, S. 164). Die Schwierigkeit der Abbildtheorie der Wahrnehmung liegt darin, daß sie »keinerlei Fortschritt bringt« (S. 95). Sie erklärt nicht, was sie sich vornimmt. Vor mehr als 2000 Jahren hat sich schon Theophrast gegen die griechischen Spielarten der Abbildtheorie gewandt. Wenn wir versuchten, die Wahrnehmung dadurch zu erklären, daß wir innere Abbilder äußerer Reize annehmen, müßten wir immer noch erklären, wie wir das Abbild wahrnehmen. »Wir wären also noch immer mit dem gleichen Problem konfrontiert« (S. 95). Dieser Einwand trifft nach Auffassung Skinners auch auf »die Metaphern vom Gedächtnisspeicher [zu] ... der Computer ist ein schlechtes Beispiel ... zwar stellen wir äußerliche Aufzeichnungen her, um sie später ... zu benutzen ... aber die Annahme eines parallel laufenden inneren Aufzeichnungsvorgangs trägt nicht zum Verständnis dieser Art von Denken bei« (S. 127).

Ein ähnliches Argument bringt Malcolm vor, der meint, kognitive Psychologen machten wie Philosophen klassischer Observanz den Fehler zu denken, wenn es mir möglich sei, etwas zu erkennen – zum Beispiel einen Hund – müsse ich dabei von einer inneren Vorstellung oder Idee geleitet sein. Doch um entscheiden zu können, daß die Vorstellung wirklich dem Ding vor mir entspricht, brauchte ich ein »Entsprechungsmodell«, eine Vorstellung zweiter Ordnung, die mich anleitet. Diese wiederum müßte von einer Vorstellung dritter Ordnung sein (Malcom 1971, S. 389 ff.). Ähnliche Versionen dieses unendlichen Regresses finden sich natürlich auch bei Ryle.

Der entscheidende Gesichtspunkt dieser Argumente scheint darin zu bestehen, daß es uns nicht weiterhilft, wenn wir uns auf kognitive Prozesse beziehen, um die Fähigkeit eines Menschen zu erklären. Denn wir erklären damit nichts, weil wir lediglich eine andere Fähigkeit postulieren, die ebenso erklärt werden muß, wie das Verhalten, von dem wir ausgegangen sind. Wenn kognitive Psychologen über die Beschaffung, Kodierung, Speicherung oder Verwendung von Information sprechen, bringen sie nach Skinners Auffassung einen Homunculus ins Spiel, der diese unerklärten Fähigkeiten besitzt. Damit wollen sie erklären, was ein Mensch leistet, wenn er sich an etwas erinnert, etwas erkennt oder unter der Zielsetzung seiner Vorstellungen handelt. Menschen sind Organismen, die durch Verstärkungskontingenzen verändert werden. Deshalb verhalten sie sich morgen anders als heute, und die Physiologie wird uns eines Tages mitteilen können, welche Kausalmechanismen diese Veränderung vermitteln. Doch wir erklären nichts und lenken die Aufmerksamkeit von den wichtigen Dingen ab (d. h. vom Verhalten und den externen Variablen, deren Funktion es angeblich ist), wenn wir auf kognitive Fähigkeiten rekurrieren, wie es z. B. Kant macht, wenn er sagt, wir besäßen das Vermögen, nach der bloßen Vorstellung einer Regel zu handeln und könnten deshalb Information und ähnliches *verwenden*, um unser Verhalten zu steuern. Nach Skinners Auffassung handeln wir nicht, »indem wir uns unsere Erkenntnis zunutze machen« (1978, S. 159). Wir »verfügen« nämlich nicht über Erkenntnis oder auch nur über Verhaltensfähigkeiten, es sei denn, man versteht dies in dem Sinne, in dem man von einem Organismus sagt, er »›verfügt‹ über ein System von Immunreaktionen« (S. 157). Skinner hält wie Hume die Rede von den seelischen Mächten oder kognitiven Fähigkeiten für okkult:

Verhalten liegt nur dort vor, wo es ausgeführt wird (S. 157)... menschliches Denken ist menschliches Verhalten (S. 136)... Durch den Versuch menschliches Verhalten in anderen Dimensionen als denen einer physikalischen Welt zu erklären, haben die mentalistischen oder kognitiven Psychologen die grundlegenden Fragestellungen in eine unlösbare Form gebracht (ebd.)... [wenn wir annehmen, der Organismus könne mit geistigen Aktivitäten auf eine materielle Umwelt reagieren, dann ist] die verwirrende Frage, wie ein physikalisches Ereignis ein seelisches verursacht, das seinerseits ein physikalisches verursacht, ... noch nicht gelöst (S. 238).

Wir wollen sehen, ob Erklärungen, die die kognitiven Fähigkeiten und Prozesse des handelnden Subjekts einbeziehen, tatsächlich einen Homunculus konstruieren und zum kartesianischen Dualismus zurückführen müssen. Dazu wollen wir uns näher mit jenem Erklärungstyp befassen, den kognitive Psychologen zu entwickeln suchen.

Kognitive Psychologie und die Natur psychologischer Erklärungen

Es gibt viele Unterschiede zwischen den verschiedenen kognitiven Modellen, die gegenwärtig entwickelt werden. Unter anderem unterscheiden sie sich hinsichtlich der Beziehung, in die sie kognitive Prozesse und Bewußtsein setzen. Einige Modelle versuchen, Wahrnehmungsphänomene durch psychologische Prozesse zu erklären, die weder bewußt sind noch es werden können. So glaubt man beispielsweise, daß Sprachregeln akustische Signale in die Sprachwahrnehmung einfügen (Fodor und Bever, 1965; Garrett, Bever & Fodor, 1966), doch gibt es keinen Hinweis dafür, daß die Person diese Regeln bewußt verwendet, wenn sie einen Satz in einer Sprache hört, der sie mächtig ist. In ähnlicher Weise setzt Dodwells (1970) Modell der Erkennung visueller Muster einen Codierer voraus, der im wesentlichen die Aufgabe hat, die Information zu reduzicren. Er ist eine »Erkennungsinstanz« (recognizer), die das Vorkommen bestimmter zeitlicher Muster und ähnlicher Phänomene registriert. Dabei läßt Dodwell nicht anklingen, daß diese psychologischen Prozesse bewußt sind oder es werden können. Andere kognitive Psychologen, so Kelly (1955) in seiner Theorie der persönlichen Konstrukte oder Ryan

(1970) in seinen Ausführungen zum intentionalen Verhalten, meinen, die Person kategorisiere Situationen und Verhaltensweisen durch Verfahren, deren sie sich bewußt ist oder die sie sich normalerweise bewußt machen könne. In manchen Theorien (z. B. Irwin, 1971; Boneau, 1974) wird der Frage, ob kognitive Prozesse bewußt sind oder nicht, keine Bedeutung beigemessen. Wieder andere Theorien, z. B. manche Spielarten der psychoanalytischen Theorie, handeln von kognitiven Prozessen, die eine »dynamisch unbewußte« Rolle für das Verhalten spielen: Es handelt sich um Prozesse, die die Person selbst dem Bewußtsein fernzuhalten bestrebt ist, die aber durch die Psychotherapie bewußt gemacht werden können. Piagets Entwicklungstheorie, nach der sich »Schemata«, die ursprünglich organisierte motorische Dispositionen sind, allmählich zu Strategien, zu Handlungsplänen oder zu bewußten Schemata entwickeln, stellt wahrscheinlich die ehrgeizigste kognitive Theorie dar.

Trotz der Unterschiede, die die einzelnen kognitiven Theorien voneinander trennen, ist ihnen gemeinsam, daß sie mit Nachdruck die Auffassung vertreten, Verhaltensäußerungen seien nicht einfach vom materiellen Input bedingt, der auf die Sinnesrezeptoren einwirkt, sondern von der Selektion, Umwandlung und Verwendung der Information, die aus den Reizen gewonnen werden. Nach dieser Auffassung ist die Wirklichkeit, auf die wir reagieren – »die Dinge, wie sie uns erscheinen« – teilweise unsere eigene Schöpfung. Dann läßt sich Erfahrung aber nicht einfach als die passive Rezeption von Eingaben fassen, da die Erfahrungen, die uns formen, auch durch unsere selektive und umformende Tätigkeit geformt werden. Der Akzent auf der schöpferischen Eigentätigkeit des Subjekts verleiht der kognitiven Psychologie einen Hauch von Kant, obgleich nur zu deutlich ist, inwiefern sich solche Theorien von Kant unterscheiden: Wo Kant sich um eine transzendentale Deduktion der unwandelbaren Prinzipien des menschlichen Geistes als solchen bemühte, beschäftigen sich hier empirische Theorien mit der Tätigkeit tatsächlicher Versuchspersonen. Die schöpferischen Prinzipien, die dabei im Spiel sind, gelten als bedingt durch Evolution, Kultur und Geschichte. Der Gegensatz zwischen diesen und den behavioristischen Theorien tritt ebenso deutlich zu Tage. Das Ziel kognitiver Theorien

besteht darin, *psychische* Prozesse zu entdecken, die Verhalten dadurch erklären, daß sie uns mitteilen, »wie der Geist arbeitet« (Neisser, 1974, S. 24), statt daß sie nach »funktionalen Beziehungen« zwischen externem Input und Output suchen, die sich beschreiben lassen, ohne daß der Geist zwischengeschaltet werden müßte.
Vor allem gilt es festzuhalten, daß die psychologischen Prozesse, von denen man beispielsweise in den Modellen der Muster- oder Spracherkennung ausgeht, *nichtbewußt* sind. Weder sind sie bewußt, noch unbewußt im Freudschen Sinne. Es gibt lediglich *keine Möglichkeit,* diese psychologischen Prozesse ins Bewußtsein zu heben. Die Tätigkeiten, die dem Codierer und der Erkennungsinstanz zugeschrieben werden, sind Tätigkeiten, von denen sich nicht sagen läßt, daß wir sie ausführten. Ebensowenig kann davon die Rede sein, daß wir die Regeln anwenden, die kognitive Psychologen zur Erklärung der Sprachwahrnehmung heranziehen. Modelle, in denen solche Tätigkeiten postuliert werden, sind nämlich in Analogie zum Menschen geschaffen worden. Es wird in ihnen getan, als handle es sich beispielsweise beim Verhalten des Codierers oder der Erkennungsinstanz um das Verhalten eines Menschen, der Information auswählen, das Vorkommen bestimmter Muster feststellen kann usw. Sie erwecken den Eindruck, *als ob* es ein handelndes Subjekt gäbe, das diese Regeln anwendet. Die kognitiven Psychologen wählen dieses Verfahren, weil sie keine Möglichkeit sehen, beispielsweise die Unterschiede zwischen benennbaren Merkmalen vergangener und gegenwärtiger physischer Reize und Kontingenzen auf der einen Seite und dem, was wahrgenommen wird, (dem Informationsinhalt) auf der anderen Seite zu erklären, ohne irgendeine Form nichtbewußter Datenverarbeitung anzusetzen. Da die postulierten Tätigkeiten nichtbewußt sind, muß der Nutzen dieser Postulate bewiesen werden. Dazu verfährt man ebenso wie in all den anderen Wissenschaften, in denen es Modelle zu bewerten gibt, welche anhand einer Analogie Prozesse postulieren, die sich der Beobachtung entziehen und die erklären können, was wir beobachten. Die Bewertung des Modells wird anhand der folgenden Frage durchgeführt: läßt sich durch das Modell, das diese der Beobachtung entzogenen Prozesse postuliert, das, was wir beobachten,

vorhersagen und erklären? Bringt uns das weiter? Wenn die Antwort bejaht werden kann, ist die Theorie empirisch hinreichend gerechtfertigt, selbst wenn sie weitergehende Fragen nicht beantworten kann, durch die wir auf eine andere Erklärungsebene gelangen. Wenn wir beispielsweise nicht mehr fragen: »Wie wird die Information aus dem materiellen Input in der Mustererkennung ausgewählt und organisiert?«, sondern: »Wodurch zeichnet sich die Struktur menschlicher Organismen aus, daß sie in der Lage sind, Information auf diese Art auszuwählen und zu organisieren?«

Man kann es natürlich ablehnen, all diese in solchen Modellen postulierten Prozesse »psychisch« oder »geistig« zu nennen, weil sie nicht bewußt sind. So hat ja auch Wundt die Freudsche Theorie aus der Psychologie nur deshalb ausgeschlossen, weil sie an Prozessen ansetzte, die nicht bewußt sind. Sicherlich sind die in solchen kognitiven Modellen postulierten Prozesse nicht physiologischer Art. Es sind aber auch nicht die Prozesse, die Teil unseres Alltagsverständnisses der Menschen und ihres Verhaltens geworden sind. Denn dieser Prozesse sind wir uns bewußt. Doch mit welchem Gebiet soll sich die psychologische Theorie befassen, wenn nicht mit demjenigen zwischen Physiologie und Alltagsverständnis? Ferner scheint es sich zu verstehen, daß – wie Fodor es vertritt – »*nur* das Bewußtsein in Frage kommt« (1968, S. 87). Die in solchen Modellen postulierten Prozesse unterscheiden sich also deutlich von beispielsweise den Immunreaktionen eines Organismus, weil sie ihrer Beschaffenheit nach – wären sie bewußt – ohne Bedenken mental genannt werden würden. Darüber hinaus ist das Verhalten, in das sie münden, ohne Zweifel intelligent – eine Sprache zu verstehen oder ein visuelles Muster zu erkennen, sind intelligente Tätigkeiten. Es dürfte deshalb kaum sinnvoll sein, solche Prozesse aus dem Gegenstandsbereich der Psychologie auszuklammern, nur weil sie nichtbewußt sind.

Einer der interessantesten Züge der kognitiven Psychologie ist nämlich die Tatsache, daß sie Konzepte verwendet, die dem Begriffssystem angehören, dessen sich das handelnde Subjekt bedient. Anhand solcher Konzepte versucht die kognitive Psychologie empirische Theorien zu entwickeln, die uns mehr über das Verhalten Handelnder mitteilen können, als wir aus unseremAll-

tagsverständnis erfahren können. Die Bedeutung dieser psychologischen Konzepte liegt in ihrer Anwendung auf Menschen, auf sprachverwendende Wesen, die ihr Handeln bewußt steuern können und die in der Lage sind zu erklären, was sie tun. Deshalb ist die Redeweise von nichtbewußten psychologischen Operationen, die von der Erkennungsinstanz ausgeführt werden, oder über nichtbewußte Regelbefolgung natürlich anthropomorph. Doch daß solchem Anthropomorphismus nicht der Vorwurf des Dualismus zu machen ist, sollte schon aus dem Umstand zu erkennen sein, daß er auch immer beteiligt ist, wenn die Arbeitsweise von Computern auf der Programmebene dargestellt wird. Modelle der Art, wie wir sie betrachten, sollen Erklärungen auf einer Ebene liefern, die derjenigen analog ist, auf der Erklärungen der Unterprogramme eines Computers angesiedelt sind.
Natürlich ist der Umstand, daß Regelbefolgung, Instruktionen, Informationsverarbeitung und ähnliche Dinge sich eines so hohen Ansehens erfreuen, auf die Entwicklung der modernen Computer zurückzuführen. Daher die rasche Entwicklung der kognitiven Psychologie in einem Zeitraum, der etwa die letzten zehn Jahre umfaßt. Sobald man diese Computer entwickelt hatte, ließ sich kaum noch übersehen, wie wichtig die Unterscheidung zwischen der abstrakten Struktur eines Systems und seiner materiellen Grundlage war. Ein Programm konnte nicht nur von unterschiedlich konstruierten Maschinen ausgeführt werden, es konnte auch von einem Programmierer geschrieben werden, der keine Ahnung von der Hardware des Computers hatte. Diejenigen, die mit solchen Maschinen arbeiten, mußten sich darüber klar werden, daß sich ihr Verhalten auf verschiedenen Ebenen beschreiben läßt und daß verschiedene Arten von Erklärungen und Prognosen auf verschiedenen Ebenen für unsere Interessen und Belange zuständig sind. Deutsch führt dazu aus:

Sicherlich sollten wir uns nicht bemühen, die Frage zu beantworten, welche tatsächlichen materiellen Veränderungen während des Lernens in der Maschine erfolgen. Denn wie immer die Antwort lautet, verstehen wir damit noch nicht, wie die Maschine lernt ... Die besonderen Eigenschaften der Einzelteile interessieren nicht. Nur ihre allgemeinen Beziehungen zueinander verleihen der Maschine als ganzer ihre Verhaltenseigenschaften. Diese allgemeinen Beziehungen lassen sich in hochgradig abstrakter Weise beschreiben ... das auf diese Weise gewonnene abstrakte System läßt sich durch eine theoretisch unendliche Vielfalt materieller Entsprechungen verkörpern. Trotzdem werden all die Maschinen, die auf die eine oder andere Weise konstruiert wurden, dieselben Verhaltenseigenschaften haben, vorausgesetzt, sie entsprechen sich hinsichtlich ihrer sensorischen und motorischen Ausstattung. Wenn wir also das Verhalten einer dieser Maschinen erklären wollen, betrifft die relevante und aufklärende Information dies abstrakte System und nicht ihre besondere materielle Grundlage. Ferner können wir aus dem System oder der abstrakten Struktur der Maschine allein deduzieren, welche Eigenschaften sie besitzt und wie sie sich verhalten wird. Das Wissen darum, ob die Maschine mechanisch, elektrochemisch oder elektronisch funktioniert, hilft uns dagegen kaum weiter (1960, S. 12 f.).

Obwohl ein Computer also sicherlich ein recht komplexes und wohlorganisiertes System ist, besitzt er doch eine Ebene, die über »Verhaltenseigenschaften« verfügt. Sie läßt sich zu Recht als das Verhalten eines Systems beschreiben und erklären, das Information verwendet, um bestimmte Ziele zu erreichen.
Auf diesen Punkt ist besonders hinzuweisen, weil häufig das Argument zu hören ist, Mechanismen könnten zwar den Zwecken ihrer Planer dienen, es bestünde aber kein Anlaß zu der Annahme, daß sie zweckorientierte Systeme seien, die eigene Ziele verfolgen könnten. Diese These vertritt z. B. Richard Taylor. Er meint, daß »jede rein verhaltensorientierte Zielkonzeption völlig unangemessen« sei (1966, S. 235). Dafür gäbe es drei Gründe. (a) Die Tatsache, daß ein Prozeß »auf irgendeinen Endzustand zusteuert ... definiert ihn noch nicht als zweckhaft. Es ist hinzuzufügen, daß der Gegenstand, der das Verhalten aufweist, sich so verhält, *damit* solch ein Endzustand ... erfolgen kann« (S. 236). (b) Zwei »Prozesse oder Aktivitäten, die nach ihrem Verhalten und ihrer materiellen Gestalt identisch sind, können trotzdem auf völlig unterschiedliche Zwecke oder Ziele gerichtet sein: – beispielsweise das Verhalten eines Mannes, der auf einen Vogel zielt, schießt, ihn verfehlt und einen nahestehenden Baum trifft, und das Verhalten desselben Mannes, der bei einer anderen Gelegenheit auf den Baum zielt und ihn trifft, während der Vogel fortfliegt (S. 237). (c) »Der Zweck oder Ziel einer zweckhaften Tätigkeit liegt manchmal nicht vor« (ebd.). Taylor illustriert dies mit dem Fall einer alten Dame an einem Fließband, die durchaus in

der Lage sein mag, in den allermeisten Fällen einen Faden in eine Nadel zu fädeln, dies aber in der Hälfte der Fälle absichtlich nicht tut, weil sie vielleicht einen Groll gegen die Firma hegt. Der Unterschied zwischen den Fälllen, da sie das Einfädeln absichtlich nicht vornimmt, und denjenigen, da es ihr nicht gelingt, läßt sich verstehen. Nach Taylor läßt sich eine solche Unterscheidung aber nicht für eine Einfädelmaschine vornehmen. Denn

man stelle sich einen Ingenieur vor, der *zwei* Einfädelmaschinen konstruieren soll ... die eine wäre so gebaut, daß ihr das Einfädeln in 50% der Fälle nicht gelänge. Die Konstruktion der anderen würde bewirken, daß es ihr – wie der alten Dame – in 50% der Fälle absichtlich nicht gelänge. Wodurch würden sich die beiden Maschinen voneinander unterscheiden? Was könnte der Ingenieur bei der zweiten ***hinzufügen***, um für diesen Unterschied zu sorgen? Es scheint außer Frage zu stehen, daß es nichts gibt, was sich hinzufügen ließe (S. 241).

Taylors Argumente sind eng mit der Unterscheidung zwischen intentionaler und extensionaler Verhaltensbeschreibung verwandt, die wir oben erörtert haben. Seinen drei Kriterien zur Unterscheidung zwischen eigentlich zielstrebigem Verhalten und einem Verhalten, das nur zielstrebig erscheint, genügt eine Verhaltensbeschreibung in intentionalen Ausdrücken. Hier kann keine Beschreibung genügen, die in »rein behavioristischen« (d. h. extensionalen) Ausdrücken geliefert wird. Er sieht keine Schwierigkeit darin, eine Maschine zu bauen, die extensional beschreibbare Verhaltensweisen äußert (z. B. eine Einfädelmaschine, die ihrer Aufgabe nur in 50% der Fälle gerecht wird). Er sieht aber keine Möglichkeit, intentionale Beschreibungen (z. B. das absichtliche Versagen in 50% der Fälle) auf eine Maschine anzuwenden. Bei seiner Argumentation setzt er voraus, daß das Verhalten einer Maschine von kausalen Mechanismen bestimmt wird und daß deshalb die Vorstellung sinnlos sei, das Verhalten der Maschine könne der Verwirklichung ihrer Ziele (die sich von den Zielen ihres Erbauers unterscheiden) angemessen sein oder nicht. Wenn zum Beispiel ein sein Ziel selbst suchender Torpedo nicht »›korrekt‹ funktioniert« – wenn er beispielsweise einen Fischschwarm statt ein feindliches Schiff trifft – »verhält er sich immer noch genauso, wie er geplant ist, d. h. er bewegt sich in Richtung auf bestimmte Geräuschquellen« (S. 231). Der »Fehler« liegt beim Konstrukteur, nicht beim Geschoß. Mechanismen sind kausale Systeme. Ihr Verhalten kann durch naturwissenschaftliche Gesetze erklärt werden, die keine Handlungsträger und deren Standpunkte ins Spiel bringen. Deshalb lassen sich auf solche Mechanismen nach der Auffassung Taylors keine intentionalistischen Konzepte wie z. B. »Fehler«, »Zweck« und »angemessenes Verhalten« sinnvoll anwenden.

Zu Recht meint Taylor, daß wir Begriffe strapazieren, wenn wir von solch einfachen Mechanismen wie Einfädelmaschinen oder Torpedos, die durch Rückkoppelung von Schallwellen gesteuert werden, als zielstrebigen Systemen sprechen. Soll ein System wirklich zielstrebig sein, muß es in der Lage sein, Information zu *verwenden*, um Verhaltensweisen zu erzeugen, die dem Erreichen seiner Ziele *angemessen* sind. Dazu ist nicht nur eine »Informationsspeicherung« erforderlich, in dem Sinne, daß ein bestimmter Input in irgendeiner Weise ursächlich zu einem späteren Output beiträgt, sondern das System muß fähig sein, das vorzunehmen, was Dennett »intelligente Speicherung« nennt. Dabei handelt es sich um eine

> Informationsspeicherung, die im Dienste des Systems selbst und nicht in dem der Benutzer oder Schöpfer des Systems steht. Wenn die Information im Dienste eines Systems stehen soll, muß das System von ihr Gebrauch machen können. Das System muß also Bedürfnisse haben. Das Kriterium für intelligente Speicherung liegt darin, ob das resultierende Verhalten angesichts der Reizbedingungen des ursprünglichen Inputs und angesichts der Umwelt, in der das Verhalten sich ereignet, den Bedürfnissen des Systems entspricht (1969, S. 46 f.).

Der Torpedo, der abhängig von bestimmten Veränderungen der Schallwellen seine Richtung verändert, ist ebenso wenig in der Lage, diese Information zu verwenden, wie ein Papagei, der durch die Darbietung irgendeines Reizes dazu gebracht wird, »Feuer tut weh« zu äußern, diese Information verwenden kann. Papagei wie Torpedo können von einem handelnden Subjekt für die eigenen Zwecke benutzt werden. Doch ist der fragliche Zweck nicht der des Papageis oder der des Torpedos. Wenn die Rede davon, daß ein System »Information verwendet, um seine

Ziele zu erreichen«, sinnvoll sein soll, muß der Input bedeutsam für das System sein (und nicht für seinen Konstrukteur). Dazu ist erforderlich, daß der Input, der diese besondere Bedeutung für ein System mit bestimmten Zielen hat, mit einem ihm *angemessenen* Verhaltensoutput verknüpft ist. Wenn beispielsweise ein Input mit dem Informationsgehalt »Feuer tut weh« nicht zu Verhaltensweisen führt, die den Bedingungen und Zielen des Systems angemessen sind, besteht kein Anlaß, von »intelligenter Speicherung« zu reden (vgl. Dennett, 1969, S. 47 ff., 72 ff.).

Nun gibt es aber Maschinenprogramme, die ganz gewiß als Informationsverwendung zur Erreichung bestimmter Ziele beschrieben werden können. Beispielsweise wird Newells und Simons *General Problem Solver* so charakterisiert: »Im Prinzip ist das GPS-Programm ein Verfahren, das zur Erreichung eines bestimmten Ziels eine Reihe von Unterzielen setzt. Über diese Unterziele läßt sich dann das ursprüngliche Ziel erreichen« (Reitman, 1966, S. 184). Soll das GPS-Programm ein bestimmtes Problem lösen, setzt es eines nach dem anderen eine Reihe von Unterprogrammen ein und überprüft die Ergebnisse eines abgeschlossenen Unterprogramms am genannten Ziel. Teilerfolge werden als Fortschritte in Richtung auf das Ziel erkannt. Vom Ergebnis wird weiterer Gebrauch gemacht.[15] Obgleich das GPS-Programm unter heuristischem Gesichtspunkt nicht gerade elegante Lösungen hervorbringt, verwendet es doch ein Repertoire alternierender Verhaltensweisen, bis es zu einem bestimmten Endresultat gelangt. Und dies ist schließlich die einzige *Art* von Evidenz, aufgrund derer wir Tieren zielstrebiges Verhalten zu-

15 Um beispielsweise Gegenstand A in den Gegenstand B umzuwandeln, ordnet das GPS-Programm die Gegenstände einander Element für Element zu. Wenn die Zuordnung einen Unterschied D ermittelt, wird das Unterziel aufgestellt, den Unterschied zu verringern. Dazu wird nach einem Operator Q gesucht, der für den Unterschied relevant ist. Er wird in einem Vortest auf seine Brauchbarkeit untersucht. Wenn er der Prüfung standhält, wird das Unterziel aufgestellt, Q auf das Objekt anzuwenden, um ein neues Objekt, A', zu schaffen. Dieses Objekt A' ist eine Modifikation gegenüber dem ursprünglichen, insofern der Unterschied vermindert wurde. Daraufhin wird ein neues Unterziel aufgestellt, das besagt, daß A' in B umzuformen ist. (Vgl. Reitman 1966, S. 185 ff.).

schreiben können. Ob wir uns dazu entschließen, ein bestimmtes Verhalten als zielstrebig anzuerkennen oder nicht, wird in beiden Fällen davon abhängen, ob wir das Verhalten für die Erreichung des Ziels als angemessen erachten (ob wir z. B. finden, daß es dem System gelingt, Teilfortschritte zu erkennen und sie in seinem anschließenden Verhalten zu verwenden). Die Frage ist in solchen Fällen, ob es *nützlich* ist, sich das System als zielstrebig vorzustellen, wenn wir versuchen, sein Verhalten zu erklären und vorherzusagen.

Im Fall des Menschen erwarten wir mehr, denn er kann uns häufig mitteilen, was er beabsichtigt und warum er es beabsichtigt. Das legt den Schuß nahe, daß Menschen irgendwie in der Lage sein müssen, innere Repräsentationen der Umwelt und ihrer Verhaltensweisen zu entwickeln. Doch wird der Begriff solcher internen Modelle jetzt auch auf Computer angewendet. Minsky (1965) sieht zum Beispiel keine Schwierigkeit darin, einen Computer zu schaffen, der »Fragen über die Welt« beantworten kann, weil er über einen internen Mechanismus verfügt, anhand dessen er diese Welt im Modell abbilden kann. Minsky kann sich auch Computer mit Modellen vorstellen, die auf einer höheren Ebene angesiedelt sind und die Fragen höherer Ordnung beantworten können wie »Was für ein Ding bist du?«. Nach der Auffassung Minskys sind selbst solche Modelle möglich, die die Maschine in die Lage versetzen, sich ihre eigenen Ziele und Möglichkeiten vorzustellen und sie zu analysieren (S. 45 ff.). »Es scheint keine logischen Grenzen für die Möglichkeiten einer Maschine zu geben, die die Grundprinzipien ihrer eigenen Funktionsweise versteht« (S. 48).

Zwei Dinge sind für unseren Zusammenhang von Wichtigkeit. Erstens scheint es im Prinzip keine Schwierigkeit zu sein, eine Maschine zu konstruieren, die teilweise von internen Modellen ihrer Welt, wozu auch sie selbst und ihre Verhaltensweisen gehören, gesteuert wird. Selbst Maschinen sind denkbar, die über Modelle von ihren eigenen Modellen verfügen. Wenn zweitens das Verhalten von Computern in dieser Weise beschrieben wird, sind unsere Beschreibungen intentionalistisch. So sagt Minsky: »Die Modellbeziehung hat ihrem Wesen nach drei Komponenten. Jeder Versuch, die Intentionen des Forschers, B, zu unterschlagen, führt zu Zirkelschlüssen« (1965, S. 45). Das heißt, wenn etwas ein Modell sein soll, muß es nicht nur ein Modell von etwas, sondern auch ein Modell für jemanden sein – es muß als Modell von etwas für jemanden benutzt werden, der irgendeinen Zweck oder eine Intention verfolgt, wenn er es verwendet. Das Modell ist in einem extensional beschreibbaren Mechanismus realisiert, doch als Modell ist es nicht ein extensional beschreibbares »Abbild« von etwas in der Umwelt. Es ist eine in bestimmter Hinsicht abstrakte Ähnlichkeitsbeziehung, die von dem System im Dienste seiner Interessen und Bedürfnisse verwendet wird. Das Modell ist nur insofern ein Modell, als es von dem System zu irgendeinem Zweck verwendet wird. Deshalb besteht die einzige Möglichkeit, anzugeben, über welches Modell der Umwelt ein System (B) verfügt, darin, anzugeben, in welcher Weise B dieses Modell in seinem Umgang mit der Welt verwendet. Das Konzept des »Modells« ist also wie das der »intelligenten Speicherung« ein intentionalistisches Konzept. Als solches läßt es sich nur anhand des Gebrauchs verstehen, den das System von dem Modell für seine Zwecke, Interessen oder Bedürfnisse macht. Wenn wir einem System ein Modell zuschreiben, schreiben wir ihm einen »Standpunkt« zu. Wenn wir sein Verhalten bezogen auf sein internes Modell erklären, erklären wir es vom »Standpunkt« des Systems aus.

Ist ein mechanisches System so beschaffen, daß sein Verhaltensoutput durch interne Modelle vermittelt und kontrolliert wird, wird sein Verhalten Züge aufweisen, die sich in Analogie zu den intentionalistischen Beschreibungen menschlichen Verhaltens charakterisieren lassen. Brentano hat den Charakter solcher Beschreibungen in seinem Begriff der »intentionalen Inexistenz« angedeutet, und Taylor nimmt auf ihn Bezug, wenn er sich gegen die Vorstellung wendet, Mechanismen könnten zielstrebig sein. Die Besonderheit intentionalistischer Beschreibungen liegt darin, daß sie vom Standpunkt des Handelnden (des Systems) aus vorgenommen werden. Ihre Wahrheit hängt folglich nicht davon ab, daß die Dinge extensional beschrieben werden, wie sie sind, sondern in welcher Weise das handelnde Subjekt (das System) sie auffaßt, was es intendiert, worauf es abzielt usw. Wenn wir davon ausgehen – so meint Boden (1970) –, daß das Verhalten eines materiellen Systems nicht von Umweltreizen beherrscht wird, sondern weitgehend von »internen – und häufig äußerst subjektiven – Vorstellungen der Umwelt« vermittelt und beherrscht wird, dann »wird das von ihnen vermittelte Verhalten natürlich ihre Züge ebenso widerspiegeln wie die Umweltbedingungen. Daraus erklärt sich der intentionale Charakter des Verhaltens. Er liegt auch den logischen Zügen zugrunde, auf die Chisholm und andere eingegangen sind« (S. 212).

Damit soll nicht gesagt sein, daß Menschen tatsächlich komplexen Computern ähnelten. Entscheidend ist vielmehr, daß die Frage, ob sich intentionalistische Verhaltensbeschreibungen zu Recht auf ein bestimmtes System anwenden lassen, unabhängig von ontologischen Fragen nach der Beschaffenheit des Systems, nach seiner materiellen Gestalt ist. Welche praktischen Schwierigkeiten sich auch immer stellen mögen, logisch spricht nichts gegen die Möglichkeit eines komplexen mechanischen Systems, dessen Verhalten auf solchen »Kontrollfunktionen« beruht wie Inputklassifikationen (»Wahrnehmungen«, die eine Bedeutung für das System besitzen), internen Modellen (»Überzeugungen« und »Konzepten«), Problemlösungsstrategien und Zielzuständen (»Zwecken« und »Wünschen«). Wir hätten dann ein mechanisches System, dessen Verhalten im Prinzip anhand naturwissenschaftlicher Gesetze erklärt werden kann. Gleichzeitig müßte man, um eine brauchbare Strategie zur Prognose und Erklärung seines Verhaltens zu besitzen, seinen »Standpunkt« in Rechnung stellen, einen Teil seines Verhaltens auf »Fehler« zurückführen (z. B. auf interne Repräsentationen, die nicht den Dingen, wie sie sind, entsprechen) oder auch auf den Versuch, Ziele zu erreichen, die nicht existieren (aber vom System vorgestellt werden) und so fort. Kants »zwei Standpunkte« ließen sich auf solche Systeme anwenden. Daraus wird also ersichtlich, daß – anders als Skinner meint – Erklärungen, die vom Standpunkt des Handelnden aus gegeben werden und seine kognitiven Fähigkeiten und Aktivitäten einbeziehen, nicht dualistisch sein oder okkulte Homunculi ins Spiel bringen müssen.

Allerdings enthalten solche Erklärungen Konzepte, die sich grundsätzlich von denen der Naturwissenschaft unterscheiden. Wie gesagt, orientieren sich Verhaltensbeschreibungen und -erklärungen an der Bedeutung, die die Dinge für das System (oder den Handelnden) haben, an den internen Repräsentationen und Zielzuständen des Systems (den Überzeugungen, Zielsetzungen und Wünschen des Handelnden) und an ähnlichen Dingen. Deshalb lassen sich diese Beschreibungen und Erklärungen nur verstehen, lassen sich ihre Verknüpfungen untereinander nur fassen, wenn man den Standpunkt des Systems (oder Handelnden) einnimmt, dem diese psychischen Zustände oder Prozesse zuzuschreiben sind. Dieser Unterschied wird häufig dadurch zum Ausdruck gebracht, daß man psychologische Erklärungen, die sich an Überzeugungen, Zwecken und Intentionen orientieren, den Ursachenerklärungen in der Naturwissenschaft gegenüberstellt. Zwar sind sich die Philosophen nicht einig über den Begriff der »Ursache«, doch wollen wir unter Ursachenerklärungen den Humeschen Erklärungstyp verstehen. Danach ist erforderlich, daß sich Ursache und Wirkung elementaristisch identifizieren lassen. Die Kausalität wird als eine rein kontingente »regelmäßige Verbindung« zweier Ereignisse verstanden, die sich ohne Verweis aufeinander erkennen lassen. Dann unterscheiden sich psychologische Erklärungen von solchen Ursachenerklärungen.

Diese Behauptung muß ausführlich dargelegt werden, da in Auseinandersetzungen über die Frage manchmal unklar war, worum der Streit eigentlich ging.[16] Zunächst ist es keine Frage, daß Ursache und Wirkung sich auch dann einzeln identifizieren lassen, wenn Beschreibungen vorliegen, durch die sie begrifflich miteinander verknüpft werden. Da Beschreibungen in der Naturwissenschaft naturgemäß »theoriebefrachtet« sind, charakterisiert die naturwissenschaftliche Beschreibung die Wirkung häufig durch den Verweis auf ihre Ursache. So unterscheiden wir beispielsweise die durch Streptokokken hervorgerufene Halsentzündung von der normalen durch ihre unterschiedliche Ursachengeschichte. In bestimmten Entwicklungsstadien sind wir manchmal nur in der Lage, eine Ursache zu benennen, indem wir

16 Die These, daß psychologische Erklärungen keine Humeschen Ursachenerklärungen sein könnten, wurde detailliert von Melden (1961) und Taylor (1964, 1970a) vorgebracht. Zur Kritik der Argumente Meldens vgl. Davidson (1963) und Fodor (1968, S. 32 ff.).

auf die Wirkung verweisen, die sie haben soll: an einem bestimmten Punkt in der Geschichte der Genetik konnte man Gene nur als das bezeichnen, »was immer bewirken mag«, daß z. B. Pflanzen groß werden (vgl. Fodor, 1968, S. 36). Die Frage, ob Ursache und Wirkung im Rahmen bestimmter Beschreibungen begrifflich miteinander verknüpft werden, kann also nicht von entscheidender Bedeutung sein. Denn selbst wenn dies der Fall ist, können sie der Humeschen Voraussetzung immer noch genügen, solange es nämlich noch irgendeine andere Beschreibung gibt, innerhalb derer sie sich unabhängig voneinander identifizieren lassen. Möglicherweise sind wir – wie im Beispiel der Gene – nicht in der Lage, eine unabhängige Beschreibung der Ursache zu liefern. Trotzdem können wir die Erklärung potentiell als Humesche Ursachenerklärung ansehen, doch nur unter der Annahme, daß eines Tages eine unabhängige Beschreibung der Ursache möglich werden wird. Die eigentliche Frage muß also lauten, ob die Intentionen, Überzeugungen, Wünsche, Zielsetzungen usw., die in psychologischen Erklärungen angeführt werden, sich ihrer logischen Art nach unabhängig von den Handlungen beschreiben lassen, die sie erklären.

Diese Frage scheint verneint werden zu müssen, da psychologische Beschreibungen – wie wir bereits gesehen haben – intentionalistisch sind und sich der Übersetzung in eine extensionale Sprache verweigern. Unsere intentionalistischen Beschreibungen psychischer Zustände und Verhaltensweisen beruhen also auf systematischen begrifflichen Verknüpfungen zwischen den Zwekken, Überzeugungen, Wünschen usw. eines Handelnden und seinen (intentionalen) Handlungen. Wir charakterisieren einen psychischen Zustand durch seine Beziehung zu dem intentionalen Objekt, auf das er sich richtet – durch das, was der Wunsch erfaßt, was Gegenstand der Überzeugung oder des Schuldgefühls ist. Die einzige Möglichkeit, einen psychischen Zustand als beispielsweise den Wunsch nach X zu identifizieren, besteht darin, den Standpunkt des Handelnden einzunehmen und die nichtkontingenten Verbindungen zu erfassen, die zwischen seinem Wunsch und den Verhaltensweisen bestehen, die angemessene Äußerungen seines Wunsches sein können. Der Versuch, den Wunsch nach X (z. B. befördert zu werden) elementaristisch zu charakterisieren, stößt auf spezifische Schwierigkeiten. Die Beschreibung eines psychischen Zustandes, die diesen nichtkontingent mit dem verknüpft, was für das handelnde Subjekt angemessene Verhaltensäußerungen des Wunsches darstellen (z. B. daß es, wenn alle anderen Bedingungen gleich bleiben, tut, wovon es meint, es trage zu seiner Beförderung bei, oder daß es in seinem Sprechen und in seinen Tagträumen seinen Wunsch nach Beförderung zum Ausdruck bringt), wäre keine Beschreibung des »Wunsches, befördert zu werden«.

Es besteht keine Möglichkeit, einen Wunsch nach X auf der psychologischen Ebene elementaristisch zu identifizieren. Denn nur kraft der (nichtkontingenten) intentionalen Verknüpfungen zwischen dem Wunsch und den Verhaltensweisen, die wir bezogen auf die relevanten Überzeugungen, seine anderen Wünsche und ähnliche Regungen als Äußerungen seines Wunsches interpretieren können, sind wir in der Lage zu sagen, daß dieser Handelnde einen »Wunsch nach X« habe. Keine elementaristische, extensionale Beschreibung psychischer Zustände kann die nichtkontingenten Verknüpfungen zwischen Wünschen, Überzeugungen und angemessenen Verhaltensweisen bewahren, die das Merkmal des Begriffssystems sind, innerhalb dessen sich Handelnde bewegen. Nur kraft dieser nichtkontingenten Verknüpfungen können Wünsche, Intentionen usw. als der Wunsch nach X, die Absicht auf Y usw. identifiziert werden. Ebenso lassen sich Verhaltensweisen, die psychologisch und nicht naturwissenschaftlich beschrieben werden, bezogen auf die Intentionen, Zielsetzungen und Wünsche identifizieren. »Das Suchen nach der Brille« ist – wie wir gesehen haben – eine Handlung, die sich nur in Beziehung auf die Intentionen des Handelnden charakterisieren läßt. Kein extensional beschreibbares Bewegungsmuster läßt sich mit der Handlung gleichsetzen. So lassen sich Handlungsbeschreibungen wie die Charakteristik psychischer Zustände nur bezogen auf den Standpunkt des Handelnden liefern. Sie sind abhängig von seinen psychischen Zuständen. Dem Handelnden lassen sich aufgrund der Verhaltensevidenz nur Handlungen zuschreiben, wenn »alle anderen Bedingungen gleich sind«. Was aber gleich zu bleiben hat, läßt sich nicht angeben, ohne daß man sich auf die Intentionen, Überzeugungen, Wünsche des Handelnden bezieht.

Folglich besteht unsere Evidenz für die Aussage, daß ein Handelnder »X wünscht«, darin, daß er, wenn alle anderen Dinge gleich sind, geneigt ist, sich in einer Weise zu verhalten, die von seinem (möglicherweise sehr subjektiven, verwirrten) Standpunkt aus den Wunsch nach X zum Ausdruck bringt. Doch unsere Evidenz für die Aussage, daß die Dinge, die zu tun er geneigt ist, sich als Verhaltensweisen von der angemessenen Art charakterisieren lassen, beruht darauf, daß sie sich bezogen auf seinen Standpunkt als Ausdruck seines Wunsches nach X interpretieren lassen. Die Verbindung zwischen Wunsch und Verhalten läßt sich nicht von außen herstellen, sondern erfordert, daß man den Standpunkt des Handelnden einnimmt und sich auf seine Intentionen, Überzeugungen und ähnliche Regungen bezieht. Die Evidenz dafür, daß jemand eine Beförderung wünscht, kann also darin bestehen, daß er Artikel schreibt und in Ausschüssen mitwirkt; auch daß er davon spricht, befördert zu werden, und entsprechenden Tagträumen nachhängt, kann eine solche Evidenz darstellen. Doch die Tatsache, daß er Artikel schreibt, ist nur insofern ein Beleg für den Wunsch, als sie seiner Intention nach ein Schritt in Richtung auf die Beförderung darstellt. Ähnlich sind seine sprachlichen Äußerungen und Tagträume nur insofern eine Evidenz, als sie als Äußerungen des Wunsches betrachtet werden können – beispielsweise wären seine Äußerungen über die Beförderung keine Evidenz, wenn er beabsichtigte, den Hörer zu täuschen, oder seine Tagträume wären keine Evidenz, wenn sie dazu dienten, ihn daran zu hindern, über irgendein unerfreuliches Familienproblem nachzudenken. Die Evidenz, aufgrund derer wir einem Handelnden den Wunsch nach X zuschreiben, ist also logisch unabhängig von der Evidenz, aufgrund derer wir ihm entsprechende Handlungen zuschreiben. Die Evidenz, aufgrund derer wir ihm dem Wunsch und die (intentionalistisch beschriebenen) Handlungen oder Handlungsdispositionen zuschreiben, gewinnen wir nur aufgrund der nichtkontingenten Verknüpfungen zwischen Wünschen und Handlungen, die – von seinem Standpunkt aus – seinem Wunsch angemessen sind. Wunsch und Handlung lassen sich, anders gesagt, nur dadurch intentionalistisch beschreiben, daß sie in einer Weise interpretiert werden, die ihre nichtkontingente Verknüpfung innerhalb desselben weitergespannten Kontextes systematisch verknüpfter Ziele, Überzeugungen und ähnlicher Regungen verständlich macht, die den Standpunkt des Handelnden ausmachen. Deshalb lassen sich auf der psychologischen Ebene keine logisch unabhängigen Beschreibungen von Wünschen und Handlungen liefern. Ähnliches ließe sich für Motive, Emotionen und andere psychische »Zustände« darlegen.

Doch wenn auch psychologische Erklärungen keine Humeschen Ursachenerklärungen sind, können wir daraus nicht schließen, daß sich solche Erklärungen mit der Möglichkeit ursächlicher Verhaltenserklärungen nicht vertragen. Zwar lassen sich Handlungen nicht ohne Rückgriff auf die Intentionen, Wünsche und ähnliche Regungen des Handelnden identifizieren (und diese wiederum können nicht ohne Bezug auf seine Handlungsdispositionen charakterisiert werden), doch sollte sich herausstellen, daß sich die Bedingungen, unter denen man einen Wunsch oder eine Intention hat, auf der neurophysiologischen Ebene hinreichend angeben und kontingent mit den Bewegungen verknüpfen lassen, die das System ausführt, wenn es sich in dem Zustand befindet, dann würde man auf dieser Ebene Ursachenerklärungen liefern können (vgl. Fodor, 1968, S. 45). Natürlich können wir Wünsche oder Intentionen nicht mit neuralen Zuständen oder Handlungen mit Bewegungen gleichsetzen. Diese Konzepte gehören unterschiedlichen Begriffssystemen an. Ihre Bedeutungen sind nicht äquivalent. Doch kein apriorisches Argument kann beweisen, daß sich neben der logischen nicht auch eine empirische Reduktion durchführen ließe. Gleichfalls gibt es keine apriorischen Gründe für die Annahme, daß solch eine empirische Reduktion möglich sein müsse. Denn die zur Diskussion stehende Frage ist empirischer und nicht begrifflicher Natur (vgl. Taylor, 1970b).

Außerdem sind psychologische Erklärungen zwar keine Humeschen Ursachenerklärungen, doch teilen sie uns sicherlich Wichtiges zur Frage mit, wodurch Verhalten hervorgerufen wird. Ihre Mitteilungen erstrecken sich auf die intentionale Welt des Handelnden: auf die Art, in der er Dinge wahrnimmt (die Bedeutungen, die sie für ihn haben), auf die Struktur seiner Überzeugungen, Wünsche und Präferenzen, und auf die Strategien und Taktiken, die er verwendet, wenn er seine Ziele verfolgt. Solche Erklärungen befähigen uns zu verstehen, was Boden (1973) die »Struktur der Intentionen« nennt, das heißt die komplexen Wechselbeziehungen zwischen einem Ziel und den hierarchisch strukturierten »Handlungsplänen«, die der Handelnde schafft, um sein Ziel zu erreichen. Dabei orientiert er sich an seinen Wahrnehmungen und Präferenzen, seinen soziokulturellen Einschränkungen und Möglichkeiten, seinen Motivationen und ähnlichen Dingen. Die Art und Weise, in der solche Handlungspläne das Verhalten steuern, »ist den Anweisungen innerhalb der Verfahrensroutinen eines Computerprogramms sehr analog. Denn solche Routinen schreiben bestimmte Operationen vor und kontrollieren die Abfolge ihrer Ausführung« (S. 24). Solche strukturierten und intentionalistisch charakterisierten »Handlungspläne« rufen Verhalten hervor, weil sie es so »steuern«, wie sich vom Programm sagen läßt, es »steuere« die Maschine, die es ausführt. Beide liefern keine Humesche Ursachenerklärung, doch beide liefern Verhaltenserklärungen auf der psychologischen oder Programm-(Unterprogramm-)Ebene.

Natürlich erklären diese Erklärungen – wie alle anderen auch – nicht alles. Sie setzen voraus, daß das System das Vermögen hat, intentional zu handeln, das heißt, daß es sein Verhalten mittels Handlungsplänen steuern kann, die der Information, über die es verfügt, und den Zielen, die es verfolgt, angemessen sind. Es erklärt jedoch nicht, welcher besonderen Natur das System ist, dank derer es über sein Vermögen verfügt.[17] Wenn man solche Erklärungen liefert, nimmt man jene Position ein, die Dennett (1971) »intentional« nennt. Man versucht also, das Verhalten des Systems dadurch vorherzusagen und zu erklären, daß man voraussetzt, sein Plan sei optimal, es werde sich also rational verhalten – das heißt es werde die Information, über die es verfügt, dazu verwenden, seine Ziele in angemessener Weise zu verfolgen. Die begrifflichen Beziehungen zwischen intentionalistischen

17 Die Unterscheidung zwischen »Vermögen« und »Natur« wurde von Harré (1970) übernommen. Er meint, es sei durchaus klärend, Systemen bestimmte Vermögen zuzuschreiben, auch wenn ihre Beschaffenheit (Natur) in einem bestimmten Stadium wissenschaftlicher Forschung nicht genauer angegeben werden könne, gleichgültig, ob es sich bei den Systemen nun um materielle Dinge, Tiere oder Menschen handle.

Konzepten wie Wunsch, Überzeugung und Handeln, die uns erlauben, bestimmte Handlungen vom Standpunkt des Handelnden aus als angemessen zu beurteilen, werden also als heuristisches Mittel verwendet, um das Verhalten des Systems zu untersuchen. Die Entscheidung, diese Strategie zu übernehmen, wird pragmatisch gerechtfertigt sein, wenn sie sich auszahlt, das heißt wenn sich das System tatsächlich, zumindest einen Großteil der Zeit, verhält, wie man es von dieser Position aus von ihm erwartet. Doch erwartet man keine »vollkommene Rationalität«. Vielmehr wird die empirische Forschung in diesem Ansatz dazu verwendet, Abweichungen vom heuristischen Ideal zu erklären und vorherzusagen. Sie werden als »blinde Flecken« in der Wahrnehmung bestimmter Dinge durch das System gewertet, als falsche Überzeugungen (oder interne Repräsentationen), als irreführende oder sich selbst vereitelnde Strategien (vgl. Mischel, 1964, 1966b). Wenn diese Abweichungen groß genug werden und häufig genug vorkommen, können wir natürlich zu dem Schluß kommen, daß es sinnlos ist, das Verhalten des Systems dadurch erklären und vorhersagen zu wollen, daß wir ihm gegenüber die »intentionale Position« beziehen.
Einer der Einwände Skinners gegen Erklärungen dieser Art lautet, daß der einzige Grund dafür, daß wir auf »Kompetenzen« (Vermögen) des Organismus zurückgreifen, die auf seine Struktur (Natur) zurückgeführt werden, darin liegt, daß es uns nicht gelungen ist, sein Verhalten vollständig zu erklären und vorherzusagen (1978, S. 79 ff.). Natürlich hat er recht, wenn ein System, sei es mechanisch oder organisch, so einfach ist, daß man die Schritte, die vom Input zum Output führen, vollständig auf der Ebene der Hardware oder der Physiologie verstehen kann. Dann besteht keine Notwendigkeit, sein Verhalten anhand der Verfahrensweise der Unterprogramme oder anhand der Struktur seiner Intentionen (Handlungspläne) zu erklären. Doch während kein Anlaß besteht, die intentionale Position gegenüber solch einfachen Systemen zu beziehen, läßt sich andererseits die Tatsache nicht leugnen, daß wir nicht in der Lage sind, menschliches Verhalten auf der physiologischen Ebene zu verstehen. Selbst Computer sind heute so komplex, daß »intentionale Erklärungen und Prognosen ihres Verhaltens nicht nur üblich sind, sondern als

einzige auch dann noch zutreffen, wenn sich das Verhalten der Rechner auf keine andere Weise mehr vorhersagen läßt« (Dennett, 1971, S. 91). Warum soll man dann nicht die intentionale Position gegenüber einem solchen System beziehen?
Skinner könnte erwidern, daß wir zu der Annahme, Menschen hätten »wirklich« Wünsche, Überzeugungen und ähnliche Regungen, ebensowenig Berechtigung besitzen, wie jene Aristotelischen Philosophen, die psychologische Erklärungen für alle Naturerscheinungen zu liefern suchten, das Recht hatten, von dem »Streben« des Steins zu sprechen, an seinen angestammten Platz zurückzukehren. Ferner könnte Skinner vorbringen, durch die Analogie zu Computerprogrammen und ähnlichem würden solche Erklärungen ihres »Animismus« und »Anthropomorphismus« nicht ledig. Denn die Redeweise von Unterprogrammen, »intelligenter Speicherung« und den »internen Modellen« des Computers beruhe selbst auf einer Analogie zu Menschen. Sie verwende eben jene intentionalistischen psychologischen Konzepte, die wir im Alltag verwenden, um das Handeln von Menschen zu kennzeichnen.
Doch solche ontologischen Bedenken gehen schlicht und einfach an der Sache selbst vorbei, da es hier um die Frage geht, welcher heuristische Wert dem Versuch innewohnt, Menschen (bzw. komplexe Mechanismen oder Tiere) als intentionale Systeme zu betrachten. Wie Minsky zeigt, könnte die »eindeutig zweiteilige Struktur« unseres Weltmodells, das die mechanischen und physischen Dinge dem einen Gebiet und die Ziele, Bedeutungen und sozialen Belange dem anderen zuweist (1965, S. 46), theoretisch in einem einzigen Modell zusammengefaßt werden, wenn die Forscher auf dem Gebiet der künstlichen Intelligenz, der Kybernetik und der Neurophysiologie alle ihre Ziele erreichen würden. Doch

> würde sich solch ein Erfolg kaum auf die allgemeine Form unserer persönlichen Weltmodelle auswirken ... aus praktischen, heuristischen Gründen würden diese ihre quasi-separaten Teile beibehalten ... die grundlegenden Begriffe der Physik oder auch der Neurophysiologie wären viel zu entlegen, um brauchbar zur *unmittelbaren* Erklärung der geistig-seelischen Ereignisse im Alltag herangezogen werden zu können (S. 47).

Entscheidend ist, daß die Interessen und Belange, aufgrund derer wir unsere Fragen zum Verhalten auf der psychologischen Ebene stellen, von den neurologischen Erwägungen nicht befriedigt werden. Auf der psychologischen Ebene interessieren wir uns beispielsweise für die Frage, warum ein Mensch (oder eine bestimmte Klasse von Menschen) sich in bestimmten Situationen in bestimmter Weise verhält. Um diese Frage zu beantworten, müssen wir uns unter Umständen auf irgendeine Zielsetzung oder Intention beziehen. Diese wiederum läßt sich möglicherweise nur erklären, wenn wir uns fragen, wie die Situation wahrgenommen wird (welche Bedeutung sie für den betreffenden Menschen hat), in welcher Weise er die wahrscheinlichen Ergebnisse verschiedener Handlungsweisen antizipiert, wie sein Selbstkonzept aussieht, welchen Selbstregulierungsplänen er folgt, welche Wertvorstellungen er hat und wie er die Erwartungen anderer antizipiert. Diese mögen ihrerseits durch die psychologische Genese dieser Wahrnehmungen, Erwartungen, Strategien, Selbstkonzepte, Motivationen, Verstehenskompetenzen und ähnliches zu erklären sein.[18] Solche Fragen, einschließlich der allgemeinen Fragen, die sich auf jeder Ebene zur Bedeutung und Rolle dieser psychologischen Faktoren für verschiedene Menschen in verschiedenen Situationen stellen, sind psychologische Fragen. Sie lassen sich durch keine neurophysiologische Darstellung beantworten, selbst wenn wir sie liefern könnten. Solche Darstellung wäre eben »viel zu entlegen, um brauchbar« zur Beantwortung von Fragen zu sein, die wir auf der psychologischen Ebene zum Verhalten stellen.

Die Psychologie gewinnt also wie andere Disziplinen ihre Identität aus den Forschungsproblemen, Interessen und Belangen, die aus praktischen Gründen in dieser Form zusammengefaßt wurden. Sie würden nicht verschwinden, wenn uns die empirische Reduktion auf die Disziplin der Neurophysiologie gelänge – denken wir beispielsweise an die Beziehung der Chemie und der

18 Vgl. Ryan (1970, Kap. 2) zur Erörterung dieser aufeinander folgenden »Ebenen« der psychologischen Erklärung, ferner W. Mischel (1973) zum Katalog der »Persönlichkeitsvariablen«, die in der Persönlichkeitstheorie zu berücksichtigen sind.

Quantenphysik. Da die Versuche, psychologische Fragen mittels einer »experimentellen Verhaltensanalyse« im Sinne Skinners zu beantworten, nicht sehr erfolgreich ausfielen, besonders wenn es um komplexes menschliches Verhalten ging, wendet sich eine wachsende Zahl von Psychologen kognitiven Ansätzen zu. Doch alte Gewohnheiten sind hartnäckig. So sprechen wir jetzt von »kognitivem Behaviorismus« (Boneau, 1974), einer »kognitiven Theorie des sozialen Lernens« (W. Mischel, 1973) und so fort. Psychologen, die sich solcher Wendungen bedienen, scheinen zu meinen, kognitive Prozesse ließen sich Theorien einverleiben, die im wesentlichen behavioristisch bleiben. Sie wollen diese Theorien »liberalisieren«, indem sie einige »kognitive Variablen« einführen. Sie tun so, als handle es sich bei der Eingliederung kognitiver Prozesse einfach darum, dem alten Theorietyp einige neue »unabhängige Variablen« hinzuzufügen. Sie bemerken nicht, daß die Einbeziehung kognitiver Prozesse bedeutet, daß sie einen ganz neuen Theorietyp wählen, der die Natur des Menschen und seinen Einfluß auf das eigene Verhalten in ganz anderer Weise erfaßt.

Insbesondere Ryan und Boneau verstehen die Gründe für die Übernahme eines kognitiven Ansatzes pragmatisch. Ryan befaßt sich mit seinen psychologischen Untersuchungen mit der Rolle von »Intention, Aufgabe, Zweck oder Zielsetzung« für das Verhalten, weil er glaubt, daß solche Untersuchungen »sich mit größter Wahrscheinlichkeit in Form überprüfter Erklärungen ›auszahlen‹, die von praktischem Nutzen sind« (1970, S. 21); »eine andere und neue Richtung wird hier nur deshalb eingeschlagen, weil der Ansatz Watsons und seiner Nachfolger sich nicht als sehr erfolgreich erwiesen hat, menschliches Verhalten zu erklären« (S. 8). Eine ähnliche Auffassung vertritt Boneau, der meint, daß das Individuum »selbst imstande ist, ein Modell [der] Umwelt [IME] zu schaffen, das Information« sowohl über die Umwelt wie auch über die Wahrscheinlichkeit bestimmter Handlungsergebnisse enthält. Er versucht dann, das Verhalten zu erklären und vorherzusagen, indem er von der Annahme ausgeht, diese Ergebnisse würden »bewertet«. Die Person »führt die Handlungen aus, die erforderlich sind, um den höchsten erwarteten Glückswert hervorzurufen« (1974, S. 303). Doch weist er

ausdrücklich darauf hin, daß der einzige Weg zur Überprüfung dieser Theorie darin bestehe, festzustellen, »welchen heuristischen Wert die Theorie als Hinweis auf wirklich wichtige Forschungsbereiche besitzt« (S. 308). Der Grund, die Rolle von Intentionen und Zwecken oder IMEs für das Verhalten empirisch zu überprüfen, ist also darin zu sehen, daß sie möglicherweise wirksamere Verfahren zur Vorhersage und Erklärung komplexen Verhaltens sind als Skinners »funktionale Analyse«. Doch Ryan wie Boneau meinen, ihr Ansatz führe zu kausalen Verhaltenserklärungen. Sie verstehen psychische Zustände und Prozesse als »unabhängige Variablen«, die Humesche Ursachen des Verhaltens (der abhängigen Variablen) sind. Ryan sagt: »Es wird vorausgesetzt, daß das, was die Person erfährt (wahrnimmt, versteht), Verhalten verursachen kann« (1970, S. 8); »am besten stellt man sich eine Kausalkette vor, in der die Intentionen einen unmittelbaren Einfluß auf das Handeln ausüben« (S. 23). Boneau sagt, daß sein »Begriffssystem sich an Begriffen aus der Informationsverarbeitung orientiert«. Es beschreibe »die Variablen, deren Funktionen – wie angenommen wird – das Verhalten ist, und die Art und Weise, in der sie sich zusammenschließen, um das Verhalten hervorzurufen« (1974, S. 298).
Solche Versuche, kognitive und behavioristische Ansätze zu vereinbaren, fordern zwei sehr verschiedene, aber verwandte Einwände heraus. Einerseits können Psychologen Skinnerscher Observanz Ryan den Vorwurf des »Mentalismus« machen (vgl. Day, 1975). Denn wenn man davon spricht, daß »die erfahrene Intention... in [kausaler] Beziehung zu den Bewegungen steht« (Ryan, 1970, S. 10), wirft man damit die alten ontologischen Fragen auf, auch wenn man dies einfallsreich dadurch einschränkt, daß »Intentionen, Vorstellungen oder andere ›mentale Ereignisse‹ in demselben Organismus stattfinden, in dem wir Veränderungen des elektrischen Potentials messen können« (S. 12). Andererseits können humanistische Psychologen Boneau den Vorwurf machen, er fülle alten Wein in neue Schläuche. Denn wenn Erklärungen anhand des IME als Ursachenerklärungen ausgegeben werden, die die Abhängigkeit des Verhaltens von unabhängigen Variablen zeigen, dann hat es den Anschein, als sei das IME nur ein (eliminierbarer) interner Vermittler, der selbst das Ergebnis

vorausgehender externer Kontingenzen ist. Die Erklärung ist dann in Wirklichkeit eine Humesche Ursachenerklärung und keine zweckorientierte oder intentionalistische Erklärung. Und deshalb meint Rychlak, daß Boneau uns in Wirklichkeit »zwei sensorische Inputs [gibt], die Situation und das Ergebnis, und eine Outputgröße, die Handlung. Dabei sind alle in ein übergreifendes Umweltmodell eingefügt« (1975, S. 245); nach Rychlaks Auffassung ist Boneaus IME nur eine Abwandlung der Vorstellung Lockes, nach der »eine Idee ... ein Abbild der Wirklichkeit ist« (a. a. O., S. 248).

Humanistische Psychologen wie Rychlak fragen sich, ob kognitive Theorien tatsächlich Raum für Begriffe wie Zweck, Bedeutung, Wahl und ähnliches lassen. So glaubt Rychlak nicht, daß die »inneren Prozesse«, auf die sich Boneau und kognitive Theoretiker im allgemeinen beziehen, zeigen, daß »die Person als psychologische Identität irgendetwas zum tatsächlichen Input beitragen kann« (a. a. O., S. 250). Doch dieser Einwand greift nicht, sobald man anerkennt, daß kognitive Erklärungen, die mit Zwecken, inneren Modellen und ähnlichem arbeiten, intentionalistische und keine kausalen Erklärungen sind. Ob sich nämlich von der Person sagen läßt, daß sie in irgendeiner Weise zu ihrem Verhalten »beiträgt«, hängt davon ab, ob das Verhalten von ihren Überzeugungen, Wünschen usw. hervorgebracht (d. h. gesteuert) wird. Wenn dem so ist, dann kann sie von rationalen Erwägungen beeinflußt werden, dann kann sie Wahlhandlungen vornehmen und sich der Bedeutung angemessen verhalten, die bestimmte Situationen für sie besitzen. Die Besorgnis, daß sich die Überzeugungen, Wünsche und inneren Modelle als wirkende Ursachen im Humeschen Sinne herausstellen könnten, kann fallengelassen werden; man muß nur erkennen, daß solche psychologischen Zustände und Prozesse, da sie intentionalistisch charakterisiert sind, auf der psychologischen (im Gegensatz zur neurologischen) Ebene mit extensional beschreibbaren Zuständen, die allerdings Humesche Ursachen besitzen, nicht gleichgesetzt werden können. Wie wir gesehen haben, teilen selbst die Erklärungen des Computerverhaltens, die das System als eines der »Informationsverarbeitung« behandeln, die Merkmale, die unsere intentionalistischen Alltagserklärungen menschlichen Handelns kennzeichnen. In diesem intentionalistischen Bezugssystem sind unsere Begriffe der Selbsttätigkeit, Selbststeuerung, Wahlhandlung, des Zweckes und der Bedeutung zu Hause. Da das Verhalten solcher Systeme weitgehend nicht von externen Reizen, sondern durch den Gebrauch innerer Modelle und ähnlicher Dinge vermittelt und kontrolliert wird, reagieren sie nicht passiv auf externe Kontingenzen, wie es sich Assoziationisten wie Locke und seine behavioristischen Nachfolger vorstellen. Vielmehr können solche Systeme intentional handeln. Ihr Verhalten läßt sich vom »Standpunkt des handelnden Subjekts aus« – wie Kant sagt – beschreiben und erklären.

Natürlich müssen wir die Konzepte, derer wir uns von diesem Standpunkt aus bedienen, fallenlassen, wenn wir den Standpunkt der Neurophysiologie (oder der Hardware der Maschine) einnehmen und das Verhalten auf dieser Ebene zu erklären versuchen. Damit ist jedoch keineswegs bewiesen, daß intentionalistische Beschreibungen vom Standpunkt des Handelnden aus in irgendeiner Weise illusorisch wären, daß wir uns nicht tatsächlich mit einem handelnden Subjekt befaßten, das zum intentionalen Handeln fähig ist. In ähnlicher Weise kann man beispielsweise die Atmung als physiologische Funktion untersuchen, die zum Leben des Organismus beiträgt, oder sich mit ihr unter der Perspektive der physio-chemischen Prozesse befassen, die sie auf den Plan ruft. In diesem Falle müssen die physiologischen Gesichtspunkte und Kategorien, die »Funktion« der Atmung aus dem Spiel bleiben. Dadurch werden die Beschreibungen der physiologischen Funktionen jedoch nicht illusorisch. Es wird damit nicht bewiesen, daß die Atmung nicht tatsächlich einen Beitrag zum Leben und Überleben des Organismus leistet (vgl. Toulmin, 1974, S. 198 ff.). Wenn Systeme so konstruiert werden, daß ihr Verhalten von internen Modellen in Übereinstimmung mit ihren Zielsetzungen, Bedürfnissen und der Information, über die sie verfügen, gesteuert werden können, haben sie in ähnlicher Weise tatsächlich das Vermögen, zielstrebig und intentional zu handeln. Ihr Verhalten ist nicht nur eine Reaktion auf Umweltreize und Umweltkontingenzen. Das gilt ganz unabhängig von der Frage, wie »mechanistisch« die Erklärungen dieser kognitiven Fähigkeiten auf einer anderen Ebene aussehen mögen.

Daraus läßt sich wiederum schließen, in welcher Weise die Sorgen Skinners über den »Mentalismus« ausgeräumt werden können. Will man intentionalistische Beschreibungen und Erklärungen anwenden können, braucht man kein System, das außer aus Materie noch aus geistigem Stoff bestünde, sondern ein System, dessen Konstruktion erlaubt, interne Modelle der Umwelt und des eigenen Verhaltens, Problemlösungsstrategien, Zielsetzungen und ähnliches zu verwenden, um sein Tun in einer Weise zu steuern, die im großen und ganzen angemessen ist. Natürlich sind Organismen im Unterschied zu Computern von niemandem entworfen. Doch ist es für jeden verständlich, wenn man von Organismen als »natürlichen Entwürfen« spricht. Vom Standpunkt der Evolutionstheorie ist die Entwicklung von Organismen, die über solche kognitiven Fähigkeiten verfügen, kaum rätselhaft. Denn solche Fähigkeiten besitzen ohne Frage Überlebenswert.[19] Vielleicht vermag Skinner dies nicht zu erkennen, weil er meint, daß »niemand ... je nachgewiesen [hat], daß die verdeckte Form [des Verhaltens] irgendetwas erreicht, das der offenen Form nicht erreichbar wäre« (1978, S. 119). Doch das ist einfach falsch. Der Vorteil, den wir aus unserer Fähigkeit ziehen, offenes Verhalten mittels des Denkens (d. h. mittels »verdeckten Verhaltens«) zu steuern, liegt – wie Popper gesagt hat – darin, daß »unsere Hypothesen an unserer Stelle sterben können«.

Der »psychische Apparat« erlaubt dem Organismus, wenn alle anderen Bedingungen gleichbleiben, die Bedeutung des Umweltinputs optimal zu erkennen und diese Information dazu zu verwenden, sein Verhalten effektiv auf eine optimale Befriedigung seiner Bedürfnisse auszurichten. Die Entwicklung dieses »psychischen Apparats« ist sicherlich ein biologischer Anpassungsprozeß. Wir dürfen deshalb von den Naturwissenschaften eine Erklärung der Entwicklung und der materiellen Gestalt dieses psychischen Apparats erwarten. Der psychische Apparat ist also keine nicht-materielle Ergänzung des Organismus, sondern be-

19 Vgl. Dennett (1969, besonders Kap. 3). Er stellt einige interessante Vermutungen über die Frage an, wie sich ein »brauchbares Gehirn« im Laufe der Evolution herausgebildet haben könnte. Gemeint ist ein Gehirn, das umweltangemessenes Verhalten hervorrufen kann, weil es Inputelemente in ihrer umweltbezogenen Bedeutung für den Organismus erkennen kann.

steht aus den artspezifischen mentalen oder kognitiven Fähigkeiten, die der Organismus dank seiner biologischen Beschaffenheit besitzt. Die Erklärung der Entwicklung und physischen Grundlage dieser geistigen Fähigkeiten ist das Geschäft der Biologie. Unsere intentionalistischen Beschreibungen und Erklärungen des Verhaltens setzen das Vorhandensein solcher geistigen Fähigkeiten voraus. Doch die kognitiven Fähigkeiten, die in solchen Erklärungen vorausgesetzt werden, sind nicht »okkult«, weil wir davon ausgehen, daß sie eines Tages aus dem Blickwinkel einer extensionalen, naturwissenschaftlichen Theorie so erklärt werden können, daß kein Hinweis auf das handelnde Subjekt und seine Fähigkeiten erforderlich ist.

Die Tatsache, daß wir zum gegenwärtigen Zeitpunkt über solche Erklärungen noch nicht verfügen, hat die Angst vor okkulten Fähigkeiten, vor dem Mentalismus und den Homunculi geschürt. Diese Tatsache ließ der Theoretiker an dem wissenschaftlichen Status ihrer psychologischen Erklärungen zweifeln. Sie hat sich sehr ungünstig auf die Entwicklung psychologischer Theorien ausgewirkt. Denn sie hat einige Psychologen zu dem Versuch verleitet, ihre Theorien in einer viel zu unmittelbaren Weise an die Biologie zu binden. Artspezifische kognitive Fähigkeiten haben zwar eine biologische Grundlage und tragen zu biologischen Zielen wie dem Überleben, der Reproduktion und der Entwicklung bei. Doch die Fähigkeiten, die dabei eine Rolle spielen, sind von sehr allgemeiner Art. Ihr Beitrag zu biologischen Zielen ist indirekt, weil er von einer bestimmten Lebensweise vermittelt wird. Bei den kognitiven Fähigkeiten, die biologisch konditioniert sind, handelt es sich nämlich um so allgemeine »Kontrollfunktionen« des Handelns wie die Wahrnehmung, wie innere Modelle der Umwelt (Überzeugungen und Konzepte), wie heuristische Strategien und Zielsetzungen (Bedürfnisse, Wünsche, Zwecke). Die besondere Form, die all diese Funktionen annehmen – die Bedeutungen, die verschiedene Wahrnehmung besitzen, der Inhalt der inneren Modelle, die Struktur der »Handlungspläne« usw. – hängen deshalb in hohem Maße nicht von der Biologie, sondern von der Kultur und der individuellen Erfahrung ab. Deshalb können wir psychologische Erklärungen großenteils mit intentionalistischen Darstellungen bestreiten, die

diese artspezifischen, kognitiven Fähigkeiten voraussetzen, ohne sie zu erklären. Diese Möglichkeit besteht nicht, wenn Psychologen versuchen, die intentionalistische Ebene auszuklammern und ihre Theorien unmittelbar an der Biologie festzumachen.
Freud kann dazu dienen, diesen Punkt zu illustrieren. Er ging nämlich von dem Vorhandensein eines »psychischen Apparats« aus, war sich aber nicht über die Ebene im klaren, auf der dieser Apparat Verhalten beschreiben und erklären sollte. Einerseits war Freud sich über den vorstellungsabhängigen Charakter neurotischer Symptome klar, über die Tatsache, daß sie für den Neurotiker Bedeutung besitzen, daß die psychoanalytische Interpretationentheorie nur bezogen auf diesen intentionalistischen Zusammenhang verständlich ist. Doch Freud war um den wissenschaftlichen Status seiner Theorien besorgt. Manchmal versuchte er sie dadurch gesellschaftsfähig zu machen, daß er sie unmittelbar auf biologische Gedankengänge gründete. So versuchte er seine metatheoretischen Erörterungen über die Arbeitsweise des psychischen Apparats durch Spekulationen über den Energieaustausch (Übertragung und Gegenübertragung) zu untermauern, die er von der Physiologie seiner Zeit übernahm (vgl. Mischel, 1974).
Doch die Verbindung zwischen psychischen und biologischen Funktionen muß nicht so unmittelbar sein. Sicherlich gibt es – wie Freud es gesehen hat – eine Analogie zwischen »Geisteskrankheit« und »organischer Krankheit«. Doch ebenso wie organische Gesundheit und Krankheit sich am besten in ihrer Beziehung zu der Art und Weise verstehen lassen, in der biologische Organismen als natürliche Entwürfe funktionieren (vgl. King, 1945) – die organische Erkrankung ist ein Zustand der Körperstrukturen oder -prozesse des Organismus, die der kontinuierlichen Erfüllung seiner natürlichen Funktionen unangemessen ist – so hat der Begriff der geistigen Erkrankung (oder Gesundheit) seine Wurzeln in dem biologischen Beitrag, den die kognitiven Fähigkeiten eines Organismus zu seiner Funktionsweise als natürlichem Entwurf leisten. Die kognitiven Funktionen sind also biologisch angepaßt, wenn die internen Repräsentationen eines Organismus der Bedeutung entsprechen, die die Dinge tatsächlich haben, und wenn der Organismus diese Information dazu

benutzt, seine Bedürfnisse in angemessener Weise zu befriedigen oder seine Ziele in angemessener Weise zu erreichen. Dieser Zustand des psychischen Apparats stellt »psychische Gesundheit« dar. Er entspricht weitgehend der »Rationalität«. Störungen dieser kognitiven Funktionsweise – z. B. gravierende Entstellungen der Bedeutung des externen Inputs, Trugwahrnehmungen der Intentionen anderer Personen, Überzeugungen hinsichtlich der eigenen Person und anderer, die nicht auf Tatsachen, sondern auf Wünschen beruhen, oder Wunschkonflikte, die das Vermögen lähmen, angemessen zu handeln – interferieren mit der kontinuierlichen Erfüllung der natürlichen »Funktionen«. Sie stellen eine »psychische Erkrankung« dar.

Solche Funktionsstörungen können natürlich auf hormonale Gleichgewichtsstörungen, neurologische Schäden und ähnliches zurückgehen. Doch dann haben wir eine organische und keine geistige Erkrankung diagnostiziert. Die Krankheit ist geistiger Natur nur, insofern ihre Ätiologie nicht in organischen Bedingungen wurzelt, die die allgemeinen Fähigkeiten der Wahrnehmung, der inneren Repräsentation und des Handelns beeinträchtigen. Es geht dabei darum, wie ein Organismus, der über diese Fähigkeiten verfügt, in bestimmten Kontexten von ihnen Gebrauch macht. Die allgemeine Fähigkeit des Neurotikers, sein Verhalten durch »Handlungspläne« zu steuern, ist nicht biologisch beeinträchtigt worden, sondern er legt die Handlungspläne, die sein Verhalten in bestimmten Situationen steuern, von Grund auf falsch an. Etwas als Geisteskrankheit bezeichnen heißt behaupten, daß die Ätiologie in unangemessenen inneren Modellen zu suchen ist, in internen Repräsentationen des Selbst und anderer, die systematisch verzerrt sind. Die Erklärung solcherart diagnostizierter kognitiver Funktionsstörungen kann nicht von der Biologie erwartet werden, sondern ist in den intentionalistisch beschriebenen psychologischen Interaktionen des Organismus mit seiner Umwelt zu suchen. Geisteskrankheit wird also mittels des Bezugssystems intentionalistischer Konzepte diagnostiziert, die das handelnde Subjekt in seinem psychologischen Umgang mit anderen verwendet. Sie wird dadurch »behandelt«, daß die intentionale Welt des Handelnden neu strukturiert wird: dadurch, daß man ihm hilft, sich seiner Wunschkonflikte bewußt zu werden, deren Bewußtmachung er sich bislang widersetzt hat, oder daß man ihm die Strategien der Selbsttäuschung vor Augen führt, deren er sich bedient. Ihm muß ermöglicht werden, jene motivierten Verzerrungen zu korrigieren, die die Weise prägen, in der er sich und andere wahrnimmt und versteht. Dadurch gewinnt er die Fähigkeit, sein Verhalten mittels angemessenerer und wirksamerer Handlungspläne zu steuern.[20] Der Organismus, der zu zielstrebigem Handeln in der Lage ist, weil er im Verlaufe der Evolution einen psychischen Apparat erworben hat, der die Umwelt intern nachbilden und Verhalten so steuern kann, daß es der Erfüllung seiner Wünsche angemessen ist, ist zugleich zu Zielkonflikten, irreführenden Wahrnehmungen, falschen internen Repräsentationen, unangemessenen Strategien und ähnlichem fähig. Auf dieser Ebene ist die Psychologie mit »abnormem Verhalten« befaßt. Als Beitrag zur psychologischen Theorie muß Freuds »psychischer Apparat« auf Fragen über besondere Formen und Manifestationen kognitiver Funktionen bezogen werden, die auf dieser intentionalistischen psychologischen Ebene auf den Plan treten. Physiologische Gesichtspunkte, die die materiellen Bedingungen betreffen, aufgrund derer der Gebrauch dieser geistigen Fähigkeiten möglich ist, sind für diese Fragen ohne unmittelbare Relevanz.

Wie das abnorme Verhalten und die abnorme Persönlichkeit lassen sich auch Wahrnehmung, Motivation, Lernen und ähnliche Dinge auf verschiedenen Ebenen und von verschiedenen Gesichtspunkten aus untersuchen. Doch der naturgegebene psychologische Gesichtspunkt ist – zumindest meiner Meinung nach – derjenige des Handelnden, von dem aus das Verhalten intentionalistisch beschrieben und erklärt werden muß. Durch solche Beschreibungen und Erklärungen setzt man Handelnde voraus, die über kognitive Fähigkeiten verfügen. Mein Ziel war es zu zeigen, daß der Argwohn gegenüber solchen Fähigkeiten, den die Psy-

20 Das ist natürlich sehr vereinfacht. Zu einer eingehenderen Deutung der psychoanalytischen Theorien in dieser Hinsicht vgl. Mischel (1974). Außerdem ist anzumerken, daß ich mit keinem Wort angedeutet habe, in der Neurose spielten neurologische Veränderungen keine Rolle. Ich halte mich nur an die Ebene, auf der die Neurose identifiziert und behandelt wird, und an die Konzepte, auf die sie zu beziehen ist.

chologen an den Tag gelegt haben, aus den historischen und philosophischen Ursprüngen der empirischen Psychologie verständlich ist, daß er aber nicht mehr gerechtfertigt ist. In der historischen Situation, in der wir uns befinden, sollte es den Psychologen möglich sein, sich von ihren Sorgen über Mentalismus, Homunculi und den wissenschaftlichen Status ihrer Disziplin zu befreien und sich ihren eigentlichen Aufgaben zuzuwenden. Sie sollten psychologische Theorien entwickeln, die komplexe menschliche Verhaltensweisen erklären helfen können.

Literatur

Anscombe, G. E. M., *Intention.* Oxford: Blackwell, 1957.

Breger, L., & McGaugh, J. L., Critique and reformulation of »learning theory« approaches to psychotherapy and neurosis. *Psychological Bulletin,* 1965, 63, 338–358.

Brentano, F., *Psychology from an empirical standpoint.* 1874. Ed. by L. L. McAlister. New York: Humanities Press, 1973; dt.: *Psychologie vom empirischen Standpunkt,* 2 Bde., Hamburg 1955.

Boden, M. A., Intentionality and physical systems. *Philosophy of Science,* 1970, 37, 200–214.

Boden, M. A., The structure of intentions. *Journal for the Theory of Social Behavior,* 1973, 3, 23–46.

Boring, E. G., *History of experimental psychology.* New York: Appleton-Century-Crofts, 1950.

Boneau, A. C., Paradigm regained? Cognitive behaviorism restated. *American Psychologist,* 1974, 29, 297–309.

Chisholm, R. M., *Perceiving.* Ithaca: Cornell University Press, 1957.

Chisholm, R. M., On some psychological concepts and the »logic« of intentionality. In H. Castaneda (Ed.), *Intentionality, minds, and perception.* Detroit: Wayne State University Press, 1967. Pp. 11–35.

Chomsky, N., Review of B. F. Skinner's *Verbal behavior. Language,* 1959, 35, 26–58.

Davidson, D., Actions, reasons, and causes. *Journal of Philosophy,* 1963, 60, 685–700.

Dennett, D. C., *Content and consciousness.* New York: Humanities Press, 1969.

Dennett, D. C., Intentional systems. *Journal of Philosophy*, 1971, 68(4), 87–106.
Descartes, R., Discourse on method. 1637. In *Philosphical Works*, Vol. 1. Trans. by E. S. Haldane & G. R. T. Ross. New York: Dover, 1955.
Descartes, R., Meditations on first philosophy. 1641. In *Philosophical Works*, Vol. 1. Trans. by E. S. Haldane & G. R. T. Ross. New York: Dover, 1955.
Descartes, R., The passions of the soul. 1649. In *Philosophical Works*, Vol. 1. Trans. by E. S. Haldane & G. R. T. Ross. New York: Dover, 1955.
Deutsch, J. A., *The structural basis of behavior*. Chicago: University of Chicago Press, 1960.
Dodwell, P., *Visual pattern recognition*. New York: Holt, Rinehart & Winston, 1970.
Fodor, J., *Psychological explanation*. New York: Random House, 1968.
Fodor, J., & Bever, T., The psychological reality of linguistic segments. *Journal of Verbal Learning and Verbal Behavior*, 1965, 4, 414–420.
Freud, S., *General introduction to psychoanalysis*. 1914. New York: Garden City Publishing Company, 1943.
Freud, S., Instincts and their vicissitudes. 1915. In *Collected Papers*, Vol. 4. London: Hogarth Press, 1956. Pp. 60–83.
Freud, S., *Vorlesungen zur Einführung in die Psychoanalyse*, 1916–17, *G. W.*, Bd. 11.
–, »Triebe und Triebschicksale«, 1915, *G. W.*, Bd. 10.
Garrett, M., Bever, T., & Fodor, J., The active use of grammar in speech perception. *Journal of Perception and Psychophysics*, 1966, 1, 30–32.
Hamlyn, D. W., Conditioning and behavior. In R. T. Borger & F. Cioffi (Eds.), *Explanation in the behavioral sciences*. London: Cambridge University Press, 1970. Pp. 139–152.
Hanson, N. R., *Patterns of discovery*. London: Cambridge University Press, 1958.
Harré, R., *Principles of scientific thinking*. Chicago: University of Chicago Press, 1970.
Hebb, D. O., What psychology is about. *American Psychologist*, 1974, 29, 71–79.
Herbart, J. F., Psychologie als Wissenschaft. In *Sämmtliche Werke*, Bd. 5 u. 6. Hrsg. v. G. Hartenstein. Leipzig: Voss, 1850.
Hobbes, T., A short tract on first principles. 1630. In R. S. Peters (Ed.), *Hobbes: Body, man and citizen*. New York: Collier, 1962.
–, Third set of objections urged by a celebrated English philosopher [i. e., Hobbes]. 1641. In Descartes, *Philosophical Works*, Vol. 2. Trans. by E. Haldane & G. R. T. Ross. New York: Dover, 1955. Pp. 60–78.
–, De Corpore. 1655. In W. Molesworth (Ed.), *English works*, Vol 1. London: Bohn, 1839.

Hull, C. L., Learning. In C. Murchinson (Ed.), *Handbook of general experimental psychology.* Worcester, Mass.: Clark University Press, 1934. Pp. 382–455.
Hume, D., *Treatise on human nature.* 1739. Ed. by L. A. Selby-Bigge. Oxford: Clarendon Press, 1888.
Hume, D., *Inquiry concerning human understanding.* 1748. Ed. by C. W. Hendel. New York: Liberal Arts Press, 1955.
Irwin, F. W., *Intentional behavior and motivation.* New York: J. B. Lippincott, 1971.
Kant, J., *Kritik der reinen Vernunft,* Gesammelte Schriften, Akademie-Ausgabe, Bde. III u. IV, Berlin 1911.
–, »Grundlegung der Metaphysik der Sitten«, 1785, in: *Gesammelte Schriften,* Akademie-Ausgabe, Bd. IV. Berlin 1911.
–, »Kritik der praktischen Vernunft«, 1788, in: *Gesammelte Schriften,* Akademie-Ausgabe, Bd. V., Berlin 1911.
Kelly, G. A., *The psychology of personal constructs.* New York: Norton, 1955.
King, C. D., The meaning of normal. *Yale Journal of Biology and Medicine,* 1945, 17, 493–501.
Kuhn, T. S., The structure of scientific revolutions. In O. Neurath, R. Carnap, & C. W. Morris (Eds.), *International encyclopedia of unified science,* Vol. 2, No. 2. Chicago: University of Chicago Press, 1962.
Lacey, H. M., The scientific study of linguistic behavior: A perspective on the Skinner-Chomsky controversy. *Journal for the Theory of Social Behavior,* 1974, 4(1), 17–51.
MacCorquodale, K., On Chomsky's review of Skinner's *Verbal behavior. Journal of the Experimental Analysis of Behavior,* 1970, 13, 83–99.
Malcolm, N., Behaviorism as a philosophy of psychology. In T. W. Wann (Ed.), *Behaviorism and phenomenology.* Chicago: University of Chicago Press, 1964. Pp. 141–155.
Malcolm, N., The myth of cognitive processes and structures. In T. Mischel (Ed.), *Cognitive development and epistemology.* New York: Academic Press, 1971. Pp. 385–392.
McAlister, L., Chisholm and Brentano on intentionality. *Review of Metaphysics,* 1974, 28(2), 328–338.
Melden, A. I., *Free action.* New York: Humanities Press, 1961.
Merlan, P., Brentano and Freud. *Journal of the History of Ideas,* 1945, 6(3), 375–377.
Merlan, P., Brentano and Freud, a sequel. *Journal of the History of Ideas,* 1949, 10(3), 451.
Minsky, M., Matter, mind and models. In *Proceedings of the International Federation of Information Processing Congress,* Vol. 1. Washington, D. C.: Macmillan, Spartan Books, 1965. Pp. 45–49.

Mischel, T., Personal constructs, rules and the logic of clinical activity. *Psychological Review*, 1964, 71(3), 180–192.
Mischel, T., »Emotion« and »motivation« in the development of English psychology: Hartley, J. Mill, Bain. *Journal of the History of the Behavioral Sciences*, 1966, 2, 123–144 (a); dt.: in diesem Band.
Mischel, T., Pragmatic aspects of explanation. *Philosophy of Science*, 1966, 33, 40–60. (b); dt.: in diesem Band.
Mischel, T., Kant and the possibility of a science of psychology. *Monist*, 1967, 51, 599–622; dt.: in diesem Band.
Mischel, T., Scientific and philosophical psychology: A historical introduction. In T. Mischel (Ed.), *Human action*. New York: Academic Press, 1969. Pp. 1–40.
Mischel, T., Wundt and the conceptual foundations of psychology. *Philosophy and Phenomenological Research*, 1970, 31(1), 1–26; dt.: in diesem Band.
Mischel, T., Understanding neurotic behavior: From »mechanism« to »intentionality«. In T. Mischel (Ed.), *Understanding other persons*. Oxford: Blackwell; Totowa, N. J.: Rowman & Littlefield, 1974. Pp. 216–259; dt.: in diesem Band.
Mischel, W., Toward a cognitive social learning reconceptualization of personality. *Psychological Review*, 1973, 80(4), 252–283.
Neisser, U., *Cognitive psychology*. New York: Appleton-Century-Crofts, 1967; dt.: *Kognitive Psychologie*, Stuttgart 1974.
Peters, R. S., Motivation, emotion, and the conceptual schemes of common sense. In T. Mischel, (Ed.), *Human action*. New York: Academic Press, 1969. Pp. 135–165.
Piaget, J., *The child's conception of the world*. London: Routledge & Kegan Paul, 1929.
Reitman, W., *Cognition and thought*. New York: John Wiley, 1966.
Ryan, T. A., *Intentional behavior*. New York: Ronald Press, 1970.
Ryle, G., *The concept of mind*. London: Hutchinson's University Library, 1949.
Segal, E. M., & Lachman, R., Complex behavior or higher mental process: Is there a paradigm shift? *American Psychologist*, 1972, 27, 46–55.
Skinner, B. F., *Science and human behavior*. New York: Macmillan, 1953; dt.: *Wissenschaft und menschliches Verhalten*, München 1973.
–, *Verbal behavior*. New York: Appleton-Century-Crofts, 1957.
–, Are theories of learning necessary? In *Cumulative record*. New York: Appleton-Century-Crofts, 1961. Pp. 39–69.
–, Behaviorism at fifty. In T. W. Wann (Ed.), *Behaviorism and phenomenology*. Chicago: University of Chicago Press, 1964. Pp. 79–97.

–, Operant behavior. In W. K. Honig (Ed.), *Operant behavior.* New York: Appleton-Century-Crofts, 1966. Pp. 12–32.

–, *Beyond freedom and dignity.* New York: Alfred A. Knopf, 1971; dt.: *Jenseits von Freiheit und Würde*, Reinbek 1978.

–, *About behaviorism.* New York: Alfred A. Knopf, 1974; dt.: *Was ist Behaviorismus?*, Reinbek 1978.

Taylor, C., *The explanation of behavior.* New York: Humanities Press, 1964.

Taylor, C., Explaining action. *Inquiry*, 1970, 13(1–2), 54–89. (a)

Taylor, C., The explanation of purposive behavior. In R. Borger & B. Cioffi, (Eds.), *Explanation in the behavioral sciences.* Cambridge: Cambridge University Press, 1970. Pp. 49–79. (b)

Taylor, R., *Action and purpose.* Englewood Cliffs, N. J.: Prentice-Hall, 1966.

Titchener, E. B., *Textbook of psychology.* New York: Macmillan, 1916.

Titchener, E. B., *Systematic psychology.* New York: Macmillan, 1929.

Tolman, E. C., Principles of purposive behavior. In S. Koch (Ed.), *Psychology: A study of science*, Vol. 2. New York: McGrew-Hill, 1959. Pp. 92–157.

Tolman, E. C., *Purposive behavior in animals and men.* 1932. New York: Appleton-Century-Crofts, 1967.

Toulmin, S. E., *Foresight and understanding.* Bloomington: Indiana University Press, 1961.

Toulmin, S. E. Rules and their relevance for understanding human behavior. In T. Mischel (Ed.), *Understanding other persons.* Oxford: Blackwell; Totowa, N. J.: Rowman & Littlefield, 1974. Pp. 185–215.

Watson, J. B., *Behaviorism.* 1924. Chicago: University of Chicago Press, 1963.

Wundt, W., Über die Definiton der Psychologie. *Philosophische Studien*, 1896, pp. 1–66.

Wundt, W., *Grundzüge der physiologischen Psychologie.* 1874. 3 vols. (6th ed.) Leipzig: Engelmann, 1908–1911.

Wundt, W., *Logik.* 1883. 2 Bde. (2. Aufl.) Stuttgart: Enke, 1908.

Piaget und das Wesen psychologischer Erklärungen
(1976)

Die Frage, welche Vorstellungen Piaget sich vom Wesen psychologischer Erklärungen macht, ist nicht nur an sich von Interesse, sondern ist auch von Bedeutung dafür, wie wir auf der einen Seite seine Theorien und auf der anderen Seite die Wechselbeziehungen zwischen Philosophie und Psychologie zu verstehen haben. Beide Gegenstände sind kontrovers: Kritiker bezweifeln, daß die Berufung auf grundlegende logische Strukturen, die sich in einem Äquilibrationsprozeß entwickeln, zu einer psychologischen Entwicklungserklärung führen kann (z. B. Bruner, 1966; Kaye, 1974; Feldman und Toulmin, 1976). Ebenso geht der Streit darüber, ob die Tatsache, daß sich in Piagets Werk psychologische und philosophische Fragen miteinander verbinden, einen Vorzug oder Nachteil darstellt.[1] Vielleicht können wir diese Wechselbeziehungen zwischen Philosophie und Psychologie begreifen und vielleicht können wir auch darstellen, wie Piaget die kognitive Entwicklung erklärt, wenn wir seine Erklärungskonzeption verstehen.

Piaget meint, daß für wissenschaftliches Erklären mehr erforderlich ist, als auf empirische Weise Gesetze aufzustellen: »Das Gesetz an sich erklärt noch nichts, da es sich darauf beschränkt, die allgemeine Gültigkeit einer faktischen Beziehung (von Folgen, Korrelationen usw.) festzustellen« (1968, S. 159 f.). Auch die Formalisierung eines Systems empirischer Gesetze, wie sie in Hulls Lerntheorie vorgenommen wird, reicht nicht hin (1968, S. 60; 1970b, S. 265). Der Erklärung »wesentlich«

> ist die Herstellung eines »Modells«, das den Fakten selbst angepaßt ist – eines Modells, das so beschaffen ist, daß sich in Entsprechung zu den wirklichen Transformationen deduktive Transformationen vornehmen lassen. Das Modell ist also die Projektion des logisch-mathematischen Musters in die Wirklichkeit. Folglich besteht es aus einer konkreten Repräsentation, die sich auf

1 Vgl. die Artikel in Mischel (Hrsg.), 1971, vor allem die von Hamlyn, Toulmin, Kaplan und C. Taylor.

die Beschaffenheit oder auf die durch das Muster auszudrückende Transformationen gründet... Kurzum, das Modell besitzt insofern Erklärungswert, als es uns ermöglicht, den objektiven Prozessen eine »Struktur« zu verleihen, die selbst isomorph ist (1970a, S. 49).

Piaget scheint zu meinen, daß die einzige Alternative zu dieser verwirrenden Auffassung »Positivismus« ist, demzufolge wir uns mit Vorhersagen zufrieden geben und alle Hoffnung auf Erklärungen aufgeben müssen. Kommen letztere doch nicht ohne Modelle aus, die durch »wirkliche, aber verborgene Prozesse« das Beobachtete erklären (1970b, S. 265). Doch die zeitgenössische Philosophie ist nicht positivistisch. Kaum jemand würde Piaget widersprechen, weil er die Vorstellung ablehnt, die Wissenschaft erwachse aus der Beobachtung regelmäßiger Verbindungen von Ereignispaaren, oder weil er die Auffassung vertritt, daß wissenschaftliches Erklären Modelle brauche, die durch »wirkliche, aber verborgene Prozesse« die Beobachtungen erklärten. An Piaget verwirrt nicht die Tatsache, daß er Hume ablehnt, sondern seine Behauptung, daß »die Ursache eine logische Koordination ist, die auf eine wirkliche Koordination ›projiziert‹ wird« (1968, S. 161). Die Merkmale wissenschaftlichen Erklärens sind also

a) die *Notwendigkeit* der Beziehungen zwischen Ursachen und Wirkungen, die aus ihrer Deduzierbarkeit erwachsen;
b) die *Wirklichkeit* der Ursachenverknüpfung, die den meßbaren Erscheinungen zugrunde liegt... und sie dadurch gewährt wird, *daß das Modell als Substrat des deduktiven Argumentes fungiert* (1968, S. 161 f.).

Man braucht kaum Positivist zu sein, um zu meinen, daß deduktive Beziehungen nur zwischen Behauptungen in der Rede oder im Denken vorliegen. So wird man sich nicht recht vorstellen können, wie sich in Entsprechung zu den wirklichen Transformationen deduktive Transformationen vornehmen lassen und wie ein Modell realer Prozesse in der Natur ein »Substrat des deduktiven Argumentes« sein kann. Man kann einsehen, daß uns Modelle von grundlegenden Mechanismen die Möglichkeit verschaffen zu erklären, wie die Ursache die Wirkung zeitigt. So erkennen wir »natürliche Notwendigkeiten«, ohne diese mit logischen Notwendigkeiten gleichzusetzen. Eine wissenschaftliche Theorie, die uns ein Modell der zugrundeliegenden Wirkungsmechanismen an die Hand gibt, gestattet uns, logisch mögliche, alternative Abfolgen der Naturereignisse auszuklammern. So können wir vorhersagen, was unter bestimmten Bedingungen geschehen »muß«. Dies unterscheidet sich aber grundsätzlich von einer logischen Notwendigkeit, die sich aus der *Form* unserer Aussagen ergibt und insofern erfahrungsunabhängig ist. Die Naturnotwendigkeit hat eine faktische, keine formale Grundlage. Sie hängt von dem *Inhalt* des Modells ab, davon, wie der zugrundeliegende Mechanismus ist oder gedacht ist. Insofern können Aussagen über die Bedingungen, unter denen eine bestimmte Wirkung eintreten »muß«, von der Erfahrung verändert werden. Natürlich können Wissenschaftler bestimmte theoretische Aussagen von der Falsifizierbarkeit ausschließen. Doch wenn sie das tun, ist es eine Entscheidung, in der sich ihre Überzeugung ausdrückt, daß, selbst wenn die Erscheinungen ein anderes Bild zeigen, das Modell, dessen sie sich zur Erklärung der Erscheinungen bedienen, richtig sei. Modelle können – auch wenn ihre Bedeutung noch so grundsätzlich ist – durch neue Erfahrungen revidiert werden, während logisch notwendige Wahrheiten nicht durch Erfahrung verändert werden.

In entschiedenem Gegensatz dazu scheint Piaget anzunehmen, daß die »Notwendigkeit« von wissenschaftlichen Ursachenerklärungen aus der formalen Notwendigkeit logisch-mathematischer Argumente erwächst, die in die Wirklichkeit »projiziert« werden. Dies geschieht in »der Form von ›Modellen‹, die die wirklichen Prozesse repräsentieren und sie in der Form deduktiver Operationen ausdrücken sollen. Das Ziel ist erreicht, wenn die deduktiven Operationen die tatsächlichen Veränderungen nachbilden« (1970c, S. 234). Ich werde noch einmal auf diesen merkwürdigen Versuch zurückkommen, die »natürlichen Notwendigkeiten« der empirischen Wissenschaft auf die formale Notwendigkeit logisch-mathematischer Implikationen zu gründen. Dieser Versuch steht in enger Beziehung zu Piagets Überzeugung, daß ein »Isomorphismus zwischen den Implikationssystemen der Bedeutungen und den Ursachensystemen der materiellen Welt vorliege« (1968, S. 190).

Zuvor wollen wir uns Piagets Auseinandersetzung mit den Modellen zuwenden, die in der Psychologie verwendet werden.

Kernstück seiner Auffassung ist, daß alle Formen der Reduktion – ob sie nun den Weg vom Psychologischen zum Nichtpsychologischen oder vom Komplexen zum Einfachen einschlagen – zugunsten »konstruktiver« Erklärungen verworfen werden müssen, die »abstrakte Modelle« verwenden (vgl. 1968, S. 163 ff.; 1970b, *passim*). Piaget leugnet nicht die Bedeutung physikalischer, organischer und sozialer Faktoren für die Psychologie oder die Kontinuität zwischen komplexeren und einfacheren Erscheinungen – schließlich ist die Kontinuität zwischen geistigen (kognitiven) Funktionen und biologischen Prozessen ein entscheidender Punkt seines ganzen Ansatzes. Vielmehr leugnet er, daß sich höhere Prozesse dadurch adäquat verstehen lassen, daß man sie auf Elemente genau der gleichen Art zurückführt, wie sie sich auf einfacheren Organisationsebenen finden lassen. Piaget lehnt also den reduktiven Atomismus ab, der sich sowohl im modernen Behaviorismus wie auch im klassischen Empirizismus findet. Dort versucht man, intelligente Verhaltensmuster beim Erwachsenen anhand der Strukturen gleicher Art zu erklären, die im Säugling (oder in niederen Tieren) vorliegen. Höhere oder komplexere Formen werden als stetige Ergänzungen homogener Elemente und nicht als Strukturen von ganz anderer Organisationsform verstanden. Nach Piagets Auffassung gibt es auf verschiedenen Ebenen verschiedene Organisationsformen. Diese Strukturen lassen sich ihrer Art nach nicht als bloße Summierung homogener Elemente erklären. Wir haben es mit dem Gegensatz zwischen reduktivem Atomismus auf der einen Seite und konstruktivem Holismus oder »Strukturalismus« auf der anderen Seite zu tun (vgl. Piaget, 1970c, S. 479 ff.; Taylor 1971).
Piaget zieht aus seiner Erörterung psychologischer Modelle zwei Schlüsse:

Wesentlich ist, daß die psychologische Erklärung (a) eine gewisse Reduktion vom Komplexeren zum Einfacheren zuläßt, da ihr Organizismus ein durch nichts zu ersetzendes Modell an die Hand gibt (das im Physikalismus münden kann); oder man hält sich bei dem Versuch, die höheren Verhaltensformen (einschließlich ihres Merkmals des »Ich-Bewußtseins«) zu interpretieren, (b) an eine bestimmte Konstruktionsweise mit all ihren technischen Anforderungen (abstrakten Modellen). Es kann keinen Widerspruch zwischen diesen Schlüssen (a) und (b) geben. Bester Beweis dafür ist die Tatsache, daß sich der

Neurologe bei seinen Untersuchungen des Nervensystems als aktives und intelligentes Subjekt der höheren Verhaltensformen und der deduktiven Schemata bedient, deren logische Notwendigkeit sich nicht auf materielle Fakten zurückführen läßt (1968, S. 182).

So hängt z. B. die intelligente, selbstbewußte und logische Tätigkeit des Wissenschaftlers zwar von seinen biologischen Funktionen ab und steht in einer kontinuierlichen Verbindung zu ihnen, die ihrerseits wieder von seiner materiellen Basis abhängen, doch läßt sich diese intelligente Tätigkeit nicht auf die Struktur der materiellen Organisationen reduzieren – d. h. sie läßt sich durch diese nicht adäquat erklären. Um intelligentes Verhalten zu erklären, brauchen wir eine konstruktive, keine reduktive Erklärung, und diese orientiert sich an »abstrakten Modellen«. Solche Modelle – so erfahren wir –

verleihen konstruktiven Erklärungen einen gewissen Grad von Legitimität und Genauigkeit, weil sie die Aktivität des Subjekts in den Blick rücken. Während reduktionistische Hypothesen das Höhere dem Niedrigeren unterordnen, offenbart das abstrakte Schema – wenn es auch nicht in Abrede stellt, daß die Bindung an den Organismus von Bedeutung ist – die Einzigartigkeit und Neuartigkeit der Entwicklungen, die sich auf der Verhaltensebene vollziehen (1968, S. 181 f.).

Was sind nun aber die besonderen Merkmale »konstruktiver Erklärungen«, die die Einzigartigkeit intelligenten Verhaltens vor Augen führen, indem sie Modelle entwickeln, in deren Mittelpunkt »die Aktivität des Subjekts« steht?
Vielleicht kann uns ein konkretes Beispiel weiterhelfen. Piaget erklärt den Äquilibrationsprozeß durch den Hinweis auf eine Folge von vier »Strategien«, die das Subjekt nacheinander annimmt. Dabei erhöhen die Konsequenzen, die sich aus der Annahme einer Strategie ergeben, die Wahrscheinlichkeit, daß die nächste angenommen wird, bis das Subjekt die letzte Strategie erreicht hat und es ihm gelingt, ein stabileres und dauerhafteres kognitives Gleichgewicht einzurichten, als ihm anhand irgendeiner der vorausgehenden Strategien gelungen war. Wenn das Kind beispielsweise die Erhaltungskonzepte lernt, stützt sich sein schlußfolgerndes Denken anfänglich auf eine von zwei transformierten Dimensionen (z. B. es ist länger). Nach einem gewissen

Zeitraum wird sich das Kind wahrscheinlich der anderen Dimension zuwenden (es ist dünner). Nach einer Phase, in der »es noch zwischen beiden hin und her[-schwankt]«, wird es wahrscheinlich »die Abhängigkeit der beiden Variablen voneinander« entdecken. »Von da an betrachtet das Kind Transformationen.« Die Wahrscheinlichkeit wächst, daß es erkennt, »daß die beiden Veränderungen in gegensätzlichem Sinn verlaufen ... Das Kind hat jetzt ein reversibles System erreicht« (Piaget, 1972, S. 339 f.). Damit will Piaget nicht sagen, daß das Kind diese Strategien unbedingt durch bewußte Überlegungen erwirbt, sondern er weist auf den Umstand hin, daß es immer die »Mißerfolge oder Unzulänglichkeiten« einer Strategie sind, die zur Übernahme der nächsten »äquilibrierteren« führen (Piaget, 1957, S. 58 f.). Ferner scheint deutlich zu sein, daß diese Mißerfolge vom Standpunkt des Subjektes aus gesehen werden müssen. Piaget erklärt nämlich die wachsende Wahrscheinlichkeit sukzessiver Strategien, indem er von den »Erwägungen des Subjekts« spricht, seiner »Wahl« der Strategien, seinen »Zweifeln« und »Schlußfolgerungen«, von dem, »was es begreift«, »was es sich fragt«, »sich vorstellt«, »entdeckt« und ähnlichem (Piaget, 1957, S. 62–72).

Dieser psychologische Äquilibrationsprozeß besteht also in der Übernahme einer Folge von Strategien, die es dem Subjekt ermöglichen, durch immer besser organisierte Verfahren die kognitiven Störungen oder die immer komplexer werdenden Probleme zu bewältigen. Durch diesen Äquilibrationsprozeß erklärt Piaget die kognitive Entwicklung. In den ersten Bewältigungsversuchen des Säuglings tendiert jedes Schema dazu, »jeden Gegenstand zu assimilieren«. Doch begegnet es dabei dem »Widerstand der Objekte gegen die Assimilation« (Piaget, 1959, S. 43). Dadurch entstehen »Störungen«, die das Kind durch »Akkommodation« und »Assimilation« äquilibriert. Mit der Entwicklung neuer Strukturen kann das Kind Probleme erkennen, die sich vor dem Besitz dieser Strukturen noch nicht zeigen konnten. Bei seinem Bemühen, mit den Problemen fertig zu werden, äquilibriert es neue Strukturen. So entwickelt es »logische Strukturen« aus »prä-logischen«. Die gesamte kognitive Entwicklung »besteht aus kompensatorischen Reaktionen auf Störungen, die frühere Schemata betreffen und eine Abänderung der ursprünglichen Schemata ver-

langen« (Piaget, 1959, S. 50). Die Äquilibration dauert an, bis das »dauerhafte Gleichgewicht« der formalen (logisch-mathematischen) Strukturen erreicht ist.
Sicherlich hält sich diese Erklärung der kognitiven Entwicklung an die Aktivität des Subjekts. Doch scheint sie sich ihrem Typus nach von den Erklärungen der Naturwissenschaften grundsätzlich zu unterscheiden. Sie beruft sich auf die Entwicklung des Subjekts, in deren Verlauf sich das Verständnis für verschiedene Situationen herausbildet. Ein solcher Rekurs findet in der Naturwissenschaft nicht statt. Piaget möchte jedoch diesem Unterschied seine Bedeutung dadurch nehmen, daß er auf die »Verbindungen zwischen der biologischen Struktur und der Erkenntnisstruktur, insbesondere zwischen organischen Kontrollmechanismen und den kognitiven Kontrollsystemen mit ihren graduellen Äquilibrationen« (1970b, S. 238) hinweist. Über Piagets Behauptung, daß die Intelligenz ein biologischer Anpassungsprozeß sei und daß kognitive Prozesse sich in gewisser Hinsicht aus organischen »herausgebildet« hätten, läßt sich überhaupt nicht streiten. Piaget erklärt die kognitive Entwicklung also durch die »Kompensation der äußeren Störungen mit Hilfe jener Aktivitäten des Individuums, die Reaktionen auf diese Störungen darstellen« (1972, S. 295). Besteht nun aber wirklich eine so ausgeprägte Analogie zwischen dieser Erklärung und den homöostatischen Mechanismen, die das biologische Gleichgewicht dadurch bewahren, daß sie Umweltveränderung kompensieren? Folgenden Unterschieden scheint Bedeutung zuzukommen:
In erster Linie ist die »äußere Störung«, auf die das Subjekt reagiert, kein physischer Reiz. Worauf es reagiert, und ob sich ihm überhaupt ein Anlaß bietet zu reagieren, hängt von den kognitiven Schemata ab, denen der Reiz assimiliert werden muß. Da die Äquilibration von Anfang bis Ende von den kognitiven Schemata des Subjekts abhängt, ist sie kein biologischer Kompensationsprozeß. Denn die Dinge, die das Verhalten beeinflussen, entstammen nicht dem Feedback aus physischen Reizen, sondern ihrer kognitiven Assimilation durch das Subjekt. Es reagiert auf sein Verständnis der äußeren Störung. Außerdem deutet es auch selbst das Ergebnis seiner kompensatorischen Tätigkeit.
Zweitens können die Störungen, auf die das Subjekt auf der ope-

rativen Ebene reagiert, »vom Individuum vorgestellt und vorweggenommen werden ... In diesem Fall bestehen die kompensatorischen Aktivitäten desgleichen darin, Transformationen in der Vorstellung vorwegzunehmen« (Piaget, 1972, S. 295). So sprechen wir nicht über irgendeine Wechselwirkung zwischen inneren Mechanismen und tatsächlichen Vorkommnissen in der Außenwelt, sondern über »mögliche«, nicht über »tatsächliche« Störungen und über die »Vorkorrekturen von (vorhergesehenen) Irrtümern« durch das Subjekt (Piaget, 1972, S. 290). Es geht hier also darum, daß das Subjekt »logisch« (operativ) über die Situation nachdenkt, der es sich gegenübersieht.

Schließlich bedarf es überhaupt keiner »äußeren Störungen«, damit sich die Äquilibration vollzieht. Beispielsweise beruht der Erwerb der Erhaltungskonzepte nach Piagets Auffassung ausschließlich auf »internen Faktoren der Kohärenz ... der Deduktionstätigkeit des Subjekts selbst« (Piaget, 1959, S. 32). Äquilibration ist hier eine Reaktion auf den *inneren* Konflikt zwischen den Begriffsschemata des Subjekts und keine Reaktion auf irgendeine Störung von außen.

Die Unterschiede lassen sich wie folgt zusammenfassen: in der biologischen Selbstregulierung lassen sich sowohl die äußeren Störungen wie die Operationen, die sie kompensieren, durch naturwissenschaftliche Konzepte angeben, deren Anwendung von keinem besonderen Standpunkt abhängt. Wir brauchen die Dinge nicht vom Standpunkt des Systems aus zu betrachten, wir brauchen nicht zu fragen, wie das System die Störung versteht, um die Arbeitsweise eines homöostatischen Mechanismus zu begreifen. Doch wollen wir verstehen, warum ein Subjekt eine Strategie durch eine andere ersetzt, müssen wir die Situation vom Standpunkt des Subjekts aus verstehen – wir müssen uns um die Bedeutung bemühen, die die Störung oder der Konflikt für das Subjekt besitzt, und wir müssen verstehen, was es mit den kompensatorischen Aktivitäten bezweckt. Die kognitiven Äquilibrationen, auf die Piaget Bezug nimmt, können wir also nur verstehen, wenn wir den Standpunkt des Subjekts einnehmen und die Bedeutungen erfassen, die es den Dingen beimißt, während sich die Arbeitsweise eines homöostatischen Mechanismus unabhängig von irgendeinem Standpunkt darstellen läßt. Deshalb scheint sich eine Erklärung, die sich auf die »Aktivität« des Subjekts beruft, ihrem Typus nach von den naturwissenschaftlichen Erklärungen zu unterscheiden.

Piaget könnte darauf antworten, daß es ein Irrtum sei zu glauben, die Erklärungen in den Naturwissenschaften seien unabhängig vom Standpunkt des Subjekts. Er bringt vor, daß sich die Humanwissenschaften zwar »mit dem Menschen als ihrem Subjekt und ihrem Objekt zugleich [beschäftigen] ... doch ist diese Situation nicht so ganz neu und hat Entsprechungen in den Naturwissenschaften« (1970a, S. 16). Denn selbst naturwissenschaftliche Gegenstände lassen sich nur »durch Wahrnehmungen [erkennen], die einen subjektiven Aspekt besitzen«. Objektivität, die relative Unabhängigkeit des Objekts vom Subjekt, wird erst durch die »Dezentrierung« möglich. »Die gesamte Geschichte der Physik«, so teilt Piaget uns mit, »ist die Geschichte der Dezentrierung, mittels derer die Verzerrungen reduziert werden, die ein egozentrisches Subjekt einbringt, und durch die diese Wissenschaft so weit als irgend möglich auf die Gesetze eines erkenntnistheoretischen Subjekts gegründet werden« (1970a, S. 16). Obgleich die Tatsache, daß es sich bei dem Gegenstand der Humanwissenschaften »um ein Subjekt handelt, das mit Sprache und vielfältigen Symbolfunktionen ausgestattet ist, ... das Ziel der Objektivität und ihre Voraussetzung, die Dezentrierung, in größere Ferne rückt« (1970a, S. 17), sieht Piaget keinen prinzipiellen Unterschied.

Doch dann ist die Frage nach der »Aktivität des Subjekts« eine Angelegenheit der Erkenntnistheorie. Dies würde ebenso für die Physik wie für die Psychologie gelten. Da Piaget die Auffassung vertritt, daß »ein Erfolg der Arbeit der Genfer Schule über Entwicklung geistiger Konzepte und Operationen bei Kindern darin besteht, gezeigt zu haben, welche Rolle die Aktivität des Subjekts für die Entfaltung der Erkenntnis spielt« (1970b, S. 227), weist er jede entschiedene Trennung zwischen Natur- und Humanwissenschaften zurück. Er meint, die Naturwissenschaften seien nur deshalb »exakt«, weil sie ihre Erklärungen in logisch-mathematischen Strukturen niederlegten. Diese erwüchsen aber aus der Tätigkeit des Subjekts, die in der Entwicklungspsychologie untersucht werde. (Vgl. 1970a, S. 42 ff.) So kann es keine Erklärung außerhalb der erkenntnistheoretischen Aktivitäten eines Subjekts geben.

Nur hat dieses Argument nichts mit der Behauptung zu tun, daß psychologische Erklärungen sich von Erklärungen in den Naturwissenschaften deshalb unterschieden, weil sie Konzepte verwendeten, die sich nur dadurch verstehen ließen, daß man den Standpunkt des Subjekts einnähme. Denn hier ist das tatsächliche Subjekt gemeint, nicht das erkenntnistheoretische. Die in Rede stehende Trennungslinie verläuft nicht zwischen Subjektivität und Objektivität, sondern zwischen naturwissenschaftlichen Beschreibungen, deren Konzepte extensional sind, und psychologischen Beschreibungen, die auf intentionalen Konzepten beruhen.

Die Vorstellung, daß Intentionalität oder die »Gerichtetheit auf ein Objekt« das besondere Merkmal psychologischer Konzepte ist, geht auf Brentano (1874) zurück, der zur Unterscheidung psychischer und physischer Phänomene vorbrachte, jene seien stets auf irgendeinen Inhalt gerichtet. Mein Gedanke oder meine Wahrnehmung hat immer irgend etwas *zum Gegenstand,* mein Wunsch *gilt* immer irgendeiner Sache usw. Ganz unabhängig davon, ob das, woran ich denke, was ich wünsche usw. existiert, wird trotzdem wahr bleiben, daß ich es wünsche, daß ich daran denke usw. Da sich meine Gedanken also nur in Beziehung zu dem Objekt charakterisieren lassen, das ich intendiere oder meine, während physische Objekte sich ohne Rückgriff auf die Intentionen von irgendjemanden charakterisieren lassen, meint Brentano, daß diese »intentionale Inexistenz« des Geistigen ein Kriterium zur Unterscheidung zwischen psychischen und physischen Phänomenen liefere.[2]

Doch in sehr ähnlicher Weise kennzeichnen wir Handlungen, indem wir sie auf das beziehen, was der Handelnde intendiert. »Er sucht nach seiner Brille«, ist eine Beschreibung, die eine Handlung durch eine Intention charakterisiert, die dem Subjekt zugeschrieben wird, nicht aber durch seine Körperbewegungen. Es ist ohne Belang, welche der unbegrenzt vorstellbaren Körperbewegungen vorkommen, mittels derer jemand nach seiner Brille

2 Die Erörterung der Intentionalität wird hier sehr vereinfacht und verkürzt dargestellt; zu detaillierteren Ausführungen vgl. Mischel, 1976.

Ausschau halten kann. Die Handlung des »nach der Brille Suchens« läßt sich unabhängig davon, welche Körperbewegungen erfolgen, nur durch die Intention des Handelnden charakterisieren. Er kann z. B. seine Hände auf unendlich verschiedene Weise bewegen und dabei seine Brille zutage fördern; trotzdem können wir sein Tun nur als »Suche nach seiner Brille« charakterisieren, wenn er dies beabsichtigte. Er kann ja z. B. nach seinen Schlüsseln suchen oder auch die Papiere auf seinem Schreibtisch einfach nervös hin- und herschieben und dabei zufällig auf seine Brille stoßen. Da Handlungen normalerweise dadurch charakterisiert werden, daß man sie auf die Intentionen des Handelnden bezieht, ist ihnen das Merkmal der »intentionalen Inexistenz« gemeinsam, durch das Brentano psychische und physische Phänomene zu unterscheiden suchte: die Suche nach dem Traumland ist ebenso eine Handlung wie die Suche nach der Brille.

»Intentionalität« unterscheidet also nicht zwei Arten von Erscheinungen, sondern zwei unterschiedliche Weisen, diese zu charakterisieren und zu beschreiben. Brentanos Erkenntnis betrifft nicht den Unterschied zwischen physischen und psychischen Phänomenen als »Dingen« unterschiedlicher Art, sondern die Tatsache, daß naturwissenschaftliche und psychologische Verhaltensbeschreibungen unterschiedliche Konzepte verwenden. Dabei ist es ohne Belang, ob es sich um intentionalistisch charakterisierte Körperakte wie die »Suche nach der Brille« oder um »psychische Akte« wie An-etwas-Denken oder etwas-Erhoffen usw. handelt. Psychologische Beschreibungen setzen immer ein Subjekt voraus, berufen sich auf das, was es meint oder intendiert, und beschreiben Situationen und Verhaltensweisen von seinem Standpunkt aus.

Angesichts dieser Unterscheidung scheint deutlich zu sein, daß Piaget die kognitiven »Schemata« eines Subjekts anhand seiner Pläne, Überzeugungen, Wünsche usw. beschreibt: es sind intentionalistische Beschreibungen. Die systematischen, begrifflichen Wechselbeziehungen zwischen den Zielen, Überzeugungen, Wünschen und Handlungen eines Subjekts schließen die Möglichkeit aus, solche psychologischen Charakterisierungen von außen zu verstehen, d. h. von einem solchen Standpunkt aus die Verknüpfungen zu begreifen, die zwischen ihnen vorliegen. Dazu sind wir nicht in der Lage, ohne den Standpunkt des Subjekts einzunehmen, das Gegenstand dieser Beschreibung ist, und die Bedeutungen zu erfassen, die die Situationen und Verhaltensweisen für dieses besitzen. Dadurch unterscheiden sich psychologische Erklärungen, die auf intentionalistischen Konzepten beruhen, von naturwissenschaftlichen Erklärungen, die extensionale Konzepte verwenden, d. h. Konzepte, deren Anwendung von irgendeinem Standpunkt der untersuchten Phänomene unabhängig ist. Da psychologische Erklärungen intentionale und keine extensionalen Konzepte verwenden, können sie Humes atomistischer Voraussetzung nicht gerecht werden, derzufolge der Beweis für eine Wirkung sich in einer Weise angeben lassen muß, die von dem Beweis für die Ursache logisch unabhängig ist. Denn da wir einen psychologischen Zustand in Beziehung zu seinem intentionalen Objekt charakterisieren, können wir ihn nur dadurch als z. B. den Wunsch nach X beschreiben, daß wir den Standpunkt des Subjekts einnehmen, dem der Wunsch zugeschrieben wird, und so die nicht-kontingenten Verbindungen erfassen, die zwischen diesem Wunsch und den Handlungen bestehen, die es aufgrund z. B. seiner Überzeugungen zu tun geneigt ist. So haben wir als Anhaltspunkte für unsere Aussage, daß das Subjekt X wünscht, nur die Dinge, die es tut, sagt, in Tagträumen erwägt usw. Doch können sie nur insofern als Beweis gelten, als sie sich als Ausdruck dieses Wunsches ansehen lassen – z. B. wäre seine Rede von X kein Beweis, wenn das Subjekt mit ihnen den Hörer zu täuschen beabsichtigte, seine Tagträume über X wären kein Beweis, wenn das Subjekt durch sie Gedanken an unangenehme Familienprobleme aus dem Wege gehen wollte usw. Die Evidenz also, über die wir verfügen, um dem Subjekt den Wunsch nach X zuzuschreiben, ist genau die Evidenz, die wir haben, ihm die Disposition zuzuschreiben, angemessen zu handeln. Da Handlungen ihrerseits bezogen auf die Intentionen, Überzeugungen usw. des Subjekts erkannt werden, kann der Beweisgrund für unsere Aussage, daß die fraglichen Handlungen angemessen sind, nicht rein äußerlich sein, sondern bedarf der Interpretation anhand der Überzeugungen, Zielsetzungen usw. des Subjekts.

So kann die Evidenz, die wir besitzen, um jemandem z. B. einen

Wunsch zuzuschreiben, nicht logisch unabhängig von der Evidenz sein, die wir besitzen, um ihm Handlungen der entsprechenden Art zuzuschreiben. Denn unsere Evidenz, ihm sowohl den Wunsch wie auch die (intentional charakterisierten) Handlungen oder Handlungsdispositionen zuzuschreiben, können wir nur kraft der nicht-kontingenten (»bedeutungsvollen«) Verbindungen zwischen Wünschen und Handlungen gewinnen, die von seinem Standpunkt aus angesichts seiner Überzeugungen usw. dem Wunsch angemessen sind. Der Wunsch und die Handlung lassen sich also intentional nur dadurch charakterisieren, daß wir sie interpretieren. Dadurch wird ihre nicht-kontingente Verbindung in Beziehung zu jenem weitergespannten Kontext systematisch verknüpfter Ziele, Überzeugungen usw. verständlich, der den Standpunkt des Subjekts ausmacht. Deshalb kann es auf der psychologischen Ebene keine logisch unabhängigen Beschreibungen von Wünschen, Überzeugungen, Motiven, Emotionen und Handlungen geben. Nur insofern wir diese nicht-kontingenten Verbindungen vom Standpunkt des Subjekts aus erfassen, dem sie zugeschrieben werden, sind wir in der Lage, sein Verhalten intentional zu charakterisieren und zu erklären.

Intentionalistische Erklärungen erklären Verhalten anhand der komplexen Wechselbeziehung zwischen einem Ziel und den hierarchisch strukturierten Handlungsplänen, die das Subjekt als angemessene Vorgehensweise in Beziehung zu seinen Überzeugungen und Werten, seinen soziokulturellen Einschränkungen und Möglichkeiten, seinen Motivationen usw. hervorbringt (all dies ist in Piagets Begriff der »Schemata« enthalten). Zahlreiche Autoren haben darauf hingewiesen (z. B. Boden, 1973), daß solche intentionalistischen Erklärungen den Erklärungen auf der Programmebene analog sind, die sich anhand der Unterprogramme für das Verhalten eines Computers geben lassen. Solche Handlungspläne rufen Verhalten hervor, weil sie es »steuern«, ebenso wie sich von einem Programm sagen läßt, es »steuere« die Maschine, die es ausführt.

In solchen Erklärungen setzt man voraus, daß die Person die Fähigkeit besitzt, intentional zu handeln. Dabei erklärt man nicht, welche besondere Beschaffenheit ihrer biologischen Konstitution sie dazu befähigt – ebenso wie Erklärungen auf der

Programmebene keine Aussagen über die Hardware enthalten, aufgrund derer der Computer Unterprogramme ausführen kann. Doch ebenso wie Erklärungen auf der Programmebene und auf der der Hardware sich ohne Schwierigkeiten miteinander vereinbaren lassen, so lassen sich intentionalistische psychologische Erklärungen, die sich auf die vom Subjekt ins Spiel gebrachten Bedeutungen berufen, mit den extensionalistischen, naturwissenschaftlichen Erklärungen vereinbaren, die auf einer ganz anderen Ebene für dasselbe Subjekt gegeben werden können. Zwar lassen sich Handlungen nicht charakterisieren, ohne daß sie aus der Sicht der Intentionen, Wünsche usw. des Subjekts interpretiert werden, und diese wiederum lassen sich nicht charakterisieren, ohne daß man auf angemessene Handlungsdispositionen verweist; doch wenn es dazu kommen sollte, daß sich hinreichende Bedingungen für die Entstehung eines Wunsches, einer Intention usw. auf der neurophysiologischen Ebene angeben und diese sich kontingent mit den Bewegungen verbinden lassen, die ausgeführt werden, wenn sich das System in diesem Zustand befindet, dann würde es auf dieser Ebene materielle Erklärungen geben, die Humes atomistischer Voraussetzung genügen würden.
Ich denke, daß Piaget mir in den meisten Punkten zustimmen würde. Denn er meint selbst:

Das allgemeinste Merkmal von Bewußtseinszuständen ist unzweifelhaft der Umstand, daß sie aus »Bedeutungen« kognitiver Art (übersetzt in die Begriffe von wahr oder falsch) oder affektiver Art (Werte) oder – was wahrscheinlich ist – beider Arten gleichzeitig bestehen. So erwächst weder die Verbindung zwischen Bedeutungen, noch die Beziehung zwischen dem Zeichen und dem bezeichneten Objekt aus der Kausalität (1968, S. 188).

Die Beziehung zwischen Bedeutungen ist – so erfahren wir – die der »Implikation im weiten Sinne«, und wir müssen »der Besonderheit bewußter Notwendigkeit Rechnung tragen, und uns gleichzeitig darüber im klaren sein, daß sich in ihr immer noch ihr Ursprung im Reich des Faktischen spiegelt« (1968, S. 182). Abermals stellt Piaget die Psychologie und die Neurophysiologie einander gegenüber und sagt dazu:

Die Neurophysiologie ist ausschließlich *kausal*, während die Psychologie auf der *Implikation* beruht. Das liegt daran, daß die Daten der Neurophysiologie physikalisch-chemische Zustände betreffen, für die sich rein kausale Erklärungen angeben lassen, während sich Bewußtseinszustände und geistiges Verhalten kausal nicht erklären lassen. Sie sind nur Bedeutungssysteme oder bedeutungsvolle Handlungen, deren Wechselbeziehungen auf »Implikationen« im weiten Sinne beruhen. Eine vernünftige Psychologie müßte deshalb die ungenauen und unvollständigen Implikationen des Bewußtseins durch logisch-mathematische Implikationen ersetzen, die einen kohärenten Wissensbestand und adäquate Erfahrungsrepräsentationen darstellen (1969, S. XXIII).

Damit sind wir jedoch noch nicht aller Probleme enthoben. Wie stellt sich Piaget die Entwicklung jener Systeme von »Implikationen im weiten Sinne« vor, die im Erwachsenen am Werke sind. Bislang haben wir festgestellt, daß sich die Redeweise von der Äquilibration der Schemata auf zwei Arten verstehen läßt, die Piaget anscheinend durcheinanderbringt: (1) Sie ist eine kausale Erklärung wie die Darstellungen homöostatischer Mechanismen in der Biologie, und (2) sie ist eine empirische Erklärung, die sich mit den tatsächlich von Kindern ausgeführten Tätigkeiten befaßt, unterscheidet sich aber von naturwissenschaftlichen Erklärungen insofern, als sie auf intentionalistischen Beschreibungen beruht. Da Piaget sagt, die Psychologie solle die »unvollständigen und ungenauen Implikationen des Bewußtseins« durch »logisch-mathematische Implikationen« ersetzen, kommt eine dritte Möglichkeit in den Blick: (3) die Beziehung zwischen schlechter und besser äquilibrierten Schemata ließe sich als eine Analyse rein formaler Beziehungen zwischen logisch-mathematischen Strukturen vorstellen, die wir als Theoretiker verwenden können, um das Verhalten von Subjekten in verschiedenen Entwicklungsstadien zu charakterisieren. In diesem Falle darf die »Erzeugung« äquilibrierterer Schemata nicht in Analogie zu der Art verstanden werden, in der homöostatische Mechanismen *ursächlich* einen materiellen Zustand wiederherstellen, wenn es zu einer materiellen Störung gekommen ist, auch nicht in Analogie zu der tatsächlichen Tätigkeit von irgend jemanden, der *intentional* seine Konzepte modifiziert, wenn er erkennt, daß sie mit seinen Beobachtungen oder anderen Konzepten kollidieren, sondern in Analogie zu der Art, in der sich sagen läßt, die Prämissen eines logisch-mathematischen Beweisganges »erzeugten« den Schluß – d. h. sie nplizieren diesen Schluß logisch, ob er nun vom Subjekt tatsächlich gezogen wird oder nicht. Welcher Auffassung neigt Piaget nun tatsächlich zu?

Andernorts (Mischel, 1971) habe ich die Auffassung vertreten, daß Piagets Äquilibrationsdarstellung sich am besten als eine logische Rekonstruktion verstehen lasse. Der Psychologe könne durch sie in Übereinstimmung mit formalen Charakteristika wie Kohärenz, Klarheit, Reversibilität usw. die Reihenfolge der Stadien bestimmen, die zur Rationalität des Erwachsenen führen. In dieser Weise verstanden ist Piagets stadienabhängige Erklärung der Interessen, Konflikte, Verhaltensweisen und schlußfolgender Denkweisen, die für Kinder in verschiedenen Stadien typisch sind, empirisch. Doch die stadienunabhängige Darstellung der Entwicklung immer äquilibrierterer Strukturen ist keine empirische Theorie, da Piaget meint, die kognitiven »Störungen« und die Wiederherstellung des »Gleichgewichtes« ließen sich nur dadurch erfassen, daß man unsere logischen Konzepte der Konsistenz, Relevanz usw. auf den Gegenstand anwende, den das Kind bewältige. Man könnte zu der Annahme neigen, daß Piaget dieser Deutung zustimmen würde; sagt er doch, daß er sich mit dem erkenntnistheoretischen und nicht mit dem tatsächlichen Subjekt befasse – es ist »keine Frage der Prozesse und der Logik des Subjekts selbst« (1968, S. 178). Die Redeweise von den »Aktivitäten des erkenntnistheoretischen Subjekts« meint nicht die tatsächlichen Aktivitäten, die ein Subjekt ausführt. Es ist vielmehr die Rede von zeitlosen, logisch-mathematischen Beziehungen. Das gleiche trifft zu, wenn er sagt, es sei »natürlich, die logischen Prozesse selbst als Modell zu verwenden, wie es systematisch in der Genfer Schule geschieht« (1974b, S. 268), oder wenn er behauptet, es gäbe eine invariante Sequenz – d. h. eine *logische* Reihenfolge – in der kognitiven Entwicklung.

Doch gibt es andere Textstellen, wo Piaget sich die Äquilibration als einen Mechanismus vorzustellen scheint, der eine empirische, wissenschaftliche Erklärung liefert. Da der Mechanismus psychologischer Art ist, weist Piaget darauf hin, er müsse anhand von »Merkmalen [erfaßt werden], die nicht eigentlich ›physisch‹ sind« (1957, S. 40). Deshalb müsse »die strenge Kausalität zugunsten eines Interpretationssystems aufgegeben« werden, wie es

z. B. vorliegt, wenn die Bahn eines Teilchens durch das Prinzip der »geringsten Wirkung« (least action) beschrieben wird (1957, S. 31). Doch der Umstand, daß es möglich und manchmal auch nützlich ist, das Verhalten von Teilchen in quasi-psychologischen Begriffen zu beschreiben, verwischt nicht die Trennungslinie zwischen intentionalistischen und extensionalistischen Erklärungen. Denn der empirische Inhalt quasi-intentionalistischer Beschreibungen des Verhaltens von Materieteilchen läßt sich auch in extensionalen Begriffen wiedergeben, während eine solche Übersetzung für die intentionalistischen Beschreibungen menschlichen Verhaltens nicht möglich ist.[3] Da Piaget meint, daß die Psychologie auf Implikation und Bedeutungen beruhe und daß Bedeutungen »nicht aus der Kausalität erwachsen«, könnte man meinen, er verstehe seine Äquilibrationsdarstellung wirklich als intentionalistische Erklärung. Doch in wieder anderen Textstellen sagt er, daß es sich um eine »Form kausaler Erklärungen« handle (1968, S. 177) – »die Äquilibration ... beruht auf den aktiven, kompensatorischen Anpassungsleistungen, die das Subjekt in Reaktion auf äußere Veränderungen vornimmt, und führt so zu einer kausalen Erklärung der Reversibilität« (1970, b, S. 262). Vielen ist unverständlich, warum Piaget nicht zwischen diesen drei Lesarten unterscheidet. Diese Kritiker meinen, daß *formale Strukturen* oder Relationen (d. h. Operationen wie Identität, Reversibilität usw.) zeitlose, logische Repräsentationen von Eigenschaften sind, die vom tatsächlichen Verhalten abstrahiert wurden. Sie sind von *funktionalen Strukturen* zu unterscheiden, die kybernetische Repräsentationen auf der Programmebene sind. Sie sind sequentiell angeordnete Tätigkeiten, die das Kind tatsächlich in der Zeit ausführt. Diese unterscheiden sich wiederum von den *materiellen Strukturen* der Neurophysiologen. Piaget – so meinen die Kritiker – bringt die formale und funktionale Analyse durcheinander, wenn er die Entwicklung durch logische, zeitlose Relationen zu erklären versucht. Da die psychologische Entwicklung ein Prozeß in der Zeit ist, läßt sie sich nur durch eine funktionale Analyse der psychologischen Aktivitäten erklären, die das Kind tatsächlich ausführt (vgl. Kaye, 1974). »Die

3 Zum Beleg dieser Behauptung vgl. Mischel, 1976.

psychologische Erklärung braucht eine psychologische [und keine logische] Theorie« (Bruner u. a., 1966, S. 3). Ferner besagt die Tatsache, daß der Theoretiker in der Lage ist, das Verhalten des Kindes mittels formaler Strukturen wiederzugeben, noch lange nicht, daß entsprechende Strukturen in der Psyche des Kindes vorliegen. Denn die formale Darstellung von Theorien, z. B. in der mathematischen Physik, sind eine Sache, ihre empirische Bedeutung eine ganz andere. Die Tatsache, daß Physiker ihre Beobachtungen mit Hilfe bestimmter formaler Strukturen und Relationen darstellen können, erlaubt keinesfalls den Schluß, daß entsprechende physikalische Strukturen und Relationen tatsächlich vorhanden sind. Der logische Formalismus ist nur ein Instrument, das zu verwenden der Physiker beschließt, um seine Beobachtungen klar und deutlich auszudrücken. Dieser Entschluß sagt noch nichts über die empirische Welt aus. Der Fehler Piagets liegt – so sagen die Kritiker – darin, daß er nicht zwischen den logischen Zügen seiner theoretischen Repräsentationen und der empirischen Wirklichkeit unterscheidet; die rein logischen Gebilde und Beziehungen seiner Theorie werden mit den tatsächlich vorhandenen Gebilden vermengt, d. h. mit den Strukturen in der Psyche des Kindes und den empirischen Beziehungen zwischen diesen (vgl. Feldman und Toulmin, 1976).

Piaget weiß, daß man ihm vorwirft, sein Ansatz »sei enger mit der Logik als mit der reinen Psychologie verwandt«. Er erwidert darauf, daß »man ja auch dem Experimentator nicht den Vorwurf machen kann, er ›dilettiere in Mathematik‹, wenn er auf die Wahrscheinlichkeitsrechnung oder algebraische Funktionen rekurriere«, so solle man ihm auch nicht vorwerfen, er »dilettiere in Logik«, weil seine psychologische Theorie bei ihr Anleihen mache (1970b, S. 268). Doch hilft uns diese Antwort nicht weiter, weil sie eine Auffassung von der Natur und der Rolle logisch-mathematischer Formalismen voraussetzt, die nicht von Piagets Kritikern geteilt wird. Wenn die Kritiker meinen, solch ein Formalismus sage nichts über die empirische Realität aus, vertritt Piaget – wie wir gesehen haben – die Auffassung, die logisch-mathematischen Systeme seien »adäquate Repräsentationen der Erfahrung« und die Ursachenerklärung in jeder Wissenschaft sei die »Projektion« dieser logischen Relationen auf die Realität. In einer Erörterung der Beziehung zwischen Neurophysiologie und Psychologie sagt Piaget:

Der Konflikt zwischen physikalisch-chemischer Kausalität und psychologischer Implikation braucht nicht ausgeprägter zu sein als der zwischen physikalischer oder materieller Erfahrung und den logisch-mathematischen Deduktionen, die zu ihrer Erklärung verwendet werden: es gibt einen Isomorphismus zwischen Kausalität und Implikation... und das Bemühen, eine Übereinstimmung zwischen der kausalen Physiologie und Analysen zu schaffen, die auf der Implikation beruhen, sollte sich an den Beziehungen orientieren, die heute zwischen experimenteller oder kausaler und mathematischer oder implikativer Physik vorliegen (1969, S. XXIII).

Andernorts behauptet Piaget, daß »die Kausalität die Assimilation materieller Wirkungen zwischen Objekten an die Operation des theoretischen Subjekts sei« (1968, S. 190) und daß »die abstrakte Deduktion sich kraft des Prinzips des Isomorphismus auf die tatsächlichen Substrate anwenden lasse (ebd.).
Diese Auffassung ist nicht leicht zu verstehen. Ich glaube aber, daß sie in etwa auf das folgende hinausläuft: die logisch-mathematischen Systeme, die die Ursachenerklärungen in den Experimentalwissenschaften ermöglichen, haben ihre Wurzeln in der Tätigkeit des menschlichen Subjekts. Diese Implikationssysteme sind »Denkstrukturen, die sich aus der allmählichen Interiorisierung des Handelns ergeben«, doch ist sich das Subjekt, »obgleich es sie durch seine eigene Tätigkeit geschaffen hat, ihres Vorhandenseins als Struktur nicht bewußt« (1970b, S. 228) – oder dieses Bewußtsein von ihnen ist zumindest »ungenau und unvollständig«. Die logisch-mathematischen Strukturen sind nicht einfach Formalismen, die nichts über die Welt aussagen, sondern »adäquatere Repräsentationen der Erfahrung«, weil die Erfahrung ihnen entsprechen muß. Denn wir können – ob in der Physik oder in der Physiologie – zu einer Ursachenerklärung der Erfahrung nur gelangen, indem wir unsere logischen Koordinationen auf die materiellen Substrate »projizieren«. Kausale Experimentalwissenschaften wie die Physik oder die Physiologie müssen Modelle entwickeln, die »den tatsächlichen Ereignissen entsprechen«, d. h. durch Vorhersagen empirisch überprüft werden können. Doch die Struktur der Wirklichkeit, wie sie sich in den

Erklärungsmodellen der Experimentalphysiker oder der Physiologen darbietet, muß der Struktur unseres Denkens isomorph sein, weil sie – wie Kant sagen würde – nicht aus der Erfahrung gewonnen, sondern ihr diktiert wird.[4] Da Ursachenerklärungen sich nur dadurch entwickeln lassen, daß die Interaktionen zwischen materiellen Gegenständen an die logischen Operationen des theoretischen Subjekts assimiliert werden, sind unsere logisch-mathematischen Repräsentationen und die empirische Wirklichkeit, die sie repräsentieren, isomorph.

Logiker können diese Systeme logisch-mathematischer Implikationen für ihre besonderen Zwecke als zeitlos behandeln, doch die »Logik des Logikers« ist nur eine »formalisierte und außerordentlich inhaltsreiche Ausarbeitung der Logik, auf der die Tätigkeiten des Subjekts beruhen« (1970a, S. 43). Die Psychologie untersucht, wie diese Tätigkeiten sich zu »Implikationssystemen im weiten Sinne« entwickeln. Dabei verwendet der Psychologe wie jeder andere Wissenschaftler logisch-mathematische Repräsentationen. Diese sind mit den tatsächlichen Aktivitäten des Kindes – den wirklichen, sequentiell geordneten Aktivitäten der funktionalen Analyse – deshalb isomorph, weil zwischen den formalen Strukturen und Beziehungen der »mathematischen oder implikativen Physik« und den materiellen Strukturen oder Prozessen, die sie repräsentiert, ein Isomorphismus vorliegt: die Erklärung der tatsächlichen Aktivitäten in der Zeit ist nur insofern möglich, als sie an die Operationen des Theoretikers assimiliert und auf diese Weise seinen logisch-mathematischen Strukturen isomorph werden. Es gibt immer einen »Isomorphismus zwischen den implikatorischen und den kausalen Systemen« (1970a, S. 50), da diese Systeme »Projektionen« jener auf die Realität sind.

Daraus folgt jedoch, daß sich die Dinge, um die der Streit zwischen Piaget und seinen Kritikern geht, nicht in den Begriffen der Entwicklungspsychologie darlegen lassen. Er umfaßt viel weiter

4 Piaget sagt, daß »wir uns an den Geist der Kantschen Aussage und nicht an ihren Buchstaben halten müssen. Er hatte unzweifelhaft recht, wenn er behauptete, daß die Wahrnehmung von Beginn an eine bestimmte Organisationsform aufweise ... und daß die Wahrnehmungsorganisation denselben Ursprung im Subjekt habe wie die Verstandeskategorien« (1969, S. 361 f.).

gespannte Fragen über das Wesen menschlicher Erkenntnis. Wenn man der Meinung ist, physikalische Erklärungen assimilierten das Verhalten materieller Objekte an die Tätigkeit eines Objekts, mag die Unterscheidung zwischen intentionalen und extensionalen Erklärungen nicht sehr wichtig erscheinen. Noch wäre es sehr sinnvoll, darauf zu bestehen, daß formale, funktionale und physische Strukturen und Beziehungen sorgfältig auseinander zu halten sind, wenn man die Auffassung vertritt, sie seien alle isomorph. Doch warum soll man diese Behauptungen akzeptieren?

Wenn in der Naturwissenschaft ein Isomorphismus behauptet wird, ist der Nachweis zu erbringen, daß die Gesetze, die zwei Erscheinungsbereiche bestimmen – z. B. den Stromfluß in einem Draht und das Fließen einer Flüssigkeit in einer Röhre – die gleiche syntaktische Struktur besitzen. Doch Piagets Behauptung vom »Isomorphismus zwischen den implikativen Bedeutungssystemen und den kausalen Systemen der materiellen Welt« (1968, S. 190) hat nichts mit diesem Vorgang zu tun, der die Struktur von Systemen empirisch aufgestellter Gesetze miteinander vergleicht. Wie aus dem Zusammenhang hervorgeht, ist Piagets These seine Alternative zum Parallelismus und dem Interaktionismus als Lösungen des Körper-Seele-Problems (vgl. 1968, S. 182 ff.; 1970, 2, S. 49 ff.). Dieses Problem ist nun sicherlich philosophischer und nicht wissenschaftlicher Natur – es ist ein begriffliches Problem, das durch empirische Forschung ganz gewiß nicht zu lösen ist. Piaget verstrickt sich in dieses Problem, weil seine Theorie der kognitiven Entwicklung in eine philosophische Theorie über das Wesen menschlicher Erkenntnis eingebettet ist. Darin liegt ein beträchtliches Maß an Ironie. Denn durch seine kontinentale Ausbildung ist Piaget geneigt, die Philosophie mit spekulativen Systemen gleichzusetzen – das Kennzeichen der Philosophie sieht Piaget darin, daß »die Fragen nicht voneinander geschieden werden« und »in Wertungen und Auffassungen, die jede Möglichkeit eines allgemeinen Konsenses ausschließen« (1970a, S. 13). Die Wissenschaften wurden – wie wir erfahren – nicht deshalb aus der Philosophie herausgelöst, »weil ihre Probleme ein für allemal als wissenschaftliche festgelegt wurden«, sondern weil der wissenschaftliche Fortschritt »verlangt, daß die

Probleme erkannt werden und daß diejenigen, über die sich zu einem gegebenen Zeitpunkt keine Übereinstimmung erzielen läßt, beiseite gelassen werden« (1970a, S. 13). Deshalb ist die Philosophie definitionsgemäß »spekulativ«. Probleme, die sich lösen lassen, überläßt sie der Wissenschaft. Und deshalb neigt Piaget zu der Annahme, die wissenschaftliche Erkenntnistheorie müsse von der philosophischen getrennt werden. Die »genetische Erkenntnistheorie« sei eher Teil der wissenschaftlichen Psychologie als der spekulativen Philosophie. Doch seine Berufung auf den Isomorphismus von Bedeutung und Kausalität ist selbst ein Fall rein spekulativer Philosophie.

Geht man von dem Werk Piagets aus, leuchtet es in gewisser Hinsicht ein, wenn er behauptet: »Um den Menschen zu verstehen, muß man etwas über die Erkenntnistheorie wissen, und um diese zu verstehen, muß man etwas vom Menschen wissen« (Piaget 1970c, S. 525). Piaget wurde durch seine psychologische Forschungstätigkeit ganz natürlich zu den erkenntnistheoretischen Fragen geführt, die ihn interessierten. Auch scheinen viele jüngere Arbeiten in der anglo-amerikanischen Philosophie für diese Interessen von Bedeutung zu sein. Es handelt sich dabei nicht um spekulative Äußerungen von »Wertungen und Auffassungen«, die es versäumen, nicht zur Sache gehörige Fragen auszuklammern, sondern um detaillierte Begriffsanalysen, die sich mit dem Wesen funktionaler Erklärungen in der Psychologie beschäftigen, danach fragen, wie eine Reduktion der Psychologie auf die Physiologie möglich sein könnte, die sich mit der Natur intentionalistischer Handlungserklärungen und ihrer Beziehung zu den Ursachenerklärungen in den Naturwissenschaften beschäftigen und ähnlichen Fragen nachgehen. Man findet dort aber keinen Hinweis auf das Werk Piagets. Das ist schade, denn solche Analysen könnten seine rein spekulative Berufung auf den Isomorphismus von Bedeutung und Kausalität überflüssig machen. Philosophen und Psychologen könnten mit ihren sehr unterschiedlichen Kenntnissen gemeinsam dazu beitragen, die Probleme auf dem Schnittpunkt zwischen Erkenntnistheorie und Kognitionspsychologie in den Blick zu bekommen und zu lösen. Solche interdisziplinären Forschungsarbeiten könnten weit fruchtbarer sein, als einerseits der nüchterne Versuch der reinen Experimentalpsychologen, die Erkenntnistheorie zu ignorieren, und andererseits Piagets Versuch, sie zum Bestandteil der empirischen Psychologie zu machen.

Literatur

Boden, M. A., »The Structure of Intentions«, *Journal for the Theory of Social Behavior*, Vol. 3, No. 1, 1973.

Brentano, F., *Psychology from an Empirical Standpoint*, 1874. Ed. by L. L. McAlister, New York: Humanities Press, 1973; dt.: *Psychologie vom empirischen Standpunkt*, Hamburg 1955.

Bruner, J. et al, *Studies in Cognitive Growth*, New York: Wiley, 1966.

Feldman, C. and Toulmin, S., »Logic and the Theory of Mind: Formal, pragmatic and empirical considerations in a science of cognitive development«, in W. J. Arnold, ed., *Nebraska Symposium on Motivation*, Vol. 23, University of Nebraska Press, 1976.

Kaye, K., »Formal Structures Do Not Develop«, paper presented at the first meeting of the Society for Philosophy and Psychology, held at MIT, October 1974.

Mischel, T., ed., *Cognitive Development and Epistemology*, New York: Academic Press, 1971.

–, »Piaget: Cognitive Development and the Motivation of Thought«, in T. Mischel, ed., 1971.

–, »Psychological Explanations and their Vicissitudes«, in W. J. Arnold, ed., *Nebraska Symposium on Motivation*, Vol. 23, University of Nebraska Press, 1976; dt.: in diesem Band.

Piaget, J., Logique et équilibre dans les comportements du sujet. In L. Apostel, D. Mandelbrot, & J. Piaget (Eds.), *Logique et equilibre.* Etudes d'épistémologie génétique, 2. Paris: Presses Univ. de France, 1957.

–, Apprentissage et connaissance. In P. Gréco & J. Piaget (Eds.), *Apprentissage et Connaissance.* Études d'épistémologie génétique, 7. Paris: Presses Univ. de France, 1959.

–, *Six Psychological Studies.* House, 1967.

–, »Explanation in Psychology and Psychophysiological Parellelism«, in P. Fraisse & J. Piaget, eds., *Experimental Psychology: Its Scope and Method*, New York: Basic Books, 1968.

–, *Les méchanismes perceptifs*, Paris 1961 (zitiert nach der englischen Ausgabe, New York 1969).

–, »The Place of the Sciences of Man in the System of Sciences«, in *Main Trends of Research in the Social and Human Sciences*, Paris, The Hague: Mouton, Unesco, 1970a.
–, »Psychology«, in *Main Trends of Research in the Social and Human Sciences*, Paris, The Hague: Mouton, Unesco, 1970b.
–, »General Problems of Interdisciplinary Research and Common Mechanisms«, in *Main Trends of Research in the Social and Human Sciences*, Paris, The Hague: Mouton, Unesco, 1970c.
Taylor, C., »What Is Involved in a Genetic Psychology?« in T. Mischel, ed., 1971.

Quellennachweise

Psychologie und Erklärungen menschlichen Verhaltens: »Psychology and Explanations of Human Behavior«, aus: *Philosophy and Phenomenological Research*, 1963, S. 578–594.

Pragmatische Aspekte des Erklärens: »Pragmatic Aspects of Explanation«, aus: *Philosophy of Science*, 1966, S. 40–60.

»Emotion« und »Motivation« in der Entwicklung der englischen Psychologie: David Hartley, James Mill, Alexander Bain: »›Emotion‹ and ›Motivation‹ in the Development of English Psychology: D. Hartley, James Mill, A. Bain«, aus: *Journal of the History of the Behavioral Sciences*, 1966, S. 123–144.

Kant und die Möglichkeit einer wissenschaftlichen Psychologie: »Kant and the Possibility of a Science of Pschology«, aus: *The Monist*, 1967, S. 599–622.

Wundt und die begrifflichen Grundlagen der Psychologie: »Wundt and the Conceptual Foundations of Psychology«, aus: *Philosophy and Phenomenological Research*, 1970, S. 1–26.

Zum Verständnis neurotischen Verhaltens: Vom ›Mechanismus‹ zur ›Intentionalität‹: »Understanding Neurotic Behavior: from ›Mechanism‹ to ›Intentionality‹«, aus: Theodore Mischel (ed.), *Understanding other Persons*, Oxford 1974, S. 216–256.

Psychologische Erklärungen und ihre Schicksale: »Psychological Explanations and Their Vicissitudes«, aus: *Nebraska Symposium on Motivation*, 1975, S. 133–200.

Piaget und das Wesen psychologischer Erklärungen: »Piaget and the Nature of Psychological Explanations«, aus: Frank B. Murray (ed.), *Cognitive Psychology: The Impact of Piagetian Theory*, Plenum Press.